Benno Kirsch · Walter Linse

Allitera Verlag

Beiträge zur Geschichtswissenschaft
Herausgegeben von Ernst Piper

Reihe Lebenszeugnisse, Band 5

Hier bisher erschienen:

Band 1: Willi Raab, »Und neues Leben blüht aus den Ruinen«. Stationen meines Lebens 1895–1939.

Band 2: Heidelore Rutz, »Klopfzeichen«. Mein Weg in die Freiheit: vom DDR-Ausreiseantrag zum Häftlingsfreikauf.

Band 3: Fjodor Ivanovič Čumakov, »Krieg und Gefangenschaft« (1941–1946).

Band 4: Wolfgang Hofmann, »Zwanzig Jahre in Leipzig 1899–1919«. Ludwig Hofmann als Student, Parteipolitiker, Gewerkschafter.

BENNO KIRSCH

Walter Linse

1903 – 1953 – 1996

Bibliografische Information der Deutschen Nationalbibliothek: Die Deutsche Nationalbibliothek verzeichnet diese Publikation in der Deutschen Nationalbibliografie; detaillierte bibliografische Daten sind im Internet über http://dnb.dnb.de abrufbar.

März 2019
Allitera Verlag
Ein Verlag der Buch&media GmbH, München

Satz: Johanna Conrad
Umschlaggestaltung: Franziska Gumpp unter Verwendung der Abbildung: Walter Linse / Foto 1951 © picture-alliance / akg-images
Printed in Germany · ISBN 978-3-96233-113-9

Inhalt

Vorbemerkung

Das Schauspiel, das sich beim Studium der Akten zum Fall Walter Linse vor dem geistigen Auge des Lesers, der Leserin entfaltet, ist so farbig und dramatisch, dass man zuweilen glaubt, hier habe jemand einen Kriminalroman verfasst. Vor allem wundert man sich, dass es den Tätern überhaupt gelingen konnte, eines der spektakulärsten Verbrechen der Nachkriegszeit zu verüben. Das Amüsement, das sich dabei ebenfalls einstellt – die Figur Marustzöks etwa hätte man nicht besser erfinden können –, ist allerdings aus zwei Gründen nur von kurzer Dauer. Wer könnte sich dem Leiden des Opfers entziehen? Beklemmend anschaulich berichten die Dokumente davon, wie Linse in das Visier des MfS gerät, brutal verschleppt, systematisch gequält und schließlich hingerichtet wird, und das alles ohne das geringste Zeichen von Mitgefühl oder Reue aufseiten der Täter. Zum Zweiten ist es verblüffend zu entdecken, wie aktuell sich das Ereignis, das Linses Leben eine so dramatische Wendung gab, in diesen Tagen ausnimmt. Noch vor wenigen Jahren hätte man einen Vergleich der Methoden der CIA mit denen des MfS entrüstet zurückgewiesen. Doch inzwischen muss man feststellen, dass das »Extraordinary rendition«-Programm der US-Regierung in ihrem »Krieg gegen den Terrorismus« beunruhigende Parallelen zu den systematischen Verschleppungen von Renegaten und Regimegegnern durch Agenten der östlichen Geheimdienste aufweist. Es stimmt schon, dass man den grundsätzlichen Unterschied der Gesellschaftssysteme, denen sie dienen bzw. dienten, nicht verwischen darf. Aber auch dann – vielleicht sogar: gerade deshalb – fällt das Ergebnis, sollten die gegenwärtig geäußerten Vorwürfe zutreffen, vernichtend aus. Im Namen der Sicherheit begibt man sich rechtsstaatlicher Grundsätze; eine echte Kontrolle ist nicht möglich. Der Fall Linse hilft, den Blick für die Gegenwart zu schärfen. Man muss es allerdings wollen.

Berlin, im Januar 2006

Vorbemerkung zur Neuausgabe

Niemals hätte ich es für möglich gehalten, dass meine relativ schmale Publikation über Walter Linse 2007/08 so hohe Wellen schlagen würde. Sicher, ich war zufrieden, einen kleinen Beitrag zur Forschung geleistet zu haben, weil ich neue Quellen erschlossen hatte und der Öffentlichkeit interessante Informationen über ein prominentes Stasiopfer mitteilen konnte. Doch eigentlich handelte es sich ja nur um das Ergebnis eines Scheiterns. Ich hatte mich zuvor vergeblich um die Finanzierung eines größeren Forschungsprojekts bemüht und der Fall Linse, auf den jeder stößt, der sich mit der Geschichte der Geheimdienste im Kalten Krieg beschäftigt, faszinierte auch mich. Weil meine Recherchen trotz der Absage nicht ganz ergebnislos bleiben sollten und das Schreiben einer Biografie Linses im Rahmen des Machbaren erschien, entschloss ich mich daher, eigene Archivstudien vorzunehmen und das Nebenprojekt zu Ende zu bringen. Dass die Arbeit dann in die Reihe »Lebenszeugnisse – Leidenswege« der Stiftung Sächsische Gedenkstätten aufgenommen wurde, hat mich sehr gefreut.

Die Linse-Biografie hätte sicherlich nicht so viel Aufmerksamkeit erfahren, wenn nicht ungefähr zur Zeit ihres Erscheinens der »Walter-Linse-Preis« ausgelobt worden wäre und die auslobende Institution auch noch empfehlend auf sie hingewiesen hätte. Damit war ich hineingezogen in eine geschichtspolitische Auseinandersetzung, in der ich keine Interessen hatte und zu der ich eigene Beiträge weder leisten konnte noch wollte. Das war der Seite der Kritiker der Benennung des besagten Preises allerdings vollkommen gleich. Wenn ich von den Befürwortern eines Linse-Patronats gelobt wurde, musste ich ja wohl mit ihnen unter einer Decke stecken; dass es sich um Zufall handeln könnte, kam ihnen nicht in den Sinn.[1] Dadurch erhielt meine Biografie gesteigerte Aufmerksamkeit und erfuhr Kritik, die zum Teil ziemlich scharf, ja maßlos ausfiel und überlagert wurde von Schmähungen meiner Person, die mir auch heute noch, zehn Jahre danach, vollkommen unverständlich sind. Man hätte, denke ich, meine Archivfunde zum Anlass nehmen können, das Bild, das man sich bis dahin von Linse gemacht hatte, zu überdenken. Doch

---

[1] Vgl. Kirsch: »DDR-Kritiker oder NS-Täter? Ein Leben in beiden deutschen Diktaturen: Im Streit um Walter Linse helfen Pauschalisierungen nicht weiter«, in: *Die Welt* vom 2. November 2007.

ein Dialog über die Rolle Linses in der NS-Zeit war offensichtlich von der einen Partei überhaupt nicht erwünscht. Nach diesen kurzen, aber heftigen Aufwallungen herrscht inzwischen wieder Ruhe, ein neues Linse-Narrativ hat sich dank einer erfolgreichen Öffentlichkeitsarbeit binnen kürzester Zeit durchgesetzt. Der Streit hatte zumindest ein Ergebnis.

Als ich mich 2014 entschloss, das Werk zu überarbeiten, war ich mir der Dimensionen, die dieses Vorhaben annehmen würde, nicht bewusst. Das war ein Glück, denn dann hätte ich es wahrscheinlich nicht in Angriff genommen. Die Schwierigkeiten beginnen ja bereits, wenn es darum geht, den eigenen Text erneut zu lesen. Es könnte sich ja herausstellen, dass die seinerzeitige Verschriftlichung eines Gedankens nicht mehr dem heutigen Anspruch genügt, und dann Bedauern aufkommt, einen Satz, Absatz oder ein ganzes Kapitel nicht so, sondern anders geschrieben zu haben. Schließlich entwickelt sich der Gedanke weiter, doch das Geschriebene bleibt bestehen und ist ewiges Zeugnis der Größe oder des Elends des Autors. Mir erging es nicht anders, aber ich habe mich trotz meiner Unzufriedenheit entschlossen, den alten Text so weit wie möglich beizubehalten, und zwar aus zwei Gründen: Erstens wäre die Arbeit an der Neuausgabe noch viel umfangreicher geworden, eigentlich nicht zu bewältigen, zweitens stellte sich heraus, dass große Teile des Textes meinen heutigen Ansprüchen durchaus standhalten können und zu viele Änderungen deshalb überflüssig, wenn nicht sogar schädlich gewesen wären.

Diese Erkenntnis macht es mir leichter zuzugeben, dass die Kritik an der ersten Fassung meines Büchleins teilweise zutreffend war und mir letztlich zu einem besseren Verständnis des Falls Linse geholfen hat. Im Rahmen des dadurch ausgelösten Prozesses der Selbstreflexion begab ich mich also erneut und in einem viel größeren Ausmaß in die Archive und studierte die nötige Sekundärliteratur. Bei dieser Arbeit entdeckte ich nicht nur, wie viele Informationen über Linse, sein Leben und seine Arbeit noch in verschiedenen Archiven verborgen waren und vermutlich weiteres Material immer noch auf seine Entdeckung wartet, sondern auch, wie dramatisch die Zeit war, in der er lebte. Man hat heute normalerweise kaum eine Vorstellung davon, was es zum Beispiel heißt, in den »Goldenen Zwanzigern« Student gewesen zu sein oder in der SBZ auf einer irgendwie exponierten Stellung gearbeitet zu haben. Da aber Zeit und Geld begrenzte Güter sind, konnte ich nicht tiefer in die verschiedenen Epochen eintauchen, auch wenn ich gerne mehr über sie erfahren hätte.

Ich lege nun also meine neue Fassung der Biografie Walter Linses vor. Wo immer möglich, habe ich den alten Text unverändert gelassen. Es sind zahlreiche neue Abschnitte dazugekommen, die eigens für diese Ausgabe geschrieben wurden. Vor allem wenn es um die Zeit bis zum Eintritt Linses in die IHK 1938 und um vereinzelte Ereignisse während der IHK-Zeit geht, greife ich auf meine beiden Aufsätze zurück, die ich 2016 veröffentlicht habe.[2] Ein paar wenige Passagen mussten ganz gestrichen werden, entweder weil sie überflüssig geworden sind oder weil sie mir inzwischen inhaltlich fragwürdig erschienen. Hin und wieder habe ich außerdem aus demselben Grund Wertungen entfernt oder geändert. Außerdem habe ich den ganzen Text durchgesehen und stilistische Änderungen vorgenommen. Durch diese ganze Überarbeitung ändert sich natürlich der Charakter des Buches, aber am Ende, denke ich, habe ich keine grundsätzlich neue Bewertung vorzunehmen gehabt. Insofern bleibt er doch erhalten.

Um das nun vorliegende Werk zu erschaffen und zum Druck zu geben, habe ich viel Unterstützung erhalten, für die ich herzlich danke:

Herrn Dr. Clemens Vollnhals, der mein Manuskript seinerzeit in die Reihe »Lebenszeugnisse – Leidenswege« aufgenommen und meine nachfolgenden Forschungen immer wieder mit seinem Rat begleitet hat, und Herrn Prof. Dr. Ernst Piper, dem Herausgeber der Reihe »Beiträge zur Geschichtswissenschaft«, in der die Neufassung nun erscheint;

Herrn Peter Seifert, auf dessen Anregung mein Entschluss zurückgeht, die Biografie zu überarbeiten, und in dem ich einen jederzeit interessierten Ansprechpartner hatte, und seiner Frau Gudrun, die unsere Diskussionen geduldig begleitete;

Prof. Dr. Michael Ortmann, Silvia Ortmann, Dr. Josef Bordat, Roxana Valdivia, Dr. Philipp Lengsfeld und Britta Dietrich und weitere, ungenannte Unterstützer, die über die Crowdfunding-Plattform Startnext einen Beitrag zur Finanzierung geleistet haben;

der Industrie- und Handelskammer Chemnitz, die die Drucklegung mit einem Zuschuss gefördert hat;

verschiedenen Experten, die ich an dieser Stelle nur summarisch erwähnen kann, deren Hinweise und Empfehlungen mir ermöglicht haben, mein Bild von Walter Linse zu vervollständigen.

Berlin, im Februar 2018

---

2 Kirsch: Zwischen »rechtsstaatlichen Idealen« und »Arisierung«; Kirsch: Walter Linse und der Nationalsozialismus.

I. Einleitung

1. Eine deutsche Biografie

Die ruchlose Tat ereignete sich in den frühen Morgenstunden. Am Beginn eines heißen Sommertages des Jahres 1952 lauerten zwei Männer dem Rechtsanwalt und Mitarbeiter des »Untersuchungsausschusses freiheitlicher Juristen« Walter Linse vor seinem Haus im Berliner Stadtteil Zehlendorf auf, überwältigten ihn und zerrten ihn in ein Auto, in dem zwei Komplizen warteten. Der Fahrer fuhr sofort los und jagte mit Höchstgeschwindigkeit in Richtung Stadtgrenze. Aus dem Wagen wurden Schüsse auf Verfolger abgegeben. Als der Wagen am Kontrollpunkt anlangte, wurde der Schlagbaum geöffnet, und die Kidnapper verschwanden mit ihrem Opfer in der DDR. Der Geheimdienst der DDR, das Ministerium für Staatssicherheit, hatte erneut einen seiner Feinde zur Strecke gebracht. Walter Linse ist seitdem nie wiedergesehen worden.

Noch am selben Tag erhob sich ein gewaltiger Aufschrei der Empörung, und zwar nicht nur am Tatort in Westberlin, sondern auch in der Bundesrepublik und weltweit. Landes- und Bundespolitiker forderten die Freilassung Linses, auch amerikanische Stellen setzten sich für ihn ein – jedoch vergeblich. Die Sowjetunion, die man sogleich der Urheberschaft verdächtigte, wies alle Vorwürfe zurück und behauptete, nichts von Linses Verbleib zu wissen. Bei dieser Position blieb man bis zum Zusammenbruch des sowjetischen Imperiums, in dessen Verlauf auch die DDR und ihr Geheimdienst ihr Ende fanden. Seitdem aber die Akten des MfS veröffentlicht worden sind, kennen wir Linses weiteres Schicksal. Es war, als sei ein Gletscher geschmolzen, der lang und gut gehütete Geheimnisse preisgab.[3]

Man könnte es nun damit bewenden lassen, zu wissen, was mit Linse nach seiner Verschleppung geschah. Aus berufenen Mündern wurde fundiert Auskunft gegeben über sein Martyrium, zuerst in der Hand des MfS in Ostberlin und dann des MGB und seiner Hinrichtung in Moskau 1953.[4] Der Fall ist allerdings aus zwei Gründen einer weiteren Untersuchung wert.

---

3 Vgl. Fricke: Entführungsopfer postum rehabilitiert; ders., Postskriptum zum Fall Walter Linse.

4 Zuletzt in Smith: Kidnap city, S. 127–142.

Zum einen bewegt Linses Schicksal bis heute die Gemüter wie kein zweites aus der Zeit der Blockkonfrontation, und zwar nicht nur jene, die unter Repressalien durch das MfS zu leiden hatten: Linse war weder das erste noch das letzte Opfer einer Reihe von Verschleppungen aus einem der Westsektoren in den Machtbereich der Sowjets durch gedungene Kriminelle. Eine genaue Zahl lässt sich nicht mit Sicherheit nennen, aber seriöse Schätzungen sprechen von 600 bis 700 versuchten oder vollendeten Fällen.[5] Man mag sich fragen, warum ausgerechnet Linses Schicksal so viel Anteilnahme hervorgerufen hat, es dürfte aber kaum bestritten werden, dass er das prominenteste Opfer eines Menschenraubes durch das MfS ist.

Zum Zweiten ist bei diesem Fall die (politik-)wissenschaftlich entscheidende Frage noch gar nicht gestellt worden. Wohl ist Linses Schicksal nach der Entführung weitgehend rekonstruiert worden,[6] und auf der Basis des so vermittelten Wissens gedenkt man seiner als Opfer des stalinistischen Terrors. So zu verfahren ist zweifelsfrei legitim, insbesondere wenn »Veteranen« des Kalten Krieges sich der Thematik annehmen. So zu verfahren, bedeutet jedoch zugleich, Linses Leben ausschließlich aus der Opferperspektive darzustellen und damit unzulässig zu reduzieren. Zwar dürfte es an dieser Aussage keinen vernünftigen Zweifel geben: dass Linse Opfer war. Aber durch diese Reduktion wird die Frage nach dem Kontext der Tat systematisch ausgeblendet, die zu ihrem Verständnis so entscheidend ist. Schließlich war Linse zu Lebzeiten zu einer gewissen Prominenz gelangt, und die wenigen Daten, die zu seinem knapp 50 Jahre währenden Vorleben vorliegen, lassen vermuten, dass sie geeignet sind, einen Schlüssel zum Verständnis west-ostdeutscher Geschichte zu liefern. Wenn man also das Verbrechen und Linses Leidensweg vom politischen Kontext isoliert und Linses Biografie bis zu diesem Zeitpunkt ausblendet, wird man weder der Person noch der Tat gerecht werden können.

Den Opferverbänden und anderen Politikern, die Geschichte studieren, um damit Gegenwartsfragen zu beantworten, kann man ihren verengten Blick auf die Tat schwerlich vorwerfen. Ihr Interesse an Linse ist durch ihre Befangenheit natürlicherweise von sehr gegenwärtigen Interessen geprägt, die auf seine Rehabilitierung sowie die nachträgliche, gleichsam offiziöse

---

[5] Fricke / Ehlert: Entführungsaktionen der DDR-Staatssicherheit, S. 1181.

[6] Mampel: Entführungsfall Dr. Walter Linse; »Nun gut, den vernichten wir«, in: *Der Spiegel* vom 18. November 1996, S. 72–77.

Delegitimierung der SED-Diktatur und vielleicht auch die gegenwärtige Bekämpfung der SED-Nachfolgepartei, der PDS bzw. Partei Die Linke, abzielt. Und in die Zukunft gerichtet geht es mit Sicherheit auch um die Bewahrung des Gedenkens an eine dramatische Vergangenheit.[7] So wenig also der vorherrschende Umgang mit der Causa Linse kritisiert werden soll als eine Form, Vergangenheit zu »bewältigen«, so sehr muss sich eine wissenschaftlich verstehende Arbeit von ihr absetzen und einen anderen Zugang wählen. Eine isolierte Betrachtung der Entführung und die Rekonstruktion seines nachfolgenden Leidens kann unter dieser Perspektive nicht ausreichen. Wenn man die Tat von dem nur sieben Jahre zurückliegenden Ende der NS-Diktatur isolieren würde, würde man nichts weniger tun, als die Auseinandersetzung zwischen zwei Ideologien und ihrer habhaften Weiterungen fortzuführen, die doch eigentlich Vergangenheit sind – bzw. sein sollten. Weil der Kalte Krieg ohne die NS-Vergangenheit der Deutschen gar nicht zu verstehen ist, muss die Darstellung von Linses Verschleppung deshalb bereits im Jahre 1933 beginnen.

Was also nottut, ist, herauszufinden, welchen Weg Linses Leben bis zu seiner Verschleppung nahm, in welchem Kontext, in welcher Zeit es stattfand. Dabei müssen beide zentralen prägenden Faktoren der 50er-Jahre gebührend beachtet werden: der Kalte Krieg und die nationalsozialistische Vergangenheit, ohne die der Kalte Krieg überhaupt nicht stattgefunden hätte und die wie ein Schatten über allen Entwicklungen in Deutschland lag. Walter Linse gehörte als Jurist bei der Chemnitzer Industrie- und Handelskammer zur Funktionselite des »Dritten Reichs«. Man kann zwar nicht davon reden, dass er auch beim UFJ zu der Funktionselite der Bundesrepublik im engeren Sinne gehörte, aber er war auf dem besten Wege dorthin. Es ist gerade dieser Umstand, Linses Stellung vor und nach 1945, der dazu herausfordert, genauer hinzusehen und seinen Lebenslauf unter dieser doppelten, vermutlich ineinander verschlungenen Perspektive zu betrachten.

Alle Wege der deutschen Geschichte im 20. Jahrhundert führen zum Holocaust. Deshalb heißt die Gretchenfrage an jeden, der ihn in irgendeiner Form hat wahrnehmen können: Wie hältst du es mit dem Nationalsozialismus? Deshalb muss sich auch Linses Leben gefallen lassen, auf diese Frage hin untersucht zu werden. Das heißt jedoch nicht, dass damit seine

---

7 Vgl. Gieseke: Zeitgeschichtsschreibung, S. 223–225.

Verschleppung oder andere unappetitliche Aktionen des MfS gerechtfertigt würden. Es soll ja nicht nach den legitimierenden Gründen für das Verbrechen gefragt werden. Dies wäre ähnlich unzulässig wie die gegenwärtig zu beobachtende Hagiografie durch Linses Weggefährten und spätere Antikommunisten. Sondern es geht ausschließlich darum, die Charakterisierungen Linses als »Oberspion«[8] und als »Widerstandskämpfer für die Menschenrechte«[9] zu prüfen und ggf. zu kritisieren.[10]

Was nachfolgend also unternommen wird, ist die Biografie eines Angehörigen jener wirtschaftlich-politischen Funktionselite, über dessen Leben man üblicherweise nichts erfährt, weil er eben kein Staatsmann oder eine anderweitig herausragende Persönlichkeit war. Aber aus genau diesem Grund ist dieses Leben von Interesse. Aus den Geschichten der unbekannten Mitarbeiter von »großen Männern« wie Adenauer und anderen erhält man instruktive Einblicke in die Mikrophysik der Macht, die die moderne Gesellschaft so prägt. Gerade bürokratische Herrschaft ist ja auf das vieltausendköpfige Heer der Beamten angewiesen, die die Generallinie, die »oben« vorgegeben wird, in die Gesellschaft implementiert – im Guten wie im Bösen. Da man annehmen kann, dass Gut und Böse nahe beieinander liegen und sich überlagern – wie bei jener Funktionselite, die während des Nationalsozialismus bereits tätig war und in der Bundesrepublik wieder Fuß fassen konnte[11] –, ist es angezeigt, das Porträt so zu zeichnen, dass die Graustufen erkennbar werden.

2. Zur Quellenlage

Bei der Rekonstruktion von Linses Leben ergaben sich zwei Schwierigkeiten; sie betreffen die Menge und die Qualität des Materials.

Erstens ist der Umfang der Überlieferung uneinheitlich. Während es für die eine Lebensphase eine Fülle an Quellen gibt, fehlen sie für andere fast vollständig. Es gibt drei Überlieferungsschwerpunkte: Sie betreffen Linses

8 *Neues Deutschland* vom 13. Juni 1952.

9 Benedict Maria Mülder: »Zwei Schüsse ins Wadenfleisch. Opfer einer Verwechslung? Vor fünfzig Jahren wagte die Stasi eine ihrer spektakulärsten Entführungen«, in: *FAZ* v. 8. Juli 2002, S. 42.

10 Vgl. Hachmeister: Schleyer, S. 23.

11 Ebd.

Zeit als Student, seine Tätigkeit für die IHK Chemnitz und die Dokumente, die im Zusammenhang mit seiner Entführung stehen. Zunächst war Linse in seiner Studentenverbindung sehr aktiv und hat daher zahlreiche Spuren in den »Saxo-Borussen-Mitteilungen« hinterlassen, von denen die Ausgaben der Jahre 1924 bis 1927 in der Deutschen Nationalbibliothek in Leipzig erhalten sind – ein echter Glücksfall. Darüber hinaus bietet seine Dissertation, wenn man sie zum Themenkreis Studium dazuzählen möchte, ein paar Hinweise auf seine Biografie und sein Denken. Zweitens ermöglicht der Bestand »IHK Chemnitz« im Staatsarchiv Chemnitz einen umfassenden Einblick in Linses berufliche Tätigkeit zwischen 1938 und 1949, die in den ersten beiden Jahren vor allem im Zusammenhang mit der »Arisierung« steht, im weiteren Verlauf seine Tätigkeit auch in anderen Bereichen enthüllt. Hier hat Linse mutmaßlich weitere Spuren hinterlassen, die das Bild vermutlich noch genauer werden lassen könnten, aber nicht grundlegend verändern würden, wie ich annehme.[12] Dieses Material spielt für die Bewertung der Person Linses keine entscheidende Rolle, allerdings lässt es erahnen, dass eine Untersuchung der »Arisierung« in Chemnitz ein lohnendes Unterfangen wäre. Und schließlich haben verschiedenste Behörden nach dem 8. Juli 1952 große Mengen an Dokumenten produziert, die teilweise recht gut erschlossen sind – das Staatsverständnis der Amerikaner, das sich deutlich vom europäischen unterscheidet, wirkt sich auf den Zugang zu Archivmaterial sehr positiv aus. Zum Fall Linse war allerdings nicht viel Erhellendes zu entdecken. Das Material des MfS hingegen gelangt leider immer noch nur scheibchenweise ans Licht der Öffentlichkeit, was sicher nicht nur den deutschen Datenschutzbestimmungen zuzurechnen ist, sondern auch spezifischen Problemen, vor denen die BStU gestellt ist. Aber man muss erwähnen, dass sich die Bedingungen für die Forschung hier inzwischen deutlich verbessert haben.

Bemerkenswert in diesem Zusammenhang ist, dass auch im Bundesarchiv offensichtlich noch Schätze schlummern, die irgendwann irgendwie, vielleicht aus Zufall, geborgen und der Forschung zugänglich gemacht werden. Die Personalakte Linses beim UFJ und die Akte, in der der UFJ die Korrespondenz mit Linses Frau Helga sammelte, sind im Findbuch jedenfalls nicht verzeichnet gewesen, als ich 2015 in Koblenz war. Zum Glück sind sie rechtzeitig entdeckt worden und wurden mir vorgelegt.

---

12 Zu Linses Tätigkeit als »Kräftebedarfsreferent« vgl. Schumann: »Kooperation und Effizienz im Dienste des Eroberungskrieges«.

Andere Phasen als die genannten können nur schwer rekonstruiert werden, weil die Quellen fehlen. Das liegt zum Teil an der Natur der Sache: Linse war kein Intellektueller, der mit Pamphleten, Abhandlungen oder schöngeistiger Literatur ein möglichst großes Publikum zu erreichen suchte, oder ein Angeklagter, über den die Presse ausführlich berichtete und der sich vor Gericht für seine Taten rechtfertigen musste. Er war – von der Dissertation, seiner kurzen LDP-Mitgliedschaft und seiner Arbeit für den UFJ abgesehen – kein öffentlicher Mensch. Von daher kann man ihm schlechter in die Seele blicken als einem Intellektuellen etwa, was sich natürlich auf das Schreiben seiner Biografie auswirkt. Dazu kommt, dass zahlreiche Unterlagen in den Bombenstürmen des Krieges verbrannt und unwiederbringlich verloren sind. So erhielt seine Wohnung im Krieg einen Bombentreffer, weshalb er zum Umzug gezwungen war. Darüber hinaus hatte man nach dem Krieg andere Sorgen als Dokumente für die Nachwelt zu produzieren. Und schließlich hatte Linse auch keine Kinder, die man hätte befragen können. Kurzum, es können nicht alle Phasen seines Lebens zufriedenstellend rekonstruiert werden, und es bleibt einem nichts anderes übrig, als diese Beschränkung zu akzeptieren.

Zum Zweiten ist das überlieferte Material hochgradig kontaminiert. Muss man den Überlieferungen durch das MfS, auf die auch diese Arbeit selbstredend maßgeblich aufbaut, ohnehin gebührendes Misstrauen entgegenbringen, so gilt dies auch für die BStU, die diese Unterlagen verwaltet. Es ist ja allgemein bekannt, dass der Forscher lediglich Kopien der Akten zur Einsichtnahme erhält und diese Kopien auch noch vielfach geschwärzt sind (im Text mit [x] gekennzeichnet). Diese Praxis soll den Schutz der Privatsphäre der Betroffenen sicherstellen; sie behindert in ihrer phasenweise zu beobachtenden exzessiven Auslegung jedoch die Forschung, vor allem im Vergleich mit anderen Archiven, in denen nach Ablauf der 30-jährigen Sperrfrist die Akten ungeschwärzt und im Original vorgelegt werden. Hier liegt eine sachlich nicht gerechtfertigte Beeinträchtigung vor. Die BStU hat im Sommer 2004 zudem entschieden, dass Abhörprotokolle nicht mehr herausgegeben werden, was dem juristischen Laien nicht einleuchten will, weil sich das Bundesverwaltungsgericht in seiner Entscheidung lediglich auf lebende Personen der Zeitgeschichte bezog. Warum die Privatsphäre eines Toten geschützt werden muss, ist nicht auf Anhieb verständlich. Außerdem stellt sich die Frage, warum dann nicht der gesamte Vorgang gesperrt wird, da doch eigentlich alle im Fall Linse gesammelten Dokumente illegal zustande gekommen sind.

Was in diesem Fall bei den westlichen Überlieferungen hinzukommt, ist der Umstand, dass Linse bei einer Organisation arbeitete, die zum Teil von der CIA finanziert wurde und die insgesamt in das Geheimdienstmilieu Berlins vor dem Mauerbau verstrickt war. Der Wunsch nach Geheimhaltung ist bis heute ungebrochen. So stößt man in einer Akte etwa auf den Vermerk, dass ein Schriftstück entnommen worden sei mit dem Hinweis auf seine Geheimhaltungsbedürftigkeit.[13] In der Sekundärliteratur werden interne Papiere des BND referiert und nicht an Interessierte herausgegeben.[14] Und die Suchkartei der KgU, in der Linse nach seiner Verschleppung geführt wurde, ist offensichtlich nachträglich manipuliert worden: Die Karteikarten, auf die von Linses Namenskartei verwiesen wird, fehlen. Da die KgU-Akten erst in den 90er-Jahren auf Mikrofilm aus den USA zurück nach Deutschland gelangten, wohin sie vermutlich entweder vom BND oder von der CIA verbracht worden waren, kann man sich vorstellen, wer hier seine Hand im Spiel hatte. Im Grunde spielen die westlichen Geheimdienste immer noch das Spiel, das die östlichen, zumindest zeitweise, aufgegeben haben, das MfS zwangsweise, der MGB – dann KGB, heute FSB – aus freien Stücken.

Inzwischen sind aber gleichwohl immer wieder neue Akten freigegeben worden, von der CIA im Rahmen des »Freedom of Information Acts« sogar in großem Umfang. Den Fall Linse betreffen aber nur einige, und ansonsten mauert man weiterhin. Da ist sogar der FSB weiter, denn er gewährt grundsätzlich Einblick – zumindest theoretisch: Es sah nämlich eine Zeit lang so aus, als könne ich – oder besser: ein Kontaktmann in Moskau – Einblick in Linses MGB-Akte erhalten. Die Formalitäten waren schon erledigt, die Akte angeblich auf dem Weg vom Depot zum Lesesaal – aber dann hakte es irgendwo. Wo die Akte jetzt ist, weiß ich nicht. Jedenfalls habe ich sie nicht zu Gesicht bekommen, und mein Kontaktmann auch nicht. Was darin steht, kann also in diesem Buch nicht berücksichtigt werden.

Die »Kontaminierung« betrifft indes nicht nur das Material, sondern eigentlich das ganze Thema selbst. Nachdem meine Biografie erschienen war, musste ich erleben, wie emotional manche Leser auf meine Ausführungen reagierten. Das Klima war vergiftet, die Diskussion wurde sehr aggressiv geführt. Unter anderem in Erinnerung geblieben ist mir die E-Mail einer Historikerin, die mich allen Ernstes aufforderte »dafür zu sorgen, dass die

---

13 BArch, B 136, 6539.

14 Mülder: »Zwei Schüsse ins Wadenfleisch«, in: *FAZ* v. 8. Juli 2002.

Diktaturen nicht gegeneinander aufgerechnet werden und die Verfolgung der jüdischen Bevölkerung in Deutschland nicht verharmlost wird«. Das war ein Anspruch, den ich damals nicht einlösen konnte und es heute immer noch nicht kann. Aber Aufwallungen wie diese und überhaupt die ganze Aufregung um den »Walter-Linse-Preis« sind deutliche Zeichen für die Bedeutung des eigenen Schaffens und insofern willkommen. Man kann ihnen nur mit dem »Pathos der Nüchternheit« begegnen.

II. Wurzeln und prägende Jahre in Sachsen

1. Aus kleinen Verhältnissen zum Abitur

Über Linses Kindheit und Jugend liegen nur spärliche Informationen vor, die zusammen genommen aber doch ein zumindest grobkörniges Bild ergeben. Geboren wird er am 23. August 1903 als Sohn des evangelisch-lutherischen Postsekretärs Max Linse.[15] Walter hat zwei Schwestern, Charlotte (geboren 1908), die später heiratet und weiterhin in Chemnitz wohnt, und Helene (geboren 1905), die ebenfalls heiratet, aber nach Berlin zieht, wo sie im westlichen Teil wohnt.[16] Von 1910 bis 1920 besucht er die Volksschule, danach die Real- und Oberrealschule in Chemnitz, die er mit dem Abitur abschließt.

Aus dieser frühen Zeit ist ein Schulaufsatz Linses überliefert, den er am 4. Oktober 1920 verfasst hat.[17] Man sollte die Ausführungen des 17-jährigen Schülers »Über mich selbst« nicht überbewerten, wie Schuller zurecht mahnt.[18] Gleichwohl lassen sich aus der frühen Selbstbeschreibung Charakterzüge erkennen, die auch den späten Linse ausgezeichnet haben mögen. Er offenbart sich in diesem Aufsatz als ein Idealist mit einem »Hass gegen alles Äußere«, einer Eigenschaft, die ihm insofern Probleme bereitet, als er in ihr auch ein Versagen erkennt. Bücher lesen, wenige, aber dafür tiefe Freundschaften pflegen und Grübeleien statt neuer Kleidung und oberflächlicher Vergnügungen haben ihn zu einem Einzelgänger werden lassen, der gern allein durch die Wälder streift und dem »der heitere Frohsinn des Lebens vollkommen fehlt und [...] so zu ernsten Befürchtungen meiner Liebsten geworden« ist. Zusammenfassend tadelt sich der junge Linse selbst: »Ich habe es also in meinem bisherigen Leben nicht verstanden, ein meinem Körper und meinem Geist gemeinsam gerecht werdendes Leben zu führen.« Dafür ist er umso zufriedener mit zwei Eigenschaften, die er als Basis aller seiner Erfolge bezeichnet: Willensstärke, wenn es darum geht, ein Ziel zu erreichen, und die Fähigkeit zum Verzicht, wenn es sich als unmöglich erweist.

15 BStU, ZA, MfS, GH 105/57, Bd. 4, S. 270.

16 Vgl. »Ermittlungsbericht« v. 10. März 1952, in: BStU, MfS, Gh 105/57, Bd. 6, Bl. 74.

17 Eine Kopie findet sich in UAL.

18 Schuller: Walter Linse, S. 293f.

Krumme Zeile 11–21 in Chemnitz, 2015.

Wenn er unter Gleichaltrigen ist, versucht der schweigsame, Tagebuch führende Einzelgänger, sich mit den anderen zu vertragen. Gegen den Vorwurf des Wankelmuts verwahrt er sich. Denn wenn er in jeder Meinung etwas Wahres sehe, dann komme darin doch vor allem seine Toleranz gegenüber Andersdenkenden zum Ausdruck, eine Eigenschaft, die von den Kameraden falsch gedeutet werde. »Beim Spartakist bin ich ein Monarchist, bei diesem ein Spartakist usw. Ich versuche eben, jenem zu beweisen, dass auch die Monarchie etwas für sich habe, und diesem, dass auch der Kommunismus Ideen in sich berge, denen man zustimmen kann.«

Was seine beruflichen Perspektiven angeht, sieht Linse zum Zeitpunkt der Niederschrift des Aufsatzes schwarz, denn die wirtschaftlichen Verhältnisse seiner Eltern sind nicht danach, ihm eine höhere Schulbildung und ein Studium zu finanzieren, auf dass sich sein Traum erfülle, Diplomat zu werden und an der Wiederherstellung der deutschen Ehre mitzuwirken. Der Wille, nach seinem Tod ein Denkmal gesetzt zu bekommen, das die Inschrift »Er wollte seines Volkes Bestes!« ziert, wird wohl der Kunst des Entsagenkönnens weichen müssen. – »Ein klein wenig mehr Lebensbejahung und echte Lebensfreude wünsche ich Ihnen«, kommentiert Deutschlehrer Gustav Seyfert die düsteren Ausführungen seines Zöglings. Ob es ihm gelang, Linse zu einer gewandelten Grundeinstellung zu verhelfen, ist nicht bekannt. Linse

Die Oberrealschule Wielandstraße in Chemnitz, 1911.

jedenfalls bewahrt seinen Idealismus bis zuletzt, als er in seinem Schlusswort vor dem Militärgericht bekennt: »Im Großen und Ganzen geriet ich in diese Lage, weil Deutschland geteilt ist. Ich wollte meinem Vaterland helfen.«[19]

Die Schwierigkeiten, die sich Linse 1920 auftun, bewältigt er in einer nicht überlieferten Weise – vielleicht mit harter Arbeit und Förderung durch seine Lehrer. Jedenfalls tritt er am 26. Februar 1921 ins Chemnitzer Realgymnasium Wielandstraße ein, das den Schülern seit 1907 die Möglichkeit zum Erwerb der Hochschulreife bietet. Prägend werden in dieser Zeit die Erfahrung des Krieges mit Sammlungen und Arbeitseinsätzen und später der Hunger gewesen sein.[20] Wie seine Zeugnisse zeigen, ist er kein herausragender, aber auch kein schlechter Schüler, sondern irgendwo im Mittelfeld zu verorten. Ostern 1924 legt er das Abitur ab. Die Aufgaben der schriftlichen Prüfungen, die er vom 26. Januar bis zum 1. Februar ablegen muss, klingen anspruchsvoll, auch wenn die Themen, die für den Deutschaufsatz zur Auswahl gestellt werden, heute befremdlich klingen: Die Prüflinge können entscheiden zwischen »Die Werke der Menschen sind mächtiger als die Menschen«, »Aller Genuss beruht auf der Betätigung einer Kraft« und »Was

19 HAIT-Archiv, Akte Walter Linse.

20 Vgl. Lohsse: 50 Jahre Hans-Schemm-Schule, S. 9f. u. 18.

man ist, bleibt man anderen schuldig« – Besinnungsaufsätze. Im Französischen und Englischen bietet sich ein ähnliches Bild, doch das Spektrum ist mit den Vorschlägen »Les Pauvres Gens de Victor Hugo«, »Quel pays est plus favorisé au point de vue géographique: La France ou l'Allemagne?« und »The British Empire and its Constitution« etwas breiter und zielt auf die Wiedergabe vorher erarbeiteten Wissens ab. Am 25. und 26. Februar müssen die Schüler zur mündlichen Prüfung in den Fächern Englisch, Französisch, Mathematik, Chemie und Naturwissenschaften, Physik und Geschichte antreten. Linse schließt mit der Note IIa – also »gut«, was die Noten IIa, II und IIb umfasst – als »wissenschaftlicher Hauptzensur« ab.[21]

2. Student in Leipzig

a) Beim Corps Saxo-Borussia Leipzig

Nachdem Linse Ostern 1924 die Hochschulreife erlangt hat, schreibt er sich zum Sommersemester 1924 an der Leipziger Universität ein, um an der traditionsreichen Juristenfakultät die Rechte zu studieren. Darüber hinaus ist Linse im Fach Volkswirtschaft eingeschrieben, was sich in den Meldelisten seiner Studentenverbindung in der Bezeichnung »jur. et rer. pol.« niederschlägt. Belege für seine Behauptung, er habe zudem Philosophie und Geschichte studiert, existieren indes nicht.[22] Im Sommersemester 1925 belegt er die »Uebungen für Anfänger in Volkswirtschaftspolitik« und »Uebungen zur Einführung in die Volkswirtschaftspolitik« bei Kurt Wiedenfeld, im Sommersemester 1927 Veranstaltungen bei Raoul Richter zu Arbeitsrecht und Arbeitsgerichtsverfahren und bei Paul Hermberg zu Handelsstatistik.[23]

Ganz offensichtlich konzentriert sich Linse neben dem Studium auf das Leben in seiner Verbindung, dem Corps Saxo-Borussia. Hier tritt er im Sommersemester 1924 ein und taucht ganz offiziell ab dem Wintersemester 1924/25 auf, als dem Rektor die Namen der aktiven Mitglieder gemeldet

---

21 StadtA Chemnitz, Höhere Schulen, Oberrealschule Wielandstraße, 86; Verordnung zur Ausführung des Gesetzes vom 8. April 1908 über die Oberrealschulen v. 8. April 1908, in: *Gesetz- und Verordnungsblatt für das Königreich Sachsen*, 4. Stück vom Jahre 1908, Nr. 20, S. 83–130, hier S. 122.

22 Lebenslauf zum Bewerbungsschreiben Linses beim UFJ v. 4. November 1950, in: BA Koblenz, B 209, 1204.

23 UAL, Quästurkartei, Rep. I/XVI/VII, C 88, Bd. 1.

werden.[24] Damit bewegt sich Linse nun in einem Milieu, das heute ziemlich fremd, ja befremdlich erscheint. Hier herrschen spezielle Sitten und Codes, und bei den Korps, also auch der Saxo-Borussia Leipzig, die nicht mit dem berühmten namensgleichen Korps aus Heidelberg zu verwechseln ist, auch Standesdünkel und Demokratieverachtung. Es werden anachronistische Mensuren ausgefochten und gesundheitlich wie finanziell gesehen ruinöse Trinkgelage abgehalten. Sicherlich ist zwischen verschiedenen Korporationen zu differenzieren. Aber der heute verbreiteten skeptischen Sichtweise auf das Verbindungswesen in der Weimarer Republik wird man sich auch in diesem Fall anschließen können.[25] Linse bleibt bis zum Sommersemester 1927 als aktives Mitglied dabei.[26]

Den Weg zur Saxo-Borussia findet Linse vielleicht über die Chemnitzer Ortsgruppe, die für erfolgreiche Werbeveranstaltungen bekannt ist. In den »Saxo-Borussen-Mitteilungen« (SBM) heißt es über die »RSC.-Keilkneipe« der Ortsgruppe am 8. März 1924, dass ihr Erfolg »dadurch gekrönt [wurde], daß AH. Reichel dem RSC. drei neue Füchse, davon zwei unserem Korps, zuführte«. Einer der beiden könnte Linse gewesen sein. Oder der Kontakt ist irgendwann im Verlauf des Sommers zustande gekommen, als bei »allen möglichen Veranstaltungen [...] 10 stramme Füchse und 2 CK.« geworben werden konnten.[27] Dafür wird den Chemnitzern »der wärmste Dank des Präs.-Ausschusses ausgesprochen«.[28]

Aus »kleinen Verhältnissen« stammend, passt Linse nicht so recht zu einem Korps, das bevorzugt Söhne wohlhabender Eltern aufnimmt. Andererseits passt er aber wiederum doch, weil die Korps dem politischen Betrieb distanziert gegenüberstehen – eine Haltung, die bei Linse eigentlich durchweg zu beobachten ist. Vor allem aber scheint die Saxo-Borussia wegen ihrer Gründung an einer tierärztlichen Hochschule von vornherein nicht so dünkelhaft zu sein wie andere, traditionsreichere Korporationen. Außerdem konnten auch die Korps sich der Krise nicht ganz entziehen; auch Korpsstudenten mussten oft einem Nebenerwerb nachgehen.[29] Linse könnte

---

24 Linse: Geschichte des Corps Saxo-Borussia, S. 99.

25 Vgl. Kater: Studentenschaft und Rechtsradikalismus, S. 24–36.

26 UAL, Rep. II/XVI/II 6, Bde. 41–45, Filme 483 u. 484.

27 Saxo-Borussen-Mitteilungen (SBM) 6. Juni 1924.

28 SBM 4/5, April/Mai 1924.

29 Vgl. Lambrecht: Studenten in Sachsen, S. 147.

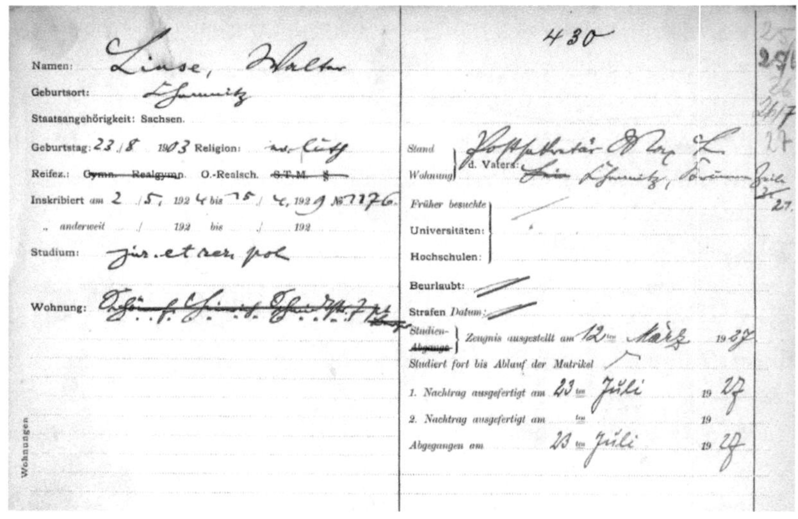

430

Namen: Linse, Walter

Geburtsort: Chemnitz

Staatsangehörigkeit: Sachsen.

Geburtstag: 23./8. 1903 Religion: ev.-luth.

Reifez.: ~~Gymn.~~ ~~Realgymn.~~ O.-Realsch. ~~S.T.M.~~

Inskribiert am 2./5. 1924 bis 15./4. 1929 № 1176

„ anderweit ./. 192 bis ./. 192

Studium: jur. et rer. pol.

Wohnung: [illegible]

Stand / Wohnung d. Vaters: [illegible] Chemnitz

Früher besuchte Universitäten: Hochschulen:

Beurlaubt:

Strafen Datum:

Studien-/~~Abgangs~~- Zeugnis ausgestellt am 12. März 1927

Studiert fort bis Ablauf der Matrikel

1. Nachtrag ausgefertigt am 23. Juli 1927

2. Nachtrag ausgefertigt am 19

Abgegangen am 23. Juli 1927

Wohnungen

Quästurkarte des Studenten Walter Linse, 1924–1927.

einer von ihnen gewesen sein, doch finden sich dafür keine Belege. Belegt ist allerdings, dass er von den Alten Herren einen Kredit in Höhe von 160 Mark und anschließend ein Stipendium in Höhe von 30 Mark monatlich erhält.[30]

b) Studieren in den »Goldenen Zwanzigern«

1924 geht es in Deutschland wirtschaftlich wieder bergauf. Mitte der 20er-Jahre können immer mehr Söhne aus nicht begüterten Elternhäusern ein Studium aufnehmen. Aber gut geht es den Studenten als Gruppe deshalb noch lange nicht. So ist etwa das Wohnen wegen des knappen Angebots an Zimmern teuer. Studenten sind häufig so arm, dass sie sogar Hunger leiden, und viele von ihnen sind auch dann noch unterernährt, als andere Gruppen im Zuge des leichten Aufschwungs wieder zu einigermaßen stabilen wirtschaftlichen Verhältnissen zurückgekehrt sind. Insgesamt kann man mit Kater sagen, dass die Studentenschaft »von 1918 bis 1933 wie keine andere gesellschaftliche Gruppe im Staat unter einem permanenten wirtschaftlichen Notstand gelitten hat«.[31]

30 SBM 1/1924.

31 Kater: Studentenschaft und Rechtsradikalismus, S. 43 u. 51; vgl. Lambrecht: Studenten in Sachsen, S. 222–230.

Politisch haben die Studenten schon im Kaiserreich überwiegend im nationalen Lager gestanden; in der Weimarer Republik rücken viele nach rechts außen und gebärden sich republikfeindlich. Ein Studentenverband nach dem anderen positioniert sich antisemitisch. Den Beginn macht die Deutsche Burschenschaft, es folgen der Kösener SCV, der Kyffhäuserverband, der Coburger LC und der Rudolstädter SC, der 1921 beschließt, dass nur »ehrenhafte Studenten germanischer Rasse« aufgenommen werden sollten, wie § 8 der neuen Satzung besagt: In »jedem Aufnahmegesuch ist von dem Betreffenden nach bestem Wissen und Gewissen zu erklären, daß sich unter seinen Vorfahren keine Juden befinden«.[32] Linses Saxo-Borussia wird sich, da Mitglied im Rudolstädter SC, an diese Regelung gehalten haben, zumal eine ihrer Vorläuferorganisationen, die freischlagende Verbindung Saxo-Borussia zu Dresden, schon 1889 beschlossen hat, »daß keine Israeliten aufgenommen werden dürfen«.[33]

Der anwachsende Antisemitismus mündet in den wichtigsten studentenpolitischen Konflikt der 20er-Jahre. Als sich die Deutsche Studentenschaft (DSt) – ein Zusammenschluss von Studentenausschüssen deutscher Hochschulen – 1919 konstituiert, denkt man großdeutsch und nimmt deshalb auch Studentenvertretungen von Hochschulen auf, die nicht auf Reichsgebiet liegen: Die aus Prag oder Wien dürfen ebenso Mitglied werden wie die aus Mainz oder Berlin. Doch vor allem die österreichischen Studentenausschüsse repräsentieren nicht die Gesamtheit der Mitglieder ihrer Hochschulen; sie lassen ausdrücklich Juden zur Wahl nicht zu. Das heißt, dass sich die auslandsdeutschen Mitglieder nach dem völkischen Prinzip, die reichsdeutschen hingegen nach dem republikanischen konstituieren – eine Konstruktion, die die deutschen Kultusminister ablehnen und geändert wissen wollen. Doch damit stoßen sie bei den Studenten, die immer radikaler werden, auf taube Ohren. 1926 kommt es zum Bruch zwischen ihnen und der Republik.[34]

Für die Studenten, die schlagenden Verbindungen angehören, kommt zu diesem Konflikt noch ein weiterer hinzu: der Kampf um das 1926 vom

---

32 Zit. n. Scheuer: Burschenschaft und Judenfrage, S. 58; vgl. Diedler: Zur Geschichte des RSC, S. 270.

33 Götze: Geschichte der freischlagenden Verbindung Saxo-Borussia, S. 40.

34 Vgl. Zorn: Die politische Entwicklung des deutschen Studententums; Faust: Der Nationalsozialistische Deutsche Studentenbund, S. 19–35.

Reichstag beschlossene Verbot der Mensur. Sie sehen darin einen Angriff auf ein identitätsstiftendes Element ihres Lebens. Doch das Gesetzesvorhaben zu Fall bringen können sie nicht, weil sich der ADW uneins ist, wie man auf diese Herausforderung reagieren soll. Auf dem Waffenstudententag in Goslar 1925 beschäftigt man sich erfolglos mit der Angelegenheit.[35] Das Verbot tritt 1929 in Kraft.

Die Nichtanerkennung der DSt als Körperschaft des öffentlichen Rechts durch die Kultusminister und das Mensurverbot haben zur Folge, dass sich die Distanz der Studenten zur Republik vergrößert und sie immer weiter an den rechten Rand rücken. Verunsichert wenden sie sich von den Parteien ab und tauchen in eine geistig von der parlamentarischen Demokratie weit entfernte Welt ein. Die studentische Rechte ist in den 20er-Jahren »kein politisch festgefügtes Lager«, wie Herbert erklärt, »sondern eher ein Milieu; ein fiebriger Dauerzustand aus Kundgebungen und Geheimtreffen, Verbandsneugründungen und -auflösungen, gekennzeichnet eher durch Stimmungen und Personen als durch Interessen und Programme«.[36]

Eine zentrale Rolle spielt der Deutsche Hochschulring (DHR), in dem auch Saxo-Borussia Mitglied ist und der bei AStA-Wahlen in den meisten Universitätsstädten große Erfolge erzielt. Eine ausformulierte Ideologie kann es angesichts des Bewegungscharakters nicht geben, und unter den Mitgliedsverbindungen gibt es zudem graduelle Unterschiede. Als konstitutiv kann allerdings die Berufung auf das »Volk« gelten, das gegen die Republik und die Juden in Anschlag gebracht wird, und die Erwartung eines »Führers«, der das Volk aus seiner Not befreien werde. Einer der Gründer des DHR schreibt: »Dann wird auch der völkische Gedanke mehr sein als nationales Phrasentum, mehr sein als negativer Antisemitismus. Wir hassen dann den Juden nicht, weil er Jude ist, sondern wir lehnen ihn ab als Volksgenossen, weil er uns innerlich fremd gegenübersteht.«[37]

Linse nimmt 1924 sein Studium auf und verlässt die Universität 1927. Er studiert also in der »Zeit der beruhigten Oberfläche«: Von außen gesehen verhalten sich die Studenten in dieser Phase unauffällig, doch es ist anzunehmen, dass sie intern ausgiebig über ihr Verhältnis zur Demokratie dis-

---

35 Vgl. IfH, A1 Nr. 668e, Kösener Archiv.

36 Herbert: Generation der Sachlichkeit, S. 35; vgl. Sontheimer: Antidemokratisches Denken in der Weimarer Republik.

37 Schulz: Der Deutsche Hochschulring, S. 24.

kutieren. Das Ergebnis ist bekannt: Sie entscheiden sich mehrheitlich gegen die Weimarer Republik, um 1933 die »Machtergreifung« zu begrüßen. Doch muss man Linse und seiner Saxo-Borussia Gerechtigkeit widerfahren lassen: Während die Burschenschaften und Vereine Deutscher Studenten offen mit den Rechtsparteien DNVP und NSDAP sympathisierten, blieben die Korps äußerlich auf Distanz; parteipolitisches Engagement ist nicht gern gesehen. Deshalb kann der NSDStB die Korps kaum infiltrieren; jedenfalls hat er 1929 in der Leipziger Saxo-Borussia keine Mitglieder.[38] Doch ideologisch liegen viele ihrer Mitglieder mit dem völkischen Milieu natürlich auf einer Linie. 1933/34 leisten die Verbände keinen Widerstand gegen ihre Gleichschaltung.[39]

c) Ansprachen, Mensuren, Fuxenstunde

Linse vertritt sein Korps im Februar 1925 im Waffenring und im DHR. Was er in seiner Funktion im Hochschulring tut, ist nicht überliefert. Auch seine Wahl zum Berichterstatter für den Hochschulpolitischen Ausschuss zeigt keine greifbaren Folgen. Sein Mandat beim ADW führt ihn vom 5. bis 7. Dezember 1925 zum Waffenstudententag nach Goslar. Doch auch hier bleibt sein Engagement vollständig im Dunkel; die Unterlagen im Institut für Hochschulkunde über diese Tagung erwähnen ihn nicht. Und Linses Bericht über seine Harzreise ist wenig informativ.[40] Das einzige, was aus ihm herausgelesen werden kann, ist, dass Linse jenseits des Kongressprogramms stimmungsvolle Momente erlebt hat.

Gemeldet in Leipzig ist Linse nicht, was bedeutet, dass er irgendwo zur Untermiete wohnt.[41] In den ersten Sommerferien 1925 bleibt Linse als Ferienpräsident im Korpsheim in der Otto-Schill-Straße. Dokumentiert ist auch Linses Teilnahme an zwei Mensuren. Sein Studium vernachlässigt er nicht, wie sein späterer Lebensweg erweisen wird, der ihn nach relativ frühem Abschluss in sein Referendariat überwechseln lässt. Das ist insofern bemerkenswert, als die dem Standesdünkel geschuldete weitverbreitete Bummelei vieler Korporierter bekannt ist. Sie kommt etwa in den Beobachtungen eines Marburger Burschenschaftlers in Frankfurt am Main von 1925 zum Aus-

---

[38] Vgl. Schirach: Wille und Weg, S. 8f.

[39] Vgl. Faust: Der Nationalsozialistische Deutsche Studentenbund, S. 137–145.

[40] SBM 1-2/1926.

[41] Schreiben des Sächsischen Staatsarchivs Leipzig an Verf., 4. Juli 2014.

Linse beim Treffen des Orange-Kartells in Rudolstadt, Pfingsten 1927.

druck, der in einem Brief über die dortigen »Streber« lästert, »die noch nie blau gewesen« sind und ständig in den Kollegs sitzen »und schreiben und schreiben [..., als] wollten alle das Examen mit I. machen«.[42]

Linse tritt in seiner Verbindung häufig als Redner in Erscheinung. Auf der Leipziger Weihnachtskneipe 1925 spricht er »treffliche Worte«[43], beim RSC-Winterfest am 2. Januar 1926 im Namen der Rudolstädter Studenten »mit Schneid«.[44] Auch beim Wintervergnügen 1926 tritt er mit einer »schneidigen Begrüßungsrede« hervor.[45] Linses Rede bei der Stiftungskneipe im März 1926 wird ebenfalls positiv rezipiert; der Berichterstatter rühmt Linses »in zündender, eindrucksvoller Ansprache« gehaltenen Rückblick »auf die schicksalsreiche Geschichte des Corps«, wobei er »auch der treuen Toten« gedachte.[46] Ebenfalls gelobt wird Linses Ansprache bei der Weihnachtskneipe 1926[47], und bei der Beerdigung eines Alten Herren in Wittenberg wirft er dem Verstorbenen »unter Worten herzlichsten Gedenkens Band und

---

42 Zit. n. Kater: Studentenschaft und Rechtsradikalismus, S. 35.

43 SBM 1-2/1926.

44 SBM 1-2/1926.

45 SBM 3/1926.

46 SBM 3/1926.

47 SBM 12/1926.

Mütze in seine Gruft nach«.[48] Dass er auch heiter und beschwingt sein kann, demonstriert er am Jahresende 1926. »In überfroher Stimmung«, heißt es über die Weihnachtskneipe, »nach einigen gedenkenden Worten von IA CB. Linse, der in kürzester Folge noch einmal alles an unserem geistigen Auge vorüberführte, was wir hier erlebt hatten, [haben wir] die Kneipe unserer stolzen Saxo-Borussia unter den Tisch getrunken«.[49] Gleichfalls die richtigen Worte findet er gegenüber den Alten Herren. Bei der Leipziger Weihnachtskneipe 1925 bekundet er sein Bedauern über »die Gleichgültigkeit eines Teils der Leipziger AH.-schaft« gegenüber dem Korpsleben.[50]

Im Jahr 1927 ist Linse schon inaktiviert, aber er nimmt noch rege am Korpsleben teil. Am 8. Oktober hält er beim Hindenburg-Kommers der Vereinigung Alter Waffenstudenten die Festrede. Wenn man dem Berichterstatter der Korpszeitung glauben darf, handelte es sich bei dieser Rede, bei der es darum ging »zu zeigen, welche Gefühle an Hindenburgs Geburtstag deutsche Studenten beseelen«, um den Höhepunkt der Veranstaltung. Linse zeichnet ein Bild des Reichspräsidenten, der Deutschland und die Deutschen wie ein Erlöser aus tiefer Not errettet. Hindenburgs Weg beginnt »in jenem Sturmtagen von 1914«, als er bei Tannenberg siegt und »seit jener Zeit seine Gestalt glorienhaft immer weiter wächst«. Es kommt der »Irrsinn der Revolution«, und die alte Ordnung zerfällt. Aber Hindenburg rettet erst seine Soldaten und stellt sich dann als Reichspräsident in den Dienst des Vaterlandes. Für den deutschen Studenten ist er ein Vorbild: Er ist »das Beispiel einer solchen Führernatur unter dem Gebot der Pflicht«, dem »wir nachzustreben versuchen« und dessen Geist man »auch auf unsere jungen Füchse verpflanzen« wolle.

Doch auch jenseits der nachgerade metaphysischen Bedeutung Hindenburgs für die deutschen Studenten sieht Linse einen guten Grund, dem Reichspräsidenten seine Reverenz zu erweisen: Er habe in der Auseinandersetzung um das Mensurwesen Partei für die Waffenstudenten ergriffen. »Linse schloß seine schwungvolle und von Begeisterung getragene Rede mit den Worten: ›Deutsches Vaterland! Dieser Gedanke soll unser Geburtstagsgeschenk sein!‹« Das Publikum hat sich offensichtlich anstecken lassen, denn nachdem »auf das Wohl des Vaterlandes ein stolzdonnernder Salamander gerieben war, san-

---

48 SBM 4-5/1926.

49 SBM 12/1926.

50 SBM 1-2/1926.

gen alle stehend das Deutschlandlied und aus vollstem Herzen: ›Deutschland, Deutschland über alles, und im Unglück nun erst recht!‹«[51]

Unter ähnlichen Umständen hält Linse am 12./13. November 1927 die Vaterlandsrede beim Treffen des Orange-Kartells, also einem formalisierten Freundschaftsverhältnis mehrerer Verbindungen, zu dem außer Saxo-Borussia noch Salingia Berlin und Silvania Gießen gehören.[52] In den SBM heißt es dazu: Er »ging davon aus, daß das Gedenken an das deutsche Vaterland für unser Kartell auch ein Gedenken der Toten sei. 47 Angehörige des Orange-Kartells seien einst hinausgezogen in Feindesland. Sie hätten uns gezeigt, daß auch wir, wie sie es getan, den Platz ausfüllen sollen, wohin uns das Schicksal stelle. Für uns, die Lebenden, solle deshalb das Gedächtnis der Toten zu einem Gelöbnis werden, stets ihrem Corpsgeist und ihrem Kartellgeist nachzustreben. Mit einem dreifachen Hurra auf das deutsche Vaterland schloß der Redner seine trefflichen Worte.«[53]

Immer wieder reflektiert Linse außerdem, was es bedeutet, Mitglied einer Studentenverbindung zu sein. Er bringt seine Gedanken auch in sein Korps ein und referiert im Sommer 1925 über den »Unterschied der corpsstudentischen und burschenschaftlichen Idee«. Er setzt damit den Auftakt zu einer Vortragsreihe, mit der »das geistige Leben im Corps« gehoben werden soll. Anstatt sich bei Spiel und Unterhaltung zu zerstreuen, wird zugehört und anschließend »eine rege und interessante Debatte« geführt. Die Anregung für diese Form des Gemeinschaftslebens ist Linses Antwort auf die in vielen Verbindungen gestellte Frage, ob es ausreicht, gemeinsam zu trinken. »Man glaubte«, schreibt Linse rückblickend, damit »einen Weg zur erstrebten Verinnerlichung des Gemeinschaftslebens gefunden zu haben«. Indes muss er am Ende feststellen: »Dieser Plan scheiterte. Einige wenige nur unterzogen sich der Mühe, irgendeine allgemein-interessierende Frage referatmäßig vorzutragen, die meisten standen abseits.«[54] Trotz des Rückschlags bleibt Linses Engagement ungebrochen; im Februar 1926 hält er einen Vortrag über »Grundprobleme der Gesellschaft«.[55]

---

51 SBM 9-10/1927.

52 SBM 2/1924.

53 SBM 11-1927.

54 Linse: Geschichte des Corps Saxo-Borussia zu Leipzig, S. 94.

55 SBM 3/1926; zur Qualität derartiger Bildungsveranstaltungen vgl. Kater: Studentenschaft und Rechtsradikalismus, S. 35f.

Am 18. Dezember 1926 wird Linse zum Fuchsmajor gewählt, was er sogleich dazu nutzt, den neuen Korpsmitgliedern eine hochschulpolitische Schulung angedeihen zu lassen. Das Programm für diese Schulung ist in den SBM abgedruckt.[56] In der Schulung geht es zunächst um einen Rückblick auf die »Entwicklung des studentischen Geistes« von der Zeit vor 1914 bis in die Gegenwart und die hochschulpolitischen Auseinandersetzungen aus der Perspektive der schlagenden Verbindungen, die ein allgemeinpolitisches Mandat für sich beanspruchen. Zum zweiten geht es um das Selbstverständnis schlagender Verbindungen, ihre Auseinandersetzungen, Vereinigungen und Zerwürfnisse; zur Sprache kommt auch das Verbot der Mensur. Schließlich behandelt der Entwurf grundsätzliche philosophische Fragen. Für Linse ist das Problem des gegenwärtigen Waffenstudententums ein »Führerproblem«, das allerdings in seiner »verschwommene[n] Bedeutung in der Jetztzeit« nicht greifbar sei.

Es ist derselbe Themenkreis, den Linse auch in seinem Beitrag über Saxo-Borussia in der Festschrift zum Jubiläum 1929 anspricht. Die Notwendigkeit – Linse sagt: weil eine Verbindung »als Glied der Allgemeinheit und als Glied des Volksganzen«[57] von der allgemeinen Entwicklung abhänge – dies zu tun, erschließt sich zwar nicht. Aber deutlich wird Linses zentrales Ideal, das er für sein Korps, die Studentenschaft und letztlich für Deutschland erstrebt: die »Gemeinschaft«, die die Generation der Kriegsteilnehmer aus dem Geist der Kameradschaft im Schützengraben so vorbildlich herzustellen verstand und danach »das gewaltige Werk der studentischen Selbstverwaltung und Interessenvertretung«[58] geschaffen hat, also die DSt. Weder im Waffenring noch im Hochschulring sei das Ziel verwirklicht worden, klagt Linse; auch innerhalb der eigenen Verbindung sei der Reformbedarf zwar erkannt, aber geschaffen seien neue Formen der Gemeinschaft noch nicht. Doch ausgerechnet in diesen Tagen sei die DSt einer besonderen Prüfung durch den preußischen Kultusminister Becker ausgesetzt, wobei Linse die Hoffnung trotz der Auseinandersetzungen nicht aufgeben will. »Der stolze Bau steht trotz aller Schicksalsstürme, und es ist innigst zu hoffen, daß er sich von der Idee seiner Gründer, ein einiges Großdeutschland zu schaffen,

56 SBM 3-4/1927.

57 Linse: Geschichte des Corps Saxo-Borussia zu Leipzig, S. 89.

58 Ebd., S. 93.

nicht abbringen läßt«[59], meint Linse – und verfehlt den eigentlichen Kern des Konflikts, nämlich den Gegensatz von staatsbürgerlichem Prinzip, das Becker in der DSt durchsetzen will, und dem völkischen, auf dem die DSt beharrt.

Im Verlauf des Jahres 1926 dominiert die Erwartung des Umzugs in ein eigenes Verbindungshaus das Leben der Saxo-Borussia. Bis jetzt hat man Räumlichkeiten in der Innenstadt angemietet, die aber für den Verbindungsbetrieb zu klein geworden sind. Die Alten Herren sammeln Geld, und man bildet eine Kommission, in die auch Linse gewählt wird. Im Januar 1927 zieht man um und veranstaltet ein rauschendes Fest. Linse, der zu diesem Zeitpunkt Senior ist, erinnert in seiner Ansprache an das Gemeinschaftsleben im alten Korpsheim: »Wie vielen Corpsbrüdern war hier das Fuchsenband umschlungen worden, wie viele hatten hier den feierlichen Burscheneid geschworen, wie viele waren mit Singsang und Klingklang von hier ins Philistertum hinausgezogen, in wieviel ernsten Konventen war hier pflichtbewußt über die Geschicke des Corps beraten worden, wieviel Jugendfrohsinn hatte in diesen Räumen gewaltet! Von hier aus waren auch unsere Kriegsfreiwilligen ausgezogen, nachdem sie in unvergeßlichem Landesvater Abschied gefeiert hatten von der fröhlichen Jugendlust.«[60]

Das Haus ist natürlich das Werk der Alten Herren. Aber Linse hat als einziger Student ein Kapitel zur Festschrift beigetragen.[61] Sichtlich zufrieden mit der Einweihung und wohl auch mit sich selbst, hält Linse fest, dass der Ausschuss gute Arbeit geleistet habe, dass seiner Arbeit »ein vollster Erfolg beschieden [war]: Corps Saxo-Borussia weihte in einer selten würdigen und erhebenden Feier sein Haus ein. Etwa 170 Alte Herren waren von nah und fern herbeigeeilt, um den denkwürdigen Tag ihres Corps mitzufeiern. Ihnen allen wurde der Tag der Hausweihe zu einem unvergeßlichen Erlebnis«.[62]

Am Mittag des 15. Februar 1927, einem Samstag, trifft man sich zum Festakt in dem Haus, zu dem auch Vertreter anderer Verbindungen und studentischer Zusammenschlüsse, von Stadt und Universität und Handelshochschule sowie der Reichswehr und Medienvertreter begrüßt werden. Ein Streichquar-

---

59 Linse: Geschichte des Corps Saxo-Borussia zu Leipzig, S. 94; vgl. Geißler: Aufstieg und Niedergang der studentischen Selbstverwaltung, S. 353f.

60 Ebd., S. 110.

61 SBM 6/1926.

62 Ebd., S. 111.

tett spielt auf, Ehrengäste werden begrüßt und der toten Saxo-Borussen wird gedacht. Der AH-Vorsitzende hält eine Rede. Dann übergibt er Linse die Schlüssel und ruft die Aktiven dazu auf, »an der Arbeit zur Verwirklichung waffenstudentischer Ideale« festzuhalten und das Haus ordentlich zu verwalten. »Linse [...] dankte den Alten Herren für das große, herrliche Geschenk des Corpshauses und gelobte im Namen der Aktivitas, es mit dem Geist einer sittlich-pflichtbewußten, lebensfrohen und lebensbejahenden waffenstudentischen Jugend zu erfüllen.«[63] Das neue Verbindungshaus erscheint in Linses Darstellung als ein Ort, der dazu einlädt, sich vom studentischen Leben an der Universität zu absentieren und sich in die Welt des Korps zurückzuziehen. »Das innere Corpsleben nahm seit der Hausweihe einen ungeahnten Aufschwung. Fast jede freie Stunde des Aktiven gehörte ihm.«[64]

Als er 1927 sein Referendariat antritt, ist es für Linse mit diesem Idyll vorbei. Über die weitere Beziehung des Alten Herrn Linse zu seiner Saxo-Borussia gibt es keine Informationen. Bekannt ist lediglich, dass er 1928 bei den SBM die Zuständigkeit »für Leitartikel und Kartellfragen« übernimmt.[65]

1936 werden die Verbindungen aufgelöst und durch »Kameradschaften« des NS-Studentenbundes ersetzt. 1938 ist der Wechsel nach amtlicher Lesart vollzogen.[66] Die Alten Herren der Korporationen werden in der Folge zum Eintritt in zugehörige NS-Altherrenschaften gedrängt, womit das traditionelle Verbindungsleben nahezu vollständig zum Erliegen kommt. 1942 hofft man in Leipzig auf eine gewisse Wiederbelebung in der Kameradschaft »Deutschritter«, deren Altherrenschaft ausschließlich aus Alten Herren der Saxo-Borussia bestehen soll. In einem undatierten Bericht heißt es: »Dieser Beschluß führte die Saxo-Borussen wieder zusammen. Es meldeten sich auch diejenigen, die infolge der Verhältnisse fern geblieben waren.« Für Juni 1943 wird in der letzten Ausgabe der SBM ein »sehr gut besuchtes Altherren-Treffen mit Damen (58 AHAH, 40 Damen)« in Leipzig gemeldet.[67] Dann ruhte der Betrieb endgültig. Ob Linse bis dahin am Verbindungsleben – oder was davon übriggeblieben ist – teilgenommen hat oder nicht, entzieht sich unserer Kenntnis.

---

63 Ebd., S. 113.

64 Ebd., S. 117.

65 Ebd., S. 158.

66 Vgl. *Der Altherrenbund* 1, 1938/39, Folge 8, Februar 1939, S. 220–221; *Der Altherrenbund* 4, 1941/42, Folge 4, Oktober 1941 (Nachrichtenbeilage), S. 22.

67 Bbr. Ilg Hansea et Saxo-Borussia, Buch der Bundesbrüder, in: IfH 880/GF 40900 I 27.

3. Kurze Justizkarriere und Promotion

a) Der Referendar und Richter

Im Sommer 1927 beendet Linse sein Jurastudium und besteht das erste juristische Staatsexamen. Am 12. März wird sein Zeugnis ausgestellt und am 23. Juli ein Nachtrag gefertigt. Das Referendariat führt ihn zum 1. September 1927 an das Amtsgericht Chemnitz. Dort legt er am 9. September 1927 den Amtseid ab, der ihn auf »Treue der Reichsverfassung und der Landesverfassung, Gehorsam den Gesetzen, gewissenhafte Erfüllung ihrer Amtspflichten und unparteiische Ausübung des Richteramtes« verpflichtet. Linse entgegnet dem Beamten, der ihn vereidigt, »Ich schwöre es – so wahr mir Gott helfe« und unterschreibt das Dokument.[68]

Linse bleibt bis Ende März 1928 in Chemnitz und wechselt zum April 1928 ans Amtsgericht in Stollberg, das rund 20 Kilometer von Chemnitz entfernt liegt. Hier ist er erst bei der Staatsanwaltschaft und ab Februar 1929 wieder beim Amtsgericht beschäftigt. Von April bis Oktober 1929 macht er Station als »Hilfsarbeiter« bei den Rechtsanwälten Justizrat Karl Böhmer und Dr. Küster, die in der Chemnitzer Weststraße ihre Kanzlei haben.[69] Dort lernt er »von nur wenigen Ausnahmen abgesehen, die gesamte Amtsgerichtspraxis zu erledigen, und zwar in den weitaus meisten Fällen selbständig«, wie es im Zeugnis heißt, das ihm am 1. November 1929 ausgestellt wird. Er verfasst Schriftsätze an das Landgericht und verteidigt Klienten in Straf- und Zivilsachen. Schließlich übernimmt er sogar die Urlaubsvertretung für die beiden Anwälte. Die hätten ihn nach eigenem Bekunden gerne länger bei sich behalten, denn sie waren zufrieden mit ihm: Sie loben ihn als »überaus fleißig und jederzeit arbeitsfreudig und unverdrossen« und attestieren ihm »gute Rechtskenntnisse, die er auch zu verwerten verstand«. Auch »unsere Klienten hat er geschickt vertreten, so dass niemals seitens des Publikums Klagen über ihn laut geworden sind«.[70]

Linse bleibt nach der Anwaltsstation in Chemnitz, wo er vom November 1929 bis einschließlich November 1930 beim Amtsgericht und beim Landgericht beschäftigt ist. Was er im Oktober 1930 und zwischen Februar bis Mai 1931 macht, ist nicht bekannt. Möglicherweise bereitet er sich in dieser Zeit

68 StAL, Amtsgericht Leipzig, 2767.

69 Vgl. Adreßbuch der Industrie- und Handelsstadt Chemnitz.

70 StAL, Amtsgericht Leipzig, 2767.

auf sein zweites Staatsexamen vor, das er am 18. April 1931 mit »gut« besteht. Damit beginnt eine neue Phase in seiner juristischen Laufbahn, denn er wird »sogleich von jetzt an« zum Gerichtsassessor ernannt. Man überweist ihn »als nichtplanmäßigen Beamten dem Amtsgerichte Stollberg [...] als Hilfsrichter«, wo er »mit der Wahrnehmung der amtsanwaltschaftlichen Geschäfte bei dem Amtsgerichte Stollberg beauftragt« wird, wie es im Schreiben des Sächsischen Ministeriums der Justiz vom Tage des Examens heißt.

Für Linse ist das ein großer Erfolg, denn eigentlich besteht in Sachsen Einstellungsstopp. Doch bei ihm macht man wegen der guten Note eine Ausnahme.[71] Die Stellung ist allerdings vorerst auf sechs Monate befristet. Unmissverständlich heißt es im Schreiben des Ministeriums an das Amtsgericht Leipzig: »Die Zuweisung des Gerichtsassessors Linse ist nicht als dauernder Zuwachs gedacht. Ende September 1931 ist erneut über den Geschäftsgang unter Beifügung der Geschäftszahlen zu berichten.«[72] Die Umstände sind Linse nicht hold. Mag um 1930 die größte wirtschaftliche Not vorbei sein, mag er schnell studiert und mit einer guten Note abgeschlossen haben, so wird dieser Einsatz nicht gelohnt. Die Aussichten für Juristen sind schlecht; Anforderungen an Bewerber werden nach oben geschraubt, Stellen abgebaut und mitunter nach politischen Kriterien vergeben. Aber nicht nur der öffentliche Dienst wird als Arbeitgeber immer unbedeutender, sondern auch die Wirtschaft. »Zusammenfassend kann nach all diesem gesagt werden«, lautet eine zeitgenössische Diagnose, »daß die Aussichten in der Richterlaufbahn zurzeit nicht günstig sind, und daß auch für die nächsten Jahre angesichts des wachsenden Andrangs eine Besserung nicht zu erwarten ist«.[73]

Doch immerhin wird Linse, der zu diesem Zeitpunkt im Haus seiner Eltern in der Krummen Zeile 21 in Chemnitz wohnt, zum ersten Mal für seine Tätigkeit vergütet; im Mai 1931 erhält er nur 143,24 RM, da er erst ab dem 19. als Assessor geführt wird. Danach pendeln die Bruttodienstbezüge bis zu seinem Ausscheiden aus dem sächsischen Justizdienst zum 31. Dezember 1933 zwischen 305,62 und 370,04 RM.

Linse bleibt für ein Jahr am Amtsgericht in Stollberg. Dienstlich befasst er sich unter anderem mit Hinterlegungs- und Beurkundungssachen, Privat-

---

71 Vgl. Lebenslauf Linses vom 4. November 1950, in: BA Koblenz, B 209, 1204.

72 StAL, Amtsgericht Leipzig, 2767.

73 Sobbe: Die Aussichten in der Richterlaufbahn, S. 207. Ähnlich pessimistisch Rust: Die Berufsaussichten der Juristen.

klagen, Strafbefehlen, Offenbarungseidsachen. Seine Vorgesetzten sind zufrieden mit ihm, wie aus verschiedenen Beurteilungen[74] hervorgeht: »Linse besitzt sehr gute Kenntnisse, namentlich auf dem Gebiete des Strafrechts, u. ist ausgezeichnet befähigt. Er arbeitet zuverlässig, gründlich u. umsichtig u. ist ein gewandter u. geschickter Redner.« Man sieht, dass er mehr Erfahrungen im Strafrecht hat als auf anderen Rechtsgebieten, hält ihn aber auch für die Bearbeitung von Zivilsachen für geeignet, denn »[s]eine Leistungen sind recht gut«. Ein Jahr später wird ihm bescheinigt, dass er »flott, umsichtig, gründlich u. geschickt auf allen Gebieten [gearbeitet hat], auf denen er beschäftigt gewesen ist. Seine Leistungen waren sehr gut.« Die Gesamtbeurteilung seiner Stollberger Zeit ist ähnlich positiv, allerdings mit Einschränkungen: »Ger. Ass. Linse ist sehr fleißig und zeigt großes Interesse für den Dienst. Er ist gut befähigt und besitzt gute Rechtskenntnisse. Seine praktischen Leistungen sind gut, wenn auch nicht frei von Mängeln.« Durchweg einig ist man sich in der Bewertung von Linses Verhalten im Dienst, das als tadellos charakterisiert wird, und außerhalb, über das »nichts Nachteiliges bekannt« ist. Als typisch mag die Beurteilung des Präsidenten des Landgerichts Chemnitz vom 17. Mai 1933 gelten, in der es heißt: »Ein befähigter, sehr gut, praktisch und zuverlässig arbeitender Richter, für den praktischen Dienst, und zwar für jede Stelle, geeignet.«

Nach 13 Monaten in Stollberg kehrt Linse wieder nach Chemnitz zurück; er wird zum 1. Mai 1933 ans Amtsgericht versetzt. Hier ist er für Konkurs- und Versteigerungssachen zuständig und dient beim Vollstreckungsgericht als Hilfsrichter.[75] Allerdings währt seine Zeit an dieser Wirkungsstätte nur kurz. Das Justizministerium in Dresden beschließt nämlich, ihn ohne Begründung zum Jahresende zu entlassen. Mit Datum 13. November 1933 ergeht ein Schreiben an den Amtsgerichtspräsidenten in Leipzig mit der Aufforderung, Linse bis spätestens 15. November 1933 zu kündigen. Doch selbst wenn das Schreiben rechtzeitig in Leipzig erschienen ist, ist es noch am selben Tage obsolet geworden. Denn Linse erscheint unerwartet im Ministerium bei Dr. Friedlein, wie der am 14. November 1933 ans Amtsgericht Leipzig schreibt, und kündigt selbst.

Im Zeugnis, das man Linse am Ende ausstellt, werden seine Leistungen etwas skeptischer bewertet als in Stollberg, aber immer noch positiv: »Die

74 29. April 1932, 17. Mai 1933 und 27. Mai 1933, in: StAL, Amtsgericht Leipzig, 2767.

75 Zeugnis vom 23. März 1934, StAL, Amtsgericht Leipzig, 2767.

ihm übertragenen Geschäfte hat er zur vollen Zufriedenheit und rasch erledigt. Er ist befähigt, besitzt gute Kenntnisse und ist geschickt im Verkehr mit dem Publikum. Sein dienstliches Verhalten war einwandfrei. Wegen des außerdienstlichen Verhaltens ist Nachteiliges nicht bekannt geworden. Er ist auf Grund eigener Kündigung hier ausgeschieden.«

Es ist nicht bekannt, weshalb Linse Abschied nimmt. Jedenfalls ist er aus einem nicht bekannten Grund über seine Erlebnisse am Ende seiner Beschäftigung im öffentlichen Dienst sehr unglücklich. Er bekennt wenig später in einem Brief an einen Herrn Direktor Fritzsche in Leipzig, der »bei meiner Verabschiedung so gütig und so liebenswürdig« war und »sich so aufrichtig und herzlich zu einer Hilfeleistung« erbot, dass der Stachel tief sitzt. Linse schreibt: »Jene Enttäuschung habe ich aber noch immer nicht verwunden und werde es wohl auch nie können.«[76] Was er erwartet hat, das dann nicht eingetreten ist, teilt Linse nicht mit. Nur der Empfänger des Schreibens, der wohl dabei war oder die Vorgänge aus nächster Nähe mitverfolgt hat, weiß Bescheid.

b) Der Rechtsanwalt

Mit Beginn des Jahres 1934 kehrt Linse nach Rochlitz zurück, wo er sich als Rechtsanwalt niederlässt, der beim Amtsgericht und Landgericht Chemnitz und der Kammer für Handelssachen Annaberg zugelassen ist.[77] Jetzt ist er einer von 19 000 Anwälten im ganzen Reich, und der Berufsstand befindet sich im Umbruch. Bereits im Jahr der »Machtergreifung« sind die Anwaltskammern gleichgeschaltet, die Selbstverwaltung ist beseitigt. Noch ist der Beruf allerdings frei; das ändert sich erst mit dem zweiten Gesetz zur Änderung der Rechtsanwaltsordnung vom 13. Dezember 1935 und mit der Änderung vom 21. Februar 1936. Jetzt hat der Staat die Aufsicht über die Zulassung neuer Rechtsanwälte und die Ausübung des Anwaltsberufs übernommen.[78] Linse tritt 1937 dem NSRB bei, wo er nach eigenen Angaben ohne Amt bleibt und keine Beitragszahlungen entrichtet.[79]

---

76 Brief vom 14. März 1934, StAL, Amtsgericht Leipzig, 2767. Oder heißt der Absender Friedlein? Titel und Name sind schwer zu entziffern.

77 HStAD, Bestand 11018, Nr. 1693.

78 Vgl. Wagner: Die Umgestaltung der Gerichtsverfassung und des Verfahrens- und Richterrechts, S. 322–324.

79 Vgl. den von Linse in Westberlin ausgefüllten Meldebogen vom 20. Juli 1950, in: LAB, B Rep. 031-03-07, Nr. 3901–3909; vgl. Sunnus: Der NS-Rechtswahrerbund.

Inwieweit sich die neuen Regelungen auf Linses Berufsausübung auswirken, ist nicht bekannt. Die zunehmenden Restriktionen wird er irgendwie zu spüren bekommen haben.[80] Vom Gesetz zur Wiederherstellung des Berufsbeamtentums vom 7. März 1933 ist Linse, der kein Jude ist, nicht betroffen. Dass er umgekehrt davon profitiert, kann angesichts der geringen Zahl jüdischer Anwälte in Sachsen – am Ende des Jahres war ihre Zahl auf 68 gesunken[81] – bezweifelt werden. Dass er nun unter der »Herrschaft des Fragebogens«[82] steht, muss angenommen werden. Überliefert ist keiner.

Für Linses Entscheidung, sich ausgerechnet in Rochlitz, einer kleinen Kreisstadt in Mittelsachsen, als Rechtsanwalt niederzulassen, ist kein guter Grund ersichtlich. Rochlitz zählt 1939, also ein paar Jahre später, gut 6000 Einwohner; hier und in der Umgebung sind drei Rechtsanwälte tätig: zwei in der Stadt selbst, ein weiterer im nahen Kleinmilkau. Außerdem leben dort drei Korpsbrüder Linses.[83] Ob er Kontakt zu ihnen gesucht hat?

Finanziell ist der Sprung in die freie Advokatur ein schlechtes Geschäft. Hat Linse 1932 noch 4000 RM erhalten, sinkt sein Verdienst jetzt deutlich ab: Im Jahr 1934, in dem er sage und schreibe drei Angestellte beschäftigt, liegt sein Einkommen sogar bei nur 2.400 RM.[84] Erst 1938, mit seinem Eintritt als Referent in die Industrie- und Handelskammer Chemnitz, steigt Linses Einkommen wieder an und liegt bis 1943 auf ungefähr der Höhe seines Gehalts als Assessor. Das ist aber immer noch wenig, wie der Vergleich mit seinem Vater Max zeigt, einem Postsekretär, also einem Beamten des mittleren Dienstes, dessen Einkommen im Jahr 1927 immerhin 430 RM pro Monat betrug.[85]

Die Arbeit als Anwalt kann Linse nicht befriedigt haben – oder er hatte zu wenig davon. Jedenfalls versucht er bald, anderweit ein Auskommen zu finden. Da kommt es ihm gelegen, dass in Rochlitz ein neuer Bürgermeister gesucht wird. »Die Bürgermeisterstelle der Stadt Rochlitz ist zum 1. April

---

80 Vgl. Hartstang: Der deutsche Rechtsanwalt, S. 43–45.

81 Suttner: Juden in Sachsen, S. 155.

82 Dölemeyer: Gleichschaltung und Anpassung der Anwaltschaft, S. 276.

83 Anschriftenverzeichnis der Alten Herren der Deutschen Landsmannschaft, Bd. II/III, S. 189.

84 Meldebogen der Spruchkammer Zehlendorf, ausgefüllt am 20. Juni 1950 in Westberlin, in: LA Berlin, B Rep. 031-03-07 Nr. 3901–3909.

85 Stöber, Deutsche Pressegeschichte, S. 222; vgl. https://de.wikipedia.org/wiki/Reichsbesoldungsordnung_A_(1935), abgerufen am 17. Januar 2016.

1934 neu zu besetzen«, heißt es in den »Allgemeinen Mitteilungen« des *Nationalsozialistischen Gemeindeblattes*, das von der Gauleitung Sachsen, also einer Parteistelle, herausgegeben wird. »Befähigung zum Richteramt oder zum höheren Verwaltungsdienst erforderlich. Persönliche Vorstellungen nur auf Auffordern. Bewerbungen sind bis 10. März 1934 an den Stadtrat zu Rochlitz einzureichen.«[86]

Auch in der sächsischen Provinz ist die »Gleichschaltung« in vollem Gange, eine Säuberungswelle rollt durch das Land und reißt zahlreiche Bürgermeister und Gemeinderäte mit sich – und Linse könnte davon profitieren. Der parteilose Bürgermeister von Rochlitz, Dr. Rudolf Herrmann, ist gleich nach der Ernennung Hitlers zum Reichskanzler ins Visier der Nazis geraten: Hitler rief für den 5. März Neuwahlen zum Reichstag aus, die seiner NSDAP gegenüber der Wahl vom 6. November 1932 einen üppigen Stimmenzuwachs von 10,8 Prozentpunkten auf nunmehr 43,9 Prozent bescherte. Als die Nachricht vom Sieg Hitlers eintraf, schritt der Hausmeister des Rathauses zur Tat und tauschte die Stadt- und Landesfahnen, mit denen das Rathaus geschmückt war, durch Hakenkreuzfahnen aus. Herrmann ließ sich hinreißen, ihn dafür als »Lump« zu beschimpfen, woraufhin er am 24. März 1933 im »wilden« Konzentrationslager Schloss Colditz für 24 Stunden interniert und am 25. März abgesetzt wurde. Während Stadtobersekretär Max Walther, ein NSDAP-Mitglied, kommissarischer Bürgermeister wurde, strengte man ergebnislos ein Gerichtsverfahren gegen Herrmann an und schickte ihn am 7. Dezember 1933 in den Ruhestand.[87]

Walther wäre wohl auf seinem Posten geblieben, doch die Amtshauptmannschaft drängte den Stadtrat auf ein Stellenbesetzungsverfahren, das Anfang 1934 schließlich in Gang kommt. Linse erfährt davon zu spät, jedenfalls reicht er seine Unterlagen nicht fristgerecht, nämlich am 15. März, und dazu noch unvollständig beim Stadtrat ein. Ob in Ermangelung von Zeugnisabschriften oder weil es ihm ohnehin angemessen erscheint, weiß man nicht – jedenfalls sind nicht nur sein Lebenslauf und »eine Darstellung der Beweggründe meiner Bewerbung« in seinen Unterlagen enthalten. Sondern Linse fügt darüber hinaus »eine Auslassung über die Stellungnahme des Bewerbers zum Nationalsozialis-

---

86 Nationalsozialistisches Gemeindeblatt, 4. Jg, Folge 5, 1. März 1934, S. 146.

87 Schreiben des Rochlitzer Schloss- und Museumsdirektors i. R. Udo Baumbach an Verf. v. 11. August 2014; vgl. Erich Kunz: Rückblick – Ausblick!, in: Nationalsozialistisches Gemeindeblatt, 4. Jg., Folge 1, 1. Januar 1934, S. 1–6.

mus« und »eine kurze Stellungnahme zu der Frage des Kommunalpolitikers im Dritten Reich« bei, die allerdings beide nicht überliefert sind. Am 23. März 1934 reicht er die Abschriften von Beurteilungen aus den Jahren 1931 bis 1933 nach, die er zuvor von dem oben erwähnten Freund und Gönner aus Leipzig erbeten hat, und vergisst nicht zu erwähnen, dass sein damaliger Vorgesetzter, Dr. Reichel, »einer der ältesten Parteigenossen unter den Juristen in Sachsen und zur Zeit im Ministerium der Justiz beschäftigt« sei.[88]

Doch alles Bemühen, seine Gesinnung ins rechte Licht zu rücken, hilft nicht: Linse hat ohnehin keine Chance. Er weiß das, aber er spielt das Spiel mit. Im Dankschreiben vom 26. März 1934 an seinen Leipziger Kontaktmann, den er baldmöglichst zu besuchen verspricht, räsoniert er ahnungsvoll: »Die Hoffnungen auf den fraglichen Bürgermeisterposten sind indes gering, da sich ein Stadtsekretär als alter Pg. mit den größten Aussichten bewirbt, obwohl ein Volljurist verlangt worden ist.«[89] Schließlich wird zwölf Bewerbern – zumeist ausgewiesenen Juristen – am 4. Juli 1934 eine Absage erteilt: »Wir geben Ihnen beiliegend die eingereichten Unterlagen der Bewerbung um die hiesige Bürgermeisterstelle zurück. Die Wahl ist auf den Unterzeichneten gefallen. Wir danken Ihnen herzlich für Ihre Bewerbung. Heil Hitler! Der Stadtrat.«[90]

Für Linse bedeutet das, weiter in der Advokatur zu bleiben. Schon ein Jahr später wieder ist er in Chemnitz, wo er mit Dr. jur. Rudolf Schönberg in der Theaterstraße 16 eine Praxis betreibt, wie ein entsprechender Eintrag im Adressbuch besagt.[91] Einer anderen Quelle zufolge arbeitet er bei den Anwälten Kupfer und Schönberg, möglicherweise als Angestellter.[92] Aber insgesamt bleibt ihm wirtschaftlicher Erfolg versagt. So scheitert auch ein weiterer Versuch, ein Auskommen als Anwalt oder Angestellter zu finden: Über gelegentliche Beratungstätigkeiten für die Deutsche Arbeitsfront kommen entsprechende Kontakte nicht hinaus.[93] Am 29. Januar 1937 gibt Linse schließlich seine Anwaltszulassung für die Kammer für Handelssachen Annaberg zurück und am 29. Juli 1937 auch die für Amtsgericht und Landge-

---

88 Kreisarchiv Mittelsachsen (Freiberg / Wechselburg), ohne Signatur.

89 StAL, Amtsgericht Leipzig, 2767.

90 Kreisarchiv Mittelsachsen (Freiberg / Wechselburg), ohne Signatur.

91 Chemnitzer Adressverzeichnis 1935.

92 Schreiben von Dr. Walter Braun an Linse vom 12. Februar 1952, BA Koblenz, B 209, 959.

93 Aussage eines Mitgefangenen Linses vom 12. November 1955 über die gemeinsame Haftzeit, in: BA Koblenz, B 137, 1063.

richt Chemnitz.[94] In die Industrie- und Handelskammer Chemnitz tritt er im Mai 1938 ein.[95]

Nach dem Krieg hat man Linse gleich zweimal Affären anzuhängen versucht, die sich – die Angaben sind höchst widersprüchlich und ungenau – während der NS-Zeit oder davor zugetragen haben sollen. Gleich im September 1945 unterstellt ein Denunziant, Linse hätte »während seiner Referendarzeit bei einem hiesigen Rechtsanwalt Veruntreuungen an Mündelgeldern sich zuschulden kommen« lassen. Zu strafrechtlichen Ermittlungen sei es nur deshalb nicht gekommen, weil sein Schwiegervater seine schützende Hand über ihn gehalten habe.[96] Wenig später, im Januar 1951, vermutet eine andere, anonyme Quelle gegenüber dem MfS, dass Linse aus seiner Anwaltskanzlei »wegen zu gutem Stimmen der Kasse fristlos ausgeschieden« und daraufhin zur Industrie- und Handelskammer Chemnitz gewechselt sei. Dieser Bericht von »Conrad« enthält weitere Vorwürfe: »Er hat von einer ganzen Reihe von Fabrikanten Geld geborgt, was er vergaß, bis heute zurückzugeben. In der Affäre [x] hat er sich erfolgreich zu Lasten unseres Volkseigentums betätigt. Hat sich mit diesem abgesetzt.«[97]

In seiner eigenen Darstellung, die dank der MfS-Abhörprotokolle überliefert ist, nimmt sich ein solcher Vorfall ganz anders aus. Demnach wurde Linse 1938 einmal per Postkarte zur Polizei beordert. Da er ein Gegner des Regimes gewesen sei, habe er sich große Sorgen gemacht, wie er seinem Mithäftling erzählt. Zu seiner Erleichterung habe tatsächlich nur ein Missverständnis zu seinen Gunsten aufgeklärt werden müssen. Anlässlich der Revision der Kasse des Amtsgerichts Stollberg habe man festgestellt, dass er, Linse, zu viele Beiträge abgeführt habe, als er dort Assessor gewesen sei. Deshalb habe man ihm nun 140 RM zurückgeben wollen.[98]

Welcher Version soll man Glauben schenken? Die Entscheidung ist insofern einfach, als die Umstände, unter denen Linse seine Aussage gemacht hat, schwerer wiegen, als die unklaren Angaben der beiden Denunzianten, von denen der eine seine persönlichen Aversionen gegen Linse nicht verbergen kann. Warum sollte Linse in der aussichtslosen Situation der MfS-Haft

94 HStD, Bestand 11018, Nr. 1693 und 1693/1.

95 Lebenslauf Linses vom 4. November 1950, in: BA Koblenz, B 209, 1204.

96 StadtA Chemnitz, Bestand Antifa-Block, Sign. 65, Bl. 113.

97 BStU, ZA, MfS, GH 105/57, Bd. 6, S. 9.

98 HAIT-Archiv, Akte Walter Linse.

seinen Mithäftling belügen? Ausgerechnet das MfS hat somit zu Linses Entlastung beigetragen, indem es 1952 auch seine Aussage über das Ereignis von 1938 protokollierte. Aber auch »Conrads« Erklärung kann nicht überzeugen, denn seine Angaben sind so wirr, zum Teil eindeutig unzutreffend, dass sie falsch sein müssen. Denunziationen eben.

c) Der Doktorand

Da Linse als Rechtsanwalt ohne Fortüne ist, hat er Zeit, das Projekt Dissertation wieder aufzugreifen. Dafür hat er zwischen 1927 und Ende 1929 eine »ungemein zeitraubende Befragung [...] durchgeführt«, wie er im Vorwort zur gedruckten Ausgabe berichtet. Allerdings muss Linse zwischen 1932 und 1934 »aus beruflichen Gründen des Verfassers« pausieren. Erst 1936 gelingt es ihm, das große Werk abzuschließen.

500 Interviews führt Linse durch – 300 Männer und 200 Frauen –, den geringeren Teil überlässt er namentlich nicht genannten Helfern. Nach eigener Auskunft beginnt er Ende 1927, also nachdem er das Erste Staatsexamen bestanden hat, mit den Arbeiten für die Befragung, die das Herzstück der Arbeit werden soll. Wenn er sich aber Ende 1927 an die Arbeit macht, muss er sich gedanklich schon um einiges früher damit befasst und einschlägige Literatur zurate gezogen haben. Seine Besuche von Veranstaltungen zur Volkswirtschaftslehre 1925 und 1927 weisen darauf hin.

Linse will keine rein rechtswissenschaftliche, strafrechtliche Untersuchung anfertigen, sondern die »bis nahezu zur Unabsehbarkeit angeschwollenen Literatur über den sog. untauglichen Versuch« aus einer neuen Perspektive untersuchen, wie er im Vorwort schreibt. Er nimmt sich vor zu ermitteln, welche Vorstellung von Gerechtigkeit bezüglich untauglicher Versuche in der Bevölkerung vorherrscht. Sein Ziel ist es herauszufinden, »ob und inwieweit dem Rechtsgefühl des Volkes bei einer ›gerechten Lösung‹ der Streitfrage eine Bedeutung zukommt«. Auf dieser Basis will Linse »einen Lösungsvorschlag [machen], der einerseits dem festgestellten Rechtsgefühl des Volkes entspricht und andererseits den vorher erörterten staatlichen Zweckerwägungen gerecht wird«.[99]

---

[99] Linse: Der untaugliche Versuch und das Rechtsgefühl des Volkes, Ms., Leipzig, 1937, S. II, in: UBL. Im Druck, für den sie gekürzt wurde, ist die Dissertation 1938 erschienen.

Porträt Linses, vermutlich aus den 30er-Jahren.

Aus Linses Beschreibung des Befragungsprozesses wird deutlich, wie bereichernd die empirische Forschung der Jahre 1928 bis 1930 gewesen sein muss. Sie erfüllte ihn »mit viel und wahrhaftiger Freude«, berichtet er. »Das Interesse, das Verfasser mit seinen Fragen bei den befragten Personen fand, ist ohne eine einzige Ausnahme ungemein lebhaft, in vielen Fällen sogar geradezu rührend gewesen. Auch der einfache, ungeistige Volksgenosse, der der Erörterung weltanschaulich fundierter Fragen sonst mehr oder weniger verständnis- und teilnahmslos gegenübertritt, zeigte ein ganz überraschend großes und lebhaftes Interessiertsein und entwickelte bei der Beantwortung der Fragen einen ebensolchen Eifer. In ungezählten Fällen haben sich so an die Befragung aus diesem Eifer und jenem Interessiertsein entwickelten Gespräche zwischen den befragten Personen und dem Verfasser angeschlossen, in denen die gegebenen Antworten begründet und verteidigt wurden. Nahezu alle diese Gespräche waren von der aus einer merkwürdigen, manchmal fast komischen Mischung von ernstem Wissensdrang und ungeduldiger Neugier geborenen Frage beherrscht ›wie es denn nun tatsächlich sei‹, d. h. wie die Fragen nach geltendem Recht und nach herrschender Rechtsprechung beantwortet werden. Die Beantwortung dieser Frage und die sich hieran sehr oft anschließenden weiteren Erörterungen vermittelten einen hochinteressanten, die Mühen der Befragung reichlich lohnenden Einblick in die bisweilen recht kompliziert und eigenartig, manchmal freilich auch recht sonderlich gestaltete weltanschauliche Vorstellungswelt einzelner Volksgenossen, in ihre Gedankengänge gegenüber rechtlichen Fragen und schließlich in ihre so verschiedenen Auffassungen von Recht und Unrecht überhaupt.«[100]

Linse plant die Befragung sehr genau und grübelt lange: Wer soll befragt werden? Wie viele? Wie soll die Interviewsituation aussehen? Welche Fragen sollen gestellt werden? Wie sollen sie ausgewertet werden? Welche Merkmale der Befragten sollen erfasst werden? Welche Aussagekraft werden die Ergebnisse haben? Linse entscheidet sich »aus verschiedenen naheliegenden Gründen«[101] dafür, mehr Männer als Frauen zu befragen, die Konfession beiseitezulassen, weil die Befragung aus wirtschaftlichen Gründen nur im lutherischen Sachsen stattfindet und sich überhaupt zu beschränken, wo erforderlich. Hingegen ermittelt er das Alter und den genauen Beruf, um Beziehungen zum Aussageverhalten herzustellen, was indes – vom Faktor Geschlecht abgesehen – am Ende nicht gelingt. So komplex die Überlegungen, so einfach soll es den Befragten gemacht werden. Ihnen werden zehn Fälle vorgelegt, zu denen sie jeweils eine einzige Frage mit Ja oder Nein beantworten sollen: »Soll der Täter bestraft werden?«[102]

Die in den vergangenen Jahrzehnten vor Gericht verhandelten Fälle eines untauglichen Versuchs hat Linse in fünf Gruppen unterteilt: ungefährliche Tötungsversuche, aussichtslose Verleitung zum Meineid, ungefährliche Abtreibungsversuche, ungefährliche Betätigung des Diebstahlvorsatzes und ungefährliche Betrugsversuche. Auf die Befragung zurückblickend, sieht sich Linse in mehrerlei Annahmen bestätigt: zuvörderst der, dass es überhaupt möglich ist, das Rechtsgefühl des Volkes in Bezug auf eine strafrecht-

---

[100] Linse: Der untaugliche Versuch, S. 197f. u. 160.
[101] Ebd., S. 204.
[102] Ebd., S. 172.

liche Problematik empirisch zu ermitteln[103]; sodann, dass die Überlegungen, die zur Auswahl der Fälle und der Formulierung der Fragen führten, richtig waren, weil alle Fragen sofort verstanden und die Fälle für plausibel gehalten wurden und lediglich zu einer Frage mehr Rückfragen kamen als zu den anderen, was die Aussagekraft aber nicht beeinflusse.[104]

Überrascht zeigt sich Linse über das Ergebnis der Befragung zu den Fällen ungefährlicher Abtreibungsversuche. Im einen Fall geht es um eine Frau, die irrtümlich annimmt, schwanger zu sein, und ein sicher wirkendes Abtreibungsmittel nimmt, im anderen um eine Schwangere, die ein zur Abtreibung nicht geeignetes Mittel zu sich nimmt. Im ersten Fall plädieren 20,8 Prozent der Befragten, im zweiten 28 Prozent für Bestrafung. Linse irritiert insbesondere das Votum der Frauen im ersten Fall: Nur 2,5 Prozent halten das Verhalten der Frau für strafwürdig, das im zweiten immerhin noch 23,5 Prozent, was aber auch vergleichsweise wenig ist. Diesen Befund erklärt Linse mit der potentiellen Betroffenheit der Frauen für diese Situation, die dazu führen könne, dass Frauen sie nachsichtiger beurteilen als Männer, und damit, dass »in eine eigene Vorstellungs- und Empfindungswelt verfangen [sind], die sie mehr als schon an sich zur ›Milde‹ stimmen.«[105]

Am Ende gelangt Linse zu der Erkenntnis, dass das Volk den untauglichen Versuch nicht umstandslos bestraft wissen, sondern bei der Frage nach der Strafwürdigkeit die Umstände berücksichtigt haben will. Es »nimmt hiervon sog. sinnlose Versuchshandlungen und solche aus, denen aus naturgesetzlichen Gründen der Erfolg versagt bleiben muss«. Wenn die Rechtstheoretiker behaupten, meint Linse, dass sich im Falle des untauglichen Versuchs ein allgemeingültiger Grundsatz aufstellen lassen müsse, dann haben sie unrecht. Vielmehr sind bei der Beurteilung »der Wert des Rechtsgutes, dem der Angriff gilt, und der Grad der Gefährlichkeit, die dem Angriff innewohnte«, entscheidend. Und: »Frauen neigen – offenbar aus Gründen ihrer Psyche – zu einer milderen Beurteilung.«[106]

Großen Raum bei Linses Diskussion der aktuellen Vorschläge für die mit Beginn von Hitlers Regierung wiederaufgenommene Diskussion über eine Strafrechtsreform nehmen die drei offiziösen Beiträge zur Debatte ein: die

---

103 Ebd., S. 201.
104 Ebd., S. 202.
105 Ebd., S. 221.
106 Ebd., S. 241.

Denkschrift des Preußischen Justizministers Hanns Kerrl, der Bericht der amtlichen Strafrechtskommission und die nationalsozialistischen Leitsätze für ein neues deutsches Strafrecht. Bei allen Unterschieden im Detail eint sie die Forderung nach Einführung eines möglichst reinen Willensstrafrechts, das bei der Strafzumessung keinen Unterschied zwischen dem Versuch und der vollendeten Tat macht. Strafrecht, schreibt Linse erläuternd, »muss demzufolge in erhöhtem Masse ein Kampfrecht sein, das dem gilt, der Bestand, Kraft und Frieden des Volkes von innen heraus bedroht«.[107]

Das Willensstrafrecht einzuführen, hat für die Strafbarkeit des untauglichen Versuchs eindeutige Konsequenzen, erklärt Linse. Zwar haben die diskutierten Schriften noch nicht bis ins letzte Detail erörtert, um welche es sich handelt; außerdem ist die angestrebte Reform noch nicht beschlossen oder gar umgesetzt. Gleichwohl prognostiziert der Doktorand: »Fest dürfte aber stehen, dass das kommende deutsche Strafrecht die Preisgabe der grundsätzlich milderen Bestrafung des Versuchs und die grundsätzliche Bestrafung des u. V. bringen wird, letztere mit der Maßgabe, dass in einzelnen Fällen sog. sinnloser Versuchshandlungen richterliches Ermessen von Strafe absehen oder milder bestrafen kann.«[108]

Und eben diese befürchtete Konsequenz lässt Linse zu einer längeren Kritik ausholen, für die er sich auf den Strafrechtler Friedrich Oetker beruft, dessen Gewicht er in der Debatte als größer einstuft als das von Autoren mit anderen Ansichten, da er sie in einem offiziösen Sammelwerk publiziert hat.[109] Oetker weist vor allem auf vier Gefahren hin: Erschütterung des Vertrauens der Bevölkerung in die Rechtspflege bei übermäßiger Bestrafung; »eine ungeahnte Ausdehnung des rechtspolizeilichen Gefährdungsschutzes«; »die Hemmung des Tätigkeitstriebes und der Entschlusskraft«; begriffliche Unschärfen. Aber auch jenseits dieser praktischen Folgen gelte es, »die alte deutsche Rechtstradition« nicht unberücksichtigt zu lassen, die einen Versuch milder bestraft wissen wolle als eine vollendete Tat; außerdem sei die Ansicht, dass oft nicht der Zufall am Werke ist, sondern »das Walten

---

107 Linse: Der untaugliche Versuch, S. 121; vgl. Nationalsozialistisches Strafrecht. Denkschrift des Preußischen Justizministers, Berlin 1933; Das kommende deutsche Strafrecht. Allgemeiner Teil. Bericht über die Arbeit der amtlichen Strafrechtskommission, hrsg. von Franz Gürtner, Berlin 1934; Nationalsozialistische Leitsätze für ein neues deutsches Strafrecht, hrsg. von Hans Frank, Berlin 1935.

108 Linse: Der untaugliche Versuch, S. 125.

109 Oetker: Grundprobleme der nationalsozialistischen Strafrechtsreform.

einer höheren Macht« weitverbreitet; und schließlich sei die Schaffung eines vollständig und stringent aus Prinzipien abgeleiteten Rechts angesichts der chaotischen Lebenswirklichkeit nicht möglich und daher auch nicht erstrebenswert.[110]

Warum Linse gerade Oetker als Gewährsmann heranzieht, liegt auf der Hand. Beide berufen sich prominent auf, wie Linse formuliert, »das Volksrechtsempfinden«[111] und die »alte, im liberalistischen Denken wahrlich nicht verfangene deutsche Rechtstradition mit ihrer Sanktionierung der grundsätzlich milderen Versuchsstrafe«.[112] Zusätzliches Gewicht erhält Oetkers Argument durch die Ergebnisse der von Linse durchgeführten Befragung, auf die er während der Literaturdiskussion vorweggreifend hinweist. Er berichtet, dass man ihm im Anschluss an seine Interviews immer wieder ungefragt erklärt habe, dass die versuchte Tat geringer bestraft werden solle als die vollendete. Linse zieht »angesichts der Einhelligkeit jener Antworten« den vorsichtigen Schluss, »dass das Rechtsgefühl des Volkes sowohl dem Wert des Rechtsgutes, dem der Angriff galt, und dessen realer Erfolgsmöglichkeit bei der Beurteilung seiner Strafwürdigkeit entscheidende Bedeutung beilegt«.[113]

Es scheint allerdings, dass Linse den vor 1933 erhobenen Daten nicht ganz traut – oder den neuen Verhältnissen Rechnung tragen will, zu denen das bisherige Ergebnis nicht passt. 1935 legt er jedenfalls 25 Männern und 25 Frauen einen Fall vor, den er der Denkschrift des Preußischen Justizministers entnommen hat. Aber auch hier ist das Ergebnis eindeutig, wie Linse berichtet: Die Zusatzbefragung habe gezeigt, »dass das Vergeltungsverlangen gegenüber der vollendeten Tat im Vergleich zu der im Versuchsstadium verbliebenen tatsächlich das stärkere ist«.[114] Er schließt sich deshalb Oetkers Vorschlag an, »dass die Lösung der Streitfrage in einem nach Verbrechensgebieten geschiedenen Nebeneinander von Verletzungs- und Gefährdungsstrafrecht liegt«.[115]

Während es Linse im theoretischen Teil unter Berufung auf eine nationalsozialistische Autorität gelingt, seine von den referierten vier Hauptschriften

110 Linse: Der untaugliche Versuch, S. 128f.

111 Ebd., S. 129

112 Ebd., S. 134.

113 Ebd., S. 131f.

114 Ebd., S. 133.

115 Ebd., S. 135 u. 128f.

abweichende Position vorzubringen, bereitet ihm die Befragung von 1928/30 an einer Stelle große Schwierigkeiten: bei der Abtreibung. Hier lehnt die große Mehrheit der Befragten die Bestrafung von ungefährlichen Abtreibungsversuchen ab, was Linse überrascht, selbst wenn er »die das Rechtsgefühl verirrend beeinflussende Wirkung des Verbandsegoismus« in Rechnung stellt.[116] Würde man dieselbe Befragung heute noch einmal durchführen, gibt sich Linse überzeugt, würde sie »kostbares Material für die Feststellung liefern können, in welch verheerendem Masse einerseits der Verbandsegoismus das Rechtsgefühl des Volkes vor der Machtübernahme verirrend beeinflusst hat, und andererseits, in welch einheitlicher Weise es seitdem auf die nationalsozialistische Weltanschauung ausgerichtet worden ist«.[117] Daraus folgert er: »Die Antworten auf die fünfte und sechste Frage [nach der Abtreibung] haben heute nur noch einen rein historischen Wert.«[118]

Allerdings bleibt Linse Belege schuldig; seine Behauptung, dass die Einstellung der Bevölkerung zur Abtreibung »sich nach der Machtübernahme [...] auf Grund der seitdem geleisteten gewaltigen Aufklärungsarbeit über die geradezu schicksalhafte Bedeutung der Erhaltung des Volksbestandes und der Volksgesundheit« geändert habe, wird nicht durch Quellen gestützt. Auch die Behauptung, heute (1937) würde diese Frage »unter dem allein entscheidenden Gesichtspunkt der Verantwortung, die der Einzelne auf Grund der Treuepflicht gegenüber der Volksgemeinschaft auch und insbesondere hinsichtlich der Erhaltung des Volksbestandes und der Volksgesundheit« beurteilt werden[119], bleibt unbelegt. Offensichtlich bemerkt Linse nicht, dass er sich widerspricht. Einerseits zeigt er sich nämlich sicher, dass sich das Rechtsgefühl des Volkes im Sinne der nationalsozialistischen Ideologie ausgerichtet hat und sich mit dem von Teilen der NS-Rechtswissenschaft gewünschten Willensstrafrecht deckt. Andererseits geht er mit Dahms und Schaffsteins Meinung einig, dass »in dieser Zeit des Überganges, in der die verschiedenen geistigen Kräfte noch dicht beieinander liegen, ein einheitliches, auf die nats. Weltanschauung ausgerichtetes Rechtsgefühl sich noch nicht hat festigen können«.[120]

---

116 Linse: Der untaugliche Versuch, S. 216f.
117 Ebd., S. 218.
118 Ebd., S. 217.
119 Ebd., S. 217.
120 Ebd., S. 134f.; vgl. Dahm/Schaffstein: Liberales oder autoritäres Strafrecht?, S. 54.

Möglicherweise aber ist sich Linse der Widersprüche des nationalsozialistischen Rechtsdenkens doch bewusst, übergeht sie jedoch, weil er endlich seine Dissertation abschließen will. Er reicht die Arbeit am 15. Juli 1937 ein. Er wird am 15. Dezember 1938 mit der Note »cum laude« zum Doktor beider Rechte promoviert.[121]

---

121 Lebenslauf Linses vom 4. November 1950, in: BA Koblenz, B 209, 1204.

III. Referent bei der Industrie- und Handelskammer Chemnitz

1. Eine Arbeit wie jede andere – und doch nicht

a) Ein vielfältiges Aufgabengebiet

Nach Abschluss seines Studiums und Referendariats arbeitet Linse als Rechtsanwalt und ist auf diese Weise für die Nachwelt nahezu unsichtbar. Laut Verhörprotokoll des MfS ist Linse seit 1937 Mitglied im NSRB, seit 1938 Mitglied in der DAF, für die er vorher, nach Angaben eines späteren Zeugen, »eine Zeitlang als Rechtsberater« tätig gewesen sein soll, und seit 1940 Mitglied der NSDAP gewesen.[122] Erst als er 1938 in die IHK Chemnitz eintritt und dort eine Tätigkeit als Referent aufnimmt, kann sein Weg weiterverfolgt werden. Da in der IHK-Bürokratie das Prinzip der Aktenkundigkeit aller Vorgänge gilt, kann Linses Tätigkeit zwar nicht vollständig rekonstruiert werden, aber der Bestand lässt instruktive Einblicke zu, auf deren Basis eine Einschätzung seiner Leistung möglich wird. Für Linse scheint es nun bergauf zu gehen. Die Dissertation ist publiziert, und er unterschreibt nun mit »Dr. Linse«.

Als Linse zur IHK Chemnitz stößt, hat die gerade eine Phase der Erweiterung hinter sich. 1932 zählt sie 27 Beschäftigte, im Sommer 1938 aber schon 71 Beamte, Angestellte und Arbeiter, weshalb das Kammergebäude in der Bahnhofstraße erweitert werden muss. Nötig geworden ist der Ausbau durch die neuen Aufgaben, die der Staat den Kammern übertragen hat, wobei auf »wehrwirtschaftliche Aufgaben« der größte Teil entfällt.[123] Linse wird als außertariflicher Angestellter mit abgeschlossener Hochschulbildung geführt. 1943 erhält er ein Gehalt von 8.400 RM pro Jahr, 1944 sind es 9.600 RM.[124]

Über seine Kollegen ist nicht viel bekannt. Freundschaftliche Beziehungen unterhält er zu Rudolf Hüppner, ein Kriegsblinder, den er, da ohne-

---

122 BStU, ZA, MfS, GH 105/57, Bd. 1, S. 9; Aussage Hermann Heiland v. 12. November 1955, in: BA Koblenz, B 209, 1201.

123 Schreiben d. Präsidenten d. IHK Chemnitz an den Sächsischen Minister f. Wirtschaft u. Arbeit v. 2. August 1938, in: BA Berlin, R 3101, 9451, Bll. 151–154.

124 Vgl. Haushaltspläne der IHK Chemnitz für die Jahre 1939 u. 1940, in: R 3101, 9451, Bll. 45f. u. 368f.; Haushaltsplan d. Wirtschaftskammer Chemnitz für d. Rechnungsjahr 1943, in: BA Berlin, R 3101, 9847.

hin in derselben Straße wohnend, morgens zur Dienststelle führt.[125] Dazu lernt er auch eine junge Frau kennen, die fortan eine große Rolle spielen wird: Helga Heymann, die Tochter des Stadtsyndikus' Albert Heymann, die er 1942 heiraten wird. Linses »politischer« Vorgesetzter ist Präsident Hans Schöne, ein Unternehmer, dessen Lebenslauf ihn als langjährigen Parteigänger ausweist: seit 1931 Mitglied in der NSDAP, seit 1932 in der SA. Er wird 1940 stellvertretender Kreisleiter.[126] Vizepräsident ist Heinrich Stelgens, ebenfalls Unternehmer und seit Mai 1933 NSDAP-Mitglied; in der SS hat er das Amt eines Obersturmführers inne. Von ihm ist verbürgt, dass er im Geheimen Mitglied des SD ist, wovon er nach dem Krieg allerdings offen spricht.[127] Ebenfalls von Bedeutung, die aber nicht weiter qualifiziert werden kann und die eher administrativer Natur ist, ist Hauptgeschäftsführer Fritz Hillig, der bis über den »Zusammenbruch« 1945 hinaus im Amt bleibt.

Die Aufgaben Linses in der IHK sind über die Jahre hinweg ziemlich umfangreich; entsprechend den aktuellen Erfordernissen wechseln sie. Seinen Lebenslauf von 1950, mit dem er sich beim UFJ in Berlin bewirbt, wird Linse natürlich ein bisschen geschönt haben, aber dazu erfunden hat er mit Sicherheit nichts, wenn er über seine Tätigkeiten bei der IHK schreibt: »Leitung der Rechtsabteilung; Rechtsangelegenheiten aller Art, insbesondere Gewerberecht, Forderungsstreitigkeiten, [...] Bewirtschaftungsfragen, Lehrlingswesen, insbesondere Lehrabschlußprüfungen« und so fort, die redaktionelle Betreuung der Kammerzeitung nicht zu vergessen. Kurzum: »Bereits nach kurzer Einarbeitungszeit wurden mir nach und nach die wichtigsten wirtschaftlichen und wirtschaftspolitischen Referate übertragen. Von Mitte 1941 an war ich der engste Mitarbeiter des Hauptgeschäftsführers und damit Sachbearbeiter für alle grundlegenden, wichtigen und schwierigen Kammerfragen.«[128] Ein Stellenplan aus dem Jahr 1940, der die Arbeitsgebiete von zehn IHK-Angestellten auflistet, deutet den Umfang seiner Tätigkeiten an – und offenbart, was er später nicht erwähnt: Linse war demzufolge zuständig für »Handelsregister-, Genossenschaftsregister-, Vereinsregistersachen – Hand-

125 Vgl. Aktennotiz vom 18. April 1952, in: BA Koblenz, B 209, 1204; BStU, MfS, Gh 105/57, Bd. 6, Bl. 97.

126 HStAD, 13471, ZD 7664 Akte 17.

127 HStAD, 13471, ZD 7674 Akte 1.

128 BA Koblenz, B 209, 1204.

werksrolle – Miet- und Pachtpreissachen – Mieterschutz – Entjudungsangelegenheiten – Bewinklung von Kraftfahrzeugen (teilweise)«.[129]

Was im Stellenplan von 1940 nur als eine von mehreren Aufgaben auftaucht – »Entjudungsangelegenheiten« –, nimmt 1938, als Linse zur IHK stößt, viel größeren Raum ein. Man hat den Eindruck, dass er sich in den ersten beiden Jahren fast ausschließlich mit diesem Thema beschäftigt. Eigener Aussage zufolge übernimmt Linse die Aufgabe der »Entjudung« im September 1938 von Bankdirektor Hermann Brüggemann. Der hat bis zum Antritt seines Ruhestandes am 1. Juli 1937 in den Diensten der Dresdner Bank, Filiale Chemnitz, gestanden und ist bis Juni 1939 beratend für die IHK Chemnitz tätig.[130]

Über Linses Arbeitsweise lassen sich aus den vorhandenen Dokumenten nur wenige Aussagen ableiten. Sie offenbaren nur Ausschnitte, die der jeweiligen Situation geschuldet sind, und eine Vielzahl anderer bleibt ungesehen. Insgesamt aber zeigt sich Linse in allen IHK-Akten eigentlich immer nüchtern, sachlich und strikt an den Vorschriften orientiert. Jedes Handeln lässt sich auf irgendein Gesetz, eine Verordnung oder Dienstanweisung zurückführen, und selbst wo die fehlen, kann er sich auf andere, auch politische Vorgaben stützen, durch die sich seine Entscheidungen rechtfertigen lassen. Gegenüber seinen Vorgesetzten zeigt er sich loyal, und zwar so loyal, dass er sich zuweilen deren nicht ganz rechtskonformen Ansichten zu eigen macht, zum Beispiel wenn sich Pg.s »arisierte« Firmen aneignen wollen. Andererseits scheut er sich aber auch nicht, Parteifunktionären zu widersprechen, wenn er das für nötig hält. In solchen Fällen oder wenn jemand anderes sich nicht korrekt verhält und dieses Verhalten auf das Bild abfärben könnte, das man in fachlicher oder politischer Hinsicht von ihm hat, sichert sich Linse – vor dem »Zusammenbruch« 1945 und auch danach – durch entsprechende Anmerkungen oder mit einer Aktennotiz ab. Schließlich greift er immer wieder ungeklärte Fragen auf, die von grundsätzlicher Bedeutung sind, und bittet die zuständige Stelle um eine Entscheidung. Das betrifft zum Beispiel die unter-

---

129 14. Dezember 1940, in: BA Koblenz, R 3101, 9454, Bl. 4f.

130 Aktennotiz »Betr.: Entjudungen im Bereiche der Kreisleitung Chemnitz« v. 12. Januar 1944, in: StAC 30874, 746; zu »Arisierungen« vor 1938 vgl. auch Autorenkollektiv, Karl-Marx-Stadt, S. 183 f.; Schreiben Deutsche Bank Filiale Chemnitz an Personalabteilung Berlin, 2. September 1939, in: StAC 31518, Bestand Dresdner Bank, Filiale Chemnitz, Nr. 113.

schiedliche Handhabung eines Problems durch die verschiedenen Kammern im Reich, was nach Linses Meinung vereinheitlicht werden sollte; die Frage, ob wegen des Wertverlusts einer »entjudeten« Firma infolge des Krieges die nachträgliche Herabsetzung des Kaufpreises gerechtfertigt ist; ob ein kleines, unbedeutendes Handelsunternehmen »Haus« heißen darf; den Vorwurf eines SS-Mannes, die Handelskammer wolle Juden vor einem erzwungenen Arbeitseinsatz bewahren; der Versuch von Kaufinteressenten, Linses Fachkompetenz infrage zu stellen; den anonymen Vorwurf, Prüfungen durch die IHK würden nach politischen Kriterien vorgenommen werden.[131]

b) Nach dem Novemberpogrom 1938

Für die Juden bedeutete das Jahr 1938 eine Wende, es war ein »Schicksalsjahr«.[132] Begonnen haben die Demütigungen, Boykotte, Verfolgungen und Morde bereits 1933. Sie treffen – was Chemnitz betrifft – eine kleine Gemeinde von 2796 Mitgliedern, die zahlenmäßig unter den 335 000 Chemnitzern geradezu verschwindet. In Sachsen liegt der Anteil der Juden an der Gesamtbevölkerung, wie die Statistik von 1925 ausweist, mit 0,46 Prozent im Vergleich zum Reich (0,9 Prozent) noch unter dem Durchschnitt. Überproportional vertreten – in Chemnitz wie im Reich – und damit ein bedeutender Wirtschaftsfaktor sind sie als Industrielle und Fabrikanten. In Chemnitz beträgt der Anteil der Juden an Wirkerei- und Stickereifabriken 1930 35,3 Prozent, am Großhandel mit Gespinsten und Geweben 34,1 Prozent.[133] Die Atmosphäre ist verseucht. 1935 richtet Bürgermeister Walter Schmidt einen »Judenpranger« ein, ein Blatt Papier auf einer Anschlagtafel, auf dem

---

131 Aktennotiz v. 22. Jan. 1940, in: 30874, 701 (Fall Otto Lenk); Schreiben an Gauleitung Sachsen der NSDAP v. Juni 1939, in: StAC, 30874, 701 (unterschiedliche Genehmigungspraxis von Namen »entjudeter« Firmen); Schreiben an RP Chemnitz v. 24. Juli 1940, in: StAC, 30874, 701 (Frage von grundsätzlicher Bedeutung, Fall Liwerant), und Schreiben Linse an RP Chemnitz v. 27. April 1940, in: StAC, 30874, 702 (Fall Wilmersdoerfer); Brief Linse an Arbeitsgemeinschaft d. IHKn in d. Reichswirtschaftskammer, 3. August 1940, in: StAC, 30874, 648 (»Musikhaus« Ay); Aktennotiz v. 24. November 1944, in: StAC, 30874, 746 (Vorwurf, Juden zu schützen); Aktennotiz v. 11. September 1939, in: StAC, 30874, 694 (Vorwurf mangelnder Kompetenz, Fall Kunath & Mecklenburg); Schreiben an IHK Sachsen, 3. Juli 1947, StAC, 30874, 648 (Vorwurf, nach politischen Kriterien zu prüfen).

132 Vgl. Barkai: »Schicksalsjahr 1938«.

133 Vgl. Diamant: Chronik der Juden in Chemnitz, S. 22, 79–84, 115–123.

die Namen der städtischen Angestellten aufgeführt werden, die in jüdischen Geschäften einkaufen. Zwar wird er von Vorgesetzten wegen dieser Aktion getadelt, doch der »Judenhefter«, in dem er alle Denunziationen sammelt, bleibt von der Intervention »von oben« unberührt.[134]

Hat es beim Amtsantritt Linses bei der IHK schon schlecht um die Chemnitzer Juden gestanden – für manche unter ihnen kommt es noch schlimmer. Im Oktober 1938 entzieht Polen den in Deutschland lebenden polnischen Juden die Staatsbürgerschaft. Am 27. Oktober gibt der sächsische Innenminister den Befehl zu ihrer Ausweisung. Tags darauf schwärmt die Polizei mit ihren Helfershelfern aus, um sie zu verhaften. In einer Nacht-und-Nebel-Aktion ergreift man 78 Prozent von ihnen, arretiert sie in »Baum's Ballsälen«, treibt sie am Abend in Züge und verschleppt sie ins Niemandsland bei Beuthen (Oberschlesien). Dort müssen sie tagelang auf offenem Gelände und unter erbärmlichen Umständen campieren, weil die polnischen Behörden den 318 Unglücklichen die Einreise mehrere Tage lang verweigern.[135]

Und dann folgt der 9. November, der auch in Chemnitz seine Spuren hinterlässt. Wie im gesamten Reich klirren in der »Reichskristallnacht« Schaufensterscheiben von Geschäften jüdischer Inhaber, ziehen SA-Männer auf, werden prominente Juden verhaftet, wird die Synagoge, ein neoromanischer Kuppelbau auf dem Kassberg, in Brand gesteckt. Die verhafteten Prominenten karrt man zur Synagoge, wo sie mit ansehen müssen, wie Feuer gelegt wird. Dann werden sie zurück ins Gefängnis gebracht und misshandelt. An der Brandstelle trifft zwar die Feuerwehr ein, unternimmt aber nichts. Am nächsten Tag rauchen die Trümmer noch. »Der Morgen des 10. November 1938 dämmerte herauf. Die Straßen füllen sich mit Menschen, die ihrer Arbeitsstätte zustreben. In der Innenstadt bietet sich ein ungewöhnliches Bild. Geschäfte mit zertrümmerten Schaufensterscheiben und geplünderten Auslagen. Davor, wie zum Hohn Wachen postiert, die Plünderer in der braunen Uniform von Hitlers Sturmabteilungen (SA). Über dem Kassberg steigen dunkle Rauchwolken zum Himmel. Die prachtvolle Synagoge, der jüdische Tempel brennt. Hier sind es die Brandstifter, die die Brandstelle absperren. Dass die Feuerwehr nicht löscht, sondern noch Benzin in das

---

134 Diamant: Chronik der Juden in Chemnitz, S. 126–128. Vgl. Kreschnak: Die Verfolgung der Juden in Chemnitz; vgl. neuerdings auch Nitsche / Röcher (Hg.): Juden in Chemnitz.

135 Diamant: Chronik der Juden in Chemnitz, S. 129.

Feuer gießt, bemerken selbst die Oberschüler, die auf dem Weg zur Schule stehen geblieben sind.«[136] Bald darauf wird die Ruine gesprengt und bis zum 20. November abgetragen. Die jüdische Gemeinde muss für die Kosten von 35 000 RM aufkommen.[137]

Auch Linse ist mit diesen Ereignissen befasst, aber in einer ganz anderen Weise. Als in der Pogromnacht und unmittelbar danach jüdische Gewerbetreibende »verschwinden«, das heißt, in Konzentrationslager verschleppt oder ausgewiesen werden, erkennt der Reichswirtschaftsminister sofort, dass die dadurch hervorgerufene Unsicherheit der Wirtschaft schadet, und weist daher am 21. November 1938 die IHKn an, in solchen Fällen bei der Gestapo zu intervenieren, wenn sich damit der wirtschaftliche Schaden, insbesondere beim Export, vermindern lässt. Am 23. Dezember 1938 bekommt Linse das Schreiben zu Gesicht, wie seine Paraphe auf dem Brief beweist.[138] Ganz im Einklang mit dieser Anweisung versucht Linse also, bei der Gestapo Genaueres über den Verbleib von jüdischen Unternehmern herauszufinden. Überliefert ist der Fall Paul Weinsteins, bei dem Linse mehrfach telefoniert und dabei in Erfahrung bringt, dass seine Entlassung aus dem KZ ohnehin geplant ist.[139]

In einem anderen Fall muss sich Linse mit der Regulierung eines Schadens befassen, der in der Pogromnacht entstanden ist: Die Schaufensterscheiben eines Geschäfts des Schuhhändlers Balkind wurden eingeschlagen, und angesichts der noch unklaren Rechtslage weigert sich die Versicherung, für die Kosten aufzukommen. Linse nimmt von dem Fall »mit großem Interesse Kenntnis«. Das Argument des Juden, also des Opfers, die »Verordnung zur Wiederherstellung des Straßenbildes bei jüdischen Gewerbebetrieben« vom 12. November 1938 treffe nicht auf ihn zu, weil er Ausländer sei, weist Linse unter Berufung auf den »bekannte[n] Kommentar von Pfundtner und Neubert« zurück. Er empfiehlt, das Opfer »zur Erstattung des Schadens nochmals kurzfristig unter Klagandrohung aufzufordern und im Falle eines fruchtlosen Fristablaufes gegen ihn klagbar vorzugehen«.[140]

Ungeklärt – wie so vieles in diesen Wochen, da das Regime den Diebstahl,

---

136 Ebd., S. 135.

137 Ebd.

138 Schnellbrief RWM an IHKn v. 21. November 1938, in: StAC, 30874, 692.

139 Aktennotizen Linse v. 6./7. Januar 1939, in: StAC, 30874, 692.

140 Schreiben Linse an Max Krecher v. Februar 1939, in: StAC, 30874, 692.

also die »Arisierung«, zu regulieren bestrebt ist – ist auch die Frage, was mit den Geschäftsbüchern von »entjudeten« und liquidierten Firmen jüdischer Inhaber geschehen soll. Wohin mit ihnen? Linse wendet sich mit dieser Frage an den NSRB, den er offenbar als zuständige Stelle ansieht. Der NSRB ist der Auffassung, dass die Akten in der IHK aufbewahrt werden sollten, bei Platzmangel aber bei einer Speditionsfirma eingelagert werden können.[141]

Linse tut sich bei der Bearbeitung der Folgen der Pogromnacht nicht hervor, aber er tut auch nichts, um das Unrecht abzuschwächen oder zu bekämpfen. Linse wählt eine scheinbar neutrale Haltung: Er hält sich stur an die rechtlichen Bestimmungen, obwohl ihm klar sein muss, was da geschieht. So gibt er etwa einem Geschäftsmann, der sich an Linse wendet, weil ein jüdischer Schuldner ihm die Zahlung unter Hinweis auf das laufende Verfahren zur Liquidierung seiner Firma verweigert, den zwar durchaus sachlich, aber eigentlich verwerflichen Rat, standhaft auf Bedienung der Kredite zu beharren, weil er darauf Anspruch habe, und notfalls den Rechtsweg einzuschlagen. Was der Schuldner vorbringe, sei illegal, die Begründung »eine faule Ausflucht«.[142]

2. »Arisierung« in Chemnitz[143]

Der Vorgang der Enteignung jüdischer Geschäftsleute, der als »Arisierung« oder im Amtsdeutsch als »Entjudung« bezeichnet wird, begann schon kurz nach dem Regierungsantritt Hitlers 1933, als im ganzen Reich Geschäfte, Ärzte und Rechtsanwälte boykottiert wurden und dieser Boykott auch von gewalttätigen Angriffen auf Personen und Sachen begleitet wurde. Noch im selben Jahr kam es zu den ersten Firmenübernahmen, die unter dem Eindruck des sich verschärfenden antisemitischen gesellschaftlichen Klimas erfolgten, mithin nicht Ausdruck freier Entscheidung waren und daher unter dem Begriff »Arisierung« gefasst werden können. So ging die Zahl jüdischer Firmen schon in den ersten beiden Jahren der NS-Diktatur deutlich zu-

141 Schreiben NSRB Gau Sachsen, Kreisgruppe Chemnitz, an IHK v. 26. Juli 1939, in: StAC, 30874, 692.

142 Schreiben an Fa. Oskar Schwind v. 19. Dezember 1938, in: StAC, 30874, 692.

143 Ab März 1939 wollte das RMW durchsetzen, dass statt »Arisierung« nunmehr der Begriff »Entjudung« verwendet werde, vgl.: Bajohr: »Arisierung« als gesellschaftlicher Prozess, S. 15. Ich verwende beide Begriffe synonym.

rück; bis 1938 wurden zwei Drittel aller jüdischen Firmen – im Einzelhandel war der Anteil noch höher – aufgelöst oder gingen in nichtjüdischen Besitz über.[144]

Treibende Kräfte waren sowohl der Staat mit seinen normierenden Gesetzen und Verordnungen als auch Parteistellen, die außerhalb eines gesetzlichen Rahmens handelten. Seit ungefähr 1935 waren an derartigen Firmen- und Grundstücksübernahmen in der Regel – neben dem Erwerber bzw. Interessenten und dem jüdischen Geschäftsinhaber – Wirtschaftsverbände, die Deutsche Arbeitsfront, Gauwirtschaftsberater, Industrie- und Handelskammern, Stadtverwaltungen, Finanzämter, Vermittler, Treuhänder, Abwickler, Rechtsanwälte, Gerichte und nicht zuletzt die Gestapo beteiligt.[145] Sie tauschten untereinander Informationen aus, inszenierten offene oder verdeckte Boykotte und setzten Geschäftsleute unter Druck. Zu den diskriminierenden rechtlichen Rahmenbedingungen kamen also informelle, teils unverhohlen gewaltsame Methoden hinzu, sich des Eigentums von Juden zu bemächtigen.[146]

Auch die IHKn waren an zahlreichen Fällen von »Arisierung« beteiligt. Doch ihre Rolle unterschied sich deutlich von der, die die Gauwirtschaftsberater, »Alte Kameraden« oder nichtjüdische Unternehmer spielten, die aus ideologischen Gründen und Habgier versuchten, Konkurrenten aus dem Markt zu drängen, selber Fuß zu fassen und ganz allgemein sich zu bereichern. Die IHKn forcierten den Prozess nicht, sondern beteiligten sich ihrem Selbstverständnis gemäß als Vermittler und Verwalter – eine Rolle, die sie seit der »Gleichschaltung« 1933 natürlich nicht mehr innehatten. Bis zum 26. April 1938, also dem Tag, an dem die »Verordnung über die Anmeldung des Vermögens von Juden« in Kraft trat, fungierten die IHKn bei der »Entjudung« vor allem als Anlaufstelle für alle Beteiligten, die sie – wie die Opfer – um Hilfe angingen oder – wie die Täter – um Informationen über zu übernehmende Firmen zu ersuchen. Hier war der Grad der Beteiligung von Kammer zu Kammer verschieden, allerdings ist belegt, dass sich einzelne

144 Barkai: Vom Boykott zur »Entjudung«. Der wirtschaftliche Existenzkampf der Juden im Dritten Reich 1933–1943, Frankfurt am Main 1988, S. 78; ders.: »Schicksalsjahr 1938«, S. 95. Zum Unterschied zwischen »Arisierung« und »Entjudung« vgl. Lamprecht: »Arisierung« als soziale Praxis und gesellschaftlicher Prozess.

145 Vgl. van Laak: Die Mitwirkenden an der »Arisierung«, S. 240–246.

146 Vgl. Bajohr: »Arisierung« als gesellschaftlicher Prozess, S. 15–30.

Kammern bereits Ende 1935 mit der Sammlung von Informationen über jüdische Firmen befassten, was vielerorts bis 1937 stark ausgeweitet wurde.[147]

In Chemnitz schickte die IHK schon 1937 Listen von Juden, deren Anträge auf Zugang zum Kammerbezirk erstmals begutachtet worden waren, an die Wirtschaftskammer in Dresden.[148] Über die Ausweisung der polnischen Juden am 28. Oktober 1938 informierte sie die Gestapo, indem sie die IHK mit einer entsprechenden Liste bedachte.[149] Diese »Polen-Aktion« führte unter den »arischen« Geschäftsleuten zu Unruhe, weil plötzlich Ansprechpartner fehlten und Schulden nicht bedient werden konnten. Im Interesse des wirtschaftlichen Verkehrs musste hier eine Lösung her, forderte die IHK.[150] Die IHK leitete auch Denunziationen weiter, wenn es auffällige Transaktionen jüdischer Unternehmer gab. Wollte ein Jude, der enteignet werden sollte, heimlich Vorbereitungen für seine Flucht ins Ausland treffen, was erwünscht war, und dabei Vermögenswerte mitnehmen, was verhindert werden sollte? Vor allem wenn es um Kontakte mit dem Ausland ging, wurde man hellhörig; in diesen Fällen schaltete man die Zollfahndungsstelle und die Devisenstelle ein.[151]

Wenn im Jahr 1938 der Gesetzgeber umfangreiche Aktivitäten entfaltete, um die »Arisierung« rechtlich zu fassen, darf das nicht dazu verleiten anzunehmen, hier liege eine Zäsur vor. Erstens standen die nun in Gang gesetzten Maßnahmen in der Kontinuität der bisherigen Politik, die darauf abzielte, jüdische Unternehmer – und nicht zu vergessen: jüdische Angestellte – aus der Wirtschaft zu verdrängen, und zweitens betrafen sie nur noch einen Restbestand an Unternehmen, der von den außergesetzlichen Eigentumsübertragungen noch verschont geblieben war. Barkai betont, »dass der Umfang dieser [1938 einsetzenden] ›Arisierungen‹ im Kontext der früheren langjährigen Entwicklung eher als Restbereinigung eines anhaltenden Liquidations- und Ausplünderungsprozesses und nicht, wie z. B. Genschel meint, als ›Hochkonjunktur der Arisierung‹ zu betrachten ist. Anfang 1938

---

147 Vgl. Laak: Die Mitwirkenden an der »Arisierung«, S. 243; vgl. Drecoll: Der Fiskus als Verfolger, S. 102; vgl. Winkel: Wirtschaft im Aufbruch, S. 123–125.

148 31. August 1937 u. 8. September 1937, StAC, 30874, 685.

149 Schreiben Polizeipräsidium Chemnitz an IHK v. 6. November 1938, in: StAC, 30874, 685.

150 Schreiben (nicht Linse) IHK Chemnitz an Arbeitsgemeinschaft der IHKn in der Reichswirtschaftskammer v. 21. November 1938, in: StAC, 30874, 685.

151 Schreiben IHK Chemnitz (nicht Linse) v. 26. u. 28. Juli 1938, in: StAC 30874, 686.

waren der jüdische Einzelhandel und die freien Berufe schon weitgehend ausgeschaltet.«[152] Wenn also vielen Zeitgenossen und auch nachfolgenden Beobachtern das Jahr 1938 mit der Verschärfung der Gesetzgebung und dem Novemberpogrom als Wendepunkt erschien, so irren sie. Die Ereignisse des Jahres 1938 waren nur die Fortsetzung einer Entwicklung, die 1933 begonnen hatte. Wenn es je eine Zäsur gegeben haben sollte, müsste man vermutlich die Entmachtung von Reichswirtschaftsminister Hjalmar Schacht 1937 nennen.[153]

Offiziell an der »Entjudung« beteiligt wurden die IHKn mit der »Verordnung über die Anmeldung des Vermögens von Juden« vom 26. April 1938 und der dazugehörigen Anordnung vom selben Tage.[154] Die Juden wurden verpflichtet, bei der zuständigen Behörde, die für Sachsen die Kreishauptmannschaft war, Angaben zu ihrem Vermögen zu machen. Außerdem wurde eine Genehmigungspflicht für den Verkauf von Vermögen und für die Neueröffnung von Betrieben durch Juden eingeführt[155]; damit wollte man die Kontrolle über die »Entjudung« erlangen. Mit der Begutachtung dieser Fälle wurden in Sachsen die IHKn beauftragt, und in Chemnitz kamen diese Vorgänge auf Linses Schreibtisch. Seine Stellungnahmen wurden die Grundlage für die Entscheidungen des Kreishauptmanns, später des Regierungspräsidenten. Linse studierte die ihm vorgelegten Verträge und Betriebsunterlagen, empfing Verfahrensbeteiligte in seinem Büro, holte Stellungnahmen und Gutachten ein und begab sich zuweilen auch vor Ort, um das betreffende Unternehmen in Augenschein zu nehmen. In seinen Gutachten fasste er die so gewonnenen Erkenntnisse zusammen, äußerte sich zum Unternehmen, zum Erwerber und zu den Auswirkungen der Transaktion und schlug gegebenenfalls Auflagen vor, die meistens den Firmennamen oder die Ausgleichsabgabe betrafen, oder erteilte nur sein Nihil obstat.

Nach dem 26. April 1938 folgten zahlreiche weitere Verordnungen und Erlasse, die Linses Arbeit beeinflussten, aber die von diesem Tage sind die

---

152 Barkai: »Schicksalsjahr 1938«, S. 105; vgl. ebd.: S. 95; vgl. Genschel: Die Verdrängung der Juden aus der Wirtschaft im Dritten Reich, S. 218.

153 Vgl. Rappl: »Unter der Flagge der Arisierung … um einen Schundpreis zu erraffen«, S. 25.

154 RGBl. I, S. 414 u. 415, abgedruckt bei Genschel: Die Verdrängung der Juden, S. 294 u. 296.

155 Vgl. Deeg: Die Judengesetze Großdeutschlands, S. 126, 130f. u. 134; vgl. Abel: Die Industrie- und Handelskammern im nationalsozialistischen Staate, S. 79f.

wichtigsten. Schon 1938 machten Markmann / Enterlein darauf aufmerksam, dass als gesetzliche Grundlage nur drei Artikel mit zwölf Absätzen ausreichten, die die Grundlage für die Arbeit einer ganzen Armada von Spezialisten bildeten: höhere Verwaltungsbehörden, Landräte, Stadtverwaltungen, Polizeiämter, Polizeireviere, der Reichskommissar für das Kreditwesen, Stadt- und Kreisverwaltungsgerichte, Finanzbehörden, Industrie- und Handelskammern, Gauwirtschaftsberater, die DAF, der Reichsnährstand, Organisationen der gewerblichen Wirtschaft, Notare, Gerichtsbehörden, Antragsteller, Rechtsanwälte, Wirtschaftsprüfer, Treuhänder, Banken, Abwesenheitspfleger und Versteigerer.[156] Man könnte noch Schlüsseldienste, Spediteure, die Gestapo, SS, KZ-Verwaltungen und weitere Beteiligte wie Bürger, die Versteigerungsgut erwarben, hinzufügen. Jedenfalls erforderte das Projekt der »Entjudung« der deutschen Wirtschaft eine so umfangreiche Beteiligung verschiedener Spezialisten, dass Bajohr es mit Recht »als soziale Praxis begriffen« wissen will.[157]

3. Linse und die »Entjudung«

In der Sekundärliteratur wird allenthalben betont, dass der Vorgang der »Entjudung« so vielgestaltig gewesen sei, dass man keine oder kaum verallgemeinernde Aussagen darüber treffen könne. Was Linse angeht, stimmt das nicht. Zwar sind die von ihm bearbeiteten Fälle in der Tat sehr unterschiedlich, aber sein Vorgehen ist eigentlich stets das gleiche. Es folgt, wenn man von der Notwendigkeit absieht, auf konkrete Anforderungen zu reagieren, immer demselben Muster, das sich wie folgt typisieren lässt: Auf der Basis der Verordnung vom 26. April 1938 wird ein Antrag auf Genehmigung der Übernahme eines Unternehmens beim Regierungspräsidenten gestellt, der die Bearbeitung an die IHK delegiert. Daraufhin beginnt Linse mit seinen Ermittlungen. Am Ende schreibt er ein Gutachten, das er samt Empfehlungen dem Regierungspräsidenten übersendet, der auf dieser Basis über den Antrag entscheidet.

---

156 Markmann / Enterlein: Die Entjudung der deutschen Wirtschaft, S. 1.

157 Bajohr: »Arisierung« als gesellschaftlicher Prozess, S. 17.

a) Ermittlungen

Wer den Antrag auf »Arisierung« bei der zuständigen Behörde stellt und welche Gespräche zwischen Verkäufer und Kaufinteressenten dem Antrag vorausgegangen sind, steht nicht in den Akten. Selbstverständlich haben sie stattgefunden, und man muss davon ausgehen, dass diese Verhandlungen nicht fair verlaufen sind, sondern zum Teil massiver Druck ausgeübt wird, der auch die Einschaltung von Parteistellen, der Polizei oder Gestapo einschließt. Das gesamte Ausmaß lässt sich nur erahnen.[158] Fest steht, dass die Kaufinteressenten gegenüber dem Firmeninhaber im Vorteil sind, weil sie staatliche und Parteistellen auf ihrer Seite haben – 1938 forciert der NS-Staat noch die Emigration, doch vorher möchte man den Betroffenen so viel ihres Vermögens rauben wie irgend möglich. Mit verschiedenen Gesetzen und Verordnungen, die im Jahre 1938 verabschiedet werden, werden die Unternehmer unter Druck gesetzt. Das reicht von der »Reichsfluchtsteuer«, die bereits 1931 eingeführt worden ist, bis zur Anwendung von roher Gewalt, die in die Pogromnacht vom 9./10. November 1938 mündet, die die Position der Verkäufer in sämtlichen Verhandlungen schwächt und den Prozess beschleunigt.

Verschlechtert wird die Verhandlungsposition jüdischer Firmeninhaber häufig auch durch ihre bereits vollzogene Flucht ins Ausland. Aus Linses Gutachten ist immer wieder ersichtlich, dass eine nicht unerhebliche Zahl von ihnen nach Frankreich, England oder Schweden emigriert ist. Andere wiederum sind im Zuge der »Polen-Aktion« vom 28. Oktober 1938 ausgewiesen worden und haben später die Gelegenheit, zurückzukehren und ihr Geschäft aufzulösen. In diesen Fällen werden »Treuhänder« oder »Abwesenheitspfleger« eingesetzt.[159]

Nicht jeder jüdische Unternehmer verkauft 1938/39 seine Firma an einen »arischen« Erwerber, sondern manche Firmen werden von Amts wegen aufgelöst. Linse ist auch hier miteinbezogen, denn nach Vorgabe des SMWA gehört er als IHK-Vertreter dem Ausschuss an, der beim Kreishauptmann gebildet wird, der die »Entjudung« vorantreiben soll. Mit dabei ist außerdem der Oberbürgermeister und je ein Vertreter der Wirtschaftsgruppe Ein-

---

158 Vgl. z. B. *Der Spiegel*: »Arisierung: ›Keiner hat hier was zu feiern‹«, 52, 1987, S. 58–72.

159 Vgl. Schreiben IHK (wohl nicht Linse) an Amtsgericht Chemnitz v. 15. September 1939, in: StAC, 30874, 695.

zelhandel, der Kreisleiter, der Kreiswirtschaftsberater, der Kreiswalter für Handel und Handwerk der DAF. Sie sortieren die Unternehmen aus, die für nicht erhaltungswürdig befunden werden, weil es von ihnen zu viele in derselben Branche gibt oder weil sie nicht rentabel sind und daher ohnehin keinen Käufer finden würden. Am 1. Dezember 1938 tritt der Ausschuss zusammen und arbeitet eine Liste mit 60 Unternehmen ab.[160]

Wenn Linse einen Antrag auf »Entjudung« auf den Tisch bekommt, informiert er sich über die Details. Dabei ist er eingebunden in ein eng geknüpftes Netz von Vorschriften, Gesetzen und Anweisungen, die sich im Zeitverlauf zuweilen ändern und ergänzt werden. An die darin gemachten Vorgaben hält er sich peinlich genau.

Linses Ermittlungen – also was er genau getan, mit wem er gesprochen hat und so fort – haben nur wenig Niederschlag in den Akten gefunden. Sie müssen aber teils recht umfangreich gewesen sein. In einem Gutachten weist er jedenfalls auf »zeitraubende Verhandlungen« mit »den Käufern und den an der Entjudung bezw. Liquidation beteiligten bezw. interessierten Personen, Stellen, Organisationen usw.« hin.[161] Linse nimmt Betriebsbesichtigungen vor, hört die Interessenten und seltener auch die Verkäufer an, erbittet von Branchenkennern, die er im IHK-Expertennetzwerk findet, Stellungnahmen und dergleichen mehr. Sein Ziel ist es, sich sowohl von den Interessenten als auch von den zu übernehmenden Firmen ein genaues Bild zu machen, um die Transaktion gemäß der gesetzlichen Vorgaben abzuwickeln, die ja nur abstrakte Begriffe enthalten, die mit Inhalt gefüllt werden müssen. Erkennbar geht Linses Bestreben dahin, der vorgesetzten Stelle genau die Informationen zu liefern, die für eine zügige Entscheidung – eigentlich strebt er, wie es aussieht, Zustimmung an – erforderlich sind. Seine Arbeit besteht deshalb unter anderem darin, jeden Vorgang vorzusortieren und alle Faktoren auszuschalten, die einer Genehmigung entgegenstehen könnten.

Wie detailliert die Vorgaben sind, wie eng der regulatorische Rahmen, in dem sich Linse bewegt, geht aus einer Anweisung des RWM hervor, die die »Verordnung zur Ausschaltung der Juden aus dem deutschen Wirtschafts-

---

160 Schreiben des SMWA v. 21. November 1938 an Kreishauptmann; Tagesordnung für Sitzung d. »Ausschusses zur Regelung von Arisierungsfragen des Chemnitzer Regierungsbezirkes« am 1. Dezember 1938; Aktennotiz Linse zur Tagesordnung derselben, alle in: StAC, 30874, 697.

161 Gutachten zum Fall Kunath & Mecklenburg v. 9. Mai 1939, in: StAC, 30874, 694.

leben« vom 12. November 1938 erläutert.[162] Der RWM ordnet an, dass die im Zuge der Pogromnacht geschlossenen Geschäfte und Gaststätten grundsätzlich nicht wieder geöffnet werden sollen. Außerdem sollen die seit dem 26. April 1938 genehmigungspflichtigen Firmenübertragungen beschleunigt werden. Dabei soll zunächst die Erhaltungswürdigkeit des Unternehmens geprüft werden (»volkswirtschaftliches Interesse«) und dann bei den zu veräußernden Firmen möglichst zügig und unbürokratisch, also ohne »zeitraubenden Schriftverkehr« verfahren werden. Die »jüdisch klingende[n] Firmenbezeichnungen [sollen grundsätzlich] verschwinden«, »deutsche Exportinteressen« berücksichtigt werden.

Inwieweit Linse der Aufforderung nach unbürokratischem Vorgehen nachkommt, ist nicht ersichtlich. Es fragt sich darüber hinaus ganz grundsätzlich, welchen Spielraum er angesichts derartiger Vorgaben, die beileibe nicht die einzigen waren, überhaupt hat, wenn er seine Arbeit »korrekt« erledigen will. Zwar kann man annehmen, dass er in die Anbahnung eines Verkaufs einbezogen ist und dabei auch Einfluss auf das Verfahren nimmt, insbesondere Bewerber aussortiert, die er nicht für geeignet hält. Doch diese Verhandlungen tauchen im Gutachten nicht auf, sondern es wird in der Regel nur der präsentiert, der das Unternehmen am Ende übernimmt.

b) Die Gutachten

Wenn Linse seine Ermittlungen, die sich über mehrere Wochen hinziehen können, abgeschlossen hat, schreibt er sein Gutachten mit Handlungsempfehlungen für die entscheidungsbefugte Stelle. Darin folgt er eigentlich immer demselben Schema: Er charakterisiert die Firma anhand von Faktoren wie Größe, Eigentumsverhältnisse, Branche und wirtschaftspolitische Bedeutung. Er äußert sich weiterhin zum Käufer und seiner Fachkunde und der Frage, ob er in politischer Hinsicht zur Führung des Unternehmens geeignet ist. Schließlich kommentiert er den Kaufvertrag, der Bestandteil der Antragsunterlagen ist, taxiert die Differenz zwischen dem im Kaufvertrag vereinbarten Kaufpreis und dem Verkehrswert des Unternehmens und schlägt – sobald es eine Regelung dazu gibt – die Erhebung einer Ausgleichsabgabe vor.

Die Frage, ob das Unternehmen erhalten bleibt oder aufgelöst wird, stellte sich in der Regel für Linse nicht, weil hierüber der »Arisierungsausschuss«

162 18. November 1938, in: StAC, 30874, 697.

beim Kreishauptmann schon entschieden hat. Wo er sich zu dieser Frage dennoch äußert, ist das Kriterium einfach: Linse hält »ein wirtschaftlich gesundes und mit gutem Gewinn arbeitendes Unternehmen« (M. Hamburger) für »vom volkswirtschaftlichen Standpunkt« aus erhaltenswert oder wenn es »im allgemeinwirtschaftlichen Interesse liegt« (Rudolf Kläß Nachf.) oder »... Unternehmen der gleichen Art und von der gleichen Bedeutung im hiesigen Bezirk nur wenige vorhanden sind«. (Flieg & Karmann) Die Bewertung fällt Linse eher leicht, denn er sieht sich Umsatz und Gewinn der letzten Jahre und die Stellungnahme des entsprechenden Branchenkenners an. Seltener werden weitere Erörterungen angestellt, bei denen sich Linse in der Regel dem Urteil des Branchenkenners anschließt, wie zum Beispiel im Fall »Malepartus«, und versieht seine Empfehlung mit den entsprechenden Hinweisen darauf. Vor allem wenn es um bestehende oder zu erwartende Exporte geht, bejaht Linse auch unter Berufung auf die »Ansicht sachkundiger Kreise« (Meerane-Werke), »die Notwendigkeit ihrer Überführung in arischen Besitz« (Malepartus).[163]

Ob ein Käufer »geeignet« ist, entscheidet sich anhand von zwei Kriterien: Er muss erstens »zuverlässig« sein, worüber Linse von Zeugen erfährt oder aus den vorgelegten Unterlagen ersehen kann. Wenn der Käufer »Altparteigenosse« ist, ist das beispielsweise grundsätzlich der Fall, oder wenn Gewährsmänner über ihn sagen, dass er dem Nationalsozialismus positiv gegenübersteht. Umgekehrt versucht Linse, sogenannte Strohmänner zu enttarnen – die gesetzlichen Regelungen sollen nicht umgangen werden. Als zweites muss der Käufer »sachkundig« sein, also bereits in der Branche gearbeitet haben, oder er muss aufgrund seiner beruflichen Vergangenheit wenigstens erwarten lassen, dass er sich in die Materie einarbeitet und das Unternehmen erfolgreich führt. So lehnt es Linse einmal ab, einen »alten Kämpfer« als Käufer zu empfehlen, obwohl es Praxis der Kammer sei, gerade diesen zu einem Unternehmen zu verhelfen. Doch hier (Kunath & Mecklenburg) müsse man bei »wirtschaftlich nüchterne[r] Betrachtung« am Sinn einer Übernahme zweifeln: Dass ein Handschuhfabrikant eine Färberei übernehme, sei nicht erfolgversprechend.[164]

Schließlich muss der Käufer auch darlegen, dass er über ausreichende finanzielle Mittel verfügt, um die Firma hernach gewinnbringend zu betreiben.

---

[163] Alle in: StAC 30874, 701 u. 702.

[164] In: StAC 30874, 694.

Der Kern jedes Gutachtens aus Linses Feder ist die Bewertung des Kaufvertrages. Er prüft in der Regel jeden Abschnitt auf Rechtskonformität und schlägt, falls das nicht der Fall ist, bereits hier Auflagen vor, zum Beispiel, »daß der Eintritt in Verträge, die mit jüdischen Vertragsgegnern abgeschlossen worden sind, nicht zulässig ist.« (Salomon Rubinstein) Oder dass »sämtliche arischen Gefolgschaftsmitglieder unter Eintritt in die bestehenden Arbeitsverträge weiter zu beschäftigen« sind (Willi Süßkind).[165]

Besonders schwierig und in jedem Fall folgenreich für den Verkäufer ist die Ermittlung des Übernahmepreises, bei der Linse eigene Berechnungen vornimmt. Diese Berechnungen nehmen unabhängig von der Größe und Bedeutung des Unternehmens relativ großen Raum ein. Linse stellt sie auf der Basis der ihm vorgelegten Unterlagen an oder zieht einen Gutachter heran, dessen Urteil er sich dann anschließt. Linses Ziel ist immer dasselbe: Er will, dass »ein angemessener Übernahmepreis gezahlt wird.« Seine Zustimmung versagt er der Vereinbarung immer dann, wenn »die Käufer durch einen unangemessen niedrigen oder die Verkäuferin durch einen unangemessen hohen Übernahmepreis einen volkswirtschaftlich nicht gerechtfertigten Vorteil erlangen.« (Flieg & Karmann) In einem Gutachten schließt sich Linse dem »sorgfältig begründeten Gutachten« des Wirtschaftsprüfers Adolf Backhaus an, »das alle bei der Entjudung jüdischer Gewerbebetriebe zu beachtende Grundsätze berücksichtigt« (Willi Süßkind). Dass diese Grundsätze alles andere als gerecht sind, dürfte Linse nicht entgangen sein, doch irgendwelche Anzeichen, dass er sich daran stört, finden sich nicht. Zwar lässt er auch nicht zu, dass eine Firma als Schenkung den Besitzer wechselt – aber nur, weil sich hier der Verdacht aufdrängt, es könne geheime Absprachen zwischen den Beteiligten gegeben haben. Wenn ein Warenlager mit einem Abschlag von 40 Prozent den Besitzer wechseln soll (Balkind) oder bei »unmodisch gewordenen Waren« – was ziemlich interpretationsoffen ist – »unter den Rechnungseinkaufspreis gegangen werden« darf (Flieg & Karmann), hat Linse nichts einzuwenden: Gegen die Benachteiligung des jüdischen Verkäufers sperrt er sich nicht, sofern sie nicht gegen eine Verordnung oder ein Gesetz verstößt.[166]

---

165 Beide in: StAC 30874, 701.

166 Alle in: StAC, 30874, 701.

Es geht bei dem ganzen Verkaufsprozess in einem »Entjudungsverfahren« also nicht darum, ein für alle Beteiligten zufriedenstellendes Geschäft abzuwickeln – und Linse weiß das. In einem längeren Schriftsatz räumt Linse offen ein, dass der Käufer eines nichtjüdischen Unternehmens gegenüber dem Käufer eines jüdischen im Nachteil sei, »weil er im Gegensatz zu diesem dem Voreigentümer auch die ideellen Vermögenswerte erstatten, zumindest den vollen Verkaufswert entrichten musste, während der Erwerber eines jüdischen Betriebes solche ideellen Vermögenswerte überhaupt nicht erstattet hat und in nicht wenigen Fällen sogar die sogenannten realen Vermögenswerte nicht einmal zu ihrem Verkehrswert vergütet hat«.[167] Unter ausdrücklichem Bezug auf die »Bewertungsgrundsätze für Arisierungssachen« sieht Linse in seinen Gutachten also auch den genannten Goodwill, das heißt, die ideellen Werte wie Patente oder Kundenbeziehungen, bewusst nicht als zu vergütenden Wert an.[168] Viel später, 1944, kommt er auf diese Frage zurück, und auch hier bezieht er sich beim Maßstab für die Bewertung eines Unternehmens, das ein Jude zu verkaufen genötigt wird, auf normierende Vorschriften, wenn er von Preisen spricht, die »angemessen im Sinne der Entjudungsrichtlinien gewesen sind«.[169]

Linse weiß auch, dass eine Eigentumsübertragung keine freiwillige Vereinbarung gleichberechtigter Partner ist. Das zeigt der Satz in einem seiner Gutachten, in dem von einem »nunmehr freiwillig« zustande gekommenen Vertrag die Rede ist, der aber zugleich auch »in der Zwangslage seiner [des Verkäufers] Inhaftierung« abgeschlossen worden sei.[170] Allerdings datiert er den Beginn der Zwangslage erst auf die Verabschiedung der »Verordnung über die Anmeldung des Vermögens von Juden« vom 26. April 1938, die den Auftakt für weitere Regulierungen markierte, »die die Entjudungsgesetze später gebracht haben und die für einzelne Käufer Veranlassung gewesen sein mag, auf den jüdischen Verkäufer einen gewissen Druck auszuüben, unter dem er sich zur Bewilligung eines Kaufpreises verstand, der unter dem Verkehrswert lag«.[171] Man muss also folgern, dass Linse die »wilde Arisie-

---

167 Schreiben an Regierungspräsident Chemnitz v. 24. Juli 1940, in: StAC, 30874, 701.

168 Gutachten v. 13. Dezember 1938, Gebr. Friedhelm, in: StAC, 30874, 701.

169 Aktennotiz v. 12. Januar 1944, in: 30874, 746. Die von Linse genannten Grundsätze und Richtlinien tauchen in den Akten nicht auf.

170 Gutachten v. 11. Januar 1941, in: StAC, 30874, 701 (Fall Bagdadlioglu).

171 IHK Linse an Kreisleitung Weinhold v. 19. März 1941, in: StAC, 30874, 702, als Selbstzitat; ursprünglich: IHK Linse an SMWA v. 15. Februar 1941, in: StAC,

rung« bis zum 26. April 1938 als gewöhnliches, freies Aushandeln von Geschäften bewertet.

Wenn ein Käufer einen »unangemessenen Gewinn« durch die »Entjudung« erzielen würde, empfiehlt Linse fast immer die Erhebung einer Ausgleichsabgabe. Ab Sommer 1938 beträgt diese Abgabe in Sachsen »durchschnittlich 10%«, die der »Stiftung Altershilfe« zukommen soll.[172] Diese landesspezifische Regelung wird am 3. Dezember 1938 mit der »Verordnung über den Einsatz des jüdischen Vermögens« abgelöst durch eine reichseinheitliche, die eine Abgabe zugunsten des Reiches in Höhe von bis zu 70 Prozent der Differenz zwischen dem Verkaufspreis und dem ermittelten Verkehrswert betragen soll.[173] Linse schöpft diesen Rahmen immer voll aus und erlegt sie dem Käufer auf, sofern nicht im Vertrag Regelungen über die Aufteilung einer eventuell zu zahlenden Abgabe auf die beiden Vertragsparteien vereinbart ist.[174]

Das 1938 einsetzende Wettrennen um die noch nicht jenseits staatlicher Regulierung abgewickelten Unternehmensübertragungen rief ganz offensichtlich zahlreiche Betrüger auf den Plan, die die Reichsregierung später irgendwie zu fassen trachtete. In Chemnitz aber ist ganz offensichtlich alles entsprechend der Regeln abgelaufen. Jedenfalls meldet Linse später, als der SMWA auf der Basis der »Verordnung über die Nachprüfung von Entjudungsgeschäften«[175] um Auskunft über die »Erzielung unangemessener Gewinne« bittet, nur zwei Fälle: Im einen ist der Preis für ein Grundstück »um einen beachtlichen, seiner Höhe nach der Kammer aber nicht bekannt gewordenen Betrag« herabgesetzt worden, im anderen ist es einem Käufer mit einem Trick gelungen, einen hohen Geldbetrag zu ergaunern, der bei der Berechnung der Ausgleichsabgabe nicht berücksichtigt worden ist.[176] Ein dritter Fall wird auf Linses Vorschlag hin gar nicht erst erwähnt: Hier ist einem Pg. die Zahlung der von Linse vorgeschlagenen Abgabe vom Regierungspräsidenten erlassen worden, weil, wie Linse vermerkt, dem Pg. »ein

---

30874, 702; ähnlich: Aktennotiz Linse, 10. Februar 1941, in: StAC, 30874, 702, worin er behauptet, Juden seien vor dem 26. April 1938 frei zu verhandeln in der Lage gewesen.

172 Schreiben GWB an alle KWB v. 30. Juli 1938, in: StAC 30874, 702.

173 RGBL. I, S. 1709; vgl. Kuller: Bürokratie und Verbrechen. S. 272–284.

174 Vgl. Kirsch: Walter Linse und der Nationalsozialismus, S. 25–27.

175 RGBL. I, 10. Juni 1940, S. 891.

176 IHK Linse an SMWA v. 15. Februar 1941, in: StAC, 30874, 702.

gewisser Ausgleich« für Entbehrungen »während der Kampfzeit« geschaffen werden sollte. Da es sich hier ohnehin um eine kleinere Summe gehandelt habe, sollte man den Fall nicht melden, schlägt er dem IHK-Präsidenten vor. Davon also abgesehen meint Linse, dass »in unserem Kammerbezirk bei den nach dem 26. April 1938 durchgeführten Entjudungen unangemessene Gewinne nicht erzielt wurden bezw. bereits Gegenstand der Erhebung einer Reichsausgleichsabgabe geworden sind«.[177]

Ein immer wiederkehrender Punkt ist der Firmenname. Linse achtet hier darauf, dass – selbstverständlich wieder entsprechend der Vorschriften – der Käufer das Unternehmen nicht unter dem alten, meist als »jüdisch« angesehenen Namen weiterführt, sondern unter seinem eigenen, dass mithin das »entjudete« Unternehmen vollständig verschwindet. So wird beispielsweise verfahren beim Namen »Jacob Cohn« oder »Salomon Rubinstein«. Eigentlich will Linse auch den Namen »Oswald« getilgt wissen, doch er besteht nicht darauf, weil es dem Käufer gelingt, ihn davon zu überzeugen, dass er »nicht als typisch jüdischer Name« anzusehen sei.[178]

Den Grundsatz der Namenswahrheit vertritt Linse übrigens nicht nur bei »Entjudungsangelegenheiten«, sondern auch bei anderen Fällen. So wird bei der »Sachbearbeiterbesprechung für Handelsregisterfragen« in Dresden ausgiebig über den Unterschied zwischen »Fabrik« und »Fabrikation« gesprochen und über die Frage, was der Firmenzusatz »Haus« bedeutet.[179] Hier berichtet Linse von einem »Musikhaus« einer armen, alten Musikalienhändlerin, der er diese Bezeichnung aus prinzipiellen Gründen gerichtlich verbieten lassen will, auch wenn ihm die geringe wirtschaftliche Relevanz dieser Witwe und die Härte, die eine Klage für sie bedeuten würde, bewusst ist. Aber Vorschrift ist Vorschrift.[180]

Am Ende eines jeden Verfahrens schreibt Linse ein Gutachten, das er an den Regierungspräsidenten schickt. Der genehmigt den Kauf, eventuell unter Auflagen, oder, zumindest theoretisch, auch nicht. Linse schreibt seine Gutachten allerdings immer so, dass die Behörde fast immer seinen Vorschlägen

---

177 Aktennotiz Linse v. 10. Februar 1941, in: StAC, 30874, 702; zur Korruption im Umfeld von »Entjudungen« vgl. Bajohr: Parvenüs und Profiteure, S. 105–119.

178 Alle in: StAC, 30874, 701.

179 Protokoll der Sitzung v. 3. März 1939, 30874, 648.

180 Schreiben IHK Linse an AG der IHKn in der Reichswirtschaftskammer v. 3. August 1940, in: StAC, 30874, 648.

folgt; auch von Rückfragen oder der Notwendigkeit, etwas nachzuarbeiten, lässt sich den Akten nichts entnehmen. Man kann daraus folgern, dass ein nicht unerheblicher Teil der Kommunikation Linses mit anderen Dienststellen per Telefon abgelaufen ist und die Rolle der Parteistellen größer war als die Spuren in den Akten annehmen lassen. IHK-Präsident Schöne[181], der die IHK nach außen vertritt und deshalb alle nach außen gehenden Schreiben unterzeichnet, dürfte als aktives NSDAP-Mitglied das Seine getan haben, damit die »Entjudung« reibungslos vonstattengehen konnte.

Eigentlich ist die »Entjudung« schon Anfang 1939 abgeschlossen. Auf der Arbeitstagung des Beirats der IHK Chemnitz am 10. Februar 1939 hält Schöne ein langes Referat, in dem er alle wesentlichen Tätigkeitsfelder seiner Kammer streift. Für diese Rede haben alle Referenten einen Bericht aus ihrem jeweiligen Arbeitsgebiet erstellt: Hüppner, Apitzsch, Arens, »Ro.«, »G.« und »Ei.« liefern zeitnah, nur die Zuarbeit zum Bereich »Entjudung« verzögert sich, kommt aber dann doch noch rechtzeitig, sodass Schöne in seiner Rede auch dieses Thema behandeln kann. Es lässt sich nicht beweisen, dass die Zuarbeit von Linse kommt – aber von wem sonst? Jedenfalls kann Schöne melden, »daß jüdische Einzelhandelsgeschäfte im Kammerbezirk nicht mehr bestehen. […] Auch die Überführung der jüdischen Hersteller- und Großhandelsbetriebe in arische Hand oder deren Liquidation macht laufend Fortschritte. […] Im Ganzen besteht für uns kein Zweifel, daß die Erreichung des angestrebten Zieles, nämlich die restlose Befreiung der Wirtschaft von Juden, zumindest für unseren Bezirk in kurzer Zeit vollkommen erreicht sein wird«.[182]

c) Gesetzlich gehandelt, aber schuldig geworden

Es fällt nicht schwer, Linses Rolle bei der »Arisierung« zu beurteilen. Isoliert betrachtet, hat er sich genau so verhalten wie ein Bürokrat, wie er von Weber idealtypisch beschrieben wurde: sachlich, unparteiisch, an Recht und Gesetz orientiert.[183] Emotional ist er, soweit Emotionen auf Papier sichtbar

---

181 Vgl. div. Schreiben in: BA Berlin, R 3101, 9847; auch Vizepräsident Stelgens war linientreu, vgl. BA Koblenz, R 3101, 9847.

182 *Wirtschaftsnachrichten* vom 11. Februar 1939, in: StAC, 30874, 19.

183 Weber: Max Weber, Wirtschaft und Gesellschaft, Erster Halbband, Erster Teil, Drittes Kapitel, § 4, S. 162f., und Zweiter Halbband, Neuntes Kapitel, 2. Abschnitt, S. 704f.; vgl. Kirsch: Walter Linse und der Nationalsozialismus, S. 49f.

werden, nicht vorgegangen; er hat sich nicht korrumpieren lassen und hat die jüdischen Verkäufer auch nicht schikaniert. Doch aufs Ganze gesehen, hat sich Linse natürlich an dem Unrecht beteiligt, das als »größter Raubzug im 20. Jahrhundert« bezeichnet werden kann. Wenn Linse auf die Rechtsförmigkeit der Enteignung bestanden hat, dann klingt das ziemlich hohl.[184] Andererseits: War das nicht besser, als sich selbst zu bereichern? Oder hätte er seine Stelle bei der IHK erst gar nicht antreten dürfen, um nicht mitschuldig zu werden? Wäre das eine Überforderung gewesen? In jedem Fall ist klar zu erkennen, dass Linse nicht das war, was man landläufig unter einem »Arisierer« versteht. Er hat nie einen Juden aus eigenem Antrieb zu enteignen gewünscht, und schon gar nicht zu seinem Vorteil; er hatte weder wirtschaftliche noch ideologische Interessen daran, kurz: Er war kein Profiteur und kein »Ariseur«.[185]

Es ist eigentlich ausgeschlossen, dass Linse übersehen hat, dass das nationalsozialistische Deutschland kein Rechtsstaat mehr ist wie noch die Weimarer Republik, in der er studiert hat und seine ersten beruflichen Schritte gegangen ist. Schließlich wurde der Rechtsstaat schon gleich nach der Machtübernahme Hitlers 1933 systematisch abgebaut und ausgehöhlt. Unrecht wurde zu Recht erklärt oder wenigstens zu camouflieren versucht, es wurde eine Atmosphäre der Unsicherheit und Rechtlosigkeit geschaffen.[186] Und dennoch betont Linse 1950, dass sein Leben und Streben der »Rechtsstaatlichkeit« galt – eine zunächst unverständliche Aussage. Gleichwohl handelt es sich um den Schlüssel zum Verständnis seines beruflichen Lebens. Vor dem Hintergrund der Zerstörung des Rechtsstaats mutet es nämlich fast wie eine Flucht aus dieser Rechtlosigkeit an, als Linse bei der IHK eintritt. Fraenkel hat schon in den 40er-Jahren darauf hingewiesen, dass der Bereich der Wirtschaft von den Nazis unangetastet blieb, wenn man von der Diskriminierung und Rechtlosstellung der Juden in diesem Bereich absieht, um seine Funktionsfähigkeit nicht zu gefährden.[187] Es könnte sein, dass Linse sich rückblickend der Illusion hingab, in diesem Bereich die Strukturen vor-

---

184 Vgl. Kirsch: Linse und der Nationalsozialismus, S. 49.

185 Vgl. Bajohr: »Arisierung« als gesellschaftlicher Prozess, S. 25–27; vgl. Heusler: Styler alias Stiehler – Profil eines »Ariseurs«.

186 Vgl. Stolleis: Staats- und Verwaltungsrechtswissenschaft in Republik und Diktatur, S. 316–318.

187 Vgl. Fraenkel: Der Doppelstaat, S. 128–135.

zufinden, die er schätzte. Und das war ja auch so – zumindest teilweise. Nur: Die Enteignung der Juden machte er trotzdem mit. Hat er sich daran beteiligt, weil sie in gesetzlich gefasster Form vonstattenging?[188] Vielleicht ließ er sich beruhigen von der vordergründigen Stabilität der Strukturen, die sich seit der Etablierung der Diktatur Mitte der 30er-Jahre eingestellt hatte und stellte seine Ahnung hintan, dass das »Dritte Reich« kein Rechtsstaat mehr war. Sollte Linse jemals versucht haben, in die »innere Emigration« zu gehen, so war dieses Vorhaben jedoch zum Scheitern verurteilt.

4. Beispiele: Martin Leyser, Alfred Ascher, Gilel Reiter

a) Martin Leyser und die Ambivalenzen des »Doppelstaats«

Einer der »Entjudungsvorgänge«, die Linse betreut, ist der der Trikotagenproduktion von Martin Leyser. Es handelt sich um ein kleines Geschäft mit sieben Mitarbeitern vor Ort und 16 Heimarbeiterinnen, das profitabel arbeitet. Gegründet 1919, produziert es Hemden und Vorprodukte für die Textil- und Schuhindustrie und steht nun zum Verkauf, »weil der Inhaber nichtarisch ist«, wie es im undatierten Verkaufsprospekt heißt. Darin beschreibt Eigentümer Leyser detailliert die finanzielle Situation – sie ist über die Jahre hinweg gut gewesen, wenn man von einem durch Veruntreuung entstandenen Einbruch 1936 absieht – und den Wert des Maschinenparks und des Inventars. Das Grundstück beziffert er auf 23 500 RM, die Maschinen auf 7000 RM, das Inventar auf 3000 RM und das Warenlager auf 6000 RM. Insgesamt möchte er 41 250 RM für das Unternehmen haben und bietet darüber hinaus die Einarbeitung des neuen Chefs und die Vertretung des Unternehmens im Ausland an.[189]

Nach Leysers Angaben gibt es mehrere Interessenten, aber aktenkundig ist nur Alfred Esche, ein Chemnitzer Textilvertreter, der sich seit einem nicht bekannten Zeitpunkt um den Erwerb des Unternehmens bemüht. Mit Leyser wird er sich wohl in Verhandlungen befinden, auch wenn davon nichts in den Akten steht. Am 17. Juni 1938 stellt Esche beim Kreiswirtschaftsberater – also der Partei, nicht dem Kreishauptmann – den Antrag auf Erlaubnis der Übernahme. Der wiederum setzt sich mit der für derartige Fälle von

188 Vgl. Stolleis: Staats- und Verwaltungsrechtswissenschaft in Republik und Diktatur, S. 335f.

189 StAC, 30874, 691.

Gesetzes wegen zuständigen IHK Chemnitz in Verbindung. Am 21. Juli 1938 übersendet er den Vorgang, der schließlich auf Linses Schreibtisch landet.

Es ist anzunehmen, dass Esche in irgendeiner Weise Kontakt mit Linse aufnimmt oder umgekehrt, doch zunächst verhandelt er nachweislich mit Leyser. Er beschafft Gutachten zum Wert der Maschinen und ein Referenzschreiben, woraufhin er am 12. August 1938 der IHK vermeldet, dass er bald alle erforderlichen Unterlagen beisammen haben werde. Esche muss zahlreiche Dokumente herbeischaffen, die belegen sollen, dass er »geeignet« zur Führung des gewünschten Unternehmens ist, außerdem einen »Arierausweis«, zu dem in seinem Fall 76 Urkunden und zwei Schreiben gehören, ein Sachverständigengutachten eines Ingenieurs, zwei Maschinengutachten und anderes mehr. Am 30. November 1938 hat Esche alles zusammen und schickt es Linse. Leyser verhandelt unterdessen auch mit anderen Interessenten; von Linse möchte er erfahren, wie groß die Wahrscheinlichkeit einer Genehmigung von Esches Antrag sei. Doch Linse verweigert die Auskunft; am 19. September 1938 erklärt er ihm, dass »nicht die Industrie- und Handelskammern, sondern die zuständigen Kreishauptmannschaften [darüber befinden], nachdem sich die zuständige Kammer über den Antrag gutachtlich geäußert hat«. Am Ende wird Leyser mit Esche handelseinig.

Inzwischen kümmert sich Leyser um seine und seiner Familie Auswanderung nach den Niederlanden oder die USA, wovon das Polizeipräsidium Chemnitz am 13. Dezember 1938 das Finanzamt Chemnitz-West und die IHK in Kenntnis setzt. Die IHK wiederum – nicht Linse – reicht diese Information am 16. Dezember an die »Schutzgemeinschaft für Handel und Gewerbe in Chemnitz e. V.« und die Auskunfteien Bürgel und Schimmelpfeng, beide in Chemnitz, weiter (»Streng vertraulich!«).[190] Zum 1. Januar 1939 meldet sich Leyser mit seiner Frau nach Großbritannien ab – was aber nicht identisch ist mit dem wirklichen Emigrationsdatum, das eher auf den 1. August 1939 anzusetzen ist –, die Tochter am 2. Februar. Die finanzielle Ausplünderung durch Erhebung der »Judenvermögensabgabe« erfolgt durch das Finanzamt Chemnitz-West. Die Entziehung der deutschen Staatsbürgerschaft wird unter Hinweis auf Mitgliedschaft von Leyser und seiner Frau in »der Judenloge Saxonia bezw. der Schwesternvereinigung der Saxonia-Loge« beantragt und vollzogen.[191]

---

[190] StAC, 30874, 707.

[191] Aktennotiz Gestapo Chemnitz v. 20. Dezember 1939, in: LA Berlin, A Rep. 093-03

Was nach dem Einsenden von Esches Unterlagen passiert ist, entzieht sich unserer Kenntnis. Anzunehmen ist, dass Linse Erkundigungen bei den Vertragsbeteiligten und Experten aus Partei und der Textilbranche einholt, um sich ein möglichst umfangreiches Bild von dem Unternehmen und dem Käufer zu machen und sodann ein Gutachten für den Kreishauptmann zu verfassen. Doch am 23. Januar 1939 ergibt sich eine Verzögerung, denn Esche meldet sich telefonisch bei Linse und bittet ihn, mit der Abfassung des Gutachtens noch zu warten, weil der Kreiswirtschaftsberater einer »Entjudung« nicht zuzustimmen gedenke, weil er Leysers Betrieb für »nicht erhaltungswürdig« ansehe. Esche muss ihn zuerst umstimmen, indem er ihm noch einmal erklärt, um was es sich bei dem Betrieb genau handelt. Damit hat er Erfolg. Am 1. Februar 1939 teilt der Kreiswirtschaftsberater Linse seinen Sinneswandel mit, nicht ohne darauf hinzuweisen, dass aber am Ende der Regierungspräsident über den Antrag entscheide.

Wenige Tage später, am 4. Februar, liefert Linse sein Gutachten ab. Unter Bezugnahme auf die ihm vorliegenden Unterlagen legt er die Eckdaten des Unternehmens dar: Umsätze, Gewinne, Eigentumsverhältnisse, Angestellte und so fort und was es produziert, nämlich »nahezu konkurrenzlose Spezialartikel, die u.a. an Behörden und in den Export gehen«. Das sind für Linse »volkswirtschaftlich bedeutsame Gründe [...], die die Erhaltung des Betriebes und seine Überführung in arischen Besitz rechtfertigen«. Der Käufer kennt sich im Gewerbe aus, hat eine Kreditzusage einer Bank erhalten und den »Nachweis seiner arischen Abstammung [...] erbracht«. Auch der Kaufvertrag ist von Linse geprüft worden. Gegen die vereinbarte Fortführung des Namens hat er etwas einzuwenden; dass eine »Arisierungsabgabe« erhoben wird, teilt er den Vertragsparteien mit. Den vereinbarten Kaufpreis von 5050 RM, der der Schätzung des Sachverständigen entspricht, auch wenn er deutlich unter dem Eingangspreis Leysers liegt, hält er für akzeptabel: »Es handelt sich also zweifellos um einen Preis, der eine dem Werte nach angemessene Forderung nicht übersteigt.« Auch die Art, wie der Wert des Warenlagers ermittelt werden soll, findet seine Zustimmung. Das »stellt nach Auffassung der Kammer einen durchaus angemessenen Übernahmepreis, der nicht beanstandet werden kann, sicher«.

Eigentlich hat Linse mit der Abgabe seines Gutachtens seine Arbeit erle-

---

Finanzamt Moabit West, Nr. 52167.

digt, wenn man von den sich an die Entscheidung des Regierungspräsidenten ergebenden Formalia absieht. Doch am 25. März 1939 wendet sich Kreiswirtschaftsberater Hauschildt brieflich mit einem besonderen Anliegen an Linse. In dem Schreiben verwendet er sich für einen gewissen Helmut Zimmermann, der sein Freund, Gönner, Günstling oder einfach nur ein Petent sein könnte. Jedenfalls ist Hauschildt seinem Anliegen aufgeschlossen: Zimmermann schuldet Leyser noch 750 RM, aber er möchte nicht zahlen. Nun soll Linse herausfinden, ob dieser Schuldtitel an den Käufer des Leyserschen Betriebs mitverkauft wurde. Hauschildts Erwartung ist eindeutig: »Ich habe den Wunsch, daß Maßnahmen getroffen werden könnten, um den Z. davor zu bewahren, die RM 750 00 an den Juden zu bezahlen.«[192]

Linse bestellt Leyser daher auf den 30. März 1939 ein und hält in einer Aktennotiz Leysers Aussage fest, wonach der »den rechtskräftigen Schuldtitel [...] bereits seit längerer Zeit abgeschrieben [habe] [...] [und] demzufolge aus diesem Schuldtitel gegen Zimmermann nicht mehr vorgehen« wolle. Es sieht so aus, als wisse Linse um die Unrechtmäßigkeit des Hauschildtschen Anliegens, denn er hält weiterhin fest, dass er ihm, Hauschildt, am Telefon erklärt habe, was Leyser dazu gesagt habe und »daß es grundsätzlich unmöglich ist, Juden, die Ariern gegenüber ausgeklagte oder unstreitige Forderungen besitzen, zu bewegen, auf diese Ansprüche zu verzichten. Herr Hauschildt erklärte mir, daß dies auch seine Auffassung sei«.[193]

Es kann aus einem guten Grund bezweifelt werden, dass sich Linse an der von Hauschildt ins Werk gesetzten Erpressung beteiligt hat.[194] Linse wusste, dass es illegal war, Leyser unter Druck zu setzen. Er wusste aber auch, dass Hauschildt eine wichtige politische Position einnahm und deshalb durchaus über dem Gesetz stand. Man darf weiterhin annehmen, dass Linse um den Charakter des Reiches als »Doppelstaat« wusste und Leyser darauf aufmerksam machte, wenn der das nicht ohnehin selber schon geahnt hatte. Ohne genauere Kenntnis dessen, was Linse und Leyser miteinander besprachen, drängt sich der Vergleich mit dem von Fraenkel beschriebenen Fall eines Juden auf, der sich 1938 vom Amtsgericht Berlin wegen einer Bagatelle zu einer vergleichsweise milden Freiheitsstrafe verurteilen ließ. Durch das Ein-

---

192 Schreiben Hauschild an Linse, in: StAC, 30874, 691.

193 Aktennotiz Linse v. 21. April 1939, in: StAC, 30874, 691.

194 Das behauptet Bästlein: Vom NS-Täter zum Opfer des Stalinismus, S. 53. Er liefert eine verzerrte Darstellung des Falls.

geständnis der Schuld, die keine war, die aber dem Strafdrang des SA-Mannes, der den Mann vor Gericht gebracht hatte, und der Staatsanwaltschaft entgegenkam, blieb der »Maßnahmenstaat« in diesem Fall außen vor.[195] Vielleicht hat Linse Leyser davon überzeugen können, dass der Verzicht auf die rechtmäßige Forderung weniger nachteilhaft sein würde als auf seinem Recht zu beharren. Vielleicht aber ist Leyser von selbst auf diesen Gedanken gekommen.

Der Regierungspräsident besiegelt den Kauf am 11. April 1939 unter verschiedenen Auflagen, unter anderem unter den von Linse vorgeschlagenen: Jüdische Angestellte müssen entlassen werden, die nichtjüdischen behalten; der »jüdische« Name darf nicht weitergeführt und die Geschäftsbeziehungen zu jüdischen Kunden und Lieferanten müssen abgebrochen werden; Finanzamt und Devisenstelle sind zu benachrichtigen; der Käufer muss eine Abgabe von 10 Prozent des Kaufpreises entrichten, die auf das Konto der »Stiftung Altershilfe« eingezahlt werden muss.

Esche kann schließlich am 21. April 1939 ein Rundschreiben verschicken, in dem der Eigentümerwechsel seinen Kunden bekanntgemacht wird. In der IHK wird die Akte geschlossen; insgesamt 10 Mitarbeiter nehmen hiervon Kenntnis.

Damit ist die Übertragung von Leysers Firma auf Esche vollendet. Dass sie zu einem »angemessenen« Preis erfolgte, kann als ausgeschlossen gelten, selbst wenn formal alles korrekt abgelaufen ist. Auch Linse ist nicht über den Verdacht erhaben, in persönlichen Unterredungen mit Esche oder den Gutachtern Einfluss auf das Verfahren, genauer: auf die Wertermittlungen genommen zu haben. Das heißt, dass auch er daran mitgewirkt haben könnte, Leyser noch mehr zu schädigen als das ohnehin schon durch den durchaus nicht freiwilligen Verkauf und die anschließende Emigration, bei der er von den Finanzbehörden ausgeplündert wird, geschieht. Doch man muss auch andersherum fragen: Warum sollte er das tun? Weil er Antisemit war? Weil er einen persönlichen Vorteil dadurch erlangt hat? Für beide Vermutungen gibt es keine Anhaltspunkte, schon gar keine Belege.

[195] Fraenkel: Der Doppelstaat, S. 263f.

b) Alfred Aschers Flucht und Linses Beitrag

Im November 1952 erreicht Bundeskanzler Adenauer ein denkwürdiger Brief des deutschen Auswanderers Horst B. Lantzsch aus den USA. Der hat vor wenigen Monaten seine Heimat Chemnitz verlassen und von der Verschleppung Linses durch MfS-Schergen erfahren: In seinem Brief nennt er ihn einen »guten Bekannten« und »ein[en] Menschen mit einer solch anständigen Gesinnung«. Lantzsch berichtet davon, dass Linse sich 1938 »unter Aufopferung seiner Existenz massgebend dafür einsetzte, [...] meinen Freund [Alfred] Ascher aus dem KZ-Lager herauszuholen. Seine Ausreise aus Deutschland wurde dadurch sichergestellt und sein Leben gerettet.« Er schreibt: »Ich bin jeder Zeit bereit Vorstehendes eidesstattlich zu bekräftigen.«[196]

Ascher ist der Inhaber des Chemnitzer Schuhgeschäfts »Der elegante Schuh«, das im Rahmen der »Entjudung« von seiner Angestellten Helene Wächtler übernommen werden soll.[197] Wächtler wendet sich schon im Verlauf des Septembers 1938 mit ihrem Anliegen an Linse, der sodann bei der DAF eine Stellungnahme zu volkswirtschaftlichen Fragen des Schuheinzelhandels erbittet und sich bei einem Schuhhändler – der vermutlich in derartigen Fragen der Ansprechpartner der IHK war – über die Person Wächtlers erkundigt, wobei er in Erfahrung bringt, dass die offenkundig über die notwendige Sachkunde verfügt. Im Verlauf von Linses Ermittlungen wird zwar der Verdacht geäußert, die Übernahme erfolge nur der Tarnung halber, und auch bei der Art der Kapitalbeschaffung durch zwei Gesellschafter entsteht zeitweilig der Eindruck, andere als Wächtler würden am Ende das Sagen haben, was nicht akzeptabel wäre. Doch Linse hat in seinem Gutachten für den Kreishauptmann am Ende »*keine* Bedenken« gegen den Vertrag, den Ascher und Wächtler am 3. Oktober unterzeichnet haben, und empfiehlt die Genehmigung unter bestimmten Auflagen. Der Kreishauptmann entspricht Linses Rat am 7. Dezember 1938.

Sollte Ascher je versucht haben, seine Enteignung aktiv zu beeinflussen, so ist es damit in der Pogromnacht vom November 1938 jäh zu Ende. Sein Geschäft wird verwüstet, er selbst am 10. November als »Aktions-Jude« nach Buchenwald deportiert, wo er am 14. Dezember 1938 wieder entlassen wird.[198]

---

196 Schreiben Horst B. Lantzsch an Adenauer vom 29. Oktober 1952, in: BA Koblenz, B 137, 1013.

197 StAC, 30874, 711.

198 Schreiben des International Tracing Service, Bad Arolsen, an Verf. vom 11. Juli 2014.

Ascher hält von nun an den Druck nicht mehr aus und entschließt sich zur Flucht; dass seine Entlassung mit der Verpflichtung einhergegangen ist, die Emigration zu betreiben, ist wahrscheinlich. Sein Freund Horst Lantzsch bringt ihn und seine Frau Edith an die Grenze nach Belgien, wo die beiden mit viel Glück hinübergelangen und am 20. Januar 1940 ein Schiff besteigen, das sie nach New York und in Sicherheit bringt. Ascher fasst in den USA als Möbelhändler Fuß und holt 1952 Lantzsch nach, der in den Autohandel einsteigt. Ascher stirbt 1983.[199]

Welche Rolle Linse bei der glücklichen Flucht Aschers und seiner Frau erst nach Belgien und dann in die USA gespielt hat, ist unklar. Gesichert ist lediglich, wie Linse in diesem ziemlich gewöhnlichen Verfahren vorgeht. Erstens muss ein neuer Name für das Geschäft gefunden werden, der an den alten, »jüdischen« nicht erinnert, wozu sich Linse am 10. Dezember 1938 mit einem der beiden Gesellschafter, Wuthenau, bespricht. Zweitens muss der Wert des Warenlagers geschätzt werden. Und schließlich macht Aschers Frau Edith am 20. Januar 1939 Linse ihre Aufwartung in seinem Büro, bei der sie auf eine Rückforderung in Höhe von 2940 RM aufmerksam macht, nämlich die Summe aus zwei Krediten in Höhe von 2340 RM und 600 RM, die von den Erben des Gläubigers nun zurückgefordert würden. Außerdem meldet sich am 17. Februar ein weiterer Gläubiger, der, wie er vorträgt, »von Ascher keine Antwort mehr erhalten« würde und sich deshalb nach dem Abwickler des Geschäfts erkundigt. Im ersten Fall kommt Linse zu dem Schluss, dass es sich nicht »nur um erdichtete Forderungen handelt«, im zweiten wird der Gläubiger im Februar befriedigt.

Aber dann meldet sich Ascher noch einmal am 16. April 1939 aus Brüssel und bittet um Auszahlung von 600 RM, die noch aus dem Vermögen zurückbehalten worden sind, an seine Eltern in Chemnitz, die das Geld »zum Lebensunterhalt benötigen«. Linse geht den Erläuterungen in dem Brief, der erkennbar nicht von Ascher, sondern von seiner Frau geschrieben worden ist, nach und sorgt dafür, dass Ascher in Brüssel an das Geld kommt. Das Ge-

---

199 Rodney Gould: »Shakes Nazi Slavery To Win Success Here«, in: »Manchester Union Leader«, 6. Februar 1963; Charles Ewing: »Act of Compassion Starts Dealer's Career«, in: »The Washington Star«, 7. Juli 1978; Press Release: »ADL Honors Man Who Risked Life to Safe Jewish Friend During Holocaust«, http://www.adl.org/press-center/press-releases/miscellaneous/adl-honors-man-who-risked.html, abgerufen am 13. Mai 2014.

werbeamt, schreibt er am 17. Mai 1939 an Ascher, habe die Überweisung an Ascher selbst in die Wege geleitet, »da eine unmittelbare Auszahlung an Ihre Eltern mangels Nachweises einer entsprechenden Empfangsberechtigung nicht möglich war. Wir stellen Ihnen anheim, sich mit Ihrem Ersuchen an die Commerz- und Privatbank Chemnitz unmittelbar zu wenden.« Aber das ist, wie Peter Seifert gezeigt hat, überhaupt nicht möglich, denn Aschers Eltern sind zu diesem Zeitpunkt bereits verstorben. Seiferts Schlussfolgerung: »Wieder hat Linse geholfen.«[200]

Doch es muss mehr passiert sein, als aus den Akten hervorgeht, Linses Rolle muss größer gewesen sein. Denn Ascher selbst behält Linse auch Jahre nach seiner Flucht in bester Erinnerung. Oder es ist seine Frau, die seit Alfreds Inhaftierung die Geschäfte führt und die diese Erinnerung wachgehalten haben mag. Es wäre nicht verwunderlich, wenn das den Folgen der KZ-Haft in Buchenwald geschuldet gewesen wäre, als er 45 Pfund an Gewicht verliert und seitdem psychisch schwer belastet ist.[201] Es ist allerdings Alfred selbst, der 1963 einer Lokalzeitung ein Interview über seine Rettung gibt und darin berichtet, dass Edith von Chemnitz nach Berlin gereist sei und dort eine Besprechung mit Linse gehabt habe, »then head of the Business Administration Department for the Nazi government«. Nach Angaben der Zeitung sagt Ascher: »Fortunately, Linse was an avowed [=bekennender] anti-Nazi. He told my wife that there was nothing he could do about the store unless I was there. Linse called the Gestapo and I was given a temporary release from Buchenwald.« Doch das Geschäft sei nicht zu retten gewesen, erläutert er weiter, und die Drangsalierungen durch die Gestapo seien weitergegangen. Da habe man sich zur Flucht entschlossen.[202]

Bei Lantzsch liest sich die Geschichte der Freilassung Aschers etwas anders. In einem Zeitungsartikel aus dem Jahre 1978, für den er ein Interview gibt, wird Linse namentlich nicht mehr erwähnt. Dem Artikel zufolge versuchte Lantzsch mehrfach, Ascher aus dem KZ herauszubekommen, doch vergeblich, da er weder NSDAP-Mitglied gewesen sei noch über die notwendigen Kontakte verfügt habe. An einem Abend »in January 1940« sei er jedoch geschäftlich in Weimar gewesen und in einem Restaurant mit einem

---

200 Vgl. http://www.unser-walter-linse.org/Pages/AlfredAscher2.aspx, abgerufen am 22. April 2016; vgl. Nitsche / Röcher: Juden in Chemnitz, S. 442.

201 Zur Situation der »Aktions-Juden« vgl. Hackett (Hg.): Der Buchenwald-Report.

202 Gould: »Shakes Nazi Slavery …«.

Unbekannten ins Gespräch gekommen. Ihm habe er von seinem Freund Freddie erzählt, und der Unbekannte habe sich als »high-ranking official of the SS« zu erkennen gegeben. Anders als man habe erwarten können, habe sich der Fremde angeboten zu helfen. »[He] took down the necessary identifying information. He must have had clout [=Einfluss], because Ascher was released two weeks later, with instructions to report daily to the secret police at the Chemnitz Gestapo office.«[203]

Die Behauptung, Linse habe Ascher gerettet und dabei persönliche Risiken auf sich genommen, lässt sich anhand dieser Aussagen nicht belegen. Bästlein glaubt das auch nicht und droht: »Dem Vorgang wird weiter nachgegangen.«[204] Ascher und Lantzsch sind zwar in der Tat wichtige Zeugen, die überhaupt keine Veranlassung haben zu lügen. Doch ihre Berichte sind widersprüchlich und enthalten sachliche Fehler, weshalb Zweifel an ihrem Wahrheitsgehalt aufkommen. Außerdem sprechen die Umstände gegen sie: Die Logik von Internierung und Entlassung konnte von den Betroffenen nicht nachvollzogen werden, sodass es möglich ist, dass die sich auf das, was mit ihnen passierte, einen falschen Reim machten.[205] Lantzschs und Aschers Aussagen belegen daher nur, dass sie in Linse einen Helfer sahen. Ob dieser Eindruck der Wirklichkeit entsprach, muss dahingestellt bleiben.

Man kann annehmen, dass Linse den Aschers und Lantzsch gegenüber korrekt auftrat und ihnen sachlich die Rechtslage und seine Handlungsspielräume erläuterte. Das hätte zumindest seinem Naturell entsprochen. Außerdem war er mit Wuthenau gut bekannt oder sogar befreundet, wie 1948 aktenkundig wird,[206] was ebenfalls sein Verhalten gegenüber Ascher beeinflusst haben könnte. Doch darüber hinaus hat er vermutlich nichts für Aschers Freilassung getan – warum sollte er auch? Und wenn Linse doch dafür sorgte, dass Ascher aus dem KZ herauskam, dann hätte er das vermutlich nur getan, um das Enteignungsverfahren zum formal korrekten Abschluss zu bringen und die Gläubiger zu bedienen.[207] Als das vollbracht und Ascher emigriert war, war es auch keine besondere Wohltat, ihm die 600 RM zuzu-

---

203 Ewing: »Act of Compassion …«.

204 Bästlein: Vom NS-Täter zum Opfer des Stalinismus, S. 37.

205 Schreiben des International Tracing Service, Bad Arolsen, an Verf. vom 11. Juli 2014.

206 HStAD, 13471, ZB 7374 Akte 14.

207 Vgl. Schreiben der IHK Chemnitz an die Arbeitsgemeinschaft der Industrie- und Handelskammern in der Reichswirtschaftskammer vom 21. November 1938, in: StAC, 30874, 685.

leiten: Erstens stand ihm das Geld von Rechts wegen zu, was für Linse das entscheidende Argument gewesen sein dürfte, zweitens war hier das Gewerbeamt Chemnitz handelnd und Linse wie so oft nur der Überbringer der Nachricht wie der von der Nichtzustellbarkeit der Geldanweisung. Vermutlich hätte es Aschers Lüge bezüglich seiner Eltern gar nicht bedurft. Sollte Linse sie durchschaut haben, was keinesfalls sicher ist, hätte er ganz gelassen darüber hinwegsehen können. Das Geschäft Aschers war auftragsgemäß »entjudet« und Ascher hatte Anspruch auf das Geld.

c) Die Sache mit Gilel Reiter

Noch bemerkenswerter als die Fälle Leyser und Ascher ist indes der Aktenbestand, der Linses Korrespondenz und Aktennotizen in der Angelegenheit des jüdischen Patentingenieurs Gilel Reiter enthält.[208] Reiter wird 1878 in Cherson (Herson) an der Mündung des Dnjepr geboren, das seinerzeit zu Russland, heute zur Ukraine gehört. Der junge Reiter zieht nach Odessa, um »nach 1900« an der TH Darmstadt und in Heidelberg zu studieren. Nach einer Zwischenstation in Altona bei Hamburg siedelt er vor Ausbruch des Ersten Weltkriegs nach Siegmar bei Chemnitz, wenig später nach Chemnitz selbst. Zunächst ist er als Angestellter in der Industrie tätig, gründet jedoch ein eigenes Patentbüro, in dem er unter anderem ein Messgerät entwickelt, das er 1935 als »Gonioindikator« zum Patent anmeldet. In der »Reichskristallnacht« wird er verhaftet, in das KZ Buchenwald gebracht, schwer misshandelt und Ende November wieder freigelassen. 1939 muss Reiter sein Patentbüro aufgeben, ein Treuhänder wird mit der Abwicklung beauftragt. Der Ausbruch des Zweiten Weltkriegs verhindert die Ausweisung des Staatenlosen. 1942 wird die Familie Reiter aus ihrer Wohnung vertrieben und zieht ins »Judenhaus«. 1944 verschlechtert sich Reiters Gesundheitszustand, der durch die Misshandlungen in Buchenwald angegriffen ist. Die Aufnahme in ein Krankenhaus wird abgelehnt, Reiter stirbt. Als eine der letzten wird seine Urne auf dem jüdischen Friedhof in Chemnitz beigesetzt.[209]

Als im Februar 1939 die Anordnung des Chemnitzer Regierungspräsidenten zur Abwicklung von Reiters Büro ergeht, tritt Linse auf den Plan. Wie in anderen Fällen auch beaufsichtigt er von seinem Schreibtisch aus das Ver-

---

208 In: StAC, 30874, 699. Ich danke Herrn Jürgen Nitsche, Chemnitz, der mich auf den Vorgang aufmerksam gemacht hat.

209 Nitsche / Röcher (Hg.): Juden in Chemnitz, S. 177 u. 302.

fahren »zur einstweiligen Fortführung und Herbeiführung der Abwicklung des technischen und Patentbürobetriebes des Juden Gilel Reiter«, für das der Regierungspräsident am 25. Februar 1939 den Kaufmann Ernst Arthur Sieben-Haussen zum Treuhänder beruft. Sieben-Haussen soll monatlich über den Stand des Verfahrens berichten, schreibt der Regierungspräsident, und bis zum 15. Juni seinen abschließenden Bericht eingesendet haben. Die IHK, die Devisenstelle, die Zollfahndungsstelle, das Finanzamt, der Kreiswirtschaftsberater der NSDAP und die Kreisleitung der NSDAP – sie alle erhalten Kenntnis von dem Verfahren. Also nimmt Sieben-Haussen seine Arbeit auf und berichtet im Folgenden getreulich – jeweils mit Kopie an den zuständigen Sachbearbeiter bei der IHK, Linse – über den Fortgang des Verfahrens und stellt die ihm entstandenen Kosten in Rechnung, die der Inhaber, also Reiter, zu tragen hat. Zu diesem Zeitpunkt deutet nichts darauf hin, dass es sich um ein außergewöhnliches Verfahren handeln könnte, und doch erstreckt es sich bis in das Todesjahr Reiters, 1944.

Bereits am 4. März 1939 spricht Sieben-Haussen das erste Mal bei Linse vor. Über den Inhalt des Gesprächs ist nur bekannt, dass man sich für den 9. März erneut verabredet, diesmal in der Gegenwart Reiters und seines Partners. Das Ingenieurbüro abzuwickeln, ist einfach, denn es besteht de facto nur noch auf dem Papier. Im Zentrum der Bemühungen steht die Vermarktung des Reichspatents, das Reiters Partner, ein »Arier«, wie Sieben-Haussen dem Regierungspräsidenten am 8. März schreibt, finanziert hat und an dem er beteiligt ist. Der Treuhänder hält große Stücke auf Reiters Erfindung und versucht, auch seinen Auftraggeber zu überzeugen. »Dieser Teilapparat ist deshalb als eine für die Feinmechanik wichtige Erfindung zu betrachten. Andererseits scheint seine Verwertung für artilleristische Einrichtungen und Messungen gegeben!« Und weil das so vielversprechend aussieht, meint er, könne man den Wunsch Reiters nicht nach bloßem Verkauf, sondern weiterer Vermarktung zumindest prüfen.

In der Besprechung zwischen Linse, Sieben-Haussen, Reiter und seinem Partner wird das strategische Vorgehen beraten. Linse hält die Grundzüge in einer Aktennotiz fest. An die Kinder aus Reiters zweiter Ehe »mit einer Arierin« kann das Patent »auf Grund des letzten Geheimerlasses« nicht übertragen werden. Stattdessen will man mit verschiedenen Firmen verhandeln, und Linse will Kontakt zur Wehrmacht aufnehmen. Die gemeinsame Stoßrichtung ist dieselbe, die Sieben-Haussen bereits gegenüber dem Regierungspräsidenten angedeutet hat: Die Vermarktungsperspektiven von Reiters Go-

Gilel Reiter mit seinen Söhnen Samuel und Anatol, um 1922.

nioindikator, auch die Möglichkeiten eines Einsatzes in kriegsrelevanten Bereichen, sind günstig, erfordern allerdings einen langen Atem aller Beteiligten. Denn selbst wenn die Vermarktung gelingt, so ist mit einer langwierigen Einarbeitungszeit derjenigen, die das Gerät bedienen, zu rechnen, und die betreffende Firma wird »noch etwa ein Jahr lang seines [Reiters] Erfinderrates bedürfen«.

Wenn man gehofft hat, mit dem geplanten Vorgehen Zeit zu gewinnen, dann scheint die Strategie aufzugehen. Am 12. Juni wird die Frist zum ersten Mal verlängert, bis zum 31. August. Sieben-Haussen berichtet weiter. Im November kommt Bewegung in die Angelegenheit, weil Sieben-Haussen und Reiter darangehen, »eine frühere Erfindung Reiters [...], eine größere Kalibermaschine« zu verwerten, wie er gegenüber Linse angibt, der das Gespräch in einer Notiz aktenkundig macht. Sieben-Haussen macht auf die prekäre finanzielle Lage Reiters aufmerksam, der auf Almosen der jüdischen Gemeinde angewiesen ist, und gibt zu bedenken, dass seine Tätigkeit als Abwickler aus dem zu erwartenden Erlös honoriert werden könnte. Ob man ihm nicht noch eine Betriebsabwicklung übertragen könne, »da er in der vorliegenden Sache befürchten müsse, für seine Tätigkeit nicht oder nicht hinreichend entschädigt zu werden«. Linse sichert »wohlwollende Prüfung« seiner Bitte zu.

Letztlich scheitert die Verwertung der Kalibermaschine jedoch. Die Vermarktung des Gonioindikators geht allerdings weiter, und die Frist wird deshalb immer wieder verlängert. Linses Rolle in dem Verfahren scheint darin zu bestehen, zu Sieben-Haussens Anträgen auf Fristverlängerung Gutachten, wie etwa am 19. Juli 1940, mit folgenden Bewertungen zu schreiben: »So misslich es für alle am Entjudungsverfahren beteiligten Behörden und Stellen zweifellos ist, wenn die von allen gewünschte Feststellung, dass die Wirtschaft des Chemnitzer Regierungsbezirkes judenfrei ist, an der niemand zur Last zu liegenden Unverwertbarkeit des Patentes scheitern soll, so kann man u. E. doch nicht um die Notwendigkeit herum, dem Abwickler Sieben-Haussen die Frist zur Herbeiführung der ihm aufgegebenen Abwicklung zu verlängern.«

Und Sieben-Haussen müht sich weiter redlich, wenn man seinen Abrechnungen und Berichten Glauben schenken darf. Sämtliche Ausgaben müssen vom Regierungspräsidenten nachträglich genehmigt werden. In seinem Bericht vom 13. November 1940 gibt er an, dass er 147 Stunden für den Auftrag aufbringen musste; Reiter selbst ist nach Hamburg, Bremen, Lübeck,

Flensburg und Berlin gereist. Desgleichen waren Sonderzahlungen an Reiters Frau für »ein Winterkleid und Weihnachtsbeschaffungen« nötig. Der Kalibermesser, der seinen »wirtschaftlichen Wert für die deutsche Industrie immer mehr rechtfertigt«, hat sich bis dato fünfmal verkauft, und die Bemühungen zur Verwertung des Patents gehen weiter. Eine neuerliche Fristverlängerung um drei Monate bis zum 21. März 1941 scheint angemessen.

Wie rührig und bemüht Sieben-Haussen ist, zeigt sein Schreiben vom selben Tage an den Polizeipräsidenten zu Chemnitz, in dem er um Aussetzung der Ausweisungsverfügung gegen Reiter bittet, »und zwar im Einvernehmen mit der Industrie- und Handelskammer zu Chemnitz«. Wieder will Sieben-Haussen Zeit herausschlagen und Reiter ein vergleichsweise normales Leben ermöglichen. Andere Dienststellen – zufälligerweise die von Linse – sind ihm Kronzeugen für die besondere Wichtigkeit seines Anliegens. Außerdem verhandele er gerade mit sowjetischen Stellen, und das könne dauern, »– wie bei allen Russengeschäften«; die »Materialbeschaffungsschwierigkeiten« erleichterten aber die Verwertung der Erfindung nicht gerade, die doch »in immer weiteren Kreisen der deutschen Maschinenindustrie Beachtung und Anerkennung findet. [...] Herr Reiter ist im Begriffe, die Maschine mit von ihm geschaffenen Sondereinrichtungen auszustatten, die deren Fabrikationswert steigern. Hierdurch ist seine Anwesenheit im Interesse der deutschen Wirtschaft begründet.« Ähnlich geht es auch im Jahr 1941 weiter. Sieben-Haussen und Linse bilden ein Team mit verteilten Aufgaben: Sieben-Haussen kümmert sich um Reiters Angelegenheiten, und Linse deckt seine Aktivitäten durch entsprechende Gutachten ab. Allerdings können die beiden nicht alles erreichen, was sie sich vorgenommen haben, und gelegentlich ahnt man, dass sie auf einem sehr schmalen Grat wandeln. So gelingt es Sieben-Haussen nicht, Reiter von der Pflicht befreien zu lassen, einen Davidstern zu tragen. »Solche Anträge«, referiert Linse in einer Notiz für seinen Präsidenten, »sind bis jetzt immer abgelehnt worden und werden auch künftig ausnahmslos abgelehnt werden«. Ganz erfolglos sind sie aber keinesfalls, denn die Inspektion durch eine Delegation der Wehrmacht bei einer Firma, die Reiters Lehrenbohrwerke einsetzt, hat ergeben, dass der festgestellte Fehler »vermieden worden wäre, wenn Reiter entsprechend seinem Ersuchen Gelegenheit gehabt hätte, diese Firma beim Bau des Lehrenbohrwerkes und bei seiner Prüfung vor Abnahme durch die Kommission des OKW laufend zu beraten«. Auf Basis dieser Information vermutet Linse, dass Reiter »noch etwa 2 Monate« unabkömmlich sei und nach Ablauf dieser Frist zwei weitere

Monate »gelegentlich« beratend tätig werden müsse. Damit hätte man erneut vier Monate Zeit gewonnen. Um einen möglicherweise aufkeimenden Verdacht zu zerstreuen, es könne nicht alles mit rechten Dingen zugehen, sichert Linse sein Vorgehen ab: »Ich möchte noch betonen, dass der Antrag auf Erteilung einer generellen Genehmigung, der der Kammer zur gutachtlichen Stellungnahme vorliegt, nicht von mir bezw. dem Juden Reiter ausgeht, sondern auf eine Anregung des Herrn Spitzner vom Polizeipräsidium Chemnitz zurückzuführen ist.«

Zwei Schriftstücke aus dieser Zeit, also Oktober / November 1941, die sich inhaltlich auf die genannte Aktennotiz beziehen, werfen Fragen auf. Bei beiden handelt es sich um einen von Linse bearbeiteten Brief an den Polizeipräsidenten zu Chemnitz. Der Erste ist auf einem Kopfbogen getippt, bereits mit der Unterschrift des Hauptgeschäftsführers versehen – und ungewöhnlicherweise zu den Akten gegeben worden. Die Unterschrift des Präsidenten fehlt ebenso wie das genaue Datum im Oktober; der Tag wird üblicherweise per Hand eingetragen. Im Brief wird der Sachstand zusammengefasst und mit einem recht knappen, eindeutigen Votum versehen: »Nach Auffassung der Kammer ist es daher aus den angeführten rüstungswirtschaftlichen wichtigen Gründen erforderlich, dass dem Juden Reiter Gelegenheit gegeben wird, beide Firmen zwecks technischer Beratung bei der Herstellung der Lehrenbohrwerke regelmäßig aufzusuchen. Die Frage, ob der Jude Reiter hinsichtlich der technischen Beratung der beiden Firmen künftig durch eine deutschblütige Kraft ersetzt werden kann, ist zu bejahen. Nach Ablauf einer gewissen Übergangszeit wird es einer entsprechend vorgebildeten und eingearbeiteten Kraft möglich sein, die bisher von Reiter ausgeübte Beratungstätigkeit zu übernehmen. Offen bleibt selbstverständlich die Frage, ob sich im Hinblick auf den gerade im Ingenieurberuf außerordentlich starken Mangel an Fachkräften eine solche Ersatzkraft finden wird.«

Während dieses Schreiben redigiert und offensichtlich gar nicht abgeschickt worden ist, ist das zweite auf rosa Durchschlagpapier, versehen mit den Parafen des Präsidenten, des Hauptgeschäftsführers und des Bearbeiters – also Linses – und mit handschriftlichem Eintrag des Tagesdatums – des 6. Novembers –, erhalten. In diesem Schreiben, das ganz offensichtlich die IHK verlassen hat, sind substantielle Änderungen vorgenommen worden. Der erste Absatz bleibt weitgehend unverändert. Der Zweite indes verliert gegenüber der ersten Version an Eindeutigkeit, seine Aussagen werden diffuser, suggestiver. Hier heißt es nun, dass Reiters beratende Anwesenheit »nicht dauernd, sondern nur für eine gewisse Übergangszeit erforderlich« sei. »Der Treuhänder Sieben-Haussen […] ist der Meinung, dass eine Übergangszeit von 2 Monaten ausreichend erscheint. Die von Reiter erbetene generelle Genehmigung wäre also auf die Dauer von 2 Monaten zu beschränken. Nach Ablauf dieser 2 Monate sind nur noch gelegentliche Besuche […] erforderlich.« Erneut bejaht man langfristig die Ersetzung Reiters »durch eine deutschblütige Kraft«. »Nach Auffassung der Kammer erscheint es zweckmäßig, den Treuhänder Sieben-Haussen bereits jetzt zu veranlassen, eine geeignete Kraft ausfindig zu machen und in die Beratungstätigkeit Reiters einzuarbeiten. Sobald eine solche Ersatzkraft gefunden worden ist und sich mit den in Frage stehenden technischen Fragen vertraut gemacht hat, könnte dann im Benehmen mit ihr festgestellt werden, wann auf die Beratungstätigkeit Reiters überhaupt verzichtet werden kann. Heil Hitler!«

1942 kommt es in der Sache zu einer neuen Wendung, als Reiter und Sieben-Haussen einen Vertrag über die Verwertung der Lehrenbohrwerke abschließen. Wieder tritt Linse als Gutachter für den Regierungspräsidenten in Erscheinung, und wieder versucht er, ihn von dem großen Interesse der Wirtschaft an Reiters Lehrenbohrwerk, »das […] eine stetig zunehmende Steigerung erfährt, je mehr die in Betracht kommenden Industriekreise die Vorteile […] in Erfahrung bringen«, zu überzeugen. Ostentativ kritisiert Linse den Vertrag, weil durch ihn Sieben-Haussen und Reiter »zumindest theoretisch unbegrenzt« miteinander verbunden werden und deshalb das Büro Reiters nicht wie gewünscht aufgelöst werden kann. Aber, gibt Linse zu Protokoll, angesichts der unklaren Verwertungschancen in der durch den Krieg beeinträchtigten Wirtschaft ist die gefundene Lösung akzeptabel. Und dann weist er auf die Schwierigkeiten und Implikationen des Vertrags hin, die er jedoch mit Hinweis auf die Rechtslage rechtfertigt und die im Ergebnis die beiden Vertragsparteien noch fester aneinanderbindet. So vertrackt ist die Angelegenheit inzwischen geworden, dass sie gar nicht mehr richtig im Sinne der Diktatur »gelöst« werden kann, dass Linse sich sogar scheinheilig die Hoffnung zu äußern erlauben kann, »dass die bereits seit langer Zeit anhängige Abwicklung [von Reiters Patentbüro] endlich einmal zu einem Ende kommt und dass dieses Interesse gegenüber das erwähnte formaljuristische Bedenken zurücktreten möchte«.

Und wieder geht die Strategie auf, und auch der Kreiswirtschaftsberater der NSDAP schließt sich inhaltlich Linses Gutachten »voll und ganz« an. Offensichtlich sind die vorgetragenen Argumente, die in der Konsequenz dazu führen, dass Reiter weiterarbeiten kann und nicht in ein KZ deportiert wird, so überzeugend, dass Sachbearbeiter Weinhold von der NS-Kreisleitung Chemnitz am 8. April 1942 nur verzweifelt vorschlagen kann, »den Juden Gilel Reiter besonders scharf zu beobachten. Unter Umständen lässt er sich einmal etwas zuschulden kommen, was einer endgültigen Regelung der Angelegenheit dann förderlich sein kann.«

Die Umstände sind für Reiter auch weiterhin – relativ – günstig. Einer Aktennotiz Linses vom 30. Juli 1942 ist zu entnehmen, dass, wie Sieben-Haussen berichtet hat, Reiters Lehrenbohrwerk inzwischen in großer Zahl im Einsatz ist und weiterentwickelt werden soll. Erneut ist Reiters Expertise verlangt. Seine Kenntnisse und der allgemeine Ingenieurmangel machen ihn unabkömmlich. In einem Gutachten für den Polizeipräsidenten hält Linse die erneute Verlängerung der Einreisegenehmigung für notwendig. »Wir stellen anheim, diese Dauerreisegenehmigung zunächst auf 3 Monate zu befristen, damit nach Ablauf dieser Frist die Möglichkeit einer Ablösung der Beratungstätigkeit Reiters durch eine deutschblütige Kraft erneut geprüft werden kann«.

Im selben Jahr gehen Linse und Sieben-Haussen sogar noch einen Schritt weiter. Sie vereinbaren, zu versuchen, Reiter als Dolmetscher für die in den Industriebetrieben eingesetzten russischsprachigen Zwangsarbeiter zu beschäftigen, obwohl das eigentlich nicht zulässig ist. Linse berät sich mit der Gestapo, die nichts gegen den Vorschlag einzuwenden hat, wie Linse am 23. September 1942 dem Arbeitsamt mitteilt, »sofern sich seine Dolmetschertätigkeit auf das Anlernen von Ostarbeiter, auf ihre technische Beratung usw. erstreckt«. Jetzt allerdings beißen sie auf Granit, das Arbeitsamt weist das Ansinnen zurück.

Ansonsten aber geht es auch im folgenden Jahr weiter wie beschrieben. Am 1. Februar 1943 bittet Linse wieder um eine dreimonatige Fristverlängerung für Reiter mit den immer gleichen vorsichtig formulierten Argumenten. »Bei dieser Sachlage wird man nach Auffassung der Kammer wiederum nicht umhin können, dem Antrag stattzugeben. Um die weitere Entwicklung der Angelegenheit verfolgen zu können, bitten wir, auch gegenüber dem neuen Gesuch, die Dauergenehmigung auf 3 Monate zu befristen.« So gelingt es Linse und Sieben-Haussen, Reiter mehrere Jahre vor dem KZ zu bewahren. Am Ende scheitert das Vorhaben jedoch an einem Umstand, den sie nicht beeinflussen können: Reiters Tod am 18. Februar 1944.

Es hat in den letzten Jahren mehrere Versuche gegeben, Linse widerständiges, subversives Verhalten zu unterstellen: Bereits 1998 spekulierte der Autor eines unveröffentlichten Papiers über Linses Motive, die »Arisierung« der Meichsner Moda AG nicht zu befürworten; er hält hier »eine bewusste Verzögerung, und somit sogar ein Sympathisieren mit den jüdischen Alteigentümern« für möglich. Auch der Bearbeiter des Bestandes 30874 im Chemnitzer Staatsarchiv meint, in Linses Gutachten und Aktennotizen eine derartige Verzögerungstaktik erkennen zu können, und verweist auf den »Ciphero«-Bericht von Walter Oelschlägel, der begrenzte Aussagekraft hat (siehe unten). Es ist allerdings wahrscheinlicher, dass es sich bei diesen Lesarten um Projektion handelt. So sehr man sich wünschen mag, dass Linse heimlich die »Entjudung« der Chemnitzer Wirtschaft zu hintertreiben versuchte, so skeptisch muss man bleiben. Warum hätte er das tun sollen? Linse hat den betroffenen Unternehmern weder absichtsvoll geschadet noch ihnen in irgendeiner Weise über das gesetzlich zulässige Maß geholfen. Er hat sich einfach an das Gesetz – von Recht möchte man in diesem Zusammenhang nicht reden – gehalten.

Das gilt auch für den Fall Reiter, bei dem es ebenfalls keinen Grund gibt anzunehmen, Linse habe ihn zu schützen versucht. Linse hielt sich einfach an die Vorgaben, die verschiedene Stellen – Reichs- und Landesregierung, Vorgesetzte, Parteistellen – machten, und bemühte sich auch, ihnen zu genügen. Die Richtschnur für sein Handeln waren Gesetze, Verordnungen, Dienstanweisungen und politische Beschlüsse. Wenn Linse Reiter immer wieder vor der Deportation zu bewahren suchte, hängt das am ehesten mit seinem Selbstverständnis zusammen, Anwalt der Unternehmer – in diesem Fall auch des Unternehmers Reiter – zu sein.[210] Ob dieses Motiv überlagert wurde von dem Wunsch, den Juden Reiter zu retten, lässt sich weder beweisen noch widerlegen.

5. Arbeit für die Kriegswirtschaft

Nachdem die »Entjudung« weitgehend abgeschlossen ist, ist der einsetzende Krieg prägend für Linses Arbeit. Spätestens seit dem Jahr seines Eintritts in die IHK bereitet ihn der NS-Staat vor, worauf verschiedene Rundschreiben und Erlasse hindeuten. So ergeht etwa am 17. August 1938 die Anweisung

[210] Vgl. Schumann: Kooperation und Effizienz, S. 320 u. 403.

des Reichswirtschaftsministers an die IHKn, einen »Mob-Beauftragten« zu ernennen – und seine Funktion zu tarnen. Er soll »alle Aufgaben zur Sicherung der Produktionsfähigkeit der KL-Betriebe unter der Leitung der Außenstellen« übernehmen, wie es darin heißt.[211]

Linse ist zwar (vermutlich) kein Mob-Beauftragter, aber das ändert nichts daran, dass auch er durch seine Referententätigkeit in die Kriegsvorbereitungen und später in die Kriegsführung einbezogen ist. Das belegt unter anderem eine Aktennotiz über eine Besprechung, an der er »weisungsgemäß teilgenommen« hat. Arbeitsämter, IHK, Rüstungskommando Chemnitz, Wehrkreisersatzamt und andere Stellen arbeiten Hand in Hand, um die Produktion trotz kriegsbedingtem Arbeitskräftemangel aufrechtzuerhalten: Betriebe brauchen Arbeiter, die Wehrmacht braucht Soldaten. Bei einem dieser Treffen – hier des »Wehrkreisbeauftragten IV mit den Umstellungsbeauftragten der Chemnitzer Betriebe«, bei der die Teilnehmer »en bloc vereidigt und auf die Geheimhaltungsvorschriften hingewiesen« werden – geht es um das Problem des Arbeitskräftemangels. Frauen und weibliche Jugendliche sollen verstärkt in der Rüstungsindustrie arbeiten, Maschinen sollen besser ausgelastet und sowjetische Kriegsgefangene häufiger zu Arbeiten herangezogen werden – dank einer OKW-Anordnung ist hier »die Möglichkeit eines verstärkten Einsatzes gegeben«, wie Linse notiert. Zwar stellt sich diese Frage im Moment nicht, weil »das z.Zt. […] wütende Fleckfieber [noch nicht] beseitigt bzw. eingedämmt worden ist«. Doch grundsätzlich sind sich die Verantwortlichen über die Stoßrichtung einig, wie Gauamtsleiter Direktor Böttger aus Dresden erläutert, dessen Ausführungen Linse wiedergibt: »Bereits jetzt muß Klarheit darüber bestehen, daß der zum Einsatz gelangende kriegsgefangene Sowjetrusse auch im Betrieb mit der Härte behandelt werden muß, die ihm als asiatischen Menschen zukommt.«[212]

Im Zusammenhang der »staatliche[n] Kommandowirtschaft mit privater Mitbestimmung«[213] zählt es unter anderem auch zu Linses Aufgabe, Vorträge an Fachschulen und anderen Bildungseinrichtungen zu halten, in denen er die Notwendigkeiten einer auf den Krieg ausgerichteten Wirtschaft erläutert. Beispielsweise ist ein Manuskript zu einem Vortrag »Warum gelenkte Wirtschaft?« nebst Vorarbeiten erhalten, das auf November 1944 datiert

---

211 BA Berlin, R 3101, 9374.

212 Aktennotiz v. 9. Februar 1942, in: StAC, 30874, 370.

213 Frei: Führerstaat, S. 90.

ist. Darin skizziert Linse die Grundsätze der nationalsozialistischen Wirtschaftspolitik und welche Rolle Landwirten und Gewerbetreibenden darin zukommt. Die massiven staatlichen Eingriffe in unternehmerisches Handeln rechtfertigt er, konform mit der NS-Ideologie, mit »der Enge des deutschen Wirtschaftsraumes« und den Erfordernissen der Kriegsführung. Insbesondere Letzteres macht, seinen Ausführungen zufolge, aus einem Unternehmer einen Soldaten und den Krieg zu einem »totalen Krieg«. »Es ist eine Rüstung bis ins innerste Mark, bis in den innersten Lebensnerv, durch die das weitverzweigte und vielfach geäderte Stromnetz des modernen Lebens den großen Strom der kriegerischen Energie zugeleitet wird.« Die Organisationen der gewerblichen Wirtschaft, also etwa die IHKn, sind »Bindeglied und Mittler zwischen dem Staat und der Wirtschaft«. Linse stellt die Wirtschaftskammer als »unparteiisches Selbstverwaltungsorgan« dar, was sie zu diesem Zeitpunkt mit Sicherheit nicht mehr ist, sondern, wie er selbst erklärt, zumindest was die Kriegswirtschaft angeht, eine Organisation, die dem Staat den Aufbau einer eigenen Wirtschaftsverwaltung erspart, was sich vor allem bei der »planmäßige[n] Lenkung des Arbeitseinsatzes« auswirkt. Von der Freiheit der Wirtschaft kann da eigentlich nicht mehr die Rede sein – und Linse rechtfertigt das, weil »der Kampf um die deutsche Wirtschaftsfreiheit ohne eine gelenkte Wirtschaft nicht zu führen ist. […] [Sie] ist gewiss hauptsächlich Ausdruck für die Notwendigkeit, alle Kräfte für unseren jetzigen Daseinskampf zusammenzufassen.« Und er kommt zu dem Schluss: »Wenn jeder stets dieses Bewusstsein in sich trägt, dann wächst aus den Millionen Schaffenden die ungeheure Kraft, die Höchstes vollbringt, sich allen Gewalten zum Trotz durchsetzt und uns in diesem großen Kampf das höchste verheißt: den Endsieg!«[214]

Linse hält weitere Vorträge ähnlichen Inhalts; beispielsweise geht im März 1943 ein Schreiben der Unterabteilungsleiterin in der Deutschen Arbeitsfront, Gauverwaltung Sachsen, ein, in dem er gebeten wird, einen Vortrag zum Thema »Wirtschaftsführung im Kriege« zu halten. Und wenn man den Reaktionen der Veranstalter derartiger Vortragsreihen, zu deren Gelingen Linse mit seinen Auftritten beiträgt, Glauben schenken darf, diese also Linse nicht nur einen artigen Dank aussprechen, dann ist er ein guter Redner, der die Erwartungen des Publikums erfüllt. So gratulierte etwa der Leiter

---

[214] StAC, 30874, 513.

der Sozialen Fachschule, Kreis Chemnitz, am 3. Dezember 1941: »Durch Beurteilungen aus dem Hörerkreis konnte ich ersehen, dass Ihre Vorträge unbedingt als Erfolg zu buchen waren.«[215]

Während er mit seinen Vorträgen an die Öffentlichkeit tritt, kommt Linse auch seinen Aufsichtspflichten nach. Er ist als »Kräftebedarfsreferent«, wie die Dienstbezeichnung intern heißt, seit 1942 mit der Einsatzplanung von Zwangsarbeitern befasst. Im Auftrag seines Hauses nimmt Linse spätestens ab 1943 an »Auskämmaktionen« und Betriebsstilllegungen im Rahmen der »Wissmann-Aktion« teil, die seit September 1943 läuft, informiert die Mitgliedsunternehmen über die »Neuregelung des Verfahrens der Arbeitskräfteanforderungen und Bedarfsermittlungen« und so fort.[216] Er sorgt für Nachschub für den Krieg und für eine möglichst effiziente Verwaltung des Mangels an Arbeitskräften und Material und erfüllt gleichsam die Funktion eines Scharniers zwischen der Wehrmacht und ihren Bedürfnissen und den Unternehmen, die diese zu erfüllen haben.[217] Bei Betriebsbesichtigungen ermittelt er materielle und personelle Kapazitäten und leitet die Umsetzung der von ihm für sinnvoll erachteten Maßnahmen in die Wege. In einer Notiz vom 5. September 1944 über eine Betriebsprüfung, an der auch Linse teilgenommen hat, heißt es beispielsweise: »Der Eindruck ist der, dass dieser Betrieb ohne jede nachteiligen Folgen für die Rüstung oder die Chemnitzer Textilindustrie geschlossen, zumindest aber anders belegt werden kann, und die freiwerdenden Arbeitskräfte können der direkten Rüstungswirtschaft mit günstigerem Arbeitseinsatz zugeführt werden.«[218]

Für einen von Linse begutachteten Betrieb und seine Mitarbeiter hat Linses Urteil gravierende Folgen, die Freiheit des Unternehmers ist durch den Anspruch des Staates an ihn, sich den Ansprüchen der Kriegsführung unterzuordnen, stark eingeschränkt. Allerdings sieht sich Linse keineswegs in der Rolle eines staatlichen Beauftragten, der Unternehmer auf Linie bringen soll, sondern seinem eigenen Selbstverständnis zufolge vertritt er bei seiner Tätigkeit umgekehrt die Interessen der Unternehmen gegenüber dem Staat.[219]

---

215 StAC, 30874, 513.

216 Vgl. Schumann: Kooperation und Effizienz, S. 56.; vgl. dieselbe: Soldaten und Arbeiter für Hitlers Krieg.

217 Vgl. StAC, 30874, 61 u. 354.

218 StAC, 30874, 746.

219 Vgl. Schumann: Kooperation und Effizienz, S. 320 u. 403.

Ein Instrument zur effizienten Verteilung von Arbeitskräften sollen die »Erfa-Gruppen und -kreise« sein, die Linse in den Jahren 1943/44 für die IHK betreut. Diese Zusammenschlüsse von Unternehmen dienen dem Erfahrungsaustausch und der »Aktivierung der Leistungsführung«. Die Chefs von kleineren und mittleren Betrieben – so zumindest ist die Idee – besprechen regelmäßig ihre Schwierigkeiten bei der Produktion und versuchen sie im Wege der gegenseitigen Hilfe abzustellen. Linse ist durch das Berichtswesen und die Teilnahme an den Sitzungen über die aktuelle Lage informiert und berichtet an die vorgesetzten Stellen, zum Beispiel die Gau- oder Reichswirtschaftskammer.[220]

Alle Bemühungen zur Aufrechterhaltung der Leistungsfähigkeit der Wirtschaft unter Kriegsbedingungen werden indes immer öfter durch Angriffe der westlichen Alliierten konterkariert, die auch Sachsen zum Kriegsschauplatz machen: Mitte Dezember 1943 wird Leipzig aus der Luft bombardiert und schwer getroffen, wie Linse in einem Besprechungsprotokoll festhält; die Teilnehmer an dieser Besprechung sind sich der dramatischen Lage, in der sich die Wirtschaft befindet, sehr bewusst.[221]

Je länger der Krieg dauert, desto größer wird der Arbeitskräftemangel. Spätestens ab Oktober 1944 zieht man deshalb in Sachsen auch »jüdische Mischlinge und jüdisch Versippte« zum Arbeitseinsatz heran.[222] Federführend bei dieser Aktion sind die Gestapo und die Arbeitsämter, aber natürlich ist auch die IHK – und Linse – mitbeteiligt. Linse versteht sich in diesem Prozess erneut als Interessenvertreter der Firmen, die keine ihrer Arbeiter oder Angestellten entbehren wollen, die zu diesem Zeitpunkt aber nicht mehr viel mitreden dürfen, weil sowohl die Betriebsmittel als auch das Personal im Sinne der Kriegsführung eingesetzt werden müssen.[223] Linse stellt beispielsweise einer Firma eine Bescheinigung aus, in der er betont, dass er die Freistellung eines Mitarbeiters ganz im Sinne des Unternehmens und der Wirtschaft allgemein befürwortet. Er erläutert: »Entsprechend der Auf-

---

220 Vgl. StAC, 30874, 428.

221 »Betr.: Besprechung des Rüstungsobmannes Führer mit den Bezirksbeauftragten«, 22. Dezember 1943, in: StAC, 30874, 370.

222 Vgl. Beate Meyer: »Jüdische Mischlinge«, S. 237–247.

223 Vgl. Aktenvermerk Linse »Über die Besprechung im Rüstungskommando Chemnitz am 21.2.1944. Betr.: Firma Curt Becher & Co., Crottendorf« v. 21. Februar 1944 über eine Besprechung im Rüstungskommando Chemnitz vom selben Tage, in: StAC, 30874, 378.

gabenstellung der Kammer geht unsere vorstehende Erklärung von rein wirtschaftlichen Erwägungen aus, läßt also die politischen Gesichtspunkte des Antrages außer Betracht.«[224] Auch in einem anderen, recht ausführlich begründeten Fall bekräftigt Linse sein »vollstes Verständnis für die staatspolizeilichen Belange«, verweist aber zugleich auf das Fachwissen des betreffenden Mitarbeiters und die »rüstungswirtschaftliche Bedeutung« des Betriebes, »mit der es vertreten werden kann, wenn die staatspolizeilichen Belange ausnahmsweise einmal zurücktreten«.[225] Es kann vermutet werden, dass Linse an dieser Stelle seiner Überzeugung gemäß handelt, also die Interessen der Unternehmen vertritt.[226]

Letztlich blieb er aber ein loyaler Diener des Regimes, bei dessen Vertretern seine Begutachtungspraxis gleichwohl auf Widerspruch stößt. Als es bei einer Besprechung am 22. November 1944 zu einem Wortwechsel zwischen einem Nazi-Funktionär und Linse kommt, lenkt er ein.[227] An dem Treffen nehmen unter anderen Vertreter des Arbeitsamtes Chemnitz, der Kreisleitung Chemnitz, des Rüstungskommandos Chemnitz, der Handwerkskammer, der Staatspolizeileitstelle Chemnitz und der IHK Chemnitz, die durch Linse vertreten wird, teil. Auf der Tagesordnung steht der »Arbeitseinsatz der jüdischen Mischlinge 1. Grades und der jüdisch Versippten«. Die anwesenden Bürokraten erörtern den Umgang mit Einsprüchen von Firmen, deren halbjüdische Mitarbeiter von den Behörden zu anderen Tätigkeiten gezwungen werden sollen. Denn kaufmännische Berufe dürfen die Betroffenen nicht mehr ausüben, weil sie »Halbjuden« oder »versippt« sind, sondern sie sollen »körperliche Arbeit verrichten«. Sofern sie in Rüstungsbetrieben körperlicher Arbeit nachgehen, sollen sie an anderer Stelle eingesetzt werden. Die Teilnehmer erörtern die Frage, welchen Weg der Widerspruch eines Unternehmens, das von einer diesbezüglichen Anordnung betroffen ist, zu nehmen hat.

Nach Darstellung Linses platzte NSDAP-Kreisamtsleiter Anacker verspätet in die Sitzung, »erbat sofort das Wort« und polterte »in dem scharfen Ton, der ihm eigen ist«, los: dass es ihm unerklärlich sei, dass Firmen sich

224 Schreiben Linse an Arbeitsamt Flöha v. 16. November 1944, in: StAC, 30874, 700.

225 Schreiben Linse an Gestapo Chemnitz v. 15. Januar 1945, in: StAC, 30874, 700.

226 Vgl. Personalakte Linses beim UFJ, in: BA Koblenz, B 209, 1204.

227 Aktennotiz Linse »Betr.: Arbeitseinsatz der jüdischen Mischlinge 1. Grades und der jüdisch Versippten«, 24. November 1944, in: StAC, 30874, 746.

gegen den anderweitigen Einsatz ihrer zum betreffenden Personenkreis gehörenden Angestellten wehren könnten, und dass eine Behörde gegen eine solche Anordnung einer anderen Behörde auch noch Einspruch einlegen könne. »Wenn die Kammer [IHK] einen solchen Einspruch eingelegt habe [...], müsse er annehmen, dass sie Juden schützen wolle. [...] Er verstehe überhaupt nicht, wie man wegen des aus staatspolizeilichen Sicherheitsgründen dringend notwendigen anderweitigen Einsatzes von Mischlingen noch großes Aufheben machen könne. Wenn es nach ihm gänge, müssten die Mischlinge einfach an die Wand gestellt und erschossen werden.« SS-Hauptsturmführer Schermer bekundete »seine vorbehaltlose Zustimmung in auffallender Weise durch lebhaftes Kopfnicken«.

Linse streitet nichts ab, ist aber darum bemüht, die verzerrte Darstellung Anackers geradezurücken. »Ich habe in meiner Erwiderung zunächst klargestellt, dass die Kammer von sich aus in keinem einzigen Falle Einspruch eingelegt hat. Sie hat lediglich in 3 Fällen [...] Einsprüche von Firmen befürwortet, weil sie bei einer rein wirtschaftlichen Beurteilung – wie sie der Aufgabenstellung der Kammer entspricht – der Überzeugung gewesen ist, dass die anderweitig einzusetzenden Mischlinge dieser Firmen für die Kriegswirtschaft mit weitaus größerem Nutzen tätig sind, wenn sie in ihrer bisherigen Stellung verbleiben, [...] weil bei den genannten Firmen im Falle des vorgesehenen Einsatzes außerdem tatsächliche Lücken gerissen werden, die mangels innerbetrieblicher Ausgleichsmöglichkeit und angesichts der Unmöglichkeit, geeignete Arbeitskräfte zur Verfügung zu stellen, zum Schaden der Kriegswirtschaft einfach nicht geschlossen werden können.« Und fügt hinzu, als sei er sich der Überzeugungskraft seiner Argumente nicht sicher: »Mit betonter Entschiedenheit, wie sie mir gegenüber dem Tone des Herrn Kreishauptamtsleiters Anacker geboten schien, stellte ich weiterhin fest, dass sich die Kammer bei ihrer Befürwortung in den erwähnten 3 Fällen von Anfang an in vollständiger Übereinstimmung mit der Kreisleitung Chemnitz befunden habe und dass ich sehr dringend ersuchen müsse, nicht zu übersehen, dass Herr Handelskammerpräsident Schöne zugleich Kreisleiter sei.«

Ob Linse Anacker und Schermer überzeugt hat, ist ungewiss. Anacker lässt – laut Protokoll – keine Gefühlsregung erkennen. In der Sache jedoch, anlässlich derer der SS-Mann losgepoltert hat, muss Linse zurückstecken. Linse widerspricht im Verlauf der Beratung im Namen der IHK nun ebenfalls den Einsprüchen der drei Firmen und entscheidet sich – gemäß der Richtlinien – gegen die Betroffenen. Es ist eher unwahrscheinlich, dass Linse in dem

Fall – aber auch ganz allgemein während der NS-Diktatur – »Juden schützen« wollte. Vielmehr hat Linse versucht, für die Unternehmen, als dessen Vertreter und Fürsprecher er sich verstand, das Beste aus einer schwierigen Lage herauszuholen. Wenn davon ein Jude profitierte, war das nicht beabsichtigt, sollte aber auch nicht verhindert werden – Linse war hier »neutral«.[228]

Im selben Jahr, 1944, kommt das Thema der »Entjudung« erneut auf den Tisch, allerdings dieses Mal offensichtlich aus der NSDAP heraus. Es ist unklar, welche Anfrage Linse dazu veranlasst hat, sich erneut damit zu beschäftigen und eine Aktennotiz dazu anzufertigen.[229] Inhaltlich ist das, was er dazu zu sagen hat, dasselbe wie immer: Die Kammer war vor dem 26. April 1938 nicht damit befasst und kann sich daher nur zu Verkäufen äußern, die danach getätigt worden sind. Von denen, die davor abgewickelt wurden, geht Linse davon aus, dass die Preise frei ausgehandelt worden sind, da sie grundsätzlich keinen staatlichen Beschränkungen – außer den Preisstoppbestimmungen – unterlagen. Was den Wert der Grundstücke angeht, die im Zuge von Firmenübernahmen ebenfalls den Besitzer gewechselt haben, verweist Linse auf die Schätzungen des seinerzeit beauftragten Gutachters, den er für absolut zuverlässig hält.

Damit ist das Thema aber immer noch nicht abgeschlossen, allerdings stehen bei Linse dienstlich wie privat die Folgen des Krieges, die immer deutlicher zu spüren sind, im Vordergrund. Die Front rückt 1945 immer näher, die letzten Reserven werden mobilisiert. Linse ist nicht zur Wehrmacht eingezogen worden, muss lediglich von November 1944 bis Februar 1945 beim »Volkssturm« Dienst tun.[230]

Wenig später, am 5. März 1945, wird Chemnitz aus der Luft bombardiert und schwer getroffen. Jetzt muss sich Linse erneut und viel dringlicher mit dem Thema »Fliegerschäden« befassen. Er stellt zahlreichen betroffenen Unternehmen Bescheinigungen aus, die ihnen bei anderen Dienststellen alle Hilfe, die irgendwie möglich ist, verschaffen sollen. Ob sie etwas bewirken, steht auf einem anderen Blatt. Auffällig intensiv setzt er sich – soweit das nachprüfbar ist – für das »Imbal«-Werk Bader & Schluckwerder ein, das »Verbandstoffe und pharmazeutische Artikel und Präparate herstellt und im

---

228 Vgl. Kirsch: Walter Linse und der Nationalsozialismus, S. 40.

229 12. Januar 1944, in: StAC, 30874, 746.

230 Aktenvermerk Dienststelle Chemnitz v. 27. Oktober 1951, in: BStU, Chem. AP 69/56, Bd. 1, Bl. 10.

Führernotprogramm liegt«, also offenkundig als kriegswichtig angesehen wird. Teile dieses Werks sind zerstört, andere Standorte schwer beschädigt, und nun werden Ausweichquartiere gesucht und Wege, die Produktion so schnell wie möglich wiederaufzunehmen.[231]

Obwohl der Krieg weitergeht, denkt man in der Verwaltung trotz des allgemeinen Niedergangs schon an den Wiederaufbau der zerstörten Stadt. Am 16. März 1945 kommt eine Runde in der Wirtschaftskammer zusammen, wo man sich »eingehend und freimütig« austauscht. Der Kammer wird aufgetragen, insgesamt 14 Vorschläge auf Durchführbarkeit zu prüfen, die vor allem um den Einsatz von Arbeitskräften, die Wiederherstellung einer gewissen Infrastruktur und die Aufrechterhaltung der öffentlichen Ordnung und Moral kreisen. Es geht um zu kasernierende geflüchtete ausländische Arbeiter, gegenseitige Hilfe der Betriebe jenseits offizieller Strukturen, die Öffnungszeiten von Einzelhandelsgeschäften, die Nutzung aufgegebener Betriebsgelände und den Weitertransport geflüchteter Deutscher aus dem Osten. Man bildet einen Ausschuss, dem Linse nicht angehört, mit dem er aber vermutlich zusammenarbeiten wird.[232] Zum Wiederaufbau wird es in Chemnitz allerdings erst nach dem Untergang des Deutschen Reiches kommen, und er wird dann von der Stadtverwaltung unter der Aufsicht der sowjetischen Besatzungsmacht angegangen.

6. Von der ersten in die zweite Diktatur

a) Die Transformation der Industrie- und Handelskammern

Zahlreiche Aktennotizen Linses der Jahre 1944/45 beschäftigen sich mit den Problemen, die die Kriegswirtschaft den Unternehmen bringt. Doch bei der Durchsicht stellt man irgendwann fest, ohne den genauen Zeitpunkt bestimmen zu können, dass es plötzlich nicht mehr kriegswirtschaftliche Entscheidungen und Ereignisse sind, die den Unternehmen zu schaffen machen, sondern dass nunmehr Demontagebefehle der Besatzungsmacht die Industrie plagen. Die NS-Diktatur in Chemnitz ist vorüber, und jetzt haben die sowjetischen Dienststellen das Sagen. Man fordert Reparationen. Und Linse setzt seine Tätigkeit bruchlos, wie es den Anschein hat, fort.

---

231 Vgl. StAC, 30874, 589.

232 »Betr.: Wiederaufbau der Chemnitzer Wirtschaft«, 16. März 1945, in: StAC, 30874, 746.

Wie es dazu kommt und wie es Linse in den letzten Kriegstagen, zwischen der Kapitulation und der Ankunft der Roten Armee im bis dahin unbesetzten Chemnitz ergeht, ist unbekannt. Über seine Erfahrungen mit marodierenden, mordenden und vergewaltigenden Soldaten, mit Erschießungen, Säuberungen und willkürlichen Verhaftungen kann man nur spekulieren, aber es gibt keinen Grund zu der Annahme, er oder seine Familie seien davon verschont geblieben. Verbürgt ist lediglich, dass er beim großen Angriff Anfang März 1945 ausgebombt wird und seine Wohnung in der Germaniastraße 3, die »total zerstört« wird, verlassen muss. Er und seine Frau Helga – Kinder haben die beiden nicht – ziehen in die Ulmenstraße 59.[233]

Ein echter Einschnitt ergibt sich für Linse eigentlich erst mit der Reform des sächsischen Kammerwesens zum 1. Februar 1946, die Bestandteil des Kampfs der Kommunisten gegen die bürgerliche Gesellschaft ist. Mit ihr ändert sich der Charakter der Selbstverwaltung der Wirtschaft fundamental. Seit den Ursprüngen des Kammerwesens in Deutschland im 19. Jahrhundert haben die Unternehmen ihre Angelegenheiten selbst geregelt, während der Staat lediglich den Rahmen setzt und sie beaufsichtigt. Unter der NS-Diktatur werden die IHKn »gleichgeschaltet«, die Dresdner IHK 1943 zur Gauwirtschaftskammer umgewandelt, um den Erfordernissen der Kriegsbewirtschaftung besser Rechnung zu tragen. 1945 entsteht die sächsische Wirtschaftskammer neu, wenn auch ohne gesetzliche Grundlage. Dass nach dem Krieg eine formelle Reform kommt, ist nur folgerichtig. Allerdings wird in den Ländern der SBZ nicht der Zustand von 1933 hergestellt, sondern die Selbstverwaltung der Wirtschaft soll zugunsten der Diktatur des Proletariats beseitigt werden. Schon am 29. Oktober 1945 erlässt die Landesverwaltung Sachsen eine Verordnung nebst Ausführungsbestimmungen, die die Selbstverwaltung beseitigt, indem sie eine neue Form für einen neuen Inhalt schafft: die Industrie- und Handelskammer Sachsen.[234]

---

233 StadtA Chemnitz, Antifa-Block, Sign. 65, Bl. 104; vgl. Hübsch: Beiträge zur Chemnitzer Militärgeschichte.

234 Sartor: Zur Geschichte der Industrie- und Handelskammern in Sachsen 1946–1953; Verordnung über die Bildung der Industrie- und Handelskammern im Bundesland Sachsen, in: *Amtliche Verordnungen der Landesverwaltung Sachsen*, 1. Jg., Nr. 14, 8. Dezember 1945, S. 79f.; Ausführungsbestimmungen zur Verordnung über die Bildung der Industrie- und Handelskammern im Bundesland

Die neue Organisation ist zur »Durchführung von Anordnungen der Landesverwaltung« geschaffen worden (§ 1) und ist »an die Weisungen der Landesverwaltung gebunden« (§ 2). Bedeutend ist auch die Zusammensetzung des Vorstandes, die es der Landesverwaltung ermöglicht, entscheidend Einfluss auf die Führung zu nehmen: Der Präsident wird ebenso von der Landesverwaltung berufen wie die acht Mitglieder, die die Mitgliedsunternehmen und die acht Mitglieder, die die Landesverwaltung vertreten sollten. Der FDGB kann selbst acht Vertreter bestimmen (§ 4), was für die Kommunisten kein Risiko darstellt, weil der FDGB ohnehin ein Instrument des Regimes ist. Der Unterbau der IHK Sachsen besteht aus 30 Kreiskammern, von denen eine die in Chemnitz ist. Das Ziel, das die Landesverwaltung mit der Reform verfolgt, ist eindeutig: Die Selbstverwaltung der Unternehmer soll geschwächt und unter Kontrolle des Staates gebracht werden. Weitere Schritte folgen: 1947 verlieren die Kammern ihre Aufgaben bei der Berufsausbildung; zwischen 1948 und 1949 wird ihr Mitarbeiterbestand um 700 reduziert; 1949 werden fünf Bezirkskammern und 21 Kreisgeschäfts- und vier Nebenstellen geschaffen und volkseigene Betriebe beitragsfrei gestellt. Zum 31. März 1953 wird das Kammerwesen in der DDR ganz abgeschafft.[235]

Die Neuorganisation von 1946 bringt die Kammern zwar formal unter die Kontrolle der Landesverwaltung, aber die Mitarbeiter schwenken offensichtlich auf den neuen Kurs nicht so engagiert ein wie erwartet. Verschiedene Vorfälle nähren das Misstrauen der Politik gegenüber den Kammern. In Glauchau etwa hat der FDGB für einen Betrieb einen kommissarischen Leiter eingesetzt, weil der alte Chef – vermutlich wegen seiner NS-Vergangenheit – keine leitende Funktion mehr einnehmen darf. Doch gegen diese Entscheidung opponiert der Betriebsrat und ersetzt den FDGB-Mann durch einen anderen, und zwar »unter Mitwirkung der Industrie- und Handelskammer«, wie es in einer Aktennotiz für Innen-

---

Sachsen, in: *Amtliche Verordnungen der Landesverwaltung Sachsen*, 2. Jg., Nr. 2, Dresden 13. Januar 1946, S. 13.

235 Vgl. Sartor: Zur Geschichte der Industrie- und Handelskammern in Sachsen 1946–1953; Sommerlatt: Das Ende der Industrie- und Handelskammern; Einleitung zum Findbuch des Bestands »Industrie- und Handelskammer Sachsen« im Staatsarchiv Chemnitz. Über die Bedeutung der Kammern nach dem Krieg in den Westzonen vgl. Prowe: Im Sturmzentrum, mit übertragbaren Erkenntnissen.

minister Fischer heißt.[236] Wie man es hingegen richtig macht, zeigen die Genossen in Annaberg, die vorausschauender ans Werk gehen. Obwohl sich die Blockparteien einig darüber sind, wen sie in den Vorstand der IHK Annaberg entsenden, kommen die LDP-Kandidaten am Ende nicht zum Zuge, weil der kommunistische Landrat, der die Vorschlagsliste eigentlich an die Landesverwaltung weiterzuleiten hat, die nicht genehmen Nominierungen zu hintertreiben weiß.[237]

Obwohl es also Erfolge zu verzeichnen gibt, bleibt das Misstrauen der Genossen gegenüber den Kammern groß. Auch die sozialistischen Kammerdirektoren sind sich bewusst, dass viele ihrer Mitarbeiter den neuen Kurs ablehnen – zu viele, wie sie sagen. Daher nehmen sie sich vor, intensivere Überzeugungsarbeit zu leisten – und zählen ihre Truppen. Zufrieden stellt 1948 der IHK-Präsident fest: »Ganz selbstverständlich haben unsere Kammerdirektoren beim Aufbau ihrer Kammern im Lande Wert darauf gelegt, die leitenden Stellen ihres Kammerapparates mit zuverlässigen antifaschistisch-demokratischen Personen zu besetzen. [...] Von 32 Geschäftsführern unseres Kammerapparates sind 27 Genossen der SED.«[238]

Auf Arbeitsebene sieht die Lage allerdings deutlich schlechter aus, zumindest wenn man zwei Merkmale miteinander kombiniert: Linientreue und Kompetenz. So unternimmt der SED-Landesvorstand am 10. März 1949 auf Veranlassung des Zentralsekretariats in Berlin eine Umfrage in Sachsen, um die Namen von IHK-Mitarbeitern zu ermitteln, »die als politisch zuverlässig angesprochen werden können und das für ihre Arbeit in den Kammern erforderliche Niveau besitzen«. Die Antwort, die aus Chemnitz kommt, ist ernüchternd: Neben Kammerleiter Geradehand können gerade einmal drei Referenten namhaft gemacht werden, die beiden Anforderungen entsprechen.[239] Linse ist nicht darunter.

Es ist schwer zu sagen, was sich in der Chemnitzer Kammer in den Nachkriegsjahren abspielt. Die Quellen deuten an, dass es Schwierigkeiten mit dem Führungspersonal gab – welche auch immer. Möglicherweise ist zu diesem

---

236 31. Dezember 1947, in: HStAD, 11377, MdI, Nr. 2035.

237 Vgl. Schreiben des LDP-Kreisverbandes Annaberg an Landesverwaltung Sachsen v. 8. Februar 1946, in: AdL, LN4-102, Nachlass Dieckmann, Bl. 25–26.

238 Schreiben d. Präsidenten d. IHK Sachsen an SED-Landesvorstand v. 15. Juni 1948, in: HStAD, 11856, IV/A Nr. 702.

239 HStAD, 11856, IV/A Nr. 702, Bl. 12 u. 72.

Zeitpunkt Geschäftsführer Geradehand von Linse abgelöst worden, zumindest vorübergehend. Geradehand amtiert im Januar 1947 und Anfang Juli 1948, Linse hingegen ist am 23. Dezember 1948 als Geschäftsführer verbürgt.[240]

Wie es zu dem schlechten Ruf der Kammern unter den Parteifunktionären kommt, erklärt der regimetreue Geradehand den Genossen, indem er auf die Diskrepanz zwischen tatsächlicher Arbeit und der Wahrnehmung außerhalb hinweist – ein Dilemma: Bei der Sitzung der Arbeitsgemeinschaft sozialistischer Kammerdirektoren am 14. August 1946 sagt er, »daß es oftmals vorkommt, daß Dinge, die rechtlich von der Kammer abgelehnt wurden, anderweit Befürwortung finden. Stellt sich später die Befürwortung als falsch heraus, fällt die Verantwortung auf die Kammern zurück. Damit wird das Ansehen der Kammern nach außen hin geschädigt und läßt sie als reaktionär erscheinen.«[241] Zu diesem Eindruck wird Linses Fachkompetenz und sein Beharren auf dem Legalitätsprinzip beigetragen haben. Er gehörte vermutlich zu jener Kategorie von Mitarbeitern, die mit wirtschaftlichem und juristischem Sachverstand ausgestattet und von daher in der Lage sind, das Machbare vom Wünschbaren zu unterscheiden und den Entscheidern in der Politik den Unterschied auch zu vermitteln.[242] Eine Fähigkeit, die auf der fachlichen Ebene in der Regel geschätzt wird, auf der politischen aber mitunter nicht.

b) Wiederaufbau und Demontagen

Für Linse und die Kammer ist die Regierungsform für die Arbeit eigentlich ganz ohne Belang. Das wird unter anderem deutlich an den Überlegungen, die man zum Wiederaufbau nach dem verheerenden Angriff vom 5. März 1945 anstellt. Bereits am 16. März, also noch unter NS-Herrschaft, ist man zu einem ersten »Brainstorming« zusammengekommen, und nun, unter sowjetischer Besatzung, setzt man die Überlegungen bruchlos fort. Die Probleme sind ja dieselben geblieben, nur die Umstände sind anders. Später, am 18. Februar 1946, schreibt Linse einen Rundbrief an »die auf dem Umschlag verzeichneten Firmen« und bittet sie um Meldung über bisher geleistete und

---

240 StadtA Chemnitz, Antifa-Block, 36, Fiche 9, Bl. 215; vgl. Schreiben von Min.-Dir. Ziller an den Präsidenten der IHK Sachsen Seiffert vom 29. Oktober 1948, in: HStA Dresden, 11856, IV/A Nr. 702, Bl. 5; vgl. Protokoll der Blocksitzung v. 17. Dezember 1945, in: StadtA Chemnitz,

241 HStAD, 11500, 581.

242 Vgl. Sommerlatt: Das Ende der Industrie- und Handelskammer.

noch geplante Maßnahmen zum Wiederaufbau, damit er einen Sachstandsbericht für den Oberbürgermeister erstellen kann.[243]

Auch die lokale Verwaltung arbeitet unter den katastrophalen wirtschaftlichen Umständen weitgehend normal weiter. Sie wird dabei früh koordiniert durch unabhängige Antifa-Ausschüsse, also politisch engagierte Bürger, Dissidenten, die sich ohne zu fragen um die Probleme der Verwaltung kümmern. Diese Phase der »von unten« organisierten Verwaltung endet in Chemnitz am 27. Mai 1945, als ein Antifa-Komitee die vereinzelten Ausschüsse ablöst, das wiederum ab dem 26. Juli 1945 als zentraler »Demokratischer Block« firmiert. Die dort aktiven »Antifaschisten« sind allerdings gezwungen, mit der Verwaltung und »bürgerliche[n] Verwaltungsspezialisten« zusammenzuarbeiten, selbst wenn die noch kurz zuvor das NS-Regime am Laufen gehalten haben. Der große Schnitt mit der Vergangenheit kann noch nicht gemacht werden; eine »Säuberung« muss vorerst noch warten.[244]

Als einer der Verwaltungsspezialisten, auf die man auch nach dem »Zusammenbruch« nicht verzichten kann, nimmt Linse nachweislich an der 10. Blocksitzung am 27. November 1945 teil, wobei das Protokoll zwei Redebeiträge von ihm festhält. Die deutschen Stellen sehen sich durch die Reparationsforderungen der Sowjets vor gewisse Schwierigkeiten gestellt: Sie sind so unpräzise formuliert, dass oft unklar bleibt, welches Unternehmen zu enteignen, und welches zu sequestrieren sei. »Der Befehl [Nr. 124] ist ja kaum durchführbar«, meint ein Teilnehmer. Man müsse sich erst über den Begriff des Faschisten klar werden, um zu wissen, wer konkret enteignet werden solle. Linse weist auf das geringe Verständnis der Besatzer für unternehmensrechtliche Feinheiten hin und erklärt die Schwierigkeit, bei einer Aktiengesellschaft herauszufinden, wer der Eigentümer ist. »Wenn es aktive Rüstungsbetriebe waren, ist es einfach«, sagt er. Sie könnten ohne viel Federlesens enteignet werden. »Bei Aktiengesellschaften ist es fast unmöglich, denn es ist nicht festzustellen, wer im Besitz der Aktien ist.« Allerdings scheint sich die Besatzungsmacht dafür gar nicht zu interessieren. »Wir haben das auf der Kommandantur nicht recht klar machen können«, gibt Linse zu Protokoll. Für Oberbürgermeister Müller ist das kein Problem: Wer Anteile an einem Unternehmen hat, soll sich melden. Ansonsten kann man

243 StAC, 30874, 589.

244 Vgl. Winter: Die Herausbildung …, S. 741–744; vgl. Michelmann: Aktivisten der ersten Stunde, S. 209ff.

davon ausgehen, dass das Unternehmen niemandem gehört. Was Linse – also die Wirtschaftskammer – im Moment machen kann, ist, dem Gremium, das über die Sequestrierungen entscheidet, Informationen über die Unternehmen zukommen zu lassen. »Jawohl!«, erwidert er laut Protokoll auf die entsprechende Anfrage. »Wir stellen Ihnen die Listen zur Verfügung.«[245]

Auch wenn sich das politische System und die Organisation des Kammerwesens unter sowjetischer Besatzung geändert hat, so bleibt die Aufgabe gleich: Die Kammern fungieren als Transmissionsriemen zwischen dem Staat und den Unternehmen und kommen in dieser Funktion ihren Aufsichtspflichten nach – was Firmen mitunter nicht gefällt und zu Beschwerden führt. Linse nutzt solche Gelegenheiten – wie schon öfters zuvor –, um grundsätzlich die Praxis der Kammer – beziehungsweise seine eigene – zu erläutern und damit, wenn sie als Denunziation erfolgt, der Beschwerde ihre politische Spitze zu nehmen. Ausführlich begegnet er daher am 3. Juli 1947 dem anonym vorgebrachten Vorwurf, der ihn über das sächsische Wirtschaftsministerium erreicht, die Kammer würde Anträge auf Eintragung ins Handelsregister selektiv prüfen, um Pg.s – also ehemaligen NSDAP-Mitgliedern – zu ermöglichen, ein Einzelhandelsgeschäft zu eröffnen, was ihnen eigentlich nicht zusteht. Linse beschreibt das Vorgehen der Kammer und betont, dass »im Genehmigungsverfahren die Frage der politischen Belastung des Käufers oder Pächters selbstverständlich in erster Linie und mit besonderer Sorgfalt geprüft wird, so daß es schlechthin ausgeschlossen ist, daß politisch belastete Übernehmer ein Handelsgeschäft von einem ebenfalls belasteten Inhaber erwerben und dem Staat ›auf diese Weise ein Schnippchen schlagen können‹«.[246]

Linse hat bei seiner Tätigkeit für die Kammer auch Kontakt zu den sowjetischen Dienststellen, wobei es hier vor allem um Demontagen und Enteignungen gegangen sein dürfte. Die sind ein großes Problem für die Wirtschaft, und die Betroffenen haben keine Mittel, sich gegen sie zu wehren. Es geht aber um noch etwas anderes. Bereits 1945 kann man schon eine Ahnung davon bekommen, dass es hier nicht allein um Schadenersatzleistungen an die Sowjetunion geht, sondern auch um ideologische Fragen. Von einem Unternehmer aus Auerbach etwa erhält Linse die vertrauliche Information, dass der die Demontage beaufsichtigende russische Major die Einstellung

---

[245] StadtA Chemnitz, Antifa-Block, 1, Fiche 6, Bl. 134–149.

[246] StAC, 30874, 648.

der Arbeiten angeboten habe, falls der Unternehmer seinen Betrieb der KPD schenke. Der Unternehmer habe eine klare Antwort vermieden und plane nun, seine Mitarbeiter am Gewinn zu beteiligen in der Hoffnung, damit denselben Effekt – also in Ruhe gelassen zu werden – zu erreichen wie mit einer erzwungenen Schenkung an die Kommunisten.[247] Es ist nicht überliefert, ob der Plan aufgegangen ist.

Die wirtschaftliche Situation in Chemnitz ist kurz nach dem Krieg katastrophal, und durch die Demontagen wird sie zusätzlich verschärft. In seinem Monatsbericht für April 1946 beispielsweise klagt Linse, dass der »neuerlichen Demontageaktion […] zum Teil große Unternehmen mit Weltruf und höchster Leistungsfähigkeit zum Opfer fielen«. Doch offensichtlich sind die Anforderungen der Besatzungsmacht hoch, jedenfalls müssen sogar die Betriebe Arbeiter für Demontagen abstellen, die »ausschließlich oder überwiegend mit Reparationsaufträgen belegt sind«. Dass daher nur 70 Prozent der geforderten Produktion für Reparationen erreicht werden, ist folgerichtig. Linse hat aber noch weitere schlechte Nachrichten: Die Kohle ist knapp, die Versorgung mit Material hat sich verschlechtert, die Produktion geht in fast allen Bereichen zurück. Immerhin konnte die Stromversorgung aufrechterhalten werden.[248]

Am 7. August 1946 erhält Linse einen Ausweis, der ihn zu Revisionen in Betrieben berechtigt.[249] Wie andere Kollegen aus der IHK fährt er in der Folgezeit im Kammerbezirk umher, vor allem um zu überprüfen, ob Reparationsaufträge ausgeführt werden. Beispielsweise begibt er sich zu einer Textilfabrik nach Burkhardtsdorf und stellt den Stand der Strumpf-, Socken- und Handschuhproduktion fest. Das größte Problem ist hier der Nachschub. Linses Fazit lautet daher: »Es ist m. E. nichts zu veranlassen. Im Rahmen der gegebenen Möglichkeiten muß der Betrieb jedoch bei der Zuweisung von Treibstoff unterstützt werden, damit eine regelmäßige Einfuhr der Materialien gesichert werden kann.«[250]

1946 ist Linse zuständig für das Verzeichnis »Wer liefert was«; er ermahnt einmal die Firmen per Rundschreiben, ihre Lieferverpflichtungen einzuhal-

---

247 Aktennotiz v. 27. September 1945, StAC, 30874, 746.
248 StAC, 30874, 685.
249 StAC, 30874, 750.
250 Revisionsbericht v. 3. September 1946, StAC, 30874, 749.

ten.[251] Am 16. März 1946 geht ein Schreiben der IHK, das Linse als Sachbearbeiter aufgesetzt hat, an die Mitgliedsfirmen, in dem er auf die »Leistungsschau der Chemnitzer Industrie« hinweist und um Teilnahme bittet, um »Aufbauwillen« zu demonstrieren.[252]

Ein weiterer Vorgang, mit dem Linse sich zu beschäftigen hat: Die Sowjets wollen unter anderem Tankstellen demontieren und beauftragen daher die IHK damit, die Standorte, ihre technischen Spezifika und die Eigentümer zu ermitteln. Auf der Basis dieser Informationen wählt die Besatzungsmacht Objekte aus, die IHK organisiert den Abtransport. Einen dieser Fälle bekommt Linse 1948 auf den Tisch, denn zwei der betroffenen Eigentümer wollen sich mit der entschädigungslosen Enteignung nicht abfinden. Sie argumentieren, dass sich das Unternehmen in ausländischem Besitz befindet und daher anders behandelt werden muss. Es steht jedoch nicht in Linses Macht zu helfen, sondern er muss sich darauf beschränken, zwischen den Petenten und der IHK Sachsen, der ebenfalls die Hände gebunden sind, zu vermitteln.[253]

c) »Säuberung« und Entnazifizierung

Politisch gesehen bedeutet die Kapitulation für Chemnitz eine Zäsur: Oberbürgermeister Walter Schmidt flüchtet, an seiner Stelle wird ein unbekannter junger Mann namens Ernst Ring eingesetzt, der allerdings nur wenige Tage im Amt verbleibt. Dort sorgt er wegen seines anmaßenden Verhaltens für Unruhe und löst wegen seiner Andeutungen, er genieße die Protektion von Geheimdiensten, insbesondere bei den Kommunisten Misstrauen aus. Man hält ihn für einen ehemaligen Mitarbeiter des Wehrmachtsgeheimdienstes und aktuell für einen US-Spion und setzt ihn daher auf ihr Betreiben wieder ab. Vorübergehend besorgt der Stadtkämmerer Fritz Gleibe die Geschäfte, bis er von Anwalt Kurt Wuthenau abgelöst wird, der aber auch nicht lange im Amt bleibt, weil er als »Antiquitätenschieber entlarvt« und am 29. Oktober 1945 durch den Kommunisten Max Müller ersetzt wird.[254]

Sehr bald nach dem Ende des NS-Staates beginnt die Aufarbeitung der

---

251 StadtA Chemnitz, Antifa-Block, 36, Fiche 7.

252 StadtA Chemnitz, Antifa-Block, 36, Fiche 6.

253 HStAD, 11500, Nr. 349.

254 Vgl. Winter: Die Herausbildung ..., S. 745; Behring: Die Zukunft war nicht offen, S. 161.

nationalsozialistischen Vergangenheit und der Versuch, jeden Deutschen nach seiner individuellen Schuld an den Verbrechen der letzten 13 Jahre zu bestrafen. Die Siegermächte setzen den Prozess der »Entnazifizierung« in Gang. Aber auch von deutscher Seite macht man sich schon bald nach dem »Zusammenbruch« Gedanken über die Kriterien zur Bemessung von Schuld und die zu verhängenden Sanktionen. Einig ist man sich in der Überzeugung, dass man zwischen verschiedenen Graden der Schuld differenzieren müsse und dass die Mitgliedschaft in der NSDAP ein wichtiges, aber nicht das einzige Kriterium für politische »Belastung« sein kann. Man versucht das Kontinuum des Unrechts – wobei am einen Ende des Kontinuums die Kriegsverbrecher stehen und am anderen die, die nie Mitglied der Partei oder einer ihrer Gliederungen gewesen sind – zunächst mit der Unterscheidung zwischen »aktivistischen Nazis« und »nominellen Mitgliedern« der NSDAP zu erfassen. Und schon früh ist klar, dass man sich nicht mit faulen Ausreden abspeisen lassen will: Wer einen Antrag auf Mitgliedschaft in der NSDAP gestellt hat, gilt als Sympathisant, auch wenn er nicht aufgenommen wurde.[255]

Die »Antifaschistisch-Demokratischen Parteien in Sachsen« geben schon am 5. September 1945 Richtlinien heraus, um den Umgang mit ehemaligen NSDAP-Mitgliedern zu vereinheitlichen. Sie unterscheiden zwischen Mitgliedern, die keine Ämter innegehabt und sich auch ansonsten nicht im Sinne des Regimes hervorgetan haben, und solchen, die »[m]ehr als nominelle Mitglieder waren, sich also als Funktionäre oder sonstwie aktive Faschisten betätigten«.[256] Die Landesverwaltung Sachsen gibt ähnliche, sehr viel ausführlichere und differenzierte Richtlinien heraus, mit denen die Spreu vom Weizen getrennt werden soll.[257] Am ausführlichsten wohl ist die Kontrollratsdirektive Nr. 24 vom 12. Januar 1946, die maßgeblich bei der Definition von NS-»Belastung« wird. Sie listet eigentlich alle Organisationen aus Partei und Staat auf und nennt die Ämter, die unter die »Zwangsweise Entfernungs- und Ausschluß-Kategorien« fallen. Kontrollratsdirektive Nr. 38 schließlich enthält die

---

255 »Sitzung des Sonder-Ausschusses für Nazibehandlung am 30. Oktober 1945, in: BA SAPMO, DY 3/5, Fiche 1.

256 »Richtlinien der Antifaschistisch-Demokratischen Parteien in Sachsen für das einheitliche Verhalten in der Frage der ehemaligen Mitglieder der NSDAP«, Abschrift, in: StAC, 11853, I/A/014.

257 »Richtlinien für die Bestrafung der Nazi-Verbrecher und die Sühnemaßnahmen gegen die aktivistischen Nazis, 3. August 1945, in: HStAD, 12970, Nr. 21.

Kategorien, in die die Deutschen einsortiert wurden: Hauptschuldige, Belastete, Minderbelastete, Mitläufer, Entlastete.[258]

Auch in Chemnitz will man mit der Aufarbeitung des Unrechtsregimes beginnen und beschließt daher, sich an die Landesverwaltung zu wenden, um über die Notwendigkeit einer gesetzlichen Regelung zu sprechen. Außerdem wird man einen »Säuberungsausschuß für die Geschäftswelt, Wirtschaftskammer und Industrie« einrichten, zu deren Vorsitzenden »die Gen. Börner und Hoschek« gewählt werden. Was daraus wird, ist unbekannt. Außerdem einigt man sich darauf, ehemaligen Pg.s den Beitritt in eine Partei zu verwehren.[259] Die Entnazifizierung läuft über mehrere Jahre und wird auf allen Ebenen von Politik und Wirtschaft durchgeführt. Es werden Kommissionen, Unterkommissionen, Ausschüsse und Spruchkammern eingerichtet, die Verwaltungen, Betriebe und einzelne Berufszweige durchforsten und säubern sollten. Ein Urteil sprechen können allerdings nur die Kreis- und Landesentnazifizierungskommissionen, während die anderen lediglich Empfehlungen aussprechen konnten.[260] Auch Linse muss ein Entnazifizierungsverfahren durchlaufen, das allerdings nicht dokumentiert ist. Einer Angabe in den MfS-Unterlagen zufolge wird er am 25. März 1947 entnazifiziert.[261]

Linse wird schon gleich nach dem Krieg verdächtigt worden sein, nicht »antifaschistisch« eingestellt zu sein, denn er arbeitet in der Wirtschaftskammer, die von den Kommunisten in der Stadtverwaltung misstrauisch beäugt wird. Auf der 6. Blocksitzung am 17. September 1945 spricht man laut Protokoll auch über »Mißverhältnisse in der Industrie- und Handelskammer, die noch sehr von nazistischen Elementen durchdrungen ist«. Man beschließt, sich intensiver damit zu befassen. »Gereinigt werden muß mehr als bisher«, fasst das Protokoll zusammen.[262] Es ist anzunehmen, dass auch Linse im Zuge derartiger Ermittlungen überprüft wird. Es sind darüber zwar keine Unterlagen erhalten, aber da er weiter auf seinem Posten bleibt und später als Geschäftsführer fungiert, wird die Prüfung negativ verlaufen sein: Linse gilt in Chemnitz als nicht belastet.

---

258 Verordnungsblatt für Groß-Berlin, 25. Februar 1947, 3. Jg., Nr. 3, S. 33–44.

259 StadtA Chemnitz, Antifa-Block, 2, Fiche 4, Bl. 95.

260 Vgl. Schreiben des Landrats v. Chemnitz Stadt an Stadt- und Gemeinderäte des Landkreises Chemnitz v. 28. Februar 1947, in: AdL, 10554, Bestand LDPD-Ortsgruppe Sigmar-Schönau.

261 BStU, MfS, GH 105/57, Bd. 4, Bl. 270.

262 StadtA Chemnitz, Antifa-Block, 2, Fiche 4, Bl. 95.

Es fällt in der Tat schwer, Linse in irgendeinem Kriterienkatalog zu verorten. So ist die Aufzählung in Kontrolldirektive Nr. 24 zwar sehr detailliert, aber Linse fällt durch dieses Raster durch – er saß ganz offensichtlich auf einem Posten, der als unproblematisch angesehen wurde. Zwar ist er NSDAP-Mitglied gewesen, doch ohne Amt geblieben; beigetreten ist er erst nach der von den Alliierten für 1937 erkannten Zäsur; weder bei der DAF noch beim NSRB hat er ein Amt gehabt; 1933 ist er nur Hilfsrichter gewesen und bei der IHK nur Referent, hat also keine Führungsposition innegehabt. Auch seine Reden über die Kriegswirtschaft zählen entweder nicht als justiziabel oder sie sind in Vergessenheit geraten. Kurz: Er war ein nominelles Mitglied und insofern ein »Mitläufer«, dem Meldeauflagen, Entzug des passiven Wahlrechts oder eine Geldstrafe drohten, oder aber ein »Entlasteter«.

d) Sorge vor »Re-Arisierung«

Während der NS-Herrschaft hat Linse an der »Entjudung« mitgewirkt, und nach ihrem Ende, und zwar schon im Juli 1945, geht es an die Rückabwicklung des Raubzuges, die »Re-Arisierung«. In diesem Monat wird er von Adolf Lipp aufgesucht, einem in »Mischehe« verheirateten jüdischen Arzt, der 1930 zum evangelischen Bekenntnis konvertiert und der nun »in Chemnitz mit der Wahrnehmung jüdischer Interessen beauftragt worden« ist. Auf die Problematik angesprochen, steht es für Linse außer Frage, wie er in einer Aktennotiz festhält, dass es sich um Unrecht gehandelt habe. Allerdings stellt sich ihm die Frage nach dem Wie einer Rückabwicklung. Er sei sich mit Lipp einig gewesen, dass es »in jeder Hinsicht unzweckmäßig und wirtschaftlich geradezu gefährlich [sei], irgendwelche Maßnahmen, die auf eine sog. ›Rearisierung‹ hinauslaufen, durchzuführen«.[263] Eigenmächtiges Handeln sei in jedem Fall nicht angezeigt, es müssten sich vielmehr höhere Stellen damit befassen und den ausführenden Verwaltungsstellen Handlungsanweisungen geben. Die »Frage einer Wiedergutmachung des Unrechtes an Juden im allgemeinen und die Frage einer Wiedergutmachung im besonderen [muss] reichseinheitlich, zumindest landeseinheitlich geregelt werden«, notiert Linse. Dabei sei Eile geboten, denn die »sich aus der Rückkehr von

263 Aktennotiz vom 23. Juli 1945, in: StAC, 30874, 746; zur Person Lipps vgl. Heidel / Nitsche: Ärzte und Zahnärzte in Sachsen 1933–1945, S. 79–81 u. 374–377, und Eppinger: Das Schicksal der jüdischen Dermatologen Deutschlands in der Zeit des Nationalsozialismus, S. 148.

Juden, deren Betriebe arisiert wurden, ergebenden Fragen sind so dringlich und wichtig, daß eine einheitliche Regelung des Gesetzgebers tagtäglich immer unabweisbarer wird«. Allerdings glaubt Linse im Sommer 1945 nicht, dass bald eine solche Anweisung erlassen wird. Daher kommt er mit seinem Kollegen aus der IHK und einem Bücherrevisor und Steuerberater, der offensichtlich vorgesprochen hat, überein, dass man Unternehmern, die wegen durch vormalige jüdische Eigentümer geltend gemachter Ansprüche um Rat aufsuchen, seitens der IHK empfehlen werde, eine Zwischenbilanz aufzustellen.

Wie viele jüdische Rückkehrer ihre Ansprüche geltend machten, ist nicht bekannt. Linse ist erwiesenermaßen im September 1945 mit zwei Fällen befasst.[264]

Linse verhält sich bei der Begegnung mit Lipp kaum anders als sonst auch: Er erkennt die Bedeutung der aufgeworfenen Frage, die sich in dieser Form noch nicht gestellt hat und deshalb unreguliert geblieben ist, und hofft auf Anweisung »von oben«. Ähnlich hat er sich während der »Arisierung« verhalten, als er zum Beispiel über die Parteihierarchie eine einheitliche Handhabung des Verbots der Fortführung von Namen »entjudeter« Betriebe zu erreichen sucht: »Die Kammer hat nun in Erfahrung gebracht, daß diese Handhabung im Reich nicht einheitlich ist. [...] Im Interesse der unbedingt erforderlich erscheinenden reichseinheitlichen Handhabung würde es die Kammer begrüßen«, wenn die Gauleitung Sachsen »bei den maßgeblichen Stellen vorstellig [...] werden [würde], damit im Wege einer Anordnung oder Anweisung« der von Linse bisher verfolgten Linie »reichseinheitliche Geltung« verschafft werde.[265]

Linse ist nicht der einzige Bürokrat, der die Notwendigkeit einer landes-, zonen- oder reichseinheitlichen Regelung von Rückerstattungsansprüchen unrechtmäßig entzogenen Eigentums sieht. Diese Forderung liegt auf der Hand, wird aber lediglich von einflusslosen Remigranten und der amerikanischen Besatzungsmacht verfolgt, während sich die französische, britische und sowjetische abwartend und passiv verhalten. Und die meisten deutschen Politiker wollen sich mit der Thematik erst gar nicht beschäftigen und blockieren entsprechende Bestrebungen, soweit sie können. Während in allen Besat-

---

264 StAC, 30874, 746.

265 Schreiben vom Juni 1939 (Tag nicht bekannt) an die Gauleitung Sachsen der NSDAP, in: StAC, 30874, 701.

zungszonen der Antisemitismus keineswegs beseitigt ist, was den Aufarbeitungswillen mutmaßlich zudem behindert, kommt in der SBZ die sozialistische Ideologie hinzu, die ohnehin die Gesellschaft umgestalten will und der die Enteignung der Juden durch die Nazis geradezu zupasskommt.[266]

In der SBZ dauern die Diskussionen über die Entschädigung von Juden bis kurz vor die Gründung der DDR, als über dem Verordnungsweg ein Entschädigungsgesetz erlassen wird. Doch das stellt Fürsorgeleistungen für NS-Opfer in den Mittelpunkt und vertagt die Eigentumsfrage »auf den fernen Tag einer gesamtdeutschen Friedensregelung«.[267] Innerhalb der SED haben sich damit die orthodoxen Marxisten durchgesetzt, die die Entschädigung für »Entjudungen« lediglich im Gesamtkontext von Entnazifizierung, Reparationen an die UdSSR und den gesellschaftlichen Umbau von SBZ und DDR sehen. Alle weiteren Bestrebungen wie die in Thüringen, wo noch unter dem Einfluss der amerikanischen Besatzung ein entsprechendes Gesetz zustande gekommen ist, bleiben Episode. Kurz: Das alte Unrecht durch »Arisierung« bleibt bestehen und wird durch neues ergänzt und ersetzt.[268]

Am Prozess der Entnazifizierung nimmt Linse recht bald aktiv teil. Er wird Vorsitzender des »Bezirkssonderausschusses zur Bereinigung des Berufsstandes der Wirtschaftsprüfer, vereidigten Buchprüfer und Wirtschaftsberater«. Die Landesverwaltung Sachsen hat am 9. Juli 1946 entsprechende Richtlinien herausgegeben, in denen die IHK Sachsen beziehungsweise die ihr angehörigen Kreiskammern mit der Durchführung der Aufgabe betraut werden.[269] Den Angehörigen der betroffenen Berufsgruppen wird zunächst pauschal die Ausübung ihres Berufs zum 30. September 1946 untersagt, doch können sie vor dem Ausschluss ihre Wiederzulassung beantragen. In diesem Verfahren soll »ihre politische Zuverlässigkeit und fachliche Eignung« überprüft werden (Art. II, 1). Das wichtigste Kriterium für die Entscheidung ist die Mitgliedschaft des Antragstellers in der NSDAP oder einer ihrer Gliederungen, wobei »im Bedarfsfalle« diese Belastung durch »den Nachweis einer

---

266 Groehler: SED, VVN und Juden in der sowjetischen Besatzungszone Deutschlands, S. 295.

267 Ebd., S. 299.

268 Spannuth: Rückerstattung Ost, S. 61.

269 Bekanntmachung über die Richtlinien für die Bereinigung des Berufsstandes der Wirtschaftsprüfer, der vereidigten Buchprüfer und der Wirtschaftsberater, in: Gesetze, Befehle, Verordnungen, Bekanntmachungen, veröffentlicht durch die Landesverwaltung Sachsen, 2. Jg., Nr. 18, 27. Juli 1946, S. 307–8.

antifaschistischen oder antimilitaristischen Betätigung« aufgewogen werden kann (Art. X).

Der Ausschuss setzt sich aus fünf Mitgliedern zusammen: dem Vorsitzenden, der ein Angestellter der IHK sein muss, und vier Beisitzern, die bei Anträgen von Wirtschaftsprüfern und vereidigten Buchprüfern aus zwei Wirtschaftsprüfern und zwei vereidigten Buchprüfern und bei Anträgen von Wirtschaftsberatern aus einem Wirtschaftsprüfer, einem vereidigten Buchprüfer und zwei Wirtschaftsberatern bestehen muss. Außerdem müssen die Beisitzer »einer der drei antifaschistischen Parteien angehören«. (Art. II, 3) In der Verhandlung soll der Antragsteller gehört, Beweismaterial besichtigt und Zeugen vernommen werden. Entschieden wird im Ausschuss per Mehrheit, wobei dem Vorsitzenden bei Stimmengleichheit die Entscheidung zukommt. Das Ergebnis des Verfahrens ist ein Votum, das dem Präsidenten der IHK Sachsen zur Entscheidung vorgelegt wird. Wenn der sich dem Votum nicht anschließen will, wird der Vorgang an einen »Landesausschuss« weitergereicht, dem drei Vorsitzende von Sonderausschüssen angehören – aber nicht der, der an der umstrittenen Entscheidung mitgewirkt hatte –, die hernach nach Aktenlage entscheiden. (Art. VIII, 3)

Es ist schlechterdings unmöglich herauszubekommen, warum ausgerechnet Linse Vorsitzender des Ausschusses wird. Entweder man sieht ihn als nicht belastet an, weil er vermeintlich nicht der NSDAP angehört hat, oder man hält diesen Umstand für irrelevant. Die Verordnung, mit der die Landesverwaltung Sachsen das Verfahren ins Leben gerufen hat, macht jedenfalls zur Person des Vorsitzenden keine Angaben, geht insofern vielleicht von einer unpolitischen Rolle aus.

Linses Ausschuss führt circa 65 Verfahren durch, die insgesamt nach einem einheitlichen Schema ablaufen, zuweilen aber recht unterschiedliche Wendungen nehmen.[270] Kurz ist das Verfahren etwa im Falle Karl Haeblers, dem Linse am 20. September 1946 das Standardschreiben mit dem Widerruf der Zulassung schickt, ihn aber zugleich als Beisitzer in den Ausschuss beruft und es daher gar nicht erst zu einer Verhandlung kommt. Haebler hat schon 1945 einen Berufsfragebogen ausgefüllt und den Fragebogen der Landesverwaltung Sachsen; dazu liegt sein Lebenslauf und eine Referenz des Antifa-Blocks

[270] Ich habe mir 16 Fälle angesehen, von denen ich die meisten zufällig gewählt habe: Haebler (StAC, 30874, 800), Dürrschnabel (831), Müller (814), S. (846), B. (819), A. (817), B. (824) u. a.

vom 2. Mai 1946 vor. Dem Antrag auf Wiederzulassung, den Haebler schon am 22. August 1946 gestellt hat, kann also entsprochen werden, da er politisch unbelastet ist. Ähnlich verhält es sich bei Ernst Dürrschnabel (der vor 1945 auch im Zusammenhang mit der »Entjudung« in Chemnitz in Erscheinung getreten ist) und Johannes Müller, über deren Wiederzulassungsanträge am 2. Mai 1947 verhandelt wird. Diese beiden sind vor 1945 nicht Mitglieder der NSDAP gewesen, sondern nur im NSV und NSRB, sodass sie politisch als unbedenklich gelten. Alle drei werden zu Beisitzern berufen.

Gleicherweise unkompliziert werden auch die Anträge von Friedrich S., Adolf B. und Herbert A. abgewickelt, die indes abgelehnt werden. B. ist 1933 der NSDAP beigetreten, die anderen schon früher, zum Teil haben sie Ämter in der Partei innegehabt. Die frühen Beitrittsdaten sieht der Ausschuss als so gravierend an, dass auch die unauffällige Amtsführung (S.) oder ein zur Entlastung vorgebrachter Fall (B.) als nicht ausreichend für eine Wiederzulassung in ihrem Beruf angesehen werden. Im Fall A. erklärte der Ausschuss am 1. Oktober 1946: »A[…] gehört der Partei seit 1.1.1931 an und hat schon im Hinblick hierauf als schwerbelastet zu gelten. Er hat zwar einen Rehabilitierungsantrag eingereicht, der nach vorliegenden Unterlagen auch die Befürwortung des Stadtverbandes Chemnitz der LDP gefunden hat. Nach Überzeugung des Bezirkssonderausschusses ist es jedoch nicht möglich, daß A[…] in seinem Rehabilitierungsverfahren den Nachweis seiner antifaschistischen Betätigung so eindrucksvoll erbringen kann, um die schwerbelastende Tatsache seiner Parteizugehörigkeit seit 1.1.1931 auszugleichen.«

Nicht alle Fälle lassen sich so zügig abschließen. Arthur B. etwa ist zwar der Partei erst 1937 beigetreten und hat dann das Amt des Blockleiters innegehabt. Allerdings habe er auch jüdische Kunden betreut, erklärt er, Zeugen hätten ihm eine antinazistische Gesinnung attestiert und die Blockparteien in Auerswalde deshalb seine Rehabilitierung befürwortet. Der Ausschuss will daraufhin noch kein abschließendes Urteil fällen, weil nach Lage der Dinge das Begehr B.s »nicht aussichtslos« erscheine, und verlängert die Zulassung bis zum Jahresende. Doch in einer nichtöffentlichen Sitzung am 2. Mai 1947 wird protokolliert, dass man gehört habe, dass Ermittlungen wegen des Verdachts auf »Verbrechen gegen die Menschlichkeit« gegen B. aufgenommen worden seien. B. wird vorgeworfen, zwei Antifaschisten denunziert zu haben, woraufhin diese in ein KZ deportiert worden seien. Bei dieser Sachlage will, wie es scheint, der Ausschuss die Verantwortung nicht allein schultern, denn er setzt sich mit dem Bezirksausschuss beim Steueramt des Finanzamtes

Chemnitz-Stadt in Verbindung. Gemeinsam lädt man B. wieder zu einer Verhandlung, an deren Ende B.s Antrag auf Wiederzulassung abgelehnt wird, auch wenn die Ermittlungen wegen des Denunziationsvorwurfs noch nicht abgeschlossen sind. B. habe den »Nachweis einer antifaschistischen *Betätigung* [...] nicht erbracht«, als Blockleiter habe er jedoch eine Vertrauensstellung innegehabt; durch die Vertretung jüdischer Kunden seien ihm keine Nachteile erwachsen. Vor diesem Hintergrund sei es unerheblich, ob er des ihm zur Last gelegten Vorwurfs schuldig sei oder nicht.

Diese Stichprobe lässt allgemeine Aussagen über Linses Arbeit im Ausschuss zu. Bemerkenswert ist, dass man sich eng an die Vorschrift vom 9. Juli 1946 hält und sämtliche Formalia wie Fristen, die Zusammensetzung des Ausschusses, die Belehrung des Antragstellers usw. beachtet. Auch das Ziel, Pg.s aus den betreffenden Berufen zu drängen, sofern sie sich nicht antifaschistisch betätigt haben, befördert der Ausschuss ganz offensichtlich. Bemerkenswert ist weiterhin, wie sehr er sich bemüht, Konsens mit anderen an der Entnazifizierung beteiligten Stellen herzustellen, namentlich mit dem Ausschuss beim Steueramt des Finanzamtes, mit dem man sich zu gemeinsamen Besprechungen und Verhandlungen trifft. Man korrigiert gegebenenfalls die eigenen Entscheidungen und ändert entsprechend die Begründung. Trotz der klar vorgegebenen Kriterien ergibt sich für den Ausschuss ein Ermessensspielraum, der, was immer mitgedacht werden muss, dazu genutzt werden kann, Freunde vom Vorwurf der Regimetreue zu entlasten, obwohl sie es gewesen sind.[271] Doch Linse könnte man dafür wohl nicht verantwortlich machen angesichts der Rolle, die er in diesem Prozess einnimmt: der des nichtpolitischen Bürokraten, der sich im Ausschuss nur bei Stimmengleichheit durchsetzen kann. Außerdem entscheidet am Ende ein anderer, nämlich der IHK-Präsident in Dresden oder der Landesausschuss, dem Linse in den von ihm verhandelten Fällen nicht angehört. Linse erfüllt – wie immer – die Rolle desjenigen, der die Entscheidungen seiner Vorgesetzten vorbereitet und ausführt. Das institutionelle Arrangement verhindert, dass er jemanden bevorzugt.

---

271 Vgl. Vollnhals: Entnazifizierung.

7. Leben in einer Umbruchzeit

a) Kurzes Zwischenspiel in der LDP

Auf politischer Ebene kommt es anders als im Bereich der Wirtschaft zu einem Neubeginn. Die SMAD steht schon im Sommer 1945 der Neugründung von Parteien positiv gegenüber; sie will, dass sich nicht nur Kommunisten und Sozialdemokraten, sondern auch bürgerliche Demokraten organisieren. Die wichtigen Entscheidungen werden natürlich in Berlin getroffen, aber das politische Leben regt sich davon unabhängig auch überall in der Provinz. In Chemnitz ist es der Lehrer Hermann Schiersand, der am 12. Juni 1945 mit Kollegen, die er für unbelastet hält, die »Demokratische Fortschrittspartei für Chemnitz und Umgebung« ins Leben ruft. Am 13. Juni 1945 wird Schiersand bei Oberst Malaletkow vorstellig und beantragt die Zulassung als Partei, die aber erst Wochen später erfolgt. Die erste Mitgliederversammlung kann daher erst am 15. August 1945 abgehalten werden. Die Partei wird im Verlauf des Sommers in LDP umbenannt und in die zonenweite Parteiorganisation eingefügt, als sich in Berlin auf Veranlassung der Sowjets die LDP konstituiert.[272]

Das bürgerliche Lager steht im Sommer 1945 unter dem Druck, sich schnell zu organisieren, weil die SMAD es einerseits verlangt, anderseits weil es den Vorsprung von KPD und SPD, die an ihre Vorkriegstraditionen anknüpfen können, nicht zu groß werden lassen will. LDP und CDU haben zwar ebenfalls ihre Vorläufer, aber hier muss man sich neu sortieren.[273] Während sich in der CDU christliche Demokraten versammeln, wird die LDP – und die vielgestaltigen Gründerkreise auf lokaler Ebene – von Politikern geprägt, die vor 1933 vor allem in der DDP aktiv gewesen sind und nun im Geiste Friedrich Naumanns am Wiederaufbau mitwirken wollen. Als vornehmlich liberal verstehen sich die Gründer indes nicht; der Name ist von der Zentrale in Berlin und der Besatzungsmacht festgelegt worden. Sie bezeichnen sich lieber als Demokraten und stehen, wie es im Chemnitzer Gründungsaufruf heißt, »deutsche[n] demokratisch und nicht zuletzt christlich-sozial gesinn-

---

[272] Vgl. Hoffmann: Bürgertum im Aufbruch, S. 54–57.

[273] Vgl. Krippendorff: Die *Liberal-Demokratische* Partei Deutschlands in der Sowjetischen Besatzungszone 1945/48, S. 36.

te[n] Männer[n] und Frauen« offen gegenüber.[274] In der Praxis läuft es jedoch darauf hinaus, dass in der LDP diejenigen Mitglied werden, die keine Sozialisten sind und mit christlich motivierter Politik wenig anfangen können. Zunächst ist die LDP mittelständisch geprägt, entwickelt sich jedoch 1946 zu einer Volkspartei.[275]

Linse engagiert sich 1945 hier für kurze Zeit. Warum er beitritt und Vorsitzender des LDP-Bezirksverbandes Chemnitz wird, der sich über das Gebiet der Kreishauptmannschaft Chemnitz erstreckt, ist nicht bekannt. Die Quellen sprudeln zu dieser Zeit nur sehr spärlich, über Linses Aktivitäten bei der LDP erfahren wir sehr wenig. Vermutlich hatten die Menschen Besseres zu tun als Schriftstücke zu produzieren, zum Beispiel Lebensmittel organisieren. Auch Linse selbst hinterlässt nur wenige Spuren; seine Paraphe findet sich auf einem Schreiben an den Landesverband, in dem es um den Namen geht (»Wir firmieren LDPD Bezirksgruppe Chemnitz«) und um die zeitbedingten Schwierigkeiten, Parteiarbeit zu leisten, und in dem dem Landesvorsitzenden Dieckmann »Dank für seine liebenswürdige Arbeit« ausgesprochen wird.[276] Eingetreten ist Linse per mündlicher Erklärung, gewählt wird er auf der Mitgliederversammlung am 15. August oder am 3. September 1945.[277] Ob er jemals Beiträge zahlt, ist ungewiss.

Als Linse Mitglied ist, ist die Entwicklung noch im Fluss. Ein Sozialist ist er sicher nicht, und ob sich sein Denken durch besondere Christlichkeit auszeichnet, ist unbekannt. Insofern ist die LDP für ihn durchaus die richtige politische Heimat. Später, schon in Berlin, sympathisiert er freilich nicht mehr mit dem Liberaliasmus; die Richtung seiner Kritik am politischen Zeitgeschehen, die durch die MfS-Abhörprotokolle überliefert ist, ist allerdings nicht ganz klar. Er sagt zu seinem Mithäftling: »Ich bin für weitgehenden Sozialismus, ich bin viel radikaler als ihre SED, als ihre DDR, ich würde niemanden zwingen. Mit diesen freien Unternehmern, wie wir sie

---

274 Abgedruckt in: Agsten / Bogisch: Dokumente zur Gründung der Liberal-Demokratischen Partei Deutschlands 1945, S. 1279.

275 Vgl. Papke: Die Liberal-Demokratische Partei in der Sowjetischen Partei und DDR, S. 28–33; vgl. Frölich / Papke: Liberale unter kommunistischer Herrschaft, S. 30–37; vgl. Hoffmann: Bürgertum im Aufbruch, S. 54–57.

276 Schreiben an LDP Landesverband Sachsen v. 21. September 1945, in: AdL, L5-294, Bl. 36.

277 Hermann Schiersand an Sekretariat d. Antifa-Blocks, 7. September 1945, in: StadtA Chemnitz, Antifa-Block, 20, Fiche 1.

jetzt drüben im Westen haben, mit dieser unsozialen Einstellung, da bin ich gar nicht mit einverstanden, da bin ich ein ganz erbitterter Feind von, bin ich immer schon gewesen, diese, sogenannten Herr-im-Hause-Standpunkt.«[278] Vielleicht ist Linse also kein Liberaler, sondern eher ein konservativer Sozialdemokrat? Dazu würde passen, was einer seiner Mithäftlinge später zu Protokoll gibt, dass Linse sich nämlich Gedanken über die Lage der Arbeiterschaft macht und mit der SPD sympathisierte, aber mit ihrer Einstellung zum Religionsunterricht nicht zufrieden sei.[279] Aber noch wahrscheinlicher ist, dass er weiterhin der distanzierte Politikbeobachter ohne innere Bindung an irgendeine Partei ist, weil er »die Sache real und sachlich beurteilen« will: »Kommt der Sozialismus, nun Gott, ich verliere keinen Betrieb, der sozialisiert wird. Für mich kommt [bei der Alternative zwischen Kapitalismus oder Sozialismus] die Regelung in Frage, die dem Bürger den größten Nutzen bringt.«[280] In seinem Schulaufsatz hat sich Linse Jahre zuvor ähnlich unbestimmt geäußert.

Einmal ist eine Versammlung der LDP im Gasthaus Neu-Hilbersdorf angesetzt, bei der Linse als Hauptredner auftritt. Auch ein Mitglied der örtlichen KPD ist unter den Anwesenden und macht sich Notizen, die es zu einem kommentierten Bericht für die KPD-Kreisleitung ausarbeitet. »Dr. Lizen gab nur Streiflichter«, moniert der Berichterstatter, dem die Rede offensichtlich zu oberflächlich gewesen ist. Dass er mit dem Inhalt außerdem nicht übereinstimmt, ist verständlich. Denn Linses Rede ist »bürgerlich zugeschnitten«, er erwähnt die Bodenreform nicht, sondern weist auf das dramatische Ausmaß der »Deportage-Aktion« hin: »Er sagte, sie habe Ausmaße des Schreckens angenommen.« Was nun nottut, ist ein »[s]chneller Auf- und Ausbau eines Rechtsstaates« und der Erhalt der Einheit Deutschlands. In den Worten des Zuhörers endet Linse: »Im Geist ein neues Reich, ein Reich in: Gerechtigkeit, Freiheit und Menschenwürde, darum verzagt nicht, helft alle mit, jeder für seinen Teil.« Anwesenden Christdemokraten gefällt die Rede sehr; Alois Hoschek »meinte, der Hauptredner habe *meisterhaft* gesprochen«.[281] Im Verlauf der Diskussion äußern sich auch KPD-An-

---

278 BStU, MfS GH 105/57, Bd. 2, Bl. 46.

279 Protokoll Aussage Hermann Heiland 12. November 1955, BA Koblenz, B 137, 1063.

280 BStU, MfS GH 105/57, Bd. 2, Bl. 170.

281 Bericht v. 20. September 1945, in: StAC, Bestand 31599, KPD Südwestsachsen,

hänger, von denen einer deutlich macht, dass zwar alle Parteien am Wiederaufbau mitwirken können, aber letztlich die KPD das Sagen haben soll. Dieser Redebeitrag wirkt wie ein Ausblick auf die Schwierigkeiten, vor die die LDP und die anderen Parteien in der sich formierenden Diktatur gestellt sind. So offen die sowjetische Besatzungsmacht gegenüber politischem Engagement auch sein mag, so sehr schnürt sie ein und setzt unter Druck, was sich nicht dem Führungsanspruch der KPD beugen will.[282]

Weiteres lässt sich von Linses politischer Tätigkeit nicht berichten. Schließlich informiert am 5. Oktober 1945 Max Köhler, der neue Vorsitzende der LDP in Chemnitz, den Landesvorsitzenden Johannes Dieckmann darüber, dass Linse »gezwungenermaßen abgetreten« sei.[283] Worin der Zwang bestanden haben könnte, der zu Linses Rücktritt führte, geht aus diesem Brief nicht hervor. Der Vorgang könnte im Zusammenhang mit der ersten politischen Überprüfung Linses stehen, die in dieser Zeit vorgenommen wird. In einer Telefonnotiz des Sekretariats der LDP Chemnitz vom 1. März 1946 geht es um eine »Charakteristik Dr. Linse«. In der Notiz heißt es, dass Linse aus der LDP ausgetreten sei, weil er beschuldigt worden sei, Mitglied der NSDAP gewesen zu sein, nur weil die seinerzeit unter Druck erfolgte »Anmeldung« zur NSDAP »von seinen Feinden als Willensäußerung herausgestellt wurde«.[284] Ob die Information von Linse selbst stammt oder von einem Dritten, ist unbekannt.

Vielleicht ist es gut, dass Linse nach dem kurzen Intermezzo in der LDP wieder parteilos ist: Er bietet nun wieder eine geringere Angriffsfläche für die Kommunisten. Denn der Rahmen, innerhalb dessen sich die Parteien bewegen können, wird immer enger. Die LDP muss 1946 alle ihre Veranstaltungen halbmonatlich anmelden.[285] Bereits im Verlauf des Jahres 1945 wird deutlich, dass in der SBZ kein demokratisches System, sondern eine Diktatur errichtet wird. Die »Formierung der Gesellschaft« erfolgt durch vermeintlich freiwillige Arbeitseinsätze, Aufmärsche und Versammlungen; Spendensammlungen werden durchgeführt und Haus-

---

Nr. 4, Hervorhebung im Original.

282 Vgl. Antifa-Block, 20, Fiche 5.

283 AdL, 16322 Deutsche Demokratische Fortschrittspartei für Chemnitz und Umgebung; AdL, L5-294 LDPD-Landesverband Sachsen, Korrespondenz, Bl. 36; AdL, LN4-101, Bl. 20.

284 StadtA Chemnitz, Antifa-Block, Bl. 102.

285 Vgl. StadtA Chemnitz, Antifa-Block, 20. Fiche 1, Bl. 24.

vertrauensleute gewählt. Eine freie Presse kann sich erst gar nicht entwickeln; Menschen verschwinden in Gefängnissen und Lagern. Jedermann weiß, wohin die Reise geht, aber Widerstand bleibt aus.[286] Linse scheint sich zu einem a-politischen Leben entschlossen zu haben und sich nicht weiter zu exponieren – also alles wie gehabt. Er weiß noch nicht, aber er ahnt vielleicht schon, dass er sich dem Druck dennoch nicht wird entziehen können.

b) Auf dem Prüfstand

Linse hat sich während der letzten Jahre nicht nur Freunde gemacht, und jetzt wird seine eigene Vergangenheit zum Gegenstand kritischer Begutachtung. Noch im September 1945 gibt ein Denunziant zu Protokoll, dass Linse entgegen seiner Behauptung Mitglied der NSDAP gewesen sei. 1938 oder 1939 habe er sich um Aufnahme bemüht, in der IHK habe er das Parteiabzeichen getragen und sei dortselbst als Pg. geführt worden. Der Denunziant gibt an, er habe mit Linse 1941/42 eine kleine Auseinandersetzung gehabt und dabei selbst das Parteiabzeichen an seinem Revers gesehen.[287] Ein Tag später wird die Stadtteilgruppe Süd-Ost der Chemnitzer KPD aktiv und leitet den Bericht weiter an die Kreisleitung. »Der Fall ist bereits an die Kriminal-Polizei zur Bearbeitung weiter gegeben worden. Von einer Bearbeitung ist uns aber bis jetzt noch nichts bekannt.«[288] Die polizeilichen Ermittlungen verlaufen ergebnislos. Linse geschieht nichts. Die Denunziation ist aber auch zu offensichtlich getragen von einer Aversion unbekannten Ursprungs gegen Linse und »die Herren Akademiker, die ja überall in der Stadtverwaltung sowohl als auch in der Wirtschaftskammer sitzen bzw. sitzengeblieben sind, gegenseitig Beistand leisten, um einen kleinen Staat im Staate für sich einzurichten. Jedenfalls spricht die Tatsache für sich, dass diese Theoretiker dem praktischen Leben gegenüber ziemlich voreingenommen sind.«[289]

Gleichwohl ist Linse noch nicht aus dem Schneider. Das Entnazifizierungsverfahren läuft weiter. Nun kommt allerdings auch ein bislang verborgenes Detail aus Linses Biografie ans Tageslicht, das die Beschuldigung

286 Vgl. Behring: Die Zukunft war nicht offen, S. 168.
287 StadtA Chemnitz, Antifa-Block, Sign. 65, Bl. 113.
288 StadtA Chemnitz, Antifa-Block, Sign. 65, Bl. 112.
289 StadtA Chemnitz, Antifa-Block, Sign. 65, Bl. 113.

zu relativieren scheint: In einem Bericht über die ehemalige Widerstandsgruppe »Ciphero« vom Juli 1945 wird er als Mitglied aufgeführt. Was es mit »Ciphero« auf sich hat und welche Rolle Linse in ihr spielte, ist unklar. Ihr ehemaliger Leiter und nunmehriger Berichterstatter Edgar Fischer schildert in seiner 15-seitigen Ausarbeitung die Aktivitäten ihrer 35 Mitglieder gegen das NS-Regime.[290] Demnach gegründet von Fischer und Walter Oelschlägel 1941, teilte man sich die Arbeit auf: Fischer »bearbeitete den Wehrmacht-Sektor« und Oelschlägel »den zivilen, hauptsächlich in Bezug auf Arbeitseinsatz und industrielle Gebiete«. Fischer hatte diesem Bericht zufolge zunächst mit dem Nationalsozialismus sympathisiert, sich jedoch dann abgewendet und war während eines Lazarett-Aufenthalts in das Lager der Regimegegner gewechselt. Er wurde Geheimsachenbearbeiter im Chemnitzer Ersatzheer, und Oelschlägel nach Ausscheiden aus der Wehrmacht Leiter des Arbeitsamtes Flöha bei Chemnitz. Zunächst bestand Fischers Widerstandstätigkeit darin, Anhänger des Regimes zum Feldheer zu verfügen und kritische Geister davor zu bewahren. »Allgemein gesehen, wurden Pg.s abgeschoben. Einwandfrei antifaschistische Soldaten wurden jedoch gehalten, so lange es irgendwie möglich war.« Weiterhin richtete man einen Raum zum sicheren Empfang von »Feindrundfunksendungen« ein und störte den Vertrieb von NS-Propagandaschriften. »Wie oft kam es vor, dass durch von uns getroffene Maßnahmen im geeigneten Moment das Vortragsmaterial verschwand, dass der Dienstplan so geändert wurde, dass der NSFO in einem leeren Unterrichtsraum stand und vergeblich auf seine Lämmer wartete.« In den letzten Kriegstagen wurden des Weiteren fahnenflüchtige Antifaschisten und sogenannte Volksdeutsche so gut als möglich unterstützt. Man baute eine Motorradflotte auf und leistete propagandistische Arbeit, als die Rote Armee näher auf Chemnitz rückte.

Die Aktivitäten des von Oelschlägels geleiteten zivilen Teils von »Ciphero« nehmen sich in dem Bericht nicht so umfangreich aus wie die des militärischen. Ihm zufolge wurde Oelschlägel von zwei Mitverschwörern assistiert, die – ähnlich wie bei dem militärischen Flügel – Antifaschisten mit entsprechenden Bescheinigungen versorgten, die »Betreibungen von Entlassungen, Verschickungen und Einberufungen zur Wehrmacht« verhindern halfen. Linse – in seiner Funktion als Referent bei der IHK – war »die notwen-

[290] StadtA Chemnitz, Antifa-Block, Sign. 65, Bl. 16–30.

dige Ergänzung« für den Verschwörer Oelschlägel, dessen Amt in Linses Zuständigkeitsbereich lag. Er wurde als »Nr. 16« geführt. »Mit ihm wurden sämtliche Anordnungen und Verfügungen, die von den zuständigen Reichsbehörden herauskamen, eingehend durchgesprochen und ihre Durchführung gestört bezw. verzögert, wo es angängig war. Mit einer Anzahl von Betriebsführern, die als antifaschistisch bekannt waren, ist zusammengearbeitet worden, ohne dass diese selbst Mitglieder der Widerstandsbewegung gewesen wären.« Der Dritte im Bunde, »Nr. 17«, hatte die Aufgabe der »Überwachung des Arbeitsamtspersonals [von Chemnitz oder Flöha] und als Stimmungsberichterstatter über die Verhältnisse in den Betrieben«. Ein weiterer, »Nr. 18«, wird im Bericht als Mitglied des zivilen Flügels von »Ciphero« erwähnt, »ohne selbst von dem Bestehen der Widerstandsbewegung und seiner Mitgliedschaft darin informiert zu sein«.[291]

Anfang Februar 1946 steht »Ciphero« auf der Tagesordnung des Sonderausschusses des Bundeslandes Sachsen des Antifaschistisch-Demokratischen Blocks in Dresden. Der Antrag, alle Mitglieder von »Ciphero« und »Arüsa« kollektiv zu entnazifizieren, wird geprüft, aber bei etwa der Hälfte der Namen sieht man Klärungsbedarf, unter anderem bei Linse. Am 9. Februar 1946 geht das Gesuch des Antifaschistisch-Demokratischen Blocks Sachsen an den Chemnitzer Block: »Ehe jedoch eine Entscheidung herbeigeführt werden kann, ersuchen wir den Demokratischen Block Chemnitz uns eine Charakteristik sowie politische Vergangenheit – wir möchten vor allen Dingen wissen, wann diese Leute in die NSDAP eingetreten sind – und gegenwärtige Tätigkeit der angegebenen Namen mitzuteilen. Wenn gegen diese Leute nichts Besonderes spricht, sind wir der Ansicht, dass sie rehabilitiert werden können.«[292]

Wenig später hat man erste Informationen über Linse eingeholt. »Dr. Linse wird als netter Mensch seinen Angestellten gegenüber bezeichnet. Es ist jedoch nicht bekannt, ob er Mitglied der NSDAP war.« Eine Woche später, am 28. Februar 1946, weiß man etwas mehr: »In der NSDAP, SA oder einer anderen Formation war er nicht. Betätigt oder hervorgetan hat er sich nicht. Er war ein Gegner des Nazi-Systems. Jetzt gehört Linse keiner Partei an. Für die Solidarität und bei Spenden gibt er reichlich.«[293] Und aus der Geschäfts-

291 StadtA Chemnitz, Antifa-Block, Sign. 65, Bl. 28.
292 StadtA Chemnitz, Antifa-Block, Sign. 65, Bl. 92.
293 Ebd., Bl. 103.

stelle der LDP verlautet: »Herr Dr. Linse hat sich nach seinen eigenen Angaben seinerzeit und auf ausdrücklichen Druck des damaligen Präsidenten der Industrie- und Handelskammer Chemnitz, Herr Schöne, zur NSDAP als Mitglied angemeldet; es soll aber bei dieser Anmeldung verblieben sein, und behauptet Dr. L., es in geschickter Weise stets abgebogen zu haben, dass er ein Mitgliedsbuch ausgestellt erhielt. Mithin betrachtet sich derselbe nicht als zur NSDAP gehörend. [...] Nach unseren Informationen ist aber Dr. Linse immer ein Gegner der Nazi-Ideologie gewesen, was wir besonders hervorheben möchten. Unseres Erachtens wäre es kein Fehler, diesen Menschen am Wiederaufbau Deutschlands seinen Kenntnissen und Fähigkeiten entsprechend heranzuziehen.«[294] Damit ist der Fall geklärt, und der Block befürwortet Linses Rehabilitierung.[295]

Ob Fischer Linse mit seiner Erwähnung indes einen Gefallen getan hat, ist nicht unbedingt sicher. Denn Fischers Absicht, die Rehabilitierung der Mitarbeiter von »Ciphero« zu erreichen, wird nicht verschwiegen. Problematisch ist, dass alle Genannten wenig später kollektiv in Verruf geraten, wie sich aus weiteren Einlassungen Fischers schließen lässt. Mit Datum vom 18. November 1945 findet sich sowohl eine auf die »Ciphero«-Mitglieder geschriebene Eloge als auch eine »Erklärung zur Sache ›Dr. Ring‹«, in der Fischer beklagt, dass die Widerstandsgruppe »wiederholt [...] in Verbindung mit dem Fall Dr. Ring gebracht« würde. Fischer hat im Krieg Kontakt mit ihm gehabt, scheint aber nicht recht schlau aus ihm geworden zu sein. Zu Kriegszeiten hat Ring ihm wohl die Gründung einer weiteren Widerstandsorganisation (»Arüsa«) angetragen, ein Plan, den Fischer mit ein paar Kameraden von »Ciphero« unterstützen wollte. Mehr Gemeinsamkeiten waren aber nicht, wie Fischer betont. »Grundsätzlich wird festgestellt, dass die Widerstandsbewegung ›Ciphero‹ und Dr. Ring zwei verschiedene Dinge sind, die nichts miteinander gemeinhaben.«[296]

Davon will man später, 1951, beim MfS aber nichts wissen. Man ist nämlich der Ansicht, dass sich in »Ciphero« seinerzeit Nazis zusammengeschlossen haben und sehr wohl eine Verbindung zu Ernst Ring besteht, den das MfS gerade in Berlin inhaftiert hat. Dass Linse dort »mindestens von 1942

294 Ebd., Bl. 102.
295 Ebd., Bl. 106.
296 Zu Ring vgl. Kirsch: Oberbürgermeister, Rennfahrer – Spion!

bis 1945« Mitglied gewesen ist, bezweifelt man nicht.[297] Doch die Art, wie man in der frühen DDR »Ciphero« als Vereinigung von alten Nazis zeichnet, zeigt, dass man auch Linse für einen Nazi hält. Das war er mit Sicherheit nicht. Aber war er umgekehrt ein Mann des antifaschistischen Widerstands? Das Zeugnis, das Fischer ihm ausstellt, ist zwar makellos, auch wenn es nicht auf Details eingeht. Aber eigentlich lässt sich das, was Linse für »Ciphero« getan, kaum als Widerstandshandlung interpretieren, wobei es allerdings auch nicht ankommt, wenn es zu einer Verfolgung durch den Staat kommt, sondern auf die Absicht des Betreffenden. Nur: Was Linse gedacht hat, entzieht sich unserer Kenntnis, und irgendeine erkennbar praktische Bedeutung hat seine Mitgliedschaft in »Ciphero« nicht gebracht.

Zwei Jahre später wird Linses Vergangenheit erneut zum Gegenstand einer Untersuchung. Am 24. Februar 1948 tritt eine andere Denunziantin auf den Plan. »Wann wird Herr Walter Linse, Ulmenstr., entnazifiziert?«, fragt sie in einem Brief den Oberbürgermeister. »Er fällt doch unter Befehl 201. Früher war er einmal Rechtsanwalt. Dann kam er zur Industrie- und Handelskammer. Bei der Entjudung 1938/1939 hat er eine ganz große Rolle gespielt. Er hat viele Juden unter Treuhand gestellt. Und im Kriege war er auch ganz groß da. In der Rüstung war er unentbehrlich. Er war selbst keinen Tag Soldat. Mit dem Schieber [x] [gemeint ist Wuthenau, der 1945 wenige Wochen Oberbürgermeister gewesen ist] ist er auch sehr befreundet.« Linse wird zur Rede gestellt und füllt einen Fragebogen der Kreisentnazifizierungskommission Chemnitz-Stadt aus. Maschinenschriftlich verneint er am 2. März die Fragen nach einer NSDAP-Mitgliedschaft, gibt an, vor 1933 in keiner Partei Mitglied gewesen zu sein und in diesem Moment auch nicht. Sein kurzes Intermezzo in der LDP erwähnt er. Militärdienst habe er nicht abgeleistet und habe auch nicht in der Zivilverwaltung eines besetzten Gebietes gearbeitet.[298]

Linses Verhältnis zum NS-Regime bleibt ungeklärt, so lange er in Chemnitz wohnt. Dass er an der »Arisierung« beteiligt gewesen ist, ist spätestens seit der Denunziation aktenkundig. Dieser Umstand ist in seinem Umfeld

297 Schreiben Dienststelle Chemnitz an Verwaltung Sachsen v. 16. November 1951, in: BStU, Chem. AP 69/56, Bl. 22–24; Aktennotiz Dienststelle Chemnitz v. 30. Oktober 1951, in: BStU, Chem. AP 69/56, Bl. 16; »Unterlagen [zu ›Ciphero‹] liegen in der Dienststelle Chemnitz, Az. 313/50 – KS-Akte 1139 ein.«

298 HStAD, 13471, ZB 7374 Akte 14.

also allgemein bekannt, doch er wird ihm nie zum Vorwurf gemacht, weder strafrechtlich noch moralisch. Vermutlich wird er gar nicht als Problem wahrgenommen, denn auch hier dürfte er allenfalls als Mitläufer – und vielleicht nicht einmal das – gegolten haben. Außerdem hat der staatlich organisierte Diebeszug so viele Beteiligte gehabt, was es den Zeitgenossen praktisch unmöglich macht, jemanden dafür zur Verantwortung zu ziehen, ohne dass dies weitere Kreise ziehen würde. Das würde wenigstens zum Teil erklären, warum das Thema kaum je auf die Tagesordnung kam. Jedenfalls ist es schwer, überhaupt einen diesbezüglichen Vorgang in den Akten zu entdecken. In lediglich einem Fall sind aus der Nachkriegszeit Ermittlungen wegen der »Arisierung« eines Unternehmens in Sachsen belegt: Sie richten sich gegen einen Unternehmer, der in den Akten der Hauptabteilung K der LDVP als »Nutznießer« bezeichnet wird und als verdächtig, »entscheidend an Arisierungen mitgewirkt zu haben.«[299] Offiziell wird die »Re-Arisierung« der Wirtschaft nach dem Krieg zwar als »Ehrenpflicht« betrachtet, wie aus einem internen Kommentar zu einem entsprechenden Gesetzentwurf hervorgeht.[300] Aber in der Praxis spielen diese Überlegungen anscheinend keine große Rolle.

Dass er Mitglied in der NSDAP war, gibt Linse erst 1950 in Westberlin zu. Dabei hätte er die Mitgliedschaft auch in der SBZ / DDR nicht verschweigen oder leugnen müssen. Aber hier unterscheidet er sich nicht von den meisten anderen Deutschen, und möglicherweise konnte er sich tatsächlich nicht mehr erinnern oder legte sich seine Vergangenheit so zurecht, dass er im Rückblick auf seine eigene Biografie ohne Makel herauskam. Die Alliierten kannten selbstverständlich alle Ausreden und Rechtfertigungen, weshalb sie festlegten, dass der Tag der Beantragung der Mitgliedschaft als Tag des Beginns der Mitgliedschaft anzusehen sei, und nicht die Aushändigung des Parteibuches,[301] die Linse leugnet, die aber nach Angaben einer Denunziantin erfolgt sein soll. Man wollte es den Mitläufern nicht so

---

299 Schreiben an Landeskriminalamt Sachsen, Dezernat K5, v. 16. Februar 1949 und 2. Mai 1949, in: HStAD, 11378, 1489.

300 »Die Rückführung der im Bereich der Landesverwaltung Sachsen entjudeten Vermögen«, o. D., in: HStAD, 12970, 21.

301 Freie Gewerkschaft v. 31. Dezember 1946, in: BA-SAPMO, DY 3/5, Fiche 1 (=BK/O(46) 452, 24. Dez. 1946, in: Verordnungsblatt für Groß-Berlin, 3. Jg., Nr. 1, 11. Febr. 1947); vgl. »Falsche Angaben über Pg.-Eigenschaft. 6 Monate Gefängnis als Strafe«, in: »Sächsisches Tageblatt«, 14. März 1946, S. 3.

leicht machen, sich aus der Verantwortung zu stehlen. Aber bloß nominelle Mitgliedschaft wie bei Linse wurde von Anfang an toleriert.[302]

c) Flucht aus Chemnitz

In Bezug auf Linses Privatleben ist wenig bekannt. Er ist seit dem 14. März 1942 mit Helga, der Tochter des Rechtsrates der Stadt Chemnitz, Dr. jur. Albert Heymann, verheiratet. Sie ist 12 Jahre jünger als er, eine begabte Klavierspielerin, und, wie ihre Briefe erkennen lassen, impulsiv und zupackend. Weitere Quellen zeigen Linse dann als das, was man wohl »glücklich verheiratet« nennen kann. Die Ehe bleibt kinderlos. Vermutlich lernen sich die beiden bei der IHK kennen; Helga arbeitet dort seit 1940 als Sachbearbeiterin. Aber vielleicht hat Linse seine Frau auch über das Juristenmilieu der Stadt kennengelernt. Helgas Lebenslauf, den sie 1957 verfasst hat, spiegelt eine typische Frauenbiografie aus der ersten Hälfte des 20. Jahrhunderts wider: Als Tochter aus gutem Hause legt sie das Abitur ab, tritt aber erst im Alter von 24 Jahren, am 1. Januar 1940, in einen Beruf ein, um einen Mann zu ersetzen, der zum Kriegsdienst eingezogen worden ist. Bei der IHK ist sie sodann für die Bearbeitung von Prüfungsangelegenheiten zuständig, und als sie Linse heiratet, ist ihre berufliche Laufbahn wenige Monate später »infolge Verehelichung«, wie es in ihrem Arbeitszeugnis heißt, auch schon wieder beendet. Bereits 1943 kehrt die »wertvolle Mitarbeiterin« wieder zurück, da erneut ein männlicher Kollege zur Wehrmacht eingezogen worden ist. Jetzt bleibt sie bis 1945, als die »Zeitverhältnisse und gesundheitliche Gründe« ihre Demission erfordern.[303]

Einem Bericht des MfS von 1952 ist zu entnehmen, dass Linse sich im Juni 1949 nach Westberlin abgemeldet hat.[304] Er soll zu diesem Zeitpunkt der einzige Geschäftsführer einer IHK in der Sowjetzone sein, der noch nicht der SED beigetreten ist. In Helgas Lebenslauf heißt es: »1949 Umsiedelung nach Westberlin, da Ehemann Dr. Linse sich weigerte, Mitglied der SED zu werden und sich deshalb an der Handelskammer nicht mehr halten konnte.« Linses späterer Vorgesetzter beim UFJ, »Dr. Theo Friedenau«, erklärt, dass Linse in seiner Position aus nächster Nähe den Beginn der Vernichtung

---

302 Vgl. Schreiben LDPD LV Sachsen an Ortsgruppen u. Kreisverbände, 12. September 1045, in: AdL, 10582.

303 BA Koblenz, B 136, 6539.

304 BStU, ZA, MfS, GH 105/57, Bd. 6, S. 13.

kleiner und mittelständischer bäuerlicher und gewerblicher Existenzen habe mitansehen müssen. Wenn er Gutachten geschrieben habe, dann seien sie jedoch nicht so ausgefallen, wie die neuen Machthaber sie sich vorgestellt hätten. Denn Linse habe »Enteignungen für gesetzlich unzulässig« erklärt und damit das Bestreben der Diktatur behindert, die gewaltsame Umwandlung der Wirtschafts- und Gesellschaftsordnung in Mitteldeutschland mit einem Feigenblatt formaler Richtigkeit zu versehen. Linse habe sich energisch für die von Enteignung Betroffenen eingesetzt, weshalb er »bald auf die ›Schwarze Liste‹ der damals neu gegründeten Abteilung K5 der Kriminalpolizei, der Vorläuferin des heutigen Staatssicherheitsdienstes,« gekommen sei.[305]

Wenn in den Meldeunterlagen als Datum des Umzugs der 27. Dezember 1950 angegeben ist, ist das natürlich nur dem Versuch geschuldet, bürokratische Ordnung in das chaotische Leben zu bringen.[306] Die Notwendigkeit, seine Heimat zu verlassen, wie so viele andere Chemnitzer, ist offenkundig, seitdem Linse Mitteilung erhalten hat, dass er verhaftet werden soll, was vermutlich mit dem Wirtschaftsstrafverfahren gegen Lothar Schluckwerder in Zusammenhang zu bringen ist. Seine Firma »Imbal« ist seit der Zerstörung 1945 inzwischen wieder ein recht prosperierendes Unternehmen, das allerdings ins Visier der ZKK im Kreis Chemnitz geraten ist. Sie verdächtigt Inhaber Schluckwerder, illegal Waren und Rohstoffe in die Westzonen zu verbringen und den Umzug des ganzen Unternehmens nach Westberlin vorzubereiten. In der Tat hat Schluckwerder im sowjetischen Sektor von Berlin eine Verkaufsstelle eingerichtet und im britischen eine Zweigniederlassung. Max Renne, der Kreisbeauftragte der LKK, überprüft den Betrieb, stoppt Lieferungen, setzt einen Treuhänder ein und sorgt dafür, dass Schluckwerder, der natürlich ebenfalls flüchtet, in Abwesenheit der Prozess gemacht und dann enteignet wird.[307]

Das politisch motivierte Verfahren gegen Schluckwerder bedeutet für Linse höchste Gefahr. Über den Glauchau-Meerane-Prozess[308], das erste

---

305 *Die Zeit* vom 17. Juli 1952; vgl. Hagen: Der heimliche Krieg auf deutschem Boden, S. 222; Fricke: Ein Mann namens Linse, S. 7.

306 Vgl. StadtA Chemnitz, Meldekarten.

307 Vgl. BA Berlin, DC 1, 1947; vgl. Aussage Schluckwerder am 27. Sept. 1951 u. 19. Sept. 1951, in: Stadtarchiv Essen, Bestand Ausgleichsamt / Soforthilfe, Nr. 1039 u. Nr. 220, Altes Aktenzeichen: 54-3401/71.

308 Vgl. Klawitter: Die Rolle der ZKK bei der Inszenierung von Schauprozessen.

Wirtschaftsstrafverfahren dieser Art, ist Linse mit Sicherheit informiert, über das pseudorechtsstaatliche Gebaren der Behörden weiß er aus seinem Arbeitsalltag genau Bescheid. Dass seine Sorge berechtigt ist, lässt die publizistische Begleitmusik zum Prozess gegen Schluckwerder und andere deutlich erkennen. In einem Propagandaartikel, der erscheint, als Linse schon in Berlin ist, bezichtigt Renne Schluckwerder, ein »Kriegsgewinnler« zu sein, weil er Verbandstoffe an die Wehrmacht geliefert hat. Nach dem Krieg sei es ihm mithilfe eines Netzwerks in der Verwaltung gelungen, seinen Betrieb wiederaufzubauen und sich durch illegale Ost-West-Transaktionen erneut zu bereichern. »Er genoß dabei die Unterstützung seines Gönners, des getarnten Faschisten Dr. Linse, der damals noch in der Industrie- und Handelskammer Chemnitz sein Unwesen treiben konnte.« Doch Schluckwerder habe »nach neuen Blutgeschäften« gelechzt und deshalb mit der Unternehmensverlagerung nach Westberlin begonnen. »Auch hier assistierte wieder der ›alte treue Linse aus der Industrie- und Handelskammer Chemnitz‹, dessen er sich in dankbarer Anerkennung erinnert hat. Sie wollen jetzt auch den neuen Coup wieder gemeinsam schmeißen.« Doch glücklicherweise habe Schluckwerder seine Pläne nicht ausführen können, weil die LKK mit ihrem Kreisbeauftragten »die Anzeichen des ungeheuren Wirtschaftsverbrechens« erkannt und den Fall vor Gericht gebracht habe.[309]

Später, nach seiner Entführung, will der UFJ-Mitarbeiter »Harry Meister« von einem Staatsanwalt erfahren haben, dass Linse im Schluckwerder-Verfahren erst zum Tode verurteilt, dann aber zu 15 Jahren Zuchthaus begnadigt worden sei. Doch das ist offenbar eine Falschmeldung, denn die Protokollantin im Schluckwerder-Prozess spricht später ebenfalls beim UFJ vor und gibt an, dass Linses Name dort überhaupt nicht gefallen sei.[310]

Dass Linse nicht in die Zeit passt, ist den neuen Machthabern sicher bald klar geworden. Er ist juristisch geschulter Verwaltungsfachmann, der auf der Geltung des positiven Rechts beharrt, anstatt »sozialistisches Recht« zu akzeptieren; er hat seine Abneigung gegen das neue System durch seine Mitgliedschaft in der LDP kurz nach Kriegsende hinreichend bewiesen und will außerdem der SED nicht beitreten. Kurzum: Er ist, wie der Staatssicherheitsdienst später zu Protokoll gibt, »nach seiner ganzen Haltung fest

309 Max Renne: »Das Volk muß die Schluckwerders entlarven«, in: »Volksstimme« (Chemnitz), 14. September 1949, in: BA Berlin, DC 1, 1947.

310 BA Koblenz, B 209, 1200.

von der Richtigkeit des derzeitigen westlich-amerikanisch-kapitalistischen Staats-und Herrschaftssystems und von der Notwendigkeit, sich für diese Form der ›Demokratie‹ einzusetzen, völlig überzeugt«[311] – ein Systemgegner, wie er im Buche steht.

Dass Linse kurz vor seiner Flucht so gedacht hat, kann man – bei aller Vorsicht, die man hier aufbringen muss – den Vernehmungsprotokollen von MfS und MGB entnehmen; in dieser Hinsicht sind sie wohl nicht von den Vernehmern gefälscht worden. Eine Aussage bezieht sich auf seine Motive zur Ausreise aus der DDR. Dem MGB-Protokoll vom 22. April 1953 zufolge verlässt Linse Chemnitz nicht, wie von seinen Peinigern unterstellt, um den Kampf gegen das Regime aufzunehmen, sondern weil die Entwicklung ganz allgemein seinen Wertvorstellungen widerspricht. »Ich dachte, dass in der DDR keine Rechtsstaatlichkeit existiert, dass die Machthaber ihre Ziele auf Kosten der bestehenden Gesetze durchsetzen, dass in der DDR Gesetzlosigkeit herrscht und die Justizorgane keine Handhabe besitzen, im Sinne der bestehenden Gesetze zu handeln.«[312]

Die Flucht wird für Linse und seine Frau, die ihm wenig später folgt, keine großen Probleme aufgeworfen haben. Sein Besitzstand kann nicht umfangreich gewesen sein. Lediglich die Reise nach Berlin wird wegen der zerstörten Infrastruktur beschwerlich gewesen sein. Aber die Grenzen sind noch offen, und dem Notaufnahmeverfahren für politische Flüchtlinge aus der SBZ muss sich das Paar auch nicht unterziehen, weil das erst später eingeführt wird, sodass einem Neuanfang wenigstens diese Hindernisse nicht entgegenstehen. Kurz nach seiner Übersiedelung nimmt Linse noch einmal Kontakt zum Amtsgericht Leipzig auf. Am 9. Januar 1950 bittet er um Zusendung einer Bescheinigung, dass er seinerzeit als Hilfsrichter in Leipzig angestellt war, da der Nachweis über seine zweite Staatsprüfung bei einem Bombenangriff auf Chemnitz vernichtet worden ist und sein »Fehlen [...] laufend Schwierigkeiten« bereitet. Die Bescheinigung wird am 26. Januar ausgestellt.[313]

Es erscheint plausibel, dass Linse nach seiner Flucht zunächst bei Schluckwerder Anstellung findet – man kennt sich ja aus Chemnitz. Beiden Seiten ist indes klar, dass die Zusammenarbeit nicht auf Dauer angelegt ist: Für Schluckwerder ist Westberlin nicht der richtige Standort, weshalb er seinen

311 BStU, ZA, MfS, GH 105/57, Bd. 4, S. 174.
312 HAIT-Archiv, Akte Walter Linse, Bestand Moskau, S. 39.
313 StAL, Amtsgericht Leipzig, 2767.

Betrieb später nach Essen verlagert, wo er 1953 Konkurs anmelden muss,[314] und Linse hält sich, wie seinem Bewerbungsschreiben beim UfJ zu entnehmen ist, bei »Imbal« für unterfordert.

314 Schreiben Haus der Geschichte der Stadt Essen an Verf. v. 6. August 2015.

IV. Mitarbeiter beim Untersuchungsausschuss freiheitlicher Juristen in Berlin

1. Neubeginn in Berlin

Angekommen in Berlin, warten Herausforderungen auf Linse, die gemeistert werden müssen. Es geht um fundamentale Bedürfnisse, die in dieser Zeit gar nicht so leicht zu befriedigen sind: Eine Wohnung muss her, und auch in den neuen Beruf muss er sich hineinfinden. Das Ehepaar lässt sich im gepflegten, ruhigen Südwesten Berlins nieder, im amerikanischen Sektor. Die Gerichtstraße, die heute Linses Namen trägt, ist ein beschauliches Idyll mit prächtigen Gründerzeitwohnanlagen zwischen mächtigen Bäumen. Man bezieht – vermutlich als Untermieter – eine Vierzimmerwohnung mit Küche und Bad in Nummer 12a.

Dass er in Chemnitz in Gefahr und die Flucht daher richtig gewesen ist, weiß Linse sehr genau. Und er beobachtet die Situation in seiner Heimatstadt nicht nur, weil dort Freunde und Verwandte wohnen, sondern auch aus Interesse um seine persönliche Sicherheit. Einem Besucher im UFJ lässt er über einem Mittelsmann die Bitte zukommen herauszufinden, ob man noch nach ihm fahndet. Der Angesprochene kann hier allerdings nicht weiterhelfen.[315]

Das Ehepaar wird als eher menschenscheu beschrieben, es habe »sehr zurückgezogen« gelebt, wie es in einer Charakteristik Linses aus MfS-Quelle nach der Verschleppung heißt.[316] Eine glaubhafte Einschätzung, wenn man an Linses Selbstbeschreibung in dem Schulaufsatz denkt. Gleichwohl scheinen die Linses in einen sehr großen Bekannten- und Freundeskreis eingebettet gewesen zu sein. Die Kontakte nach Chemnitz jedenfalls reißen nicht ab. Man steht brieflich in Verbindung mit der alten Heimat oder man beherbergt Besucher von dort. Linse ist nicht frei von Stolz über das Erreichte: »Ich habe die Wohnungsfrage glücklich geklärt, die Berufsfrage habe ich gelöst. Ich sehe doch wie wohl ich mich gefühlt habe. Ich habe alles gemeistert«, rekapituliert er für den unbekannten Zuhörer vom MfS.[317]

---

315 Protokoll Vernehmung Wilhelm Kettritz am 23. März 1953, in: BStU, MfS, AU 472/53, Bd. 2, Bl. 28.

316 BStU, ZA, MfS, GH 105/57, Bd. 4, S. 174.

317 Abhörprotokoll vom 19. September 1952, in: HAIT-Archiv, Akte Walter Linse.

Walter und Helga Linse, vermutlich 40er-Jahre.

Harmonisch soll die Ehe gewesen sein,[318] aber ein Spannungsfeld wird es gegeben haben: Linse ist evangelisch getauft, doch in Berlin engagiert sich das Paar in der katholischen Kirchengemeinde »Heilige Familie«, die ganz in der Nähe ihrer Wohnung gelegen ist. In einem Brief vom 12. Juli 1952 bezeichnet sich der Pfarrer als langjährigen engen Freund Linses. »Seine Familie gehört zu unserer Pfarrgemeinde. Dr. Linse schätze ich als einen außerordentlich gutherzigen, klugen, stets hilfsbereiten Menschen, der sich in jedem Falle insbesondere für die Ostflüchtlinge, die in unsere Gemeinde kamen und ihm von mir empfohlen wurden, bereitwilligst und erfolgreich eingesetzt hat.«[319] Insgesamt deuten die Indizien darauf hin, dass die Initiative zum Engagement in der katholischen Gemeinde von Helga ausgeht und dass Walter sich ihr zuliebe beteiligt. Es entsteht das Bild eines Paares, bei dem er agnostisch, sie jedoch praktizierende Katholikin ist, das mit diesem Unterschied jedoch umzugehen gelernt hat; als hätte man sich gleichsam auf einen Waffenstillstand geeinigt. Im Gegensatz zu ihm entpuppt sich Helga in ihren

---

318 BStU, ZA, MfS, GH 105/57, Bd. 4, S. 175.

319 BA Koblenz, B 137, 1063.

Briefen als tiefreligiöse Frau. Am 8. August 1952 schreibt sie Adenauer: »Beiliegend sende ich Ihnen ein Zettelchen aus den Briefschaften meines Mannes in seiner Handschrift. Es ist so bezeichnend für seinen inneren Weg, der ihn jetzt hoffentlich (und das ist mein tägliches Gebetsanliegen) zum christlichen Bekenntnis führen wird. [...] Beiliegende Psalmen bete ich täglich früh und abends anschl. an die Messe an meines Mannes statt. Er ist ja noch des Gebets unkundig und ich denke, dass er dabei meine Hilfe jetzt gut brauchen kann.« Tatsächlich erwacht erst im Kerker der Staatssicherheit Linses Religiosität. In der Mitschrift vom 9. September 1952 heißt es: »Ist ganz allein in der Zelle, fängt an laut zu beten. Er betet während der Zeit, wo er allein ist und führt auch Selbstgespräche mit seinem Gott.« Zwei Tage später vermerkt das Protokoll: »Er wiederholt immer wieder: Heilige Jungfrau Maria, ich flehe dich an, lass mich so schnell wie möglich frei.« Und: »Ich habe Gott gefunden, ich will katholisch werden, darüber wird sie sich freuen.«[320]

Linse scheint den Neubeginn in Berlin gut zu meistern. Er leidet keine Not, verdient sogar recht gut, auch wenn er vereinzelten Angaben Dritter zufolge häufig über Geldmangel klagt. Was davon zu halten ist, ist unklar, die Indizien deuten jedenfalls darauf hin, dass Linse sein Leben zu genießen versteht. Als sein Zellengenosse ihn später auf den Berliner Kurfürstendamm anspricht, erinnert sich Linse: »Ja, ich war jeden Abend mit meiner Frau dort. Mittags getroffen, Kaffee getrunken, eingekauft, anschließend Abendbrot gegessen.«[321] Ein andermal bekennt er: Ja, ich »hänge an den Dingen«.[322] Großzügig, vielleicht ungezügelt ist seine Art, gegen sich und andere. »L. ist sehr empört darüber, dass der Amerikaner und die Freien Juristen nichts zu seiner Befreiung unternehmen. Er neigt zu der Auffassung, dass man bei den Freien Juristen annimmt, er wäre unter Alkohol gewesen und entweder im Ostsektor hineingetorkelt, oder vielleicht an eine Hure geraten, die ihn mitgeschleppt habe. L. erzählte, dass es vorgekommen ist, dass er nach Genuss von Alkohol haltlos wurde, dann von Lokal zu Lokal zog und Zechen machte, die mit seinem Einkommen nicht im Einklang standen. Er gab dann Lokalrunden usw. Bei solch einer Gelegenheit wäre es ein leichtes gewesen mich nach dem Ostsektor mitzunehmen.«[323]

---

320 HAIT-Archiv, Akte Walter Linse.

321 Abhörprotokoll vom 16. September 1952, in: HAIT-Archiv, Akte Walter Linse.

322 Abhörprotokoll vom 19. September 1952, ebd.

323 Spitzelbericht vom 18. November 1952, in: BStU, ZA, MfS, GH 105/57, Bd. 4, S. 468.

In Berlin ist Linse seit dem 1. Juli 1949 gemeldet. Er arbeitet bei einem Monatsgehalt von 6000 DM in der Imbal-Niederlassung in der Westberliner Wernerstraße. Doch Linse streckt alsbald die Fühler nach einer neuen Position aus. Er strebt eine Anstellung beim Magistrat von Groß-Berlin an, zu dessen Abteilung Rechtswesen er im Frühjahr 1950 Kontakt aufnimmt. Was genau er im Sinn hat, ist ebenso unbekannt wie die genauen Abläufe seines letztlich erfolglosen Vorhabens, als Richter, Staatsanwalt oder in der Justizverwaltung angestellt zu werden. Verbürgt ist, dass der Senat beim Document Center eine Auskunft über Linse erbittet, die auch erteilt wird, aber nicht überliefert ist. Es ist anzunehmen, dass die amerikanische Stelle, die die 1945 vor der Vernichtung gerettete zentrale Mitgliederkartei der NSDAP verwaltet, mitteilt, wann Linse die Aufnahme in die NSDAP beantragt hat und unter welcher Mitgliedsnummer er geführt wurde.[324]

Der Magistrat trägt Linse daher am 10. Mai 1950 auf, sich beim Spruchausschuss in Lichterfelde-Ost, der für ihn zuständig ist, in Verbindung zu setzen. Hier – wie in den anderen Ausschüssen der Bezirke – werden seit dem 27. Februar 1949 die Entnazifizierungsverfahren in der Regie der Lokalverwaltungen, nicht mehr der Alliierten, fortgeführt. Linse spricht am 15. Juni 1950 vor – und erhält eine Falschauskunft: Auftragsgemäß besorgt er sich eine Aufenthaltsbescheinigung, doch die muss entgegen der Annahme des Fräuleins vom Spruchausschuss nicht mit einem »Trockenstempel« der Polizei versehen werden, wie man ihm dort mitteilt. Linses Schreiben, in dem er diese Information dem Spruchausschuss übermittelt, ist außerdem beigefügt ein von ihm ausgefüllter Meldebogen, in dem er seine NSDAP-Mitgliedschaft seit dem 1. Mai (schwer zu entziffern) 1940 mitteilt, seine monatlichen Beiträge in Höhe von 3 RM anzeigt und angibt, dass er weder in der NSDAP, der DAF (Mitglied seit 1938), dem NSRB (seit 1937) noch der NSV (seit 1939) je ein Amt innegehabt habe. – Vor allem die Angabe zu den Mitgliedsbeiträgen deutet darauf hin, dass Linse sich sehr wohl an seine Mitgliedschaft erinnern kann und seine in Chemnitz gemachten Angaben nicht der Wahrheit entsprochen haben, während die Mitgliedsnummer ihm entfallen, aber der Auskunft des Document Centers entnommen worden sein mag. Leugnen ist jetzt jedenfalls zwecklos – und darüber hinaus unnötig.

---

324 LA Berlin, B Rep. 031-03-07, Nr. 3901–3909; vgl. Fehlauer: NS-Unterlagen aus dem Berlin Document Center; Krüger: Archiv im Spannungsfeld.

Lfd. Nr.	Einlieferungsort	Einlieferungstag	Aktenzeichen	Buchstabe
		24.6.50	3904	

Meldebogen

Deutlich und lesbar ausfüllen (möglichst Druckbuchstaben)!
Dick umrahmtes nicht ausfüllen! Jede Frage ist zu beantworten!

Zuname Linse Dr. jur. Vorname Walter, Erich Beruf Syndikus
Wohnort Bln.-Lichterfelde-West Straße Gerichtsstr. 12
Geburtsdatum 23.8.03 Geburtsort Chemnitz Familienstand ~~ledig~~/verheiratet/~~verwitwet/geschieden~~
Wohnort seit 1933:
a) Stollberg i/E. Schillerstr. 40 von 1931 bis 30.4.33
b) Chemnitz, Krumme Zeile 21 von 1.5.33 bis 1938
c) dto. Germania- u. Ulmenstr. 59 von 1938 bis April 1949

1.	Waren Sie jemals Angehöriger, Anwärter, Mitglied, förderndes Mitglied der:	Ja oder nein	Höchster Mitgliedsbeitrag monatlich RM	von	bis	Mitglieds-Nr.	höchster Rang oder höchstes bekleidetes Amt oder Tätigkeit, auch vertretungsweise oder ehrenhalber: Bezeichnung	von	bis	Anordnung BK/O(46)101a Teil: / Ziff.:
a	NSDAP	ja	3	1.5.40	8.45	8336615	ohne Amt	–	–	
b	Allg. SS	nein								
c	Waffen SS	nein								
d	Gestapo	nein								
e	SD (Sicherheitsdienst der SS)	nein								
f	Geheime Feldpolizei	nein								
g	SA	nein								
h	NSKK (NS-Kraftfahr-Korps)	nein								
i	NSFK (NS-Flieger-Korps)	nein								
k	NSF (NS-Frauenschaft)	nein								
l	NSDSTB (NS-Studentenbund)	nein								
m	NSDoB (NS-Dozentenbund)	nein								
n	HJ	nein								
o	BdM	nein								
p	DAF	ja ~~1938~~	6	1938	1945	–	ohne Amt	–	–	
q	NSBO	nein								
r	VDA	nein								
s	Deutsche Christen	nein								
t	NS-Rechtsw.-Bund	ja	?	1937	45	–	ohne Amt	–	–	
u	RBd. Deutschen Beamten	nein								
v	NS-Lehrer-Bund	nein								
w	NSD Ärzte-Bund	nein								
x	NSB Deutscher Technik	nein								
y	R-Kulturkammer	nein								
z	NSV	ja	3	1936	45	–	ohne Amt	–	–	
	oder welcher anderen Naziorganisation?									

2. Waren Sie Träger von Parteiauszeichnungen (Parteiorden), Empfänger von Ehrensold oder sonstiger Parteibegünstigungen? nein
Welcher?

3. Machten Sie jemals finanzielle Zuwendungen an die NSDAP oder eine sonstige Naziorg.? nein
an welche: ______ in welchen Jahren: ______ insgesamt RM: ______

Mat. 5868. Din A 4. 15 000. 10. 49

Von Walter Linse in Westberlin ausgefüllter Fragebogen, 1950, Vorderseite.

-LA Berlin B Rep. 031-03-07 Nr. 3901-3909

4. Zugehörigkeit zur Wehrmacht, Polizeiformation, RAD, OT, Transportgruppe Speer u. ä. Nein.

Anordnung BK/O(46) 101a Teil: / Ziff.:

	Genaue Bezeichnung der Formation	höchster erreichter Rang	ab wann
a			
b			

c Waren Sie NS-Führungsoffizier (auch wenn nicht bestätigt)? Nein von bis

d Waren Sie Generalstabsoffizier? Nein Rang von bis

5. In welchen **Organisationen** (Wirtschaft, Wohlfahrt) bekleideten Sie ein Haupt-, Neben- oder Ehrenamt?

	Bezeichnung	von	bis	höchster Rang oder höchstes bekleidetes Amt oder Tätigkeit, auch vertretungsweise oder ehrenhalber: Bezeichnung	von	bis
a	Industrie- u. Handelskammer Chemnitz	1938	1949	[illegible]	1938	46
b	dto			Geschäftsführer	46	31.3.49
c						

6. Angaben über Ihre **Haupttätigkeit** und Ihr Einkommen seit 1932

Ziff.	Jahr	Waren Sie selbständig oder Arbeitnehmer	Falls selbständig: Zahl der Beschäftigten	Stellung oder Dienstbezeichnung als Arbeiter, Handwerker, Angestellter, Beamter, Vorstand, Gesellschafter, Aufsichtsrat, Unternehmer, freier Beruf usw.	Firma des Arbeitgebers oder eigene Firma bzw. Berufsbezeichnung mit Anschrift	Steuerpflichtiges Gesamteinkommen des Betroffenen RM jährl.
a	1932	Arbeitnehmer	–	[illegible]	[illegible]	4000
b	1934	selbständig	3	Rechtsanwalt	Chemnitz, [illegible] 16	2400
c	1938	Arbeitnehmer	–	[illegible]	Industrie- u. Handelskammer Chemnitz	3000
d	1943	dto	–	dto	dto	4800
e	1945	dto	–	dto	dto	6600
f	1946	dto	–	Geschäftsführer	dto	11640
g	1947	dto	–	dto	dto	11640
h	1948	dto	–	dto	dto	11640
i	1949	Arbeitnehmer	–	[illegible]	[illegible]	6000

7. Ihr Vermögen ist in dem beigefügten Formular „Aufstellung der gesamten Vermögensgegenstände" nachzuweisen. Entfällt

8. Haben Sie Unternehmen oder Betriebe betreut oder kontrolliert? Nein
Welche und Anschrift?

9. Wurden Ihnen von Staat, Partei, Wirtschaft, o. ä. Organisationen bisher nicht aufgeführte Titel, Dienstränge oder -bezeichnungen verliehen? Nein
Welche?

10. Läuft oder lief für Sie bereits ein Entnazifizierungsverfahren? Ja Akt.-Zeich? –
Wo? [illegible] Chemnitz Mit welchem Ergebnis? Nicht betroffen.

Ich versichere die Richtigkeit und Vollständigkeit der von mir gemachten Angaben. Falsche oder irreführende oder unvollständige Angaben werden bestraft.

11. Bemerkungen:

20. Juli 1950 Unterschrift: Linse Walter.
Datum Name Vorname

Von Walter Linse ausgefüllter Fragebogen, 1950, Rückseite.

Akt.Zch. 3904 Original erhalten 22/7.50

Verfügung

1. Schreiben:

Herr / Dr.jur. Walter Linse

Beruf Syndikus

geboren am 23.8.1903 in Chemnitz

wohnhaft Berlin-Lichterfelde-West, Gerichtstr. 12

unterlag bisher den Bestimmungen der Anordnung BK/O (46) 101a der Alliierten Kommandantur Berlin vom 26. Februar 1946, Teil II

Ziffer VIII

Gemäß Anordnung BK/O (49) 72 der Alliierten Kommandantur Berlin vom 5. April 1949

1. ist Ziffer VIII des Teils II der Anordnung BK/O (46) 101a der Alliierten Kommandantur Berlin aufgehoben

2. werden Personen,

a) die am 1. Januar 1919 oder später geboren sind,

b) die zu 50% und mehr körperbehindert sind,

c) die am 1. Januar 1949 das Alter von 65 Jahren erreicht haben,

amnestiert, sofern sie von der Anordnung BK/O (46) 101a, Bestimmung Nr. 1, I. Teil, in der laut §§ 2 und 3 geänderten Fassung nicht betroffen sind.

Herr / Dr. Walter Linse ist von den Strafbestimmungen der Anordnung BK/O (49) 25 der Alliierten Kommandantur Berlin nicht betroffen, da er / den Bestimmungen der Anordnung BK/O (46) 101a nicht mehr unterliegt — da = Aufgeh.

Gegen Vorlage dieser Bescheinigung beim Polizeipräsidium Berlin kann der Inhaber einen neuen nicht gestempelten Personalausweis beantragen.

2. Zu den Akten, die wegzulegen sind.

Berlin, den 5. Juli 1950

Spruchausschuß Steglitz
von Groß-Berlin
Berlin - Lichterfelde - Ost
Schillerstr. 32 Rathaus

(Siegel)

Im Auftrage

Das im Einzelfall Nichtzutreffende ist zu streichen.

Mat. 17 203. Din A 5. 159 Block à 2/50 Blatt. 5. 50

Entnazifizierungsbescheid des Sprachausschusses Berlin-Lichterfelde-Ost, 1950.

Linse möchte sein Berliner Verfahren so schnell wie möglich über die Bühne bringen. Er veranlasst die Abteilung Rechtswesen, die Auskunft des Document Centers an den Spruchausschuss zu senden, was am 28. Juni 1950 auch geschieht. Am 5. Juli 1950 verfügt der – wahrscheinlich ohne mündliche Verhandlung –, dass Linse, wie der schon im Brief einige Tage zuvor festgestellt hat, von den Strafbestimmungen, die die Alliierten für Nazis erstellt haben, »nicht mehr betroffen« ist und daher sein zu beantragender Personalausweis nicht mit einem Trockenstempel, der ihn als »belastet« ausgewiesen hätte, versehen werden muss. Linse profitiert also vom Ende der Überprüfungen nach den Vorstellungen der Alliierten, die auch einfache NSDAP-Mitglieder wie Linse, also solche, die sich in keiner Weise hervorgetan hatten, nicht davonkommen lassen wollten.[325] Sie wurden 1949 amnestiert.[326] Den Bescheid händigt man Linse am 22. Juli 1950 aus; er quittiert den Empfang.

Mit den durch das Document Center gelieferten Informationen über Linses Mitgliedschaft in der NSDAP lässt sich auf einer juristisch-formalen Ebene seine Verstrickung in die erste deutsche Diktatur ziemlich präzise einschätzen. Die Alliierten legten umfangreiche Listen mit Organisationen aus allen erdenklichen Bereichen aus Partei, Staat, Wirtschaft und Gesellschaft an.[327] Wer hier ein Amt übernommen hatte, der galt als von vornherein verdächtig, aktiv das nazistische Unrecht gefördert zu haben. Erwähnung fanden unter anderem die Parteikanzlei der NSDAP und der Reichskolonialbund, die NS-Frauenschaft und das Ibero-Amerikanische Institut, der NS-Altherrenbund und die Oberfinanzpräsidien. Doch in dieser langen Aufzählung lässt sich Linse nicht verorten. Zwar werden – selbstverständlich – alle Organisationen aufgeführt, in denen er Mitglied war. Doch da er nirgendwo ein Amt ausübte, außerdem in der Wirtschaftskammer keine leitende Stellung innehatte und sich an der »Arisierung« oder auch sonst nicht bereicherte, fällt er fast vollständig durchs Raster. Am ehesten wird man ihm aus heutiger Perspektive die Verbreitung nazistischen Gedankengutes (Teil I, Nr. 97) durch seine im Rahmen der Dienstausübung gehalte-

---

325 BK/O (46) 101a, Teil II, Ziffer VIII, 26. Febr. 1946, in: Verordnungsblatt der Stadt Berlin, 2. Jg., Nr. 11, 7. März 1946, S. 77; vgl. Botor: Das Berliner Sühneverfahren, S. 90–100.

326 BK/O (49) 72, 5. April 1949, Nr. 2 und 5, in: Verordnungsblatt für Groß-Berlin, 5. Jg., Teil I, Nr. 20, 13. April 1949, S. 122.

327 BK/O (46) 101a, 26. Februar 1946, in: Verordnungsblatt der Stadt Berlin, 2. Jg., Nr. 11, 7. März 1946, S. 71–82.

nen Reden vorwerfen können. Aber die wären, wenn man sich ihrer erinnert hätte, vermutlich als fachlich und unpolitisch angesehen worden und nicht als kriminell oder »aktivistisch«. So bleibt, wenn man den alliierten Maßstab bei der Entnazifizierung anlegen möchte, nichts anderes übrig, Linse als einen »Mitläufer« zu betrachten. Ihm drohten direkt nach dem Krieg und unter sowjetischer Besatzung als »Sühnemaßnahme« die Meldepflicht bei der Polizei, ein Verbot des Verlassens des Sowjetsektors, eine Geldstrafe oder den Verlust des passiven Wahlrechts – wenn er denn in Chemnitz als »Mitläufer« eingestuft worden wäre.[328]

2. Kampf um die Rechtsstaatlichkeit

a) Bewerbung beim UFJ

Bei Imbal sieht Linse keine Perspektiven, weil er sich unterfordert fühlt und Schluckwerder außerdem die Verlegung des Unternehmens in die Bundesrepublik plant.[329] Er sucht eine neue Stelle und streckt die Fühler in Richtung Magistrat von Groß-Berlin aus, wo er sich 1950 bewirbt. Der wiederum zieht beim UFJ Erkundigungen über den Bewerber ein. Linse, erklärt man unter dem Geschäftszeichen »Bew. Liste Richter-I/B. L. 36«, habe »sich um Einstellung in den Berliner Justizdienst beworben«. Und nun wolle man vom UFJ erfahren, »ob über sein politisches und sonstiges Verhalten dort [in Chemnitz] etwas bekannt ist«.[330] Wie die Antwort des UFJ lautet, ist nicht überliefert. Eingestellt wird er am Ende nicht, sondern vorerst bleibt er bei Imbal.

Mit der Anfrage des Senats sind allerdings die Weichen für eine Anstellung beim UFJ gestellt. Denn wie es der Zufall will, spricht Linse Ende 1950 gemeinsam mit Schluckwerder beim UFJ vor, um »Auskunft allgemeiner Art über Sicherheit« zu erhalten, wie eine undatierte Aktennotiz besagt, oder um »sich über die Möglichkeit einer Kreditgewährung zum Aufbau seines Unternehmens beraten zu lassen«, wie es im ersten Vernehmungsprotokoll

---

328 Vgl. Kontrollratsdirektive Nr. 38 v. 12. Oktober 1946, in: Verordnungsblatt für Groß-Berlin, 3. Jg., Nr. 3, 25. Februar 1947, S. 33–44, hier S. 34 u. 38; vgl. Vollnhals: Entnazifizierung, S. x–y.

329 Vgl. Schreiben Lothar Schluckwerder an Deutschen Bund Düsseldorf v. 19. September 1951 und Notiz »Enteignungsvorgang« v. 27. September 1951, beide in: Stadtarchiv Essen, Bestand Ausgleichsamt / Soforthilfe, Nr. 1039 u. 220.

330 Schreiben v. 30. September 1950, in: BA Koblenz, B 209, 1204.

beim MfS heißt. Bei diesem Gespräch habe Linse seine Bereitschaft zur Mitarbeit signalisiert. Linse ist ein interessanter Kontakt für den UFJ, denn er ist nicht nur juristisch geschult, sondern hat durch seine Zeit bei der IHK ein umfangreiches Netz an Kontakten in die sächsische Wirtschaft und Verwaltung aufgebaut. Das Kreditgespräch gerät unvermutet – und für Linse womöglich unbemerkt – zu einem Vorstellungsgespräch.

Am 1. November 1950 erscheint Linse mit Schluckwerder erneut in der Lindenthaler Allee 5, wo der UFJ zu diesem Zeitpunkt seinen Sitz hat, und reicht wenige Tage später, am 4. November, »verabredungsgemäß« seine Bewerbung ein, in der er die »mündlich vorgetragene Bitte um Mitarbeit in Ihrem Untersuchungsausschuß« wiederholt.[331] Linse schreibt: »Ich habe im tiefen Glauben an die Ideale des Rechtsstaates studiert und mich diesen Idealen als Richter und in jeder späteren Berufstätigkeit bis heute immer verpflichtet gewußt. Es wird auch stets meine Überzeugung bleiben, daß jede menschliche und staatliche Ordnung von Dauer und Wert auf Rechtsstaatlichkeit gegründet und durch sie verbürgt sein muß.« Als IHK-Geschäftsführer habe er mitansehen müssen, wie die sowjetische Besatzungsmacht und ihre deutschen Handlanger »das Recht und die Justiz als Mittel zur Verwirklichung und Sicherung des sedistischen Gewaltstaats« instrumentalisiert hätten. Eine Bewerbung beim UFJ sei die logische Folge seiner bisherigen Erfahrungen. Sie komme »aus jenem Glauben an den ewigen Bestand der rechtsstaatlichen Ideale« und der »Überzeugung, daß der Kampf gegen die Rechts- und sonstige Not der Ostzone und für ihre Freiheiten mit zunehmendem Nachdruck geführt werden muß«. Mit Inbrunst und gewiss auch durchaus naiv schreibt Linse: »In voller Kenntnis und Würdigung der persönlichen Gefahren ist es mein Wunsch und fester Wille, mich diesem Kampfe unter vollem Einsatz zur Verfügung zu stellen.«

Man darf das Pathos des Briefs nicht überbewerten. Solche Bewerbungsschreiben dienen dazu, sich für den potentiellen Arbeitgeber schön zu machen, sie sollen signalisieren, dass man zueinander passt, dass der Bewerber genau die Stelle einnehmen möchte, auf die er sich bewirbt. Indes besteht es nicht allein aus Blendwerk, sondern in seinen Formulierungen tritt sicherlich die Selbstwahrnehmung Linses hervor, die ihn eine Anstellung beim UFJ attraktiv erscheinen lässt. Oder wird Linse hier nur deshalb pathetisch,

---

331 Alles in BA Koblenz, B 209, 1204.

Limastraße 29 in Berlin, 2016.

weil der Grundton im UFJ pathetisch ist? Und inwieweit Linse sich – trotz diesbezüglicher Behauptung – tatsächlich über die Risiken eines Einsatzes gegen das SED-Regime im Klaren ist, muss dahingestellt bleiben. Eingedenk seines sorglosen Verhaltens, auf das später einzugehen sein wird, kann daran gezweifelt werden.

Man würde seinem Lebensweg nicht gerecht werden, wenn man Linse eine kontinuierliche, zielgerichtete Entwicklung unterstellte. Der »Oberspion« (*Neues Deutschland*) erweckt zuweilen eher den Eindruck, als habe er einfach die Möglichkeiten genutzt, die sich ihm geboten haben, als habe er eher reagiert als agiert. Insofern scheint er durchaus kein »Macher« gewesen zu sein. So war der Eintritt in die IHK vermutlich eine günstige Gelegenheit, der Armut zu entrinnen. Auch sein Wechsel von der IHK zu Imbal und von Imbal zum UfJ folgt einem bekannten Muster: Er erhält eine Chance und nutzt sie. Spion und Widerstandskämpfer zu werden, ist eben kein Beruf, den man anstreben kann. Vor seinem russischen Vernehmer betont Linse entsprechend am 22. April 1953, »dass ich nicht mit dem Ziel in den Westen übersiedelte, gegen die DDR aktiv zu werden. Dazu entschloss ich mich erst, als ich bereits im Westen war.«[332] Eine überzeugende Aussage, vor allem wenn man seine Einlassung über seinen Wissensstand über den UFJ bei seinem ersten Kontakt bedenkt: »Zu dem Zeitpunkt, als ich meine Arbeit im UFJ aufnahm, war ich nicht vollends darüber im Bilde, welches Ziel diese Organisation in Wirklichkeit verfolgte, daher bin ich ihr, ohne mir darüber weiter Gedanken zu machen, beigetreten. Über die Ziele des Untersuchungsausschusses habe ich detailliert während meiner praktischen Arbeit in der Organisation erfahren.«[333]

Seinem Bewerbungsschreiben fügt Linse seinen Lebenslauf bei, der naturgemäß seinen bisherigen Berufsweg in einem positiven Licht dastehen lässt: Wegen seines überdurchschnittlich guten Zweiten Staatsexamens sei er trotz Einstellungsstopp von der sächsischen Justiz übernommen worden und habe dort nur hervorragende Bewertungen erhalten. Über seine Jahre als Rechtsanwalt schreibt er nichts, über die als Angestellter der IHK umso ausführlicher. Er sei »in allen wichtigen Referaten beschäftigt« gewesen, erklärt er stolz. Nach seiner Promotion zum Geschäftsführer 1946 sei seine Stellung jedoch zunehmend durch seine regimekritischen Auffassungen ins Wanken geraten. Der Aufforderung zum Beitritt in die SED sei er nicht gefolgt, und als ihm hinterbracht worden sei, dass die Abteilung K5 der Kriminalpolizei Sachsen gegen ihn ermittle, sei er aus der Zone geflüchtet.

Neben Anschreiben und Lebenslauf finden sich in Linses Personalakte beim UFJ auch vier Referenzschreiben, von denen allerdings nur zwei von Linse eingereicht worden sein können. Das eine stammt von einem Bekannten, der wie Linse aus Chemnitz geflüchtet ist, der ihn allerdings erst in Berlin kennengelernt hat. Jener schreibt am 30. November 1950, er glaube, »dass Herr Dr. Linse eine absolut klare und eindeutige Haltung gegenüber dem kommunistischen System einnimmt« und »an einer geeigneten Stelle im Rahmen der Arbeit gegen den Kommunismus eingesetzt werden kann«. Das zweite Schreiben, das auf den 28. Februar 1950 datiert ist, rühmt »die ruhige, sachliche Verhandlungsform von Dr. Linse [...], der in offener Beweisführung gegen die Bestrebungen und Übergriffe der SED einen schweren Stand hatte«. Doch während er sich damit einerseits den Respekt der Unternehmer erworben habe, deren Interessen er teils sogar erfolgreich verteidigt habe, habe er sich andererseits den Zorn der Kommunisten zugezogen, woraufhin

332 HAIT-Archiv, Akte Walter Linse, Bestand Moskau, S. 40.
333 HAIT-Archiv, Akte Walter Linse, Bestand Moskau, S. 36f.

der »Mann mit offenem Charakter und schlichtem Wesen« habe ins Exil gehen müssen.[334]

Der UFJ holt auch selbst Auskünfte über Linse ein, vermutlich aufgrund von Linses eigenen Hinweisen. Doch nicht alle Antworten bringen neue Erkenntnisse; einer der Angesprochenen kann sich überhaupt nicht mehr an ihn erinnern. Ein anderer jedoch berichtet am 16. Dezember 1950 – anders als die anderen, die über ihre Erfahrungen mit ihm während der Besatzungszeit berichten – aus der Kriegszeit, als Linse »vielen Mitmenschen geholfen« und sich »dadurch großen Gefahren« ausgesetzt habe. Als er, der Berichterstatter, im Gefängnis gesessen habe, habe Linse seine Frau wegen der Fortführung des Geschäfts beraten, was mit einem erheblichen Risiko für ihn verbunden gewesen sei. »Auch gehörte er einer Widerstandsbewegung an […]; denn er war ein ausgesprochener Gegner [der Nazis] und hat dadurch manchen Betrieb vor dem Untergang gerettet.«

Bis Linse und der UFJ zusammenkommen, vergeht allerdings noch eine Zeit. Irgendwie funktioniert die Kommunikation nicht: Erst meldet sich Linse nicht, dann bleibt der UFJ stumm. Am 11. Dezember 1950 weist Linse darauf hin, dass Schluckwerder seine Firma in die Westzonen verlagern will und die Zeit für Linse daher abläuft. Es muss also jetzt eine Entscheidung fallen, und Linse steht bereit für die Mitarbeit beim UFJ. Daher wäre er, wie er schreibt, »recht dankbar […], wenn Sie mir hierzu Gelegenheit geben würden«. Am 29. Dezember treffen sich Linse und UFJ-Chef »Dr. Friedenau« und werden sich einig: Linse schlägt das Angebot einer Wirtschaftsvereinigung in Frankfurt am Main aus und tritt stattdessen zum 15. Januar 1951 in den Dienst des UFJ. Sein Gehalt soll zunächst bei 480 DM brutto liegen, ab dem 4. Monat bei 550 DM und »bei Bewährung evtl. mehr«, wie »Dr. Friedenau« in einem Vermerk vom 30. Dezember 1950 festhält. Linse scheint sich zu bewähren, denn im Juni 1951 wird er rückwirkend zum 1. April zum Leiter der Abteilung Wirtschaft ernannt.[335]

Als Linse 1951 und 1952 zum UFJ stößt, beginnt der gerade rapide zu wachsen, immer neue Mitarbeiter werden eingestellt, sodass sich die Atmosphäre zunehmend wandelt. Man zieht von der Lindenthaler Allee 5 in ein größeres Haus in der Limastraße 29. In einem Brief an eine kürzlich ausgeschiedene Kollegin schreibt Linse 1952 über diese Wandlung: »Sie kennen ja die Freude

334 BA Koblenz, B 209, 1204, wie alles andere.
335 Schreiben »Dr. Friedenau« an Linse vom 6. Juni 1951.

hier im Hause, wenn man in den weitverzweigten Gängen einmal jemand trifft, der ebenfalls zu den ›Alten‹ gehört. Diese Freude ist seit Ihrem Weggang noch größer geworden, weil die ›Alten‹ seltener geworden sind. Es wimmelt von ›Neuen‹, und noch immer ist kein Ende abzusehen.«[336]

b) Kontakt zur Schattenwelt

Am 15. Januar 1951 tritt Linse seine neue Stelle an – und gerät mitten in die Welt der Spionage. Berlin weist eine Eigenart auf, die gleichsam subkutan das Leben seiner Bewohner maßgeblich bestimmt: Mit Beginn der Viermächteverwaltung hat sich die Stadt zu einem Ort entwickelt, an dem die Geheimdienste nicht nur der vier Besatzungsmächte – auch der dänische und der tschechische scheinen sehr aktiv gewesen zu sein – ein lohnendes Betätigungsfeld gefunden haben. Die Teilung in vier Herrschaftsbereiche, die man ohne viel Aufhebens betreten und wieder verlassen kann, aber auch die wirtschaftliche Not und das moralische Vakuum bilden den Humus, auf dem Spitzel, Spione und Nachrichtenhändler ein gutes Auskommen finden. Informationen, Gerüchte und Finten kursieren, so reichlich und unklar, dass auch die Geheimdienste ihre rechte Mühe haben, zwischen harten Fakten und Lügen zu unterscheiden. So mancher Aufschneider verdient sich eine goldene Nase.[337]

Berlin ist eine Stadt – und doch geteilt. Eine eigenartige Herrschaftsstruktur hat sich herausgebildet, die zwar auf die jeweiligen Sektoren bezogen bleibt, aber dennoch an den Sektorengrenzen nicht zu Ende ist. Die Vorbehaltsrechte der vier Sieger gelten für die ganze Stadt. Relevant ist diese Konstruktion vor allem für diejenigen, die bei einem der Besatzer auf der »schwarzen Liste« stehen, weil sie als Kriegsverbrecher, Spion oder aus einem anderen Grund gesucht werden. Sie können nicht davon ausgehen, in einem Sektor, etwa dem, für dessen Besatzer sie arbeiten, sicher vor Verhaftung durch die Besatzer aus einem anderen Sektor zu sein. Insbesondere die sowjetische Seite setzt ihre kurz nach der Besetzung der Stadt 1945 begonnenen Verhaftungen unter dem Besatzungsstatut fort – auch in den Westsektoren. Überläufer, Spione und Kriegsverbrecher werden aufgespürt und gewaltsam verschleppt oder durch eine List in den Ostsektor gelockt, wo sie vor Gericht gestellt werden, in einem Lager wieder auftauchen oder gar nicht mehr ge-

---

336 Brief Linse v. 1. Juli 1952, BA Koblenz, B 209, 959.

337 Vgl. Fricke / Engelmann: »Konzentrierte Schläge«, S. 64–68.

sehen werden. Die westlichen Besatzer dulden dieses Vorgehen, sofern die Opfer Deutsche sind; auch beteiligen sie sich, wie der Fall Kemritz beweist, zuweilen selbst an dem mitunter tödlichen Spiel.[338] Wie der Abgeordnete des Bundestages, August-Martin Euler (FDP), am 20. Juni 1951 feststellt: »Der Fall Kemritz ist ein Ausschnitt aus dem ersten Kapitel des Kalten Krieges und der Geheimdienste, die diesen Krieg auf deutschem Boden führen.«[339]

Orchestriert wird der Krieg der Geheimdienste von einem Krieg der Propaganda, der von Westberliner Seite von gut 30 Organisationen geführt wird, zu denen auch Linses neuer Arbeitgeber gehört.[340]

In diesem Umfeld bewegt sich also der 1949 gegründete UFJ, über dessen Entstehung drei Erzählungen von unterschiedlicher Plausibilität kursieren. Die Erste stammt vom Gründer Horst Erdmann selbst. Ihr zufolge war er nach dem Krieg unter anderem in Belzig (bei Berlin) in der Sowjetzone als Rechtsanwalt tätig und dabei täglich mit dem Unrecht konfrontiert, das durch die Machtübernahme durch die SED verübt wurde. Unter seinem Pseudonym »Dr. Theo Friedenau« veröffentlichte er 1948 in einer Berliner Zeitschrift drei Artikel zu den antidemokratischen Tendenzen in der SBZ. Da die Resonanz auf diese Artikel überwältigend war, wagte er den Schritt in die Praxis: Er wollte die Helfershelfer der Diktatur aus der Anonymität herausholen. Da er bei dieser Arbeit nur in Westberlin einigermaßen sicher sein konnte, pendelte er anfangs zwischen Belzig und dem amerikanischen Sektor von Berlin hin und her, bis er schließlich die anwaltliche Tätigkeit in Belzig aufgab und ganz nach Berlin übersiedelte und dort das UFJ-Quartier eröffnete.[341]

Die zweite Erzählung stammt von der CIA, die für sich in Anspruch nahm, Erdmann angeworben und ihn mit den nötigen Mitteln zum Aufbau des UFJ ausgestattet zu haben. Der geistige Vater dieses Projekts war demzufolge Henry Hecksher vom Office for Special Operations (OSO) der Central Intelligence Group (CIG) in Berlin, einem Vorläufer der CIA. Hecksher war aus Deutschland emigriert und mit der US Army zurückgekehrt, außerdem war er juristisch ausgewiesen. Er suchte nach einer Möglichkeit, möglichst effizient Informationen zu sammeln und Druck auf Funktionsträger in der

338 Vgl. Smith: Kidnap city, S. 65–80.

339 Deutscher Bundestag, 1. Wahlperiode 1949, Stenogr. Berichte, 154. Sitzung am 20. Juni 1951, S. 6111.

340 Vgl. Krämer: Westdeutsche Propaganda im Kalten Krieg.

341 Vgl. Hagemann: Der Untersuchungsausschuss Freiheitlicher Juristen, S. 21–24.

Sowjetzone auszuüben. In Erdmann hatte er den geeigneten Mann gefunden, der den UFJ von 1949 an in weitgehend eigener Verantwortung aufbaute.[342] Es ist nicht bekannt, ob diese Geschichte stimmt. Feststeht, dass 95 Prozent des Etats des UFJ von der CIA gestellt wurde und dass diese Zuflüsse als Spenden von Gönnern in den USA getarnt wurden, wie ein Geheimbericht aus dem Jahr 1954/55 enthüllt.[343]

Beide Erzählungen klingen glaubhaft, vor allem im Vergleich mit der dritten, die Koehler unter Berufung auf angeblich zuverlässige Quellen in US-Geheimdienstkreisen, die aber unerkannt bleiben wollen, und auf Dokumente in seinem Besitz, präsentiert hat. Er behauptet, dass der UFJ eine Gründung des MGB und Erdmann noch mehrere Jahre ihr Agent gewesen sei. Der eigentliche Gründer, der sowjetische Generalmajor Nikolai I. Melnokow, habe eine vorgeblich antikommunistische Organisation schaffen wollen, um die Gegner der Kommunisten besser kontrollieren zu können.[344] Ob diese Behauptung der Wahrheit entspricht, lässt sich nicht klären. Sie klingt jedenfalls unglaubwürdig, auch wenn schon am 27. Oktober 1950 ein Informant dem amerikanischen Militärgeheimdienst CIC mitgeteilt hat, Erdmann habe sich mindestens bis 1948 als prokommunistischer Sympathisant zu erkennen gegeben, der die Integration des deutschen in das sowjetische Recht befürwortet habe. Als er bereits nach Berlin übergesiedelt gewesen sei, habe er außerdem über seine in Belzig zurückgebliebene Frau, die gleichsam Kurierdienste übernommen habe, Kontakt zu seinem alten Büro in Belzig gehalten.[345]

Ins selbe Horn stößt auch Koch, der »Dr. Friedenaus« Charakter ins schlechtest mögliche Licht rückt, dabei allerdings kritiklos auf MfS-Propagandamaterial zurückgreift und wie Koehler nicht nachvollziehbar behauptet, dass »Dr. Friedenaus« Stellvertreter Walter Rosenthal ein MfS-Agent gewesen sei, der 1982 nach Antritt seines Ruhestandes mit der Sichtung des hinterlassenen UFJ-Schriftgutes beauftragt worden sei und dadurch die Gelegenheit gehabt habe, bis zu seinem Tod 1987 Spuren zu beseitigen.[346]

Der Gründer des UFJ, »Dr. Friedenau«, ist jedenfalls ein insgesamt et-

---

342 Vgl. Bailey / Kondrashov / Murphy: Die unsichtbare Front, S. 159–161; Allen: Befragung – Überprüfung – Kontrolle, S. 128f.

343 CIA FOIA, Cadroit Qkfearful … 22.jpg, S. 3.

344 Koehler: Stasi, S. 133–135, 422f. Koehler ist 2012 verstorben, vgl. https://en.wikipedia.org/wiki/Jack_Koehler, abgerufen am 18. Oktober 2016.

345 NARA, RG 319, Folder 1 [Bl. 132].

346 Koch: Die feindlichen Brüder, S. 97–108.

was undurchsichtiger Typ, von dem nicht einmal sein Alter bekannt ist. Als Linse in seine Dienste tritt, will er 40 Jahre alt sein, aber später stellt sich heraus, dass er erst 32 Jahre jung ist. Erst einige Jahre später enthüllt eine Propagandaschrift aus der DDR die Tarnung, und wegen des allzu kreativen Umgangs mit den Daten seiner Biografie muss er 1958 seinen Posten als Chef des UFJ räumen. Das MfS hat dabei kräftig mitgemischt, indem es die von »Dr. Friedenau« unterschlagenen oder verfälschten Details seiner Biografie zutage gefördert hat.[347] Er selbst scheint das Rätselraten um seine Person eher spielerisch gesehen zu haben – kann man bei dem frei erfundenen Namen »Dr. Theo Friedenau« wirklich von Titelbetrug sprechen? Auf jeden Fall handelt es sich um einen umtriebigen Mann, der es zu einer nicht unbedeutenden Stellung gebracht hat, ein Mann, »dessen kluge, schnelle Augen hinter einer dunklen Hornbrille verborgen waren. Das Haar, soweit noch vorhanden, war noch dunkel, obwohl der Mann schon in den Vierzigern sein musste. Der Mann machte einen ruhigen, gelassenen Eindruck, aber man spürte, dass die Ruhe erzwungen war. Manchmal ging durch die schmalen, feingliedrigen Hände ein leises Zucken«.[348] Dieser Mann würde fortan der Vorgesetzte von Linse sein.

Die Frage, wie das Verhältnis zwischen Linse und seinem Chef war, ist natürlich spekulativ. Vermutlich war es asymmetrisch: Hier der gefestigte, ruhige und »trockene« Linse, dort der unstete, nervöse »Dr. Friedenau«, den ein Untergebener irgendwie zu ertragen hat. Es scheint, als schätze »Dr. Friedenau« einerseits Linse und seine Arbeit, andererseits als misstraue er ihm. So ernennt er ihn zwar zum Abteilungsleiter in der schnell wachsenden Organisation und vergibt Gunstbeweise in Form von Prämien. Doch er scheut auch nicht davor zurück, ihn zu maßregeln wie einen Schuljungen: »Herrn Dr. Linse!«, schreibt er ihm. »Ich bin mit Ihrer Arbeit als Geschäftsführer des Hilfskomitees unzufrieden und erteile Ihnen für die Nichterledigung der verfügten Rücksprachen einen Verweis.« Mit Linse und seiner Arbeit hatte so etwas vermutlich wenig zu tun; man darf annehmen, dass sich »Dr. Friedenau« im Clinch mit einer größeren Anzahl seiner Mitarbeiter befand, was darauf schließen lässt, dass er nicht ganz unschuldig an

---

[347] Im Dienste der Unterwelt, S. 27–47; vgl. die vom MfS erstellte Dokumentation über Erdmann / Dr. Friedenau, in: BStU, MfS, ZOS, 2614 (auch unter anderen Signaturen zu finden).

[348] Riess: Berlin, Berlin, S. 274.

solchen Konflikten war. Linses Personalakte jedenfalls enthält auch eine notarielle Bestätigung seiner Aussage, dass er keine Dienstgeheimnisse an Behörden oder andere Stellen weitergegeben habe. Es ist ein Formblatt, das so aussieht, als hätten auch Linses Kollegen es unterschreiben müssen.[<?>] Als Linse entführt worden ist, zeigt sich »Dr. Friedenau« wiederum von einer anderen Seite: Er sorgt dafür, dass Helga keine finanzielle Not leiden muss, und bleibt über Jahre hinaus mit ihr in Kontakt.[<?>]

Beim UFJ ist Linse insgesamt gut aufgehoben. Man passt zueinander wie der Schlüssel zum Schloss. Hier der umständehalber politisierte Rechtsanwalt, der bereits in seiner Dissertation die erneut aktuelle und in ganzer Schärfe sich stellende Frage nach dem Verhältnis von Recht und Gerechtigkeit behandelt hat, die sich erneut praktisch stellt. Dort die Juristenorganisation, die die »Rechtsnot« in der SBZ / DDR registriert und auf Abhilfe sinnt. Ihr Vorgehen ist dabei im Grunde naiv: Man klagt bei einer Diktatur ein, dass sie sich an das positive Recht hält. Doch dadurch erzielt die Anklage paradoxerweise höchste Wirkung, weil immer wieder erfolgreich auf die Differenz zwischen Norm und Wirklichkeit hingewiesen werden kann, die die stalinistische Führung zumindest rhetorisch doch zur Deckung bringen möchte.

Handelt es sich beim UFJ um eine »Spionagezentrale« – so die geläufige Bezeichnung in der östlichen Propaganda – oder um eine »Art innerdeutsches Amnesty-Büro«?[349] Die östliche Seite wird nicht müde, ihn, wie die anderen Organisationen von BMG bis VOS, bis weit über seine Auflösung hinaus als CIA-Ableger zu diffamieren. Im Selbstbild geht es jedoch darum, sich dem Kampf gegen die sich etablierende Diktatur in Mitteldeutschland, wie die Gegend zwischen Ostsee und Erzgebirge noch ganz unbefangen genannt wird, zu widmen. Beide Kennzeichnungen treffen auf den UFJ zu. Er ist sowohl ein Nachrichtendienst, der konspirativ Informationen aus und über die DDR ermittelt. Aber er ist auch Widerstandsorganisation, dessen Mitarbeiter die unterdrückte Bevölkerung in ihren Rechten unterweisen und das Regime stürzen, zumindest aber zum Wackeln bringen wollen. Den »Tag X«, also den Tag der Wiedervereinigung, im westlichen Demokratieverständnis herbeizuführen, ist das Ziel.

---

349 Benedict Maria Mülder: »Weil er Mielke in die Quere kam«, in: *Der Tagesspiegel* vom 12. Dezember 2003.

Linse erhält keinen vollen Einblick in die administrativen Angelegenheiten. Im MfS-Verhör kann er lediglich eher nebelhafte Angaben über US-amerikanische Organisationen zu Protokoll geben, und das Wort »Geheimdienst« wird in dem Drehbuch lediglich dem Vernehmer in den Mund gelegt. Sein unmittelbarer Kontakt zu dem Milieu beschränkt sich auf das Hörensagen und ein einmaliges Treffen mit »einem Mitarbeiter der amerikanischen Hohen Kommission«, dem er allgemein über seine Arbeit berichtet.[350] Allerdings schreibt auch Linse seine Monatsberichte an »Dr. Friedenau«, der auf dieser Basis seinem Kontaktmann zur CIA – Henry Hecksher, bei dem es sich um den immer wieder erwähnten »Mr. Vane« handeln könnte – Bericht erstattet. Möglich, dass Linse weitere Kontakte zur CIA hat, als ihm bewusst ist, denn das Auftreten der Geheimdienstmitarbeiter ist immer sehr kultiviert, wie berichtet wird.<?>

Mit seinen guten Kontakten in die DDR – der o. g. Bericht von 1954/55 spricht von 2000 Informanten – und seinen hoch motivierten Mitarbeitern, die umfangreich in die Öffentlichkeit hineinwirken, leistet der UFJ der amerikanischen »Politik der Befreiung«[351] jedenfalls gute Dienste. Man schätzt die Arbeit des UFJ, die ganz offiziell von der Bundesregierung und – angeblich – von einer Stiftung für ein vereinigtes und demokratisches Deutschland in Milwaukee (Wisconsin, USA) finanziert wird.[352] Es ist durch diese Form der Finanzierung nicht verwunderlich, dass die CIA die zahlreichen Informationen, die jeden Tag von den Besuchern im UFJ abgeliefert werden, abschöpfen und für ihre eigene Arbeit – unter anderem psychologische Kriegsführung bzw. Propaganda – nutzen möchte.

So nahe Linse sich im Umfeld von Geheimdiensten bewegt, so wenig integriert ist er in deren klandestine Aktivitäten, wenn man davon absieht, dass er sich zu seinem eigenen Schutz gewisser Vorsichtsmaßnahmen bedienen muss. Am 23. Oktober 1951 wird eine National Security Directive in Washington herausgegeben, in der zum Aufbau von Widerstandsgruppen im kommunistischen Machtbereich aufgefordert wird. In Deutschland erscheint der UFJ als geeigneter Partner zum Aufbau eines »stay-behind-net«.

---

350 BStU, ZA, MfS, GH 105/57, Bd. 1, S. 12f.

351 Vgl. Heuser: Subversive Operationen im Dienste der »Roll-Back«-Politik 1948–1953.

352 Telegramm Berlin an Dept. of State, Unterzeichner: Lyon, 20. Juni 1952, in: CIA FOIA, Cadroit Qkfearful ...7.pdf.

Die »Abt. B« im UFJ wird Ende 1951 ins Leben gerufen. Unumstritten ist sie nicht, und Henry Hecksher, unter dessen Ägide der UFJ gegründet worden ist, wehrt sich – vergeblich – gegen den Plan der Berliner CIA-Dependance.[353] Selbstverständlich erhält das MfS Kenntnis von den diesbezüglichen Aktivitäten. Es erfährt, dass die »Abt. B« räumlich und personell vom UFJ abgetrennt wird und anders als beim UFJ üblich Gruppen gebildet werden, die im Spannungsfall per Funk Auskunft über Truppenbewegungen in der DDR geben sollen.[354]

An Linse jedoch gehen die Vorbereitungen für ihren Aufbau weitgehend vorbei, er hat nicht mehr Kontakt zu den Dunkelmännern, als es seine Diensterfüllung erfordert. Im MfS-Verhör kann er mangels Einbindung in die Aktivitäten der »Betreuungsabteilung«, wie sie in den MfS-Akten genannt wird, nicht viel Substanzielles erzählen: »Mir sind weder einzelne Agenten der Abteilung B noch Agentengruppen von dieser namentlich bekannt geworden«, sagt er laut Protokoll, »weil die Abteilung B auch gegenüber den übrigen Abteilungen des ›Untersuchungsausschusses‹ streng konsp[irativ arbeitet.]« Linses engste Verbindung entsteht in einem Fall dadurch, dass er im Rahmen seiner ständigen Ermittlungen auch über illegale Warentransporte von West nach Ost erfahren hat und diese Verbindung – zumindest ist das so geplant – für den Transport von 15 Sprechfunkgeräten, die jeweils 15 Kilogramm wiegen, genutzt werden soll. Als »Gegenleistung« für diesen Transport sollen die Transporteure nicht angezeigt werden.[355] Was aus diesem Plan wird, ist nicht bekannt.

Auch zu den anderen Widerstandsorganisationen hat Linse keinen Kontakt. Lediglich eine Ausnahme ist überliefert: Am 6. Juni 1952 sendet er von seiner Dienststelle aus der nur wenige 100 Meter entfernt residierenden KgU eine Anfrage. Von der KgU weiß man, auch Linse, dass sie eine umfangreiche Suchkartei unterhält, in der Tausende Namen von im sowjetischen Machtbereich »Verschwundenen« verzeichnet sind. Linse erkundigt sich mit ausdrücklichem Verweis darauf, dass es sich um eine persönliche Anfrage handelt, nach einem Landwirt aus Weißensee in Thüringen, der im Novem-

---

353 Murphy/Kondrashev/Bailey: Battleground Berlin, S. 123f.; vgl. CIA FOIA …0022.pdf.

354 Vgl. MfS-Bericht v. 5. Oktober 1953 über ein Verhör, in: BStU, MfS-HA IX, Nr. 22499, Bl. 1.

355 BStU, MfS-HA IX, Nr. 22484, Bl. 2 u. 4, Protokoll v. 17. Okt. 1952.

ber 1945 »von den Russen verhaftet« und seitdem nicht mehr gesehen worden ist. Aber die KgU kann in diesem Fall wenig Substanzielles zur Aufklärung beitragen. Nach dem Mann wurde zwar bereits einmal gefragt, aber sein Verbleib konnte nicht sicher festgestellt werden. Der einzige Anhaltspunkt ist die Mitteilung, dass er »vermutlich im KZ-Sachsenhausen einsitzt«.[356]

Linse im Geheimdienstsumpf – oder doch nicht? Der Befund ist nicht eindeutig. Ganz ahnungslos wird er nicht gewesen sein, aber möglicherweise war er sich der Weiterungen seiner Tätigkeit nicht bewusst. Denn mögen sich auch wenige Indizien finden lassen, dass Linse bewusst mit Geheimdiensten zusammenarbeitete, so stößt man beim Studium in den Archiven doch immer wieder auf Ungereimtheiten, weil Akten von unbekannter Hand bearbeitet worden sind. Da befindet sich etwa folgender Vermerk: »Hinweis Schreiben des [Name und Adresse] vom 12.9.52. [handschriftlicher Zusatz unleserlich] Schreiben des Bundesamtes für Verfassungsschutz Abt. III Nr. 9114/52 geheim vom 2.10.52 siehe 5–35100 272/52 geheim zum Vorgang ›Dr. Linse‹ bei 5100«.[357] Oder man stellt bei der Durchsicht der mikroverfilmten Suchkartei der KgU fest, dass alle Karteikarten, zu denen von der Stammkarte Linses verwiesen wird, entfernt worden sind. Irgendjemand hat bestimmte Umstände des Falls Linse einst für geheimhaltungswürdig befunden. Aber wer? Und warum? Die Antwort schlummert in den Archiven von BND und CIA.

c) Rechtsauskünfte, Lobbyarbeit und Propaganda

Kaum eingestellt als Referent, stürzt sich Linse sogleich in die Arbeit. Alle Indizien deuten darauf hin, dass er ganz in ihr aufgeht. Leider geben die UFJ-Akten keinen lückenlosen Aufschluss, denn insbesondere der Bestand der frühen Jahre ist durch Revisionen gelichtet worden. Wohl hat man einen Band angelegt, in dem Briefe und Vermerke Linses gesammelt sind, aber er wurde nach seiner Verschleppung angelegt und ist mit Sicherheit ebenfalls nicht vollständig.

Eine seiner ersten Amtshandlungen demonstriert, wie prekär, wie angespannt die Lage für die Widerstandsarbeit in Westberlin ist. Unmittelbar nach Dienstantritt, im Januar 1951, erteilt »Dr. Friedenau« Linse einen geheimen Auftrag. Da er nicht ausschließen will, dass sich die Westmächte aus Berlin zurückziehen und deshalb auch seine Organisation die Viersektoren-

---

356 BA Koblenz, B 289, 11242.

357 BA Koblenz, B 136, 6539.

stadt verlassen muss, soll Linse in Fulda Räumlichkeiten für den UFJ anmieten, um einen Ausgangspunkt für einen Neubeginn in Westdeutschland zu haben. Linse fährt hin, mietet zwei Zimmer in der Bahnhofsstraße 4 und besorgt Möbel. Später wird dort eine Mitarbeiterin tätig, die den Postversand von Schriften an Adressaten in der Bundesrepublik besorgt.

Dann fährt Linse von Fulda weiter nach Offenbach, um bei der Hauptverwaltung der Bundesbahn vorzusprechen. »Dr. Friedenau« will die Genehmigung zum Aushang von öffentlichen Anklagen verschiedener SED-Funktionäre in Bahnhöfen erhalten.[358] In einer Dienstanweisung vom 13. Januar 1951 gibt »Dr. Friedenau« Linse die Verhandlungslinie vor. Linse soll bei seiner Vorsprache »energisch« auf die Bedeutung der UFJ-Mission hinweisen, die auch durch das Aufhängen von Plakaten in Bahnhöfen erfüllt wird. Zwar lehnt die Bundesbahn bekanntermaßen jedwede politische Meinungsäußerung auf ihrem Gelände ab, doch »Dr. Friedenau« hält das für wenig überzeugend. Linse soll deshalb bei seinen Verhandlungen auch vor subtilen Drohungen nicht zurückschrecken: Er soll die Verantwortlichen wissen lassen, dass man ihre Weigerung, den UFJ seine antikommunistischen Plakate anbringen zu lassen, als Versuch werten werde, sich für den Fall der kommunistischen Machtübernahme in der Bundesrepublik vorzubereiten.[359] Nach allem, was über Linse bekannt ist, wird er sich nicht zu dieser Art zu verhandeln hinabgelassen haben. Die Bundesbahn lehnt denn auch das Anliegen wie erwartet ab und verweist auf das zuständige Ministerium.

Am 12. Februar 1951 wird Linse in Westberlin von der Polizei festgenommen und verhört, weil er eine Spendensammlung für das Hilfskomitee für politische Flüchtlinge durchgeführt hat, ohne vorher eine behördliche Genehmigung einzuholen. Linse gibt an, er habe das schlicht vergessen. Da es sich um Linses erstes Vergehen handelt, wird das Verfahren wegen Geringfügigkeit am 9. April 1951 eingestellt.[360]

Im April 1951 begibt sich Linse auf seine zweite Dienstreise nach Westdeutschland. Er fliegt nach Bonn, um im BMG Gespräche mit Staatssekretär Franz Thedieck über Vortragsreisen des UFJ in Westdeutschland zu führen.[361]

---

358 HAIT-Archiv, Akte Walter Linse, Bestand Moskau, Bl. 41–45.

359 BA Koblenz, B 209, 1204.

360 NARA, RG 319, Folder 1 [Bl. 157 u. 168].

361 MfS-Vernehmungsprotokoll v. 8. Mai 1953, in: Ebd., Bl. 46–48.

Linse wird sogleich nach seinem Dienstantritt in den Vorstand des neu gegründeten »Hilfskomitees für politische Häftlinge der Sowjetzone« gewählt. Im März beantragt man die Genehmigung zum Einwerben von Spendengeldern; sie wird noch im selben Monat vom Polizeipräsidenten gewährt. Linse nimmt Kontakt zum Westberliner Senat auf. »Dr. Friedenau« möchte für das Hilfskomitee ein Kuratorium gründen, das mit Persönlichkeiten des öffentlichen Lebens besetzt ist, und fragt beim Regierenden Bürgermeister von Berlin, Ernst Reuter, nach, ob der nicht Interesse an der Mitarbeit habe. Linse spricht in Reuters Büro vor und bittet um einen Termin für seinen Chef. Man ist in dieser Angelegenheit nur zum Teil erfolgreich: Obwohl er die Arbeit des UFJ gutheißt, lehnt Reuter das Angebot nach Beratungen mit seinen Kollegen ab, weil eine positive Antwort möglicherweise auch Begehrlichkeiten bei den anderen Widerstandsorganisationen wie der KgU oder dem VOS geweckt hätte. Ein Mitarbeiter Reuters teilt Linse die Bedenken seines Chefs mit, und Linse übermittelt sie an »Dr. Friedenau«. Der reagiert flexibel, ändert die Konzeption des Kuratoriums: Es gehe doch nicht darum, den UFJ aufzuwerten, sondern darum, die freie Welt über das Unrecht in der Ostzone aufzuklären; und das Kuratorium könnte doch die Aufgabe haben, den Kampf dagegen zu koordinieren. Unter diesen Umständen ist Reuter schließlich bereit, dem Kuratorium beizutreten. Am Ende also doch noch ein Erfolg für »Dr. Friedenau« und seinen Gesandten Linse. Der UFJ steht beim Senat in hohem Kurs; man will, kündigt man an, vor der Anstellung von Ostflüchtlingen Gutachten des UFJ über die Bewerber einholen. Darüber hinaus bleibt man in Kontakt, eine Mitwirkung Reuters am Juristenkongress, der für 1952 geplant ist, wird ins Auge gefasst.[362]

Neben seiner Lobbyarbeit verfasst Linse Vorträge für Radiostationen, macht monatlich Vortragsreisen nach Westdeutschland, empfängt Informanten, baut Kontakte zur Politik auf und berät Ratsuchende, die von Enteignung betroffen sind. Sein Arbeitspensum kann an einer Aktennotiz vom 22. Februar 1952 für »Dr. Friedenau« ermessen werden: »Ich verpflichte mich zur Verfassung a) eines Artikels über die neue Gewerbezulassungsverordnung der DDR in der Deutschen Wirtschaftszeitung (Stuttgart) bis zum 1.3.1952, b) eines Flugblattes für die kleinen Funktionäre der SED über ›die Gesellschaftsbeteiligungen von SED-Bonzen‹ bis 8.3.52 (es muss noch ein

362 LA Berlin, B Rep. 002, Nr. 12788.

ergänzender Bericht unseres Informanten abgewartet werden, der im Laufe kommender Woche eingehen soll), c) eines RIAS-Vortrages zum gleichen Thema bis spät. 5.3.52, d) eines RIAS-Vortrages über die Glühlampen-Produktion in der Sowjetzone bis spät. 5.3.1952, e) eines Vortrages im NDWR über Filmbesuche in der DDR bis spät. 1.3.1952, f) eines Vortrages für den Frankfurter Sender zum gleichen Thema bis 1.3.1952.«[363]

Im Mai und im Juni 1951 führen Vortragsreisen Linse ins Ruhrgebiet und Rheinland. Sie sind Bestandteil einer Kampagne des UFJ, für die auch »Dr. Friedenau«, Prof. Dr. Mirbt, Rosenthal und die Rechtsanwälte Dr. Hennemann und Suchsland losziehen. In den Vorträgen geht es um den UFJ selbst, das Justizwesen der DDR, Arbeitsrecht oder wie bei Linse um »Das Unrecht in der Wirtschaft in der Sowjetzone«. Finanziert werden die Reisen und die Bewerbung der Veranstaltungen vom BMG mit 9000 DM – Geld, das nach Ansicht eines UFJ-Mitarbeiters, der hernach dem Ministerium Bericht erstattet, angesichts circa 10 000 anwesender Multiplikatoren – Juristen, Behördenvertreter, Unternehmer, Verbandsfunktionäre, Hochschulangehörige, Lokalpresse – gut angelegt ist.[364] Mehrere auf Bitten des UFJ – vermutlich Linse selbst – eingegangene Dankesschreiben von Handelskammern bestätigen die Selbstwahrnehmung des UFJ und loben Linse, der »einen ausgezeichneten Eindruck gemacht hat«. (IHK Hagen) Sein Vortrag habe »bei den Versammlungsteilnehmern großen Anklang gefunden« (Köln) und die Besucher »außerordentlich interessiert« (Solingen). »Herr Dr. Linse sprach lebhaft und eindrucksvoll.« (Koblenz) Allerdings bemängelt man einmal ganz vorsichtig, dass Linses allgemeine Ausführungen zu lang gewesen seien und die zu den konkreten Problemen zu kurz (Solingen).

Dass der Berichterstatter des UFJ die Vortragsreihe als großartigen Erfolg darstellt, kann man ihm nachsehen, selbst wenn er die Besucherzahlen etwas geschönt haben sollte. Aber er wird mit seiner Bewertung nicht falsch gelegen haben, wenn er den Lernerfolg des Publikums schildert, das von den Zuständen in der DDR überhaupt keine Vorstellung hat.

Die Drucklegung von Linses Vortrag, die »Dr. Friedenau« dem BMG vorschlägt, der sie auch bezahlen soll, wird indes abgelehnt, sofern der Vortrag nicht ziemlich weitreichend neu gefasst wird.[365] Anzunehmen ist, dass sich

---

363 BA Koblenz, B 209, 959.

364 Schreiben UFJ an BMG v. 13. Juli 1951, BA Koblenz, B 137, 1012.

365 Schreiben Friedenau an BMG v. 20. Juli 1951; interne Stellungnahme BMG v.

Linse dieser Aufgabe nicht unterzieht und sein Vortrag daher ungedruckt geblieben ist.

Nicht immer allerdings werden die Referenten des UFJ mit offenen Armen empfangen. Politische Themen werden eben ganz unterschiedlich gewertet, und was man im Berliner UFJ für wichtig hält, sieht man im Rheinland mitunter ganz anders: Das Angebot, einen Vortrag zu halten, wird vom Duisburger Richterverein abgelehnt, wo ein Staatsanwalt darauf hinweist, dass die Tätigkeit des UFJ in der DDR strafrechtlich geahndet werde. Diese Meinung und die Weigerung, bei der Durchführung eines Vortrags behilflich zu sein, zu akzeptieren, fällt »Dr. Friedenau« schwer. Er unterstellt dem Staatsanwalt »Rückversicherungstendenzen« (in Anführungszeichen), also das Bestreben, sich für eine eventuelle kommunistische Machtübernahme im Westen zu rüsten, um dann weiter im Amt bleiben zu können. In seinem Zorn wird »Dr. Friedenau« beim Bundesjustizministerium vorstellig, wo er jenen Staatsanwalt bezichtigt, »pro-sowjetisch eingestellt« zu sein. Die Beschwerde löst im nordrhein-westfälischen und im Bundesjustizministerium lange Diskussionen aus, in denen mit Kritik an »Dr. Friedenau« nicht gespart wird. Am Ende einigt man sich aber darauf, dass es »Missverständnisse« gegeben habe, an denen keiner der Beteiligten unschuldig ist.[366]

Auch im Verborgenen wirkt Linse. Da ist zum Beispiel der Schriftwechsel mit Dr. M. aus Stuttgart, der sich mit Datum vom 11. Dezember 1951 in einer dringenden Angelegenheit an Linse wendet. M. hat es aus Chemnitz über Westberlin nach Württemberg-Baden verschlagen, wo er nun eine Stellung als Buchprüfer – wie er selbst formuliert: als »Helfer bei der Erziehung zu einer besseren Steuermoral« – bei der Oberfinanzdirektion Stuttgart antreten möchte. Doch zunächst benötigt er vom Flüchtlingslager in Gießen eine politische Unbedenklichkeitsbescheinigung, zu der ihm Linse bzw. der UFJ verhelfen soll. »Ich wollte Sie nur bitten, mir wenn möglich recht bald eine Bestätigung darüber vom Untersuchungsausschuss zugehen zu lassen, dass ich nach Prüfung meiner Unterlagen und meines Falles mit Unterstützung desselben einen Interzonenpass erhalten habe, der mir das Ausfliegen aus Berlin ermöglichte.« Linse versucht die Ungeduld des Neu-Stuttgarters mit dem Hinweis auf den Dienstweg, den solche Anfragen gehen, zu bremsen.

---

14. August 1951, in: BA Koblenz B 137, 1012.

366 Schreiben Justizminister NRW an Bundesminister d. Justiz v. 16. November 1951, in: BA Koblenz, B 137/1012.

Es bedürfe eines Amtsersuchens, schreibt er zurück, aber bis dieses, von M. veranlasst, in Berlin eingehe, könne er, Linse, alles Notwendige veranlassen, damit es dann recht schnell übersendet werden könne. »Sie wissen, dass ich Ihnen nach wie vor jederzeit gern behilflich sein werde. [...] Ich selbst werde für die Bearbeitung zuständig sein, womit schon allein dafür Sorge getragen worden ist, dass es positiv ausfällt und vor allem auch schnellstmöglich erledigt wird.«

Gerade noch rechtzeitig vor der Abfahrt des Transports nach Gießen erhält M. dann die frohe Kunde. Wie er in einem Brief versichert, ist seine finanzielle Lage desolat, könnte sich aber durch den positiven Bescheid recht bald auf ein Bruttogehalt von 450 DM verbessern. Und so geschieht es auch: Am 20. Dezember 1951 erhält er die gewünschte Aufenthaltsgenehmigung für das Bundesgebiet. »Der Antragsteller war als Wirtschaftsprüfer in ein Steuerstrafverfahren verwickelt und dadurch in eine Zwangslage geraten, aus der heraus ihm ein weiteres Verbleiben in der sowjetischen Besatzungszone nicht zuzumuten war.«

Über sein weiteres Schicksal erstattet M. dann im April 1952 Bericht. Er hat lediglich eine Woche im Lager ausharren müssen, nachdem sein Fall positiv beschieden worden war. Seit dem 2. Januar ist er nun Hilfsbetriebsprüfer, hat sich zudem ein Zimmer besorgt und beginnt den sozialen Wiedereinstieg. Er nimmt Kontakt zu der Chemnitzer Exilgemeinde auf und stellt bewundernd fest, wie weit es die meisten anderen auf ihrem Weg nach oben bereits geschafft haben, während er sein Leben noch sortieren muss, was mit 53 Jahren auch nicht mehr ganz einfach ist. Doch M. geht es insgesamt besser als vielen anderen, wie Linse in einem abschließenden Brief vom 29. Mai bemerkt. Sein Fall ist überdurchschnittlich schnell bearbeitet worden, und er arbeitet jetzt auf einer Position, die seiner Ausbildung weitgehend entspricht, Glückwunsch! »Mir selbst geht es sehr gut«, schreibt Linse. »Wie Sie wissen, fühle ich mich in meiner Tätigkeit sehr wohl, wenn sie natürlich auch recht anstrengend ist und finanziell nicht befriedigen kann. Mir bleibt aber das schöne Bewusstsein, an einer wichtigen und dankbaren Aufgabe mitarbeiten zu können.«

Neben dem geschilderten privat-dienstlichen Briefwechsel, der offensichtlich über Linses Dienststelle und seine Privatadresse geführt wird – wie andere Schriftwechsel auch –, gibt ein Vorgang Aufschluss über Linses gutachterliche Tätigkeit beim UFJ. Im November 1951 wendet sich Wilhelm N. aus Bensberg brieflich ratsuchend an die Juristen-Organisation. Er gibt an, dass er und seine Familie von den Behörden in Werdau »als flüchtig erklärt« worden und deshalb sein Wohnhaus nebst Maschinenfabrik bei Werdau unter städtische Treuhand gestellt worden sei. Ob man ihn in dieser Angelegenheit beraten könne und ob er persönlich vorsprechen solle, will er wissen. Die Anfrage landet wieder beim Leiter der Abteilung Wirtschaft, also bei Linse, der N. wenig Hoffnung machen will. Widerstand gegen die Treuhandverwaltung sei »zweck- und aussichtslos«. Da es sich gleichwohl um eine Unrechtstat handele, werde man den Fall jedoch dokumentieren, damit N.s Ansprüche aufrechterhalten werden können. Obwohl Linse eine persönliche Vorsprache N.s nicht für nötig hält, erscheint dieser am 14. Dezember 1951 in der Dienststelle, um Unterlagen abzuliefern; später schickt er Abschriften weiterer Dokumente. Doch im Moment kann Linse gar nichts für ihn tun.[367] – N.s Probleme haben damit noch kein Ende, aber in der Zwischenzeit wird Linse verschleppt, und der Fall wird von einem Kollegen weiterbearbeitet.

Die Vorbereitungen für den Juristenkongress, der im Juli in Westberlin stattfinden soll, lassen Linse wenig Zeit, die familiären Kontakte nach Chemnitz zu pflegen. Er sucht nach möglichen Teilnehmern, lädt sie ein und ist sehr beschäftigt mit der Organisation dieser Tagung, an der über 100 Juristen teilnehmen sollen. Wenn man der Anklageschrift vom 14. August 1953 des russischen MWD-Staatsanwaltes, Oberstleutnant Fedorenkow, glauben darf, dann hat Linse mehr als zehn Teilnehmer »aus den Kreisen reaktionärer österreichischer Juristen« höchstselbst ausgesucht und eingeladen.[368] Der Vertreter des amerikanischen Hochkommissars in Berlin, Cecil B. Lyon, unterstützt die Veranstaltung. »Dr. Friedenau« hat um einen Zuschuss von 100 000 US-Dollar gebeten, um über 100 Richter, Rechtsanwälte und Hochschullehrer aus aller Herren Länder nach Westberlin zu bringen und dort über die Rechtsentwicklung im sowjetischen Herrschaftsbereich zu diskutieren. Lyon und das CIC halten die Veranstaltung für einen wichtigen Beitrag im Propagandakrieg gegen die Kommunisten und sorgen daher für die ausreichende Finanzierung. Durch die Entführung Linses und die anschließenden Schauprozesse in dieser Einschätzung fühlt man sich später bestätigt.

Der Juristenkongress ist neben der Errichtung der »B-Abteilung«, also eines Stay-behind-net, das zweite große Vorhaben, das der UFJ in Verbindung

---

367 BA Koblenz, B 209, 468.

368 HAIT-Archiv, Akte Walter Linse, Bestand Moskau, S. 26.

mit der CIA durchführt. Sehr aufmerksam verfolgt man im Frühjahr und Sommer 1952, wie der Kongress Gestalt annimmt.[369]

d) Von den Generalakten zum Widerstand

Im UFJ ist Linse der Experte für Wirtschaftsfragen. Er sammelt alle nur erdenklichen Informationen, die Aufschluss über die Situation der Wirtschaft in den »Irredenta« geben können. Er ist Herr der Generalakten, und hat einen komplexen Aktenplan für sein Fachgebiet erstellt. Dort heftet er beispielsweise die VEG-Planungsunterlagen des »Hauses der Blumen«, Stalinallee, Berlin, für 1955 im Original ab, Abschriften und Kopien von Geschäftsvorgängen des Hauptgeschäfts Neuruppin der HO-Industriewaren von 1951, aber auch die Berichte von Informanten über einzelne Firmen, die Lebensmittelversorgung allgemein und dergleichen mehr.[370] Auch allgemeine Wirtschaftsdaten interessieren ihn, und so findet sich da auch ein »Zusammenfassender Bericht über die Erfüllung des Volkswirtschaftsplans 1951«.[371] Und so fort. Linses Mitarbeiter im UFJ nehmen die Unterlagen entgegen oder bringen die mündlichen Informationen in Papierform und leiten sie an ihn weiter. Und immer wenn ein Besucher Angaben über die Situation in einem Unternehmen machen kann, geht ein Durchschlag an die Abteilung Wirtschaft.

Manchmal, aber eher selten, empfängt Linse selbst Besucher. So berichtet am 21. August 1951 der Informant »Herbert Liepelt« – alle Informanten und Mitarbeiter werden unter ihren Decknamen geführt – recht ausführlich über die Firma »Meletex«, die zur Handelsorganisation (HO) gehöre und in ihrem Auftrag »in Westberlin und Westdeutschland Südfrüchte, Kakao, Schokolade, Mandeln und Nüsse« einkaufe. »Bei allen Bezügen dieser Ware handelt es sich um illegale Geschäfte. Außerdem betreibt die Meletex illegale Geschäfte auch mit sonstigen Waren und Materialien.« »Herbert Liepelt« macht Angaben über den Leiter dieser dubiosen Firma und ihre gegenwärtigen geschäftlichen Aktivitäten: dass die Lagerkapazitäten derzeit

---

369 Schreiben Lyon an Außenministerium, 20. Juni 1950, in CIA FOIA Cadroit Qkfearful_7.pdf; Bericht 1955 in CIA FOIA, 0022.pdf, 007.pdf, 0012.pdf, Schreiben Berlin an Bonn v. 29. Juli 1952 und v. 2. August 1952, in: LAB, 2172/1-65, 29 of 38.

370 BA Koblenz, B 209, 258.

371 BA Koblenz, B 209, 4.

ausgebaut würden und wo sich diese befänden. Ganz allgemein, berichtet er weiter, könne die HO ihre Planzahlen nicht erfüllen, und während der Weltjugendfestspiele in Berlin seien die Umsätze deutlich zurückgegangen, weil viele Westberliner auf Einkäufe verzichtet hätten.[372]

Über die sich abzeichnende desolate Situation der HO erfährt Linse im Mai mehr, als der Informant »Edmund Moritz«, der angibt, Revisionsleiter bei der HO Landesleitung in Halle gewesen und nun geflüchtet zu sein, bei einem Kollegen im UFJ vorspricht. Ihm zufolge habe die HO im Winter 1951/52 Waren zu Niedrigpreisen abgeben müssen, weil sie über Bedarf produziert worden seien. Auf diese Weise habe der Plan im 1. Quartal um 157 Prozent erfüllt werden können. Allerdings habe man mit einer Untererfüllung für die folgenden Quartale gerechnet. Vor Kurzem, im Frühjahr, sei dann die aktuelle Textilkollektion präsentiert worden – aber »nicht etwa die benötigten Sommersachen, sondern vorwiegend Wintertextilien und Zellwollerzeugnisse«. Außerdem: Wismut, der Staat im Staate, werde weiter ausgebaut; ihre eigene HO eröffne in Halle demnächst ein Kaufhaus.[373]

Am 29. Januar 1952 berichtet Mitarbeiter »Adolf Bayer« über potenzielle neue Mitarbeiter für den UFJ bei seinem Arbeitgeber, der HO-Landesleitung Berlin. Er macht weiterhin Angaben über »hartnäckige Sedisten« und solche, die »politisch-neutral« oder »zwar linientreu aber sonst menschlich leidlich vernünftig« seien. Und schließlich offenbart er noch das Defizit seines Arbeitgebers für das Jahr 1951: 450 000 DM. »Es handelt sich jedoch vorwiegend nur um Differenzen, die auf die schlechte Organisation der Buchführung und den Mangel an Revisoren zurückzuführen sind.« Linse paraphiert.[374]

Offenbar per Post hat »Alfred Schwalbe« eine Aufschlüsselung der Angestellten der Wismut-Handel (HO) nach Parteizugehörigkeit eingesendet. Zusätzlich berichtet er über einen neuen Trick, der es der Bürokratie ermögliche, Mieter aus ihren Wohnungen in schlechtere Unterkünfte oder gar in andere Regionen umzuquartieren. Ihm selbst habe man – erwartungsgemäß – gekündigt, was er allerdings relativ gelassen hinnimmt. »Wenig trostreiche Lage vor dem Fest. In Geduld u. Zuversicht wird auf den Tag der

---

372 BA Koblenz, B 209, 258.
373 Ebd.
374 Ebd.

Befreiung gewartet.«[375] Wie die anderen Informationen wandert auch dieser Bericht zu den Generalakten.

Die Entwicklung der HO wird mit großem Interesse verfolgt. Linse verfasst am 4. Januar 1952 ein Rundschreiben an alle Abteilungen, in dem er »nochmals die Anordnung von Herrn Dr. Friedenau in Erinnerung bringen [möchte], urteilsfähige Besucher danach zu fragen, ob die HO bei der Bevölkerung der SBZ noch in gleichem Maße verhasst ist«, und darum bittet, diesbezügliche Informationen gezielt zu erfragen und an ihn weiterzuleiten.[376] Benötigt werden die Daten für eine in diesen Tagen angedachte Aktion, von der sich relativ umfangreiches Material in den Unterlagen befindet.[377] Linse scheint sie initiiert zu haben. Zunächst wird in einem Text vom 2. Januar 1952 – der Verfasser ist unbekannt – der Beliebtheitsgrad der HO-Läden unter der Bevölkerung untersucht. Das Ergebnis: Sie sind nicht nur nicht besonders beliebt, sondern geradezu verhasst, und man kauft dort nur Dinge ein, die man, obwohl man sie doch benötigt, in den normalen Geschäften nicht kaufen kann. Darüber hinaus sind die Bedingungen dergestalt, dass keine rechte Begeisterung bei den Kunden aufkommen will: Schlangestehen, unsaubere und unästhetische Verkaufsräume und dergleichen mindern das Einkaufsvergnügen erheblich; das Warenangebot ist dürftig und teuer. Kurzum: Die Bewohner der Zone mögen die HO-Läden nicht, und deshalb könnten diese das geeignete Ziel einer Boykott-Aktion sein. Man müsste die Bevölkerung über RIAS auffordern, die HO-Läden für eine bestimmte Zeit zu meiden. Auswählen könnte man einzelne Läden, vor allem solche, die unrechtmäßig in den Besitz der HO gekommen sind. In einer Aktennotiz vom 19. Februar 1952 gibt Linse zu Protokoll: »Es wäre dies eine zweifellos recht wirksame Form des Nervenkrieges gegen das Regime usw. Seine Hauptbedeutung würde in der abschreckenden Wirkung liegen, gleichartiges Unrecht zu verüben, und zu diesem Zwecke müssten in den [RIAS-] Sendungen alle belasteten Personen namentlich genannt werden, mit dem Bemerken, dass sie in unserer Belasteten-Kartei eingetragen worden sind.«

Im RIAS stößt die Idee auf Interesse. Dort ist man der Meinung, dass es am besten wäre, wenn man weitere Organisationen für die auf mehrere Wochen angesetzte Aktion begeistern könnte. Dazu soll eine Denkschrift

---

375 Ebd.

376 Ebd.

377 Ebd.

erstellt werden, die jedoch nicht überliefert ist, unter deren Dach sich alle versammeln könnten. Allerdings denkt man intern im UFJ auch darüber nach, wie sich für die eigene Organisation Gewinn aus der Aktion schlagen lässt. Sie soll von der Öffentlichkeit dem UFJ zugeschrieben werden, und der UFJ soll auch die Führungsrolle einnehmen; das bedarf »keiner näheren Begründung: Wir sind es, die den Menschen in der Zone die Erlösung gebracht haben. Wir werden auch dem letzten und politisch gleichgültigen Menschen in der Zone bekannt und zu einem Begriff« und so weiter.

Doch es kommt anders, die Aktion wird schließlich nicht durchgeführt. Zuerst kommen Irritationen auf, als ein kleines Dossier mit uneindeutigen Zeitungsausschnitten und dem maschinenschriftlichen Vermerk »Die Sabotageaktion in der Leipziger HO Warenhaus I Petersstraße kann als gelungen bezeichnet werden. Am 23. Februar wurden über 100 Damenmäntel auf den Verkaufsständern eingeschnitten« auftaucht. Am 5. März schreibt Linse einen Rundbrief an seine Kollegen, doch auch die wissen von nichts. Vermutlich handelt es sich um »ostzonales Propagandamaterial«. Sind die Planungen für die Aktion nach draußen gedrungen? Aber nicht dadurch wird das Schicksal der Aktion besiegelt, sondern durch die ablehnende Haltung des BMG. Was Linse bei einer Dienstreise nach Bonn bereits mündlich erfährt, trifft wenig später, am 14. Mai, auch brieflich im UFJ ein. Man hält eine Boykott-Aktion für ein ungeeignetes Mittel, um die Bevölkerung ihren Unmut gegen das Regime ausdrücken zu lassen. Da in der HO ohnehin nur linientreue Genossen einkaufen würden, die normale Bevölkerung aber nicht, hätte die SED ausreichende Mittel in der Hand, den Boykott zu unterlaufen.

Die Informationen, die Linse auf verschiedenen Wegen erhält, verschaffen ihm einen detaillierten Überblick über die zahlreichen Staatsgeheimnisse der DDR-Wirtschaft. Im Grunde ist ja alles geheim, und insofern ist jede Art der Informationsermittlung, auch durch Journalisten, bereits Spionage. Das Regime will nicht, dass die Öffentlichkeit über den Zustand der Wirtschaft informiert wird. Verheimlicht werden sollen aber auch die Rüstungsanstrengungen sowohl der DDR als auch der UdSSR: Die Besatzer lassen durch die Wismut AG im Erzgebirge Uran für die sowjetische Atombombe fördern, und die DDR baut eine konventionelle Produktion auf.[378] Linse ist

---

378 Vgl. Karlsch: Uran für Moskau.

auch diesem Verstoß gegen internationales Recht auf der Spur. Im sowjetischen Vernehmungsprotokoll vom 17. Dezember 1952 wird ihm in den Mund gelegt: »Die von mir geleitete Wirtschaftsabteilung sammelte Spionageinformationen über die Industriebetriebe der DDR, die Rüstungsgüter herstellen oder auf Rüstungsproduktion umgestellt werden. Es wurden Namen und Standorte dieser Betriebe ermittelt sowie deren Produktionskapazität, Volumen und Art der Erzeugnisse, und welche Erzeugnisse in Zukunft dort hergestellt werden sollten. Die von mir geleitete Abteilung stellte u. a. fest, dass einer der Industriebetriebe in Riesa Panzerplatten herstellte, in Weißenfels Militärstiefel, in Dresden Uniformen und Sättel, in Zwickau und Remingen spezielle Militär-LKWs, in Lausitz Stoffe für Zelte und Rucksäcke, in Zschopau Motorräder für Militärzwecke und in Wismar Hochseeboote gefertigt wurden, die ohne weiteres zu Militärbooten umgerüstet werden konnten.«[379]

Was Linse in Erfahrung bringen kann, bleibt selbstredend nicht immer geheim; der UFJ ist nicht nur Nachrichtendienst, sondern hat sich auch die Information der Bevölkerung über die Vorgänge in Mitteldeutschland auf die Fahnen geschrieben. Etwas weniger verklausuliert: Propaganda ist ein integraler und sicher nicht der unwichtigste Bestandteil der Arbeit des UFJ. Linse erstellt ein Dossier über die geheimen Rüstungsanstrengungen der DDR und präsentiert seine Ergebnisse in einer Pressekonferenz Anfang Juli 1952. »Neues aus der Rüstungsindustrie des Sowjetischen Sektors« heißt die Schrift, die von der Anklage vor dem Militärtribunal später als Beweismaterial gegen Linse verwendet wird.[380] Linse macht sich in der Haft Vorwürfe wegen dieser Pressekonferenz. Rückblickend räumt er ein, dass es nicht der reine Idealismus, sondern auch persönlicher Ehrgeiz gewesen ist, der ihn angetrieben hat, die Informationen breit zu streuen, protokolliert sein Zellenspitzel am 28. November 1952. Er ahnt, dass ihm diese Pressekonferenz noch schaden wird, sollte er einst in sowjetischen Gewahrsam übergeben werden.[381]

In der Summe bewegt sich Linse in einem Feld, in dem es für die DDR viel zu verlieren gibt: Flüchtlinge nehmen ihr Hab und Gut mit in die Bundesrepublik und entziehen der DDR damit Wirtschaftskraft. Ob es sich dabei nun um Möbel handelt oder Binnenschiffe – Linse hat sich entschieden,

---

379 HAIT-Archiv, Akte Walter Linse, Bestand Moskau, S. 12.
380 HAIT-Archiv, Akte Walter Linse, Bestand Moskau, S. 2f.
381 BStU, ZA, MfS, GH 105/57, Bd. 4, S. 490.

auf welcher Seite er kämpfen will: auf der der in ihrer wirtschaftlichen und politischen Handlungsfreiheit beeinträchtigten Individuen.[382] Es wundert einen nicht, dass das MfS auf ihn aufmerksam wird.

3. Im Visier des Ministeriums für Staatssicherheit

Während der Umfang der Aktivitäten zunimmt und die Zahl der Mitarbeiter des UFJ steigt, hinkt das Bewusstsein für die Gefahren, die mit der gesteigerten Aufmerksamkeit in der Öffentlichkeit einhergehen, hinterher. Eigentlich weiß man, dass man im Visier des MfS ist, dass die Westberliner Zentrale beobachtet wird und die Informanten in der DDR große persönliche Risiken eingehen. Man versucht dieser Situation Rechnung zu tragen, doch offenkundig ist das nicht genug: Im Herbst 1951 verschwindet UFJ-Mitarbeiter Heinz Zickler plötzlich von der Bildfläche. Niemand weiß, was mit ihm geschehen ist, doch der Verdacht, er könne entführt worden oder freiwillig in den Osten gegangen sein, liegt natürlich nahe. Es ist ein Menetekel, dessen Deutung aber offenkundig zu lange dauert.

Es sieht so aus, dass UFJ-Chef »Dr. Friedenau« seiner Verantwortung für die Sicherheit der Mitarbeiter nur unzureichend nachgekommen ist. Dieser Vorwurf wird jedenfalls in einem nach Januar 1953 verfassten Bericht – besser: eines langen Beschwerdebriefs – eines UFJ-Mitarbeiters erhoben. Zickler zum Beispiel wurde demnach eingestellt, obwohl die Kriminalpolizei gegen ihn »wegen Beteiligung an einem Mord« ermittelt habe. Dazu kam die unverständliche Anweisung »Dr. Friedenaus« an Zickler, der von Beruf Fotograf ist, alle Mitarbeiter des UFJ an ihren Arbeitsplätzen abzulichten – mit Zickler verschwinden im Oktober 1951 auch Geld und diese Fotos. Auch Ruth Schramm, die Anfang 1952 zum UFJ gestoßen ist und sich wenige Tage nach der Entführung Linses ebenfalls absetzt, hätte gar nicht erst eingestellt werden dürfen, meint der Beschwerdeführer. Bei nachträglich angestellten Erkundigungen ist nämlich herausgekommen, dass Schramm vom MfS vier Wochen inhaftiert und als IM angeworben worden war, bevor sie sich beim UFJ als politischer Flüchtling ausgab, und dass ihr ebenfalls als Flüchtling anerkannter Freund, Kühn, Kurierdienste für sie übernommen hat. Überhaupt entspricht die gesamte Organisation im UFJ nicht den Notwendig-

---

[382] Vgl. ebd., Bd. 1, S. 139f. u. 170f.

keiten. Doch »Dr. Friedenau« hat Reformen blockiert, obwohl er noch im Juni 1952 darauf hingewiesen wurde, dass es Anzeichen gebe, dass das MfS seine Aktivitäten gegen den UFJ verstärkt.[383]

Offensichtlich erst nach dem durch die Linse-Entführung ausgelösten Schock ergreift man im UFJ die erforderlichen Maßnahmen zum Schutz von Mitarbeitern und Informanten. Zum Beispiel erarbeitet man Schulungsmaterial für Informanten in der DDR und nimmt organisatorische Veränderungen im Haus vor, wie der »Leitfaden für die Betreuung der MA in Fragen ihrer persönlichen Sicherheit« von 1954 zeigt.[384] Allerdings ist es da eigentlich schon zu spät – auch dieser Leitfaden landet irgendwann beim MfS. Das hat inzwischen einen sehr guten Überblick über das, was in der Limastraße 29 vor sich geht und wer welche Aufgaben erledigt. Von verschiedenen Mitarbeitern hat man hochwertige Porträtfotos – wobei die von »Dr. Friedenau«, Rosenthal und Linse, das etwas kleiner zu sein scheint, aus den Akten entfernt sind – und Bilder von Mitarbeitern an ihren Schreibtischen.[385] Sind das die Fotos, die Zickler im Auftrag »Dr. Friedenaus« gemacht hat? Auch das Gebäude, in dem der UFJ untergebracht ist, ist abfotografiert worden; viele Skizzen von den Außenanlagen und der Raumaufteilung im Innern geben den MfS-Mitarbeitern eine perfekte Übersicht, auch wenn sie niemals dort gewesen sind. Vermutlich ahnt man in der Limastraße 29 nicht einmal, wie transparent der UFJ geworden ist. Im Verlauf der 50er-Jahre wird das MfS sein Wissen immer wieder auffrischen und in jeweils neuen Berichten dokumentieren.[386]

Auch Linse hat wenige Wochen vor der Entführung Anlass besorgt zu sein, denn er erhält Informationen aus Chemnitz, die alle Alarmglocken schrillen lassen müssten. Doch Linse verfasst lediglich einen Bericht für »Dr. Friedenau«.[387] Am 4. April 1952 erhält er – nicht zum ersten Mal – Besuch von Walter Oelschlägel aus Chemnitz, der seinerzeit mit Edgar Fischer die »Ciphero«-Gruppe geleitet hat. Oelschlägel berichtet Linse, dass er vor wenigen Tagen von einem MWD-Agenten verhört und unter Bezugnahme auf den von ihm 1945 verfassten Bericht über »Ciphero« beschuldigt wor-

383 Bericht von »Cales«, in: CIA FOIA, Hoeher, Vol. 1_0042.pdf.

384 BStU, BdL/Dok., Nr. 4914, Bd. 1, Bl. 105-110.

385 BStU, MfS AOP 114/55, Bd. 1, Bl. 29–35; BStU, MfS, ZAIG, 9688, Bd. 1.

386 Vgl. AOP 114/55, Bd. 2, Bl. 35–37, 38–47, 54–59, 60–66, 79–99.

387 Aktennotiz Linse v. 18. April 1952, BA Koblenz, B 209, 1204.

24

Abteilung V Chemnitz, den 8. 2. 1952

Z w i s c h e n b e r i c h t

Dienststelle: "W" Chtz., Abt. V Sachbearbeiter: Mikosch

1. Kategorie: EV
Nr.: 3/52
Deckname: Doktor
angelegt am 4.2.1952 durch Bericht des Inf."Conrad"

2. Färbung des Vorganges:
Freiheitliche Juristen

3. Verdächtige Person:
L i n s e , Walter, geb. 23.8.1903
wohnhaft gewesen Chemnitz, Ulmenstr. 59

Dr. ████, ████ geb. ████
wohnhaft Chemnitz, ████str. (Nr.unbekannt)

Dr. ████, ████ geb. ████
wohnhaft Chemnitz, ████-Str. ██

Dr. ████
wohnhaft Chemnitz, ████str.

4. Inf.:
Inf. "Conrad"

5. Kurzer Sachverhalt:
Durch den Inf. "Conrad" wurde uns bekannt, dass in der Zeit zwischen Weihnachten und Neujahr Dr. Linse, der Z.Zt. bei den Freiheitlichen Juristen in Westberlin tätig ist, sich in Chtz. aufhielt und u.a. sich an die zu 3. genannten Personen zwecks Mitarbeit wandte. Dies erfuhr der Inf. "Conrad" bei einem Besuch seines besten Freundes, dem Dr.Dr. ████, welchen ebenfalls Linse besuchte und ihn für eine Zusammenarbeit gewinnen wollte, welche ████ jedoch ablehnte. Den weiteren Berichten des Inf. "Conrad" zufolge sollen die zu 3. genannten Personen mit Linse zusammenarbeiten, da Linse angeblich die volkseigenen Betriebe in Sachsen zu bearbeiten hat und dieser Personenkreis in solchen tätig ist.
Dr. Linse hat während seines Besuches in Chtz. bei Frau ████ in Niederwiesa b. Chtz. übernachtet. Frau ████ ist die Frau eines Rechtsanwaltes, welcher sich nach Westberlin absetzte und z.Zt. als Richter in Westberlin tätig ist.
Linse interessierte sich hauptsächlich für Berichte über den Uran-Bergbau und wandte sich, wie ████ betonte, nur an unzufriedene Akademiker.
Bei den verdächtigen Personen handelt es sich hauptsächlich um Juristen bzw. ehemalige Offiziere. Weitere Verbindungen seitens Linse sollen noch nach Limbach, Oberfrohna und Frankenberg bestehen. Namen dieser Personen sind bisher noch nicht bekannt, werden jedoch in aller kürzester Zeit in Erfahrung gebracht werden, da der Inf."Conrad" bereits die ersten Anzeichen hierfür hat. Ermittlungen über die verdächtigen Personen werden geführt.

Mikosch

Ermittlungsbericht des MfS Chemnitz, 1952.

den ist, mit Linse zu verkehren und damit auch mit dem UFJ. Nun soll er Linse über dessen Kontakte zu ehemaligen »Ciphero«-Leuten ausforschen. Die beiden kommen überein, dass Oelschlägel diesen Vorschlag per Brief an Linse schickt, der wiederum ihn dankend wegen Oelschlägels vermeintlicher Sympathie »mit dem sedistischen Regime« ablehnt. Doch Linse wird von Oelschlägel einen solchen Brief nicht erhalten; entweder schickt Oelschlägel ihn nicht ab oder er wird abgefangen oder er erreicht aus einem anderen Grund nicht den Empfänger. Ungefähr zur selben Zeit erhält ein weiterer Chemnitzer Bekannter von einem MWD-Mitarbeiter den Auftrag, Informationen über Linse herbeizuschaffen. Doch das tut er nicht, sondern flüchtet stattdessen mit seiner Frau nach Westberlin, wo er sogleich Linse aufsucht und ihm einen Bericht überlässt, den er für sein Bundesnotaufnahmeverfahren erstellt hat.[388] Und dann ist da noch Linses Ex-Kollege bei der IHK, Hüppner, der nach wie vor in Chemnitz wohnt, wo MWD und MfS ihn schon des Öfteren verhört und nach Linses Kontakten nach Chemnitz und über »irgendetwas Belastendes aus meiner Vergangenheit«, wie Linse schreibt, ausgeforscht haben. Obwohl Linses Eltern und seine Familie nicht behelligt werden – die Post wird allerdings mitgelesen, wie die vielen Briefabschriften in den BStU-Akten zeigen –, müsste er diese Vorgänge eigentlich als Warnung auffassen. Doch er ist im Gegenteil sorglos, geradezu leichtsinnig: »Ich fühle mich nicht im geringsten gefährdet, halte es aber doch für meine Pflicht, über die [...] Vorkommnisse zu berichten, da ihnen doch wohl entnommen werden kann, daß der MWD in Chemnitz mit allen Mitteln in Erfahrung bringen will, ob ich mit früheren Bekannten in Chemnitz in Verbindung stehe.«

Linse weiß nicht, dass er zu diesem Zeitpunkt schon längst beobachtet wird – und zwar von ganz oben, vom Staatssekretär und stellvertretenden Minister im Ministerium für Staatssicherheit Erich Mielke. Der ist nämlich irgendwann auf den UFJ aufmerksam geworden und hat in ihm eine Gefahr für die DDR erkannt, die es zu bekämpfen gilt. Dabei fallen ihm offensichtlich – genauere Umstände sind nicht bekannt – auch einzelne Personen, unter anderem Linse, besonders ins Auge. Er schreibt daher am 19. Oktober 1951 einen Brief nach Chemnitz, der nicht überliefert ist, in dem er um Auskunft bittet.

---

388 Die Akten sind bis heute für die Forschung gesperrt.

Walter Linse, circa 1951.

Das Schreiben Mielkes hat die Chemnitzer Genossen offensichtlich aufgeschreckt, jedenfalls stellt man nun erst gezielte Ermittlungen über Linse und sein Umfeld an. Das Antwortschreiben vom 29. Oktober 1951 mit dem Betreff »Agenten der sogen. ›Vereinigung freiheitlicher Juristen‹« enthält Auskunft über Linse, einen Rechtsanwalt und ein Fräulein aus Chemnitz. Als Anlage beigefügt sind eine »Charakteristik« Linses, die zwei Tage zuvor erstellt worden ist, und ein Foto desselben. In der »Charakteristik« wird Linses Lebenslauf rekapituliert, und da ein Informant seinen Personalbogen eingesehen hat, kommt dem MfS auch seine Mitarbeit für »Ciphero« und seine Entnazifizierung zur Kenntnis. Auch über Helga werden Informationen eingeholt. Ausdrücklich als Quelle genannt werden ein Nachbar Linses; dazu sind die Personalakten bei der IHK eingesehen worden, genauer: der Personalbogen und der Entnazifizierungsbescheid, die beide nicht überliefert sind.[389] Auch schickt man Informationen über den Genossen Werner Türpe und »Ciphero«-Leiter Walter Oelschlägel, zwei Gewährsmänner Linses aus der Nachkriegszeit, am 1. November 1951 an Mielke.[390]

Eine andere Spur verfolgen Polizei und Geheimdienst in Sachsen aber schon früher. Am 21. August 1951 werden Gepäck und Personalien eines – unbekannten – Ehepaars, Freunde der Linses, die von ihrem Besuch zurückkehren, im Zug von Berlin nach Chemnitz kontrolliert. Es werden bei diesem Paar ein paar Dinge gefunden, die die Aufmerksamkeit der Kontrolleure auf sich ziehen. »Lebens- und Genussmittel aus Westberlin« werden zutage gefördert, was offenbar ein hinreichender Grund ist, die beiden der Abteilung K der Kriminalpolizei zu übergeben und ein Strafverfahren we-

---

389 BStU, MfS, GH 105/57, Bd. 4, Bl. 269–270.

390 BStU, Chem AP 69/56, Bd. 4, Bl. 272 u. 273. Zu Türpe vgl. Behring: Das Personal der kommunistischen Diktaturdurchsetzung, S. 246–248.

gen Verstoßes »gegen die Richtlinien des Innerdeutschen Zahlungsverkehrs (IDH)« einzuleiten. Des Weiteren führen die beiden einen Nachthemdenstoff mit sich, der an eine in Chemnitz wohnhafte Frau übergeben werden soll, und eine Postanweisung über 430 DM Ost an ein – wiederum unbekanntes – Fräulein.

Als wichtigster Fund stellt sich allerdings etwas anderes heraus: ein Brief von Helga Linse, der einem Arzt in Zwönitz übergeben werden soll. Helgas Brief ist im Original nicht erhalten, wurde also vermutlich an den Empfänger ausgeliefert; in der MfS-Überlieferung liest er sich so: »Die Tage der Festspiele hat die ganze Dienststelle bis nachts beschäftigt, täglich kommen Hunderte. Mit Wälti [Walter Linse] ist gar nicht mehr zu reden, so kaputt und überreist ist er. Zwei Jahre lang kein Urlaub und was für Ereignisse!!! … Jetzt habe ich gerade [x] hier, die diesen Brief mitnimmt, so dass ich freier schreiben kann. Sonst habe ich für Dich solche Sorge wegen Bespitzelung usw., dass ich gar nicht gern mehr schreibe. Verschiedene Freunde aus der Heimat, die uns in den letzten Wochen besuchten, baten um Deckadresse, nachdem W. im Radio erwähnt wurde, seine Vorträge usw. Im ›Tagesspiegel‹ erschien er auch auf der Titelseite. Ein heißes Eisen. Aber schön. Er ist sehr dabei und entsprechend befriedigt. Sobald der für kommende Woche angemeldete Besuch, auch Ostzone, weggefahren sein wird, muss ich losfahren, um unser Ferienquartier ausfindig zu machen.«[391]

Spätestens nach Mielkes Anfrage vom Oktober, aber wahrscheinlich schon in den Monaten davor, hat das MfS in Chemnitz also Informationen über Linse, die es nur nicht richtig zu deuten weiß. Man verknüpft nun zwei Ermittlungsstränge, die eigentlich nicht miteinander in Verbindung stehen. Da ist zum einen der im August abgefangene Brief von Helga, andererseits ein Ermittlungsverfahren gegen den »ehemaligen Leiter der Widerstandsgruppe [›Ciphero‹] Dr. jur. [x]«, bei dem es sich nur um Walter Oelschlägel handeln kann. Einem Zwischenbericht der Dienststelle Chemnitz vom 16. November ist zu entnehmen, dass Linse Oelschlägel nach 1945 als Zeugen angegeben hat. Oelschlägel selbst soll bis zur Schließung durch die Besatzungsmacht 1947 ein »Auskunftsbüro« betrieben und versucht haben, »ehemalige NS-Angehörige und andere dunkle Elemente für die Arbeit im Auskunftsbüro und als Auskunftspersonen zu organisieren«. Das MfS hat die

[391] BStU, ZA, AP 69/56, S. 14 und 23.

Ermittlungen 1950 aufgenommen, als bei einer weiteren Person zwei Briefe Oelschlägels gefunden werden, »die vermutlich chiffriert geschrieben waren, zur persönlichen Weiterbeförderung an zwei Empfänger in Westberlin [...], die bei [x] bei seiner Festnahme wegen Besitz von Gold und Silber gefunden wurden. Die gesamten jetzt vorliegenden Unterlagen über die Personen, die in Verbindung mit Dr. Linse zu bringen sind, werden bei der hiesigen Dienststelle zu einem Gesamtvorgang zusammengezogen, da sie bei der jetzigen Funktion des Dr. Linse [...] einer dringenden Bearbeitung bedürfen. Es ist stark zu vermuten, dass Dr. Linse ehem. Angehörige der Widerstandsgruppe Ciphero zu feindlicher Arbeit für die ›Freiheitlichen Juristen‹ in der DDR ausnutzt, außerdem dass [x – vermutl. Oelschlägel] eine bestimmte Kuriertätigkeit für Linse ausübt.«[392]

Diese vagen Vermutungen – Helgas Brief und mutmaßlich chiffrierte Briefe Oelschlägels nach Westberlin – sind für die Tschekisten Grund genug, weitere Nachforschungen über Linse anzustellen und »Maßnahmen« einzuleiten. Ob sie tatsächlich umgesetzt werden, ist nicht bekannt, aber unwahrscheinlich ist es nicht: Das Strafverfahren, das gegen das Ehepaar eingeleitet worden ist, bei dem Helgas Brief gefunden wurde, soll vereitelt werden, um die beiden als Spitzel anzuwerben; Informationen über die im Bericht erwähnten Personen (vier Namen wurden von BStU geschwärzt) sollen eingeholt werden; ihre Post soll überwacht werden; und ein ehemaliger Angehöriger der »Ciphero«-Gruppe soll geworben werden, um dieses mutmaßlich noch bestehende Netzwerk zu durchleuchten.[393]

Eine Abschrift von Helgas Brief vom 18. August 1951 findet ihren Weg in die Akten des Gruppenvorgangs »Ring«, in dem Material zum »Agentenring« UFJ gesammelt wird – zu diesem Zeitpunkt, als der Brief abgefangen wird, ist Linse allem Anschein nach noch gar nicht verdächtig, noch nicht im Visier der Chemnitzer Tschekisten.[394] Doch am 23. August 1951 macht die Polizei-Abteilung K5 auf die im Zusammenhang mit Helgas Brief stehenden Personen aufmerksam.[395] Sie ermittelt bereits seit dem 19. Januar 1950 gegen Linse; als »Delikt« hat man »Befehl 201« angegeben.[396] Schon kurze Zeit

---

392 BStU, ZA, AP 69/56, S. 23f.

393 BStU, ZA, AP 69/56, S. 24.

394 BStU, Chem. AP 69/56, Bl. 11 u. 12.

395 BStU, Chem. AP 69/56, Bl. 14.

396 Aktenbearbeitungsbogen der VPP Chemnitz, Abt. K5, in: HStAD, NS-Archiv

später sind weitere Verbindungen Linses nach Sachsen ausfindig gemacht, wie ein Vermerk vom 1. Dezember 1951 zeigt. Unter ihnen ist auch eine Ärztin, die »nach Schaffung von kompromittierendem Material angeworben werden«, vulgo: erpresst werden soll. Ihr sollen von einer konspirativ auftretenden MfS-Mitarbeiterin 500 DM für einen illegalen Schwangerschaftsabbruch angeboten werden. »Wenn die [x] einverstanden ist, wird ihr das Geld ausgehändigt und zu einem späteren Zeitpunkt der Tag des Eingriffes vereinbart. Daraufhin soll Werbung erfolgen.«[397]

Am 2. November 1951 möchten die Chemnitzer nun ihrerseits Hilfe von der Berliner Zentrale erhalten und schicken ein Telegramm ab, um die Zeugenaussage zu überprüfen, dass Linse »Geschäftsführer der ›Freih[eitlichen] Juristen‹ in Berlin ist«. Doch siehe da: Die Berliner Dienststelle verweigert den sächsischen Genossen die Amtshilfe. »Im Auftrag der Instrukteure wird keine Auskunft gegeben.«[398] Die »Instrukteure«, das sind natürlich die Vertreter des sowjetischen Geheimdienstes aus Berlin-Karlshorst. Sie ziehen offensichtlich die Fäden, und Erich Mielke, der stellvertretende Minister für Staatssicherheit im Range eines Staatssekretärs, führt ihre Befehle aus. Es ist allerdings auch möglich, dass Mielke die Unterstützung der Chemnitzer Genossen nicht auf Anordnung aus Karlshorst verweigert, sondern dass er seine Erkenntnisse einfach aus anderen Gründen für sich behalten möchte. Es wäre ihm zuzutrauen, dass er eine Einflussnahme durch die Sowjets nur vortäuscht.[399]

Auf jeden Fall nimmt Mielke die Bedrohung, die vom UFJ ausgeht, sehr ernst. In einer ersten Dienstanweisung vom 22. November 1951 schreibt er, dass »fast ausschließlich« ehemalige Mitarbeiter des Justizdienstes der DDR für den UFJ angeworben werden würden, um die DDR mit Propaganda, Drohungen und Wirtschaftsvergehen zu destabilisieren. Um hier entgegenzuhalten, weist Mielke seine Leute an, Rechtsanwälte, Notare, Rechtsberater und Justizangestellte und ihre Familien und Kollegen ins Visier zu nehmen und Spitzel unter ihnen anzuwerben.[400] Am 28. November folgt die zweite Dienstanweisung, mit der die Beobachtung des UFJ in allen Ländern der DDR verstetigt und koordiniert werden soll. Mielke vergibt für den Vorgang

des MfS, ZB 7374, Akte 14.

397 BStU, ZA, AP 69/56, S. 21.

398 BStU, ZA, AP 69/56, S. 20.

399 Vgl. Kirsch: Oberbürgermeister von Chemnitz, Rennfahrer – Spion!

400 BStU, MfS-BDL/Dok/051268, Bl. 7–8.

eine einheitliche Aktennummer und weist an, kontinuierlich Bericht an ihn zu erstatten.[401] In einer Liste mit 52 Namen, die der Dienstanweisung beigefügt ist, taucht Linse an 5. Stelle auf. »Er ist aus Chemnitz und wohnt mit seiner Familie in Westberlin«, heißt es da nicht ganz präzise. Beschrieben wird er als »1,75 cm groß, circa 50 Jahre alt, braune Haare (sehr spärlich)[,] ständiger Brillenträger, Studentenschmisse im Gesicht, spricht ausgeprägt sächsischen Dialekt, normale Figur, auffallend gerader Gang.« Und man fügt hinzu: »Hat Neigung zu Alkohol und zu Frauen.«[402]

Der Gruppenvorgang »Ring« wird am 15. November 1951 angelegt. Er richtet sich zuvörderst gegen UFJ-Chef Erdmann, aber auch gegen »Rosenthal, Mürbt und 48 andere Personen, die karteimäßig erfasst sind«.[403]

In Berlin ist man insgesamt sehr viel besser über die UFJ informiert als in Chemnitz, wo man offensichtlich erst auf die durch den UFJ ausgehende Gefahr aufmerksam gemacht werden muss. Das liegt an den besseren Möglichkeiten in der Hauptstadt, zu Informationen zu gelangen, zum Beispiel durch die Befragung von Häftlingen, die der Zuarbeit für den UFJ beschuldigt werden. Die wissen zum Teil gar nicht, dass sie es in der Limastraße, wohin der UFJ inzwischen umgezogen ist, mit Linse zu tun gehabt haben, aber in den Berichten kommen immer wieder Charakteristika vor, die auf Linse – und nur auf ihn – schließen lassen: den starken sächsischen Akzent, den Doktortitel und die Schmisse im Gesicht.[404] Andere Besucher kennen seinen Namen und sein Gesicht, wiederum andere haben seinen Namen gehört, ihn aber nicht persönlich getroffen. Auf diese Weise erfährt das MfS, dass Linse im 2. Stock in Zimmer 21 arbeitet, dass er eine Leitungsfunktion innehat und welche Fragen er den Besuchern im UFJ stellt. Beispielsweise erfragt er von dem Besucher, der eine Patentakte in den Westen schaffen will, Informationen über die Branche, die Eigentums- und die finanziellen Verhältnissen des Betriebs.[405]

---

401 BStU, MfS-BDL/Dok/051268, Bl. 3–4.

402 BStU, MfS-BDL/Dok/051268, Bl. 17.

403 BStU, AOP 114/55, Bd. 2, Bl. 14–15.

404 Z. B. Aussage Fritz Schmelzer v. 21. Juli 1952, BStU, MfS-HA IX, Nr. 22484, Bl. 156; Aussage Gerhard Pape v. 14. Juli 1952, BStU, MfS AU 179/52, Bd. 5, Bl. 162.

405 Verhörprotokoll Gerhard Schneider v. 17. Juli 1952, BStU, MfS AU 179/52, Bd. 5, Bl. 79–80.

Eine weitere ergiebige Quelle für das MfS ist Heinz Zickler, der beim Schauprozess im Juli 1952 wieder auftaucht – ein Überläufer, wie sich herausstellt, der das MfS mit seinem Wissen und geheimem Material versorgt hat. Er weiß gut Bescheid über das Verhältnis des UFJ zu den amerikanischen Geldgebern und weiß detailliert von der Arbeitsweise und Arbeitsorganisation des UFJ zu berichten. Was Zickler öffentlich dem Obersten Gericht sagt, zum Beispiel dass Linse – mehr sagt er hier nicht über ihn – Leiter der Wirtschaftsabteilung gewesen sei, hat er dem MfS schon lange vorher im Geheimen erzählt.[406]

Auch Ruth Schramm trägt zum Linse-Bild bei, das man sich beim MfS von ihm macht. Wenige Tage nach der Verschleppung setzt sie sich in den Ostsektor von Berlin ab und macht gegenüber dem MfS ihre Aussage, die erkennbar auf propagandistische Wirkung angelegt ist. Wenig später sagt auch sie bei der Verhandlung gegen mehrere UFJ-Mitarbeiter aus, denen vor dem Obersten Gericht Spionage zur Last gelegt wird. Sie charakterisiert den UFJ als Einrichtung eines US-Geheimdienstes und Linse als wichtigste Stütze ihres Chefs »Dr. Friedenau«. Sie beschreibt zumeist recht allgemein die Vorgehensweise des UFJ bei der Gewinnung neuer Informationen, geht dabei auch ins Detail, sofern ihr vertraut, und nennt Namen von Informanten.[407]

In Chemnitz ist man von derartigen Informationen abgeschnitten. Man versucht sich aber auftragsgemäß weiter an der Gewinnung von neuem Material und verpflichtet zu diesem Zweck einen Spitzel, der mal »Konrad«, mal »Conrad« geschrieben wird. »Konrad« also berichtet seinem Kontaktmann beim MfS, Mikosch, Anfang Januar 1952 von einem Gespräch, das er mit einem Dr. [x] am Silvestertag geführt habe. »Er erzählte mir, dass LINSE in Chemnitz gewesen ist und ihn kurz besucht hätte. Er suche Stimmung zu machen, für die freiheitlichen Juristen in Berlin. [...] LINSE suche aber Verbindung mit hiesigen unzufriedenen Akademikern um Berichte über den Uranbergbau im Erzgebirge zu erhalten.«[408]

---

406 Vernehmungsprotokoll Zickler v. 17. Juli 1952, MfS AU, 179/52, Bd. 5, Bl. 151–159; Aussage Zickler bei Verhandlung vor dem Obersten Gericht der DDR am 25./26. Juli 1952, ebd., Bd. 18, Bl. 153–164.

407 Vernehmungsprotokoll v. 23. Juli 1952, BStU, MfS AU 179/52, Bd. 5, Bl. 161–170 und Aussage bei Verhandlung vor dem Obersten Gericht der DDR am 25./26. Juli 1952, BStU, MfS AU, Nr. 179/52, Bd. 18, Bl. 164–177.

408 BStU, ZA, MfS, GH 105/57, Bd. 6, S. 6.

Das Butyrka-Gefängnis in Moskau, 2010.

Wo »Konrad« noch den Konjunktiv verwendet, schreibt Inspektor Kleinjung am 17. Januar in einem Sachstandsbericht zum »Vorgang Ring« bereits im Indikativ. Er glaubt nun zu wissen, »dass der ehem. Dr. jur. Linse in der Zeit zwischen Weihnachten und Neujahr 1951 sich in Chemnitz aufhielt«. Er habe einen gewissen Dr. Dr. [x] besucht und vergeblich zur Mitarbeit aufgefordert. Gleichwohl traut Kleinjung seinem Informanten nicht über den Weg, denn er schickt am 10. Januar ein Fernschreiben nach Berlin und bittet um Hinweise über Linses Aufenthaltsort zum fraglichen Zeitpunkt. »Dies soll eine gleichzeitige Überprüfung des Inf. Berichtes sein.«[409]

Die Antwort aus Berlin liegt nicht vor, doch sie scheint der Glaubwürdigkeit des Informanten zumindest nicht abträglich gewesen zu sein. Da es trotz Nachforschungen nicht gelingt, Linses Aufenthaltsort in Chemnitz zum fraglichen Zeitpunkt zu ermitteln, nimmt man an, er habe bei einem seiner zahlreichen Freunde oder Bekannten übernachtet. Obwohl kein Beleg existiert, der die Aussage »Konrads« stützen könnte, wird die Vermutung zur Gewissheit: Linse war zwischen Weihnachten und Silvester 1951 in Chem-

409 BStU, ZA, MfS, GH 105/57, Bd. 6, S. 8 u. 27.

nitz und versuchte, Mitarbeiter für den UFJ zu werben! Am 2. Februar 1952 heißt es in einem Sachstandsbericht des Kommissars Mikosch, ohne Anflug eines Zweifels: »Linse hatte in dieser Zeit sich an hiesige unzufriedene Akademiker gewandt, wie Dr. [x] und vermutlich Dr. [x] und Dr. [x] und andere, um diese zur Mitarbeit […] zu gewinnen. Er verlangte Berichte über den Uran-Bergbau.«[410]

Für das MfS ist »Konrad« der Kronzeuge in den Ermittlungen gegen Linse. Doch wer ist »Konrad«? Es kann sich eigentlich nur um »Nr. 17« von »Ciphero« handeln: »Nr. 2« war Oelschlägel, ein promovierter Jurist, dessen Orthografie und Grammatik mit Sicherheit deutlich besser waren als die von »Konrad«, »Nr. 16« war Linse und »Nr. 18« wusste gar nicht, dass er als Mitglied geführt wurde.[411] Aber zu behaupten, »Konrads« Identität wäre damit geklärt, ist zu kühn. Aussagen über seine Glaubwürdigkeit zu machen, fällt wesentlich leichter. Mampel hält ihn für einen Lügner und seine Berichte für »reine Phantasieprodukte«. Niemals, so seine Überzeugung, wäre Linse so unvorsichtig gewesen, nach seiner Flucht erneut in die DDR zu fahren und sich dadurch in Gefahr zu begeben.[412] Dass Mampel Linse in Schutz nimmt, ist verständlich, aber immerhin ist Linse so unvorsichtig, während seiner Zeit beim UFJ – im Gegensatz zu seinen Kollegen, auch Mampel selbst, der beim UFJ unter »Alfred Leutwein« firmiert – keinen Decknamen zu führen. Dafür ist er aber mit vollem Namen und Adresse im Telefonbuch eingetragen. Bei der Lektüre zu dem Fall entsteht der Eindruck, dass Linse ein eher sorgloser Mensch ist und alle Warnungen, dass seine Gewohnheiten ausspioniert werden, in den Wind schlägt.[413] Warum sollte er also nicht das Risiko einer Fahrt nach Chemnitz, gleichsam in die Höhle des Löwen, riskieren?

Obwohl Linse also die Gefahren unterschätzt, denen er als UFJ-Mitarbeiter ausgesetzt ist, hat Mampel vermutlich dennoch recht, wenn auch aus den falschen Gründen. »Konrad« ist ein Lügner. Linses Zellengenosse bringt später einen glaubhaften Beleg, als er in seinem Spitzelbericht vom 24. Juli 1952 referiert, wie Linse das vorangegangene Verhör reflektiert, in dem man ihn immer wieder auf die vermeintliche Fahrt nach Chemnitz angesprochen

410 BStU, ZA, MfS, GH 105/57, Bd. 6, S. 29.

411 StadtA Chemnitz, Antifa-Block, Sign. 65, Bl. 22.

412 Mampel: Entführungsfall Dr. Walter Linse, S. 13f.

413 Vgl. etwa LA Berlin, E Rep. 300-62, Nr. 26.

hätte, obwohl er seit seiner Flucht nie mehr dort gewesen wäre.[414] Aber für die Wahrheit interessiert sich beim MfS weder jetzt noch später jemand. Richtig ist, was in die Verschwörungstheorie passt, die sich hier bereits auszubilden beginnt, auch wenn sie ihre volle Reife erst in späteren Jahren erreichen wird.[415] »Konrads« Informationen passen in das Bild von Linse, das sich das MfS von ihm macht. Sein Fall wird aus dem Gruppenvorgang »Ring« herausgenommen, für den »Konrad« offenbar eigentlich eingesetzt ist, und am 29. Januar wird ein sogenannter Operativer Vorgang »Doktor« eröffnet, der »auf Grund von Berichten des IM ›Konrad‹ erstellt« wird, wie ein Sachstandsbericht vom 19. Februar ausweist.[416]

Weitere Ermittlungen werden angestellt. Man findet heraus, dass Linse keinen PKW besitzt. Seine Familie in Chemnitz und Ex-Kollegen aus der IHK werden überwacht. Und »Conrad« fantasiert weiter. Am 16. Januar meldet er: »Er bedient sich bisweilen eines Decknamens den ich aber bis jetzt noch nicht kenne. Aber sofort wie ich ihn erfahren habe ihnen mitteile.«[417] Die Namen und Adressen von Eltern und Schwiegereltern herauszufinden, ist dagegen unproblematisch. Linses Tätigkeit beim UFJ wird jetzt genauer unter die Lupe genommen, man versucht zudem, seine Verbindungen nach Chemnitz zu rekonstruieren. Ein Organigramm mit seinen Kontakten wird aufgezeichnet. »Bei den verdächtigen Personen handelt es sich hauptsächlich um Juristen bzw. ehemalige Offiziere«, weiß Sachbearbeiter Mikosch in einem Bericht vom 8. Februar. Doch alle noch so detaillierten Arbeitspläne, an deren einzelnen Aufgaben zumeist handschriftlich »erl.« vermerkt ist, scheinen nicht so recht zu einem Ergebnis zu führen. Die Ermittlungen treten auf der Stelle, weil »Konrad« offenbar die einzige und zudem nicht besonders ergiebige Quelle für die Genossen ist. Beide Umstände spielen jedoch keine Rolle, denn zu diesem Zeitpunkt ist man im MfS von der Gefährlichkeit Linses überzeugt: Die Denunziation durch »Konrad« und Linses exponierte Position bei den »Freiheitlichen Juristen« reichen aus.

Was Wahrheit ist und was nicht, spielt jetzt aber ohnehin keine Rolle mehr, jedenfalls nicht für die handelnden Personen vom MfS. Man nimmt

---

414 BStU, ZA, MfS, GH 105/57, Bd. 4, S. 347. Bästlein: Der Fall Mielke, S. 147, folgt unkritisch der MfS-Sicht.

415 Vgl. Köster: Die Überwachungslogik der DDR-Staatssicherheit.

416 BStU, ZA, MfS, GH 105/57, Bd. 4, S. 280.

417 Ebd., Bd. 6, S. 9.

aufgrund der Geschichten »Konrads« an, Linse werde über Ostern zu Besuch nach Chemnitz kommen und trifft daher Vorbereitungen für seine Verhaftung. Doch die MfS-Teams, die sich am 10. April 1952 in Chemnitz und Niederwiesa auf die Lauer legen, warten vergeblich: Linse erscheint nicht.[418]

Für »Konrad« hat man unterdes immer neue Aufträge. Das MfS beschließt, ihn nach Berlin zu schicken, um weitere Informationen zu beschaffen, wobei es weniger um Linse als allgemein um den UfJ geht. Am 7. Juni 1952 macht sich der Spitzel also auf den Weg und quartiert sich bei einem Bekannten ein, der von seinem eigentlichen Vorhaben natürlich keine Ahnung hat. Zusammen sprechen sie beim UFJ vor, weil sich »Konrad« als Informant andienen will. Er berichtet hernach in aller Ausführlichkeit, was er in der Limastraße gesehen und gehört hat und macht Skizzen vom Grundriss des Gebäudes. Der Besuch ist zwar eine Enttäuschung, weil der erwartete Dr. Berndt umständehalber nicht anwesend ist, aber dafür Linse – zumindest vermutet das »Konrad« mit dem Hinweis auf den von dem unbekannten Gesprächspartner mit »Li.« abgezeichneten Besucherzettel. »Beschreibung des Li.: Wenig Haar, ca 40–50 Jahre alt, dunkel brauner Anzug, rundes Gesicht, linke Wange eine Schmarre 3–4 cm breit. Hierdurch ist meine Vermutung nochmals bestätigt worden, dass ich Linze gegenüber gesessen bin.«[419] Stasi-Sachbearbeiter Mikosch ist zufrieden mit »Konrads« Bericht, jedenfalls will er ihn auf eine neue Mission nach Berlin schicken. Er soll endlich Kontakt mit Dr. Berndt aufnehmen. Geplant ist die Reise für den 19. und 20. Juli 1952, aber ob sie zustande kommt, ist ungeklärt.[420]

Welchen Weg die Entscheidungen in Sachen Linse von März an nehmen, lässt sich nicht im Detail rekonstruieren, aber es kann als sicher gelten, dass jetzt die Entscheidung heranreift, ihn in die Gewalt der »Sicherheitsorgane« zu nehmen.[421] Laut Schlussbericht des zuständigen Mitarbeiters des MfS in Berlin, Paul Marustzök, ergeht am 14. Juni die Weisung zur Verschleppung, die in den Akten als »Festnahme« verklausuliert wird. Von wem die Order ausging, wer von ihr wusste und wie viel mitzureden hatte, darüber kann nur spekuliert werden. Unstrittig ist nur, dass die Entführung »von oben«

---

418 Bericht »Konrad« v. 15. April 1952 u. Schreiben Abteilung V an Abteilung VIII v. 8. April 1952, in: BStU, MfS, GH 105/57, Bd. 6, Bl. 99f., 111 u. 113.

419 BStU, MfS GH 105/57, Bd. 6, Bl. 123–134.

420 BStU, MfS GH 105/57, Bd. 6, Bl. 144f.

421 Vgl. Smith: Kidnap city, S. 118.

angeordnet wurde.[422] Nur von wem genau? Mit Bestimmtheit lässt sich nur sagen, dass höchste Vertraulichkeit angestrebt wurde. Lediglich ein kleiner Kreis im MfS war in das Vorhaben eingeweiht. Angeblich erhielt der Chef des MfS, Zaisser, von den sowjetischen »Beratern« den Befehl, sogar das ZK der SED über den Vorgang zu belügen.[423]

---

[422] Hagen: Der heimliche Krieg auf deutschem Boden, S. 226; vgl. Murder, Inc., S. 32.

[423] Informationsbrief des UFJ, Nr. 31 v. 10. September 1952, in: BA Koblenz, Zsg. 1-97/53.

V. Wie vom Erdboden verschluckt

1. Im Sommer 1952

Auch über Linses letzte Tage als freier Mann kann man wenig sagen; es liegen nur sehr wenige Daten vor. Am Tattag ist er Strohwitwer, denn seine Frau Helga hat sich wegen eines Ohrenleidens – ein Attest vom 19. Dezember 1956 nennt Otosklerose[424] – in ein Krankenhaus am Rhein begeben müssen. In einem Brief vom 12. Juli 1952 an Minister Kaiser berichtet der Pfarrer der Kirchengemeinde »Heilige Familie«, wohin es die Linses nur wenige Fußminuten haben und wo sie aktiv am Gemeindeleben teilnehmen, über ihren Zustand: »Sie hat vor drei Monaten eine sehr schwere Ohrenoperation durchgemacht, die total misslungen ist. Die wahrscheinliche Folge ist völlige Ertaubung. Um sich zu erholen und sich zugleich für eine neue Operation zu kräftigen, ist sie nach Nonnenwerth gegangen.«[425] Vor Kurzem ist Linse bei ihr gewesen, als er auf einer Vortragsreise durch die Bundesrepublik war. Von Frankfurt am Main ist er dann zurück nach Berlin geflogen. Die Krankheit von Helga ist eine Belastung. Noch vor wenigen Tagen, am 25. Juni, hat eine ehemalige Mitarbeiterin Linses beim UFJ versucht, ihn aufzumuntern. »Hoffentlich geht es Ihnen gut, sehr geehrter Herr Dr. Linse, und Sie haben nicht zu große Sorgen um die Gesundheit Ihrer Gattin.« Linse antwortet am 1. Juli mit einem Brief in ihre neue Heimat im Westfälischen, der betont gut gelaunt ist, eine gewisse Melancholie jedoch kaum verbergen kann: »Seitdem hier bekannt geworden ist, dass Sie uns verlassen wollen, sind alle Räumlichkeiten des UFJ und sein gesamtes weiträumiges Gelände von den Wellen der Tränen des Schmerzes überschwemmt worden. Wir haben natürlich für Ihre Entschließung an sich durchaus jedes Verständnis. Der Schmerz bleibt uns selbstverständlich gleichwohl.«[426]

Vielleicht ist es für Linse eine Art Therapie, wenn er sich wieder in seine Arbeit stürzt. Bis spätabends bereitet er mit einem Mitarbeiter einen »Generalplan« vor, den er schließlich der Presse vorstellt. Die Arbeit soll seine Eintrittskarte für eine weitere Karriere, gerne in einem Ministerium, sein.

---

[424] BA Koblenz, B 136, 6539.

[425] BA Koblenz, B 137, 1063.

[426] BA Koblenz, B 209, 959.

Er will den Beweis erbringen, dass die DDR heimlich aufrüstet; eine Beschreibung des sowjetischen Militärpotenzials in Mitteldeutschland soll vorgelegt werden. So sehr beschäftigt die Ausarbeitung Linse, dass er auch Wochen später, im November, seinem Zellengenossen immer wieder davon erzählt.[427]

Am Vorabend des Verbrechens, einem Montag, habe Linse im Pressezimmer des UFJ mit dem Chefredakteur einer Zeitschrift, Fritz Prengel, und seinem Assistenten über die »Konzeption von Freiheit in der Politik« diskutiert, berichtet Hagen. Ob und welche weiteren Teilnehmer zugegen waren, ist nicht überliefert. Linse habe aus Platons »Staat« zitiert und versprochen, am nächsten Tag einen Beleg für eine von ihm vertretene These mitzubringen.[428] Es ist nicht ganz klar, ob an dieser Stelle bereits die Legendenbildung einsetzt, ob Hagen nicht eher eine Art Hagiografie vorlegt. In der Aufstellung der Gegenstände, die der MfS-Scherge Munsche am nächsten Tag Linse abnimmt, ist dergleichen nicht aufgeführt. Lediglich der Posten »1 Flugkarte Berlin-Frankfurt« deutet auf eine vorangegangene oder geplante Reise hin.[429]

Linse verlebt seine letzten Tage und Wochen in Freiheit nicht völlig ahnungslos. Aber er handelt nicht entsprechend, während das MfS ihn fest im Auge hat und die Schlinge immer enger zuzieht. Es gibt Anzeichen, dass eine Verschleppung geplant wird; den Tätern gelingt es nicht, absolute Konspiration zu wahren. Aber man weiß die Signale nicht recht zu deuten, weiß nicht, wie konkret die Pläne sind. Bereits Ende Juni werden Nachbarn auf Männer aufmerksam, die in einem BMW mit Ostberliner Kennzeichen sitzen und Passanten mit einem Foto vergleichen. Einer der aufmerksamen Nachbarn, ein Steuerinspektor, führt jeden Morgen vor Dienstantritt seinen Hund, einen Dackel, aus und bemerkt bei dieser Gelegenheit auch zwei Männer, die ihm suspekt erscheinen, weil sie ein Foto in der Hand halten und mit Schlagkissen bewaffnet sind. Die Polizei wird auf die verdächtigen Vorgänge aufmerksam gemacht, aber als die Beamten eintreffen, ist der Wagen bereits verschwunden. Ein ähnlicher Vorfall ereignet sich wenige Tage später, und wieder kommen die Beamten zu spät. Anfang Juli stellt die Poli-

427 Spitzelbericht vom 28. November 1952, in: BStU, ZA, MfS, GH 105/57, Bd. 4, S. 489f.

428 Hagen: Der heimliche Krieg auf deutschem Boden, S. 227.

429 BStU, ZA, MfS, GH 105/57, Bd. 1, S. 7.

zei schließlich für drei Tage einen Posten ab, doch als die Verdächtigen nicht mehr auftauchen, wird er wieder abgezogen und die Gerichtstraße nur noch sporadisch von Streifenwagen angefahren.[430] Mit beißender Ironie kommentieren später die Redakteure des »Tagesspiegel« das Versagen, wie sie meinen, der Polizei: »Immer korrekt. Ein Westberliner rief die Politische Polizei an. ›Vor meinem Hause parkt ein verdächtiger Wagen mit mehreren Männern.‹ ›Na und‹, fragt es zurück, ›ist da Parkverbot?‹«

Linse erhält weitere, konkrete Warnungen. Nach der Tat gibt ein junger Mann seine Erfahrungen gegenüber der Staatsanwaltschaft zu Protokoll. Demnach wohnt der Mann in Linses Nachbarschaft und ist Anfang 1952 auf der Potsdamer Dienststelle des MfS von einem gewissen Günter vernommen worden. Günter scheint das Verhör auch dazu genutzt zu haben, um vor dem Mann ein wenig zu prahlen. Man sei über die Westberliner Szene, vor allem aber über den UFJ und Linse, bestens informiert. Sogar ein Foto von ihm habe man sich beschafft. Der Mann wird wieder freigelassen und stattet Linse am 25. Juni 1952 einen ersten nachbarschaftlichen Besuch in der Gerichtstraße ab, dem weitere folgen. Dem Bericht über das eigenartige Verhör widmet Linse aber nur geringe Aufmerksamkeit.[431]

Der Tag, an dem Linse schließlich verschleppt wird, verspricht ebenso schön zu werden, wie der zuvor. »Das vielgerühmte Berliner Klima«, verlautet der Wetterbericht von Linses Morgenzeitung am Tattag, dem *Tagesspiegel*, werde die Sommerhitze »trotz stärkster Sonneneinstrahlung« erneut unter 30 °C halten können. Während sich die Hitze im Rheintal bereits seit mehreren Tagen staue und Temperaturen von bald 40 °C erreiche, werde Berlin frischen Wind von der Ostsee erhalten. Im Haus zieht Linse seinen neuen Anzug an. Als er am Morgen heraustritt, hält er die Zeitung in der Hand, um unterwegs noch ein wenig darin zu lesen. »Erster Sieg Eisenhowers in Chicago« lautet die Schlagzeile des Berichts von der Nominierung des Präsidentschaftskandidaten der Republikanischen Partei der USA. Adenauer trifft seine Vorbereitungen für die auf Mittwoch und Donnerstag angesetzte Bundestagsdebatte über den Generalvertrag. Aus de Gaulles Partei treten rund 50 Mitglieder aus. Und Dänemarks Außenminister rechtfertigt den Verkauf eines Dampfschiffs an die Sowjetunion.

---

430 *Der Tagesspiegel* vom 9. Juli 1952; Landgericht Berlin, Az., (502) 2 P KLs 9/55 (349.55), S. 12 (BA Koblenz, B 137, 1063); vgl. NARA, RG 319, Folder 1 [Bl. 137f.].

431 BA Koblenz, B 137, 1063.

Die Gerichtstraße ist eine kurze, eher verschlafene Straße mit schönen Häusern und Gärten. Als Linse um 7.22 Uhr erscheint, wie es in einem MfS-Bericht heißt, ist dennoch einiges los: Vor dem Haus parkt ein Taxi, in dem zwei Männer sitzen, dahinter hat ein Mann seinen VW-Lieferwagen aufgebaut. Kurz zuvor ist ein Mann erschienen, der seinen Dackel ausführt. Von links nähert sich eine Frau, die Milch holen will. Auf der anderen Straßenseite kommen ihr zwei weitere Frauen entgegen. Richtung Drakestraße scheinen zwei junge Männer jemanden zu erwarten.[432] Dass Linse, wie Hagen zu wissen vorgibt,[433] seine Brille putzt, in die Sonne blinzelt und kurz überlegt, ob er mit dem Taxi zur Arbeit fahren soll, ist zweifelhaft. Eher ist es so, dass Linse wie gewohnt zu Fuß zum S-Bahnhof Lichterfelde West gehen will, um dort seine beiden Kollegen Mampel und Rosenthal zu treffen und gemeinsam mit ihnen drei Stationen bis zum Bahnhof Lindenthaler Allee zu fahren, von wo sie den Rest des Wegs zur Dienststelle zu Fuß zu gehen.[434]

2. Die »Gruppe Weinmeister«

Mit der Umsetzung der von unbekannter Stelle angeordneten Verschleppung Linses – im MfS-Jargon »Aktion Lehmann« genannt – wird ein Mitarbeiter der Abteilung V des MfS betraut, ein gewisser Paul Marustzök. Marustzöks Kader-und Schulungsakte vermittelt ein recht anschauliches Bild seines Werdegangs und seiner Persönlichkeit.[435] Er ist von untersetzter Gestalt und zum Zeitpunkt der Tat 30 Jahre alt. Geboren in einer Arbeiterfamilie, steht er nicht gerade auf der Sonnenseite des Lebens. Sein Vater stirbt, als Paul vier ist. Er wird von verschiedenen Verwandten großgezogen, da er sich mit seinem Stiefvater nicht verträgt. Auch der Kontakt zu den Geschwistern bricht im Verlauf der Zeit ab. In einer Charakterisierung heißt es: »Die genannten Verwandten sind halbasoziale Elemente.« 1945 heiratet er zum ersten Mal »seine jetzige Ehefrau [x] verw. [x] geb. [x] Mit dieser hatte er schon ein Verhältnis, als ihr erster Ehemann [x] noch lebte. [x] hatte, als ihr erster Ehemann bei der Wehrmacht war, [x] Auch während der Ehe mit Marustzök, Paul [x].« Seit 1945 ist Marustzök bei der Volkspolizei in Leipzig

---

432 BStU, ZA, MfS, GH 105/57, Bd. 5, S. 42; *Der Tagesspiegel* vom 9. Juli 1952.

433 Hagen: Der heimliche Krieg auf deutschem Boden, S. 221.

434 Mampel: Entführungsfall Dr. Walter Linse, S. 13.

435 BStU, ZA, MfS, KS 6112/90; 6112/90 VP-Akte; Nebenakte.

beschäftigt. 1949 kommt er nach Berlin und tritt dem Staatssicherheitsdienst bei, wo er sich zum Festnahmespezialisten entwickelt. Er wird charakterisiert als geschwätzig und faul. Nach oben buckelt er, nach unten wird getreten. Gern erzählt er von seinen Krankheiten und lässt sich bemitleiden. Privat widmet er sich leidenschaftlich der Hundezucht, ideologisch ist er ein loyaler Parteisoldat.

Zusammen mit seinen Kollegen Eichhorn und Knye macht sich Marustzök ans Werk. Ihn mit der »Aktion Lehmann« zu beauftragen, ist für seine Vorgesetzten eine rationale Entscheidung gewesen, denn Marustzök ist der Chef der »unsichtbaren«, wie sie genannt wird, »Gruppe Weinmeister«, einer Bande, die, wie die Westberliner Polizei später herausfindet, mit Schmuggel und Schwarzhandel die für die »Festnahmen« benötigten Mittel erwirtschaftet. Kaffee, Seidenstrümpfe, Zigaretten – das vor allem beschaffen insgesamt 17 Mitglieder illegal und im großen Stil und machen es zu Geld.[436] Die Bandenmitglieder rekrutieren sich aus Sträflingen und Berufsverbrechern, denen Straferlass zugesagt worden ist, wenn sie sich an den Aktionen beteiligen. Linse ist nicht ihr erstes Opfer; die Verschleppung von bis dahin sechs Personen und ein Versuch gelten als verbürgt. Die Biografien der ausführenden Beteiligten sind insofern aufschlussreich, als sich an ihnen anschaulich demonstrieren lässt, wie das subkulturelle Milieu aus Schmuggel und Erpressung eine Verbindung mit Staatsterror und staatlich geförderter Kriminalität eingeht, in dem Marustzök eine Scharnierfunktion einnimmt.

Auf den ersten der späteren vier Entführer wird Marustzök unter anderem aus Zeitungsberichten aufmerksam. Harry Bennewitz gehört demselben Jahrgang wie er an und hat den größten Teil seiner frühen Jahre als Seemann verbracht. Durch den Krieg aus der Bahn geworfen, lebt er nun bei seiner Mutter. Er liegt mit der Westberliner Polizei im Dauerclinch, begeht aber auch im Ostsektor Straftaten, für die er theoretisch bis 1960 im Gefängnis büßen müsste. Für den MfS-Mitarbeiter handelt es sich bei Bennewitz, der den Decknamen »Barth« erhält, um die Idealbesetzung für die Leitung der Schandtat: Der junge Kriminelle hat Erfahrung als Bandenchef, ist skrupellos, aber diszipliniert, er trinkt nicht und er kann die Westberliner Polizei, die »Stupo« – eine Anspielung auf den Westberliner Polizeipräsidenten Johannes Stumm –, nicht leiden. In den Worten des Rekrutierenden: Er hat

---

436 »Die Einzelheiten der Entführung Dr. Linses« v. 13. November 1952, S. 6, in: LA Berlin, F. Rep. 280 LAZ Sammlung, Nr. 17843.

»auf dem Gebiete meiner Arbeit durch seine gesammelten Erfahrungen als Bandenführer und durch sein illegales Vorleben alle Perspektiven«.[437]

Als Nächstes fällt dem sächsischen Agenten der 21-jährige Kurt Knobloch ins Auge, ein kräftiger Sportler mit dunklem Haar und Berliner Dialekt. Ein Zeitgenosse charakterisiert ihn als »einen jungen Mann mit der verdrießlichen Miene eines verzogenen Kindes«.[438] Auch Knoblochs Biografie ist durch Diskontinuität und Leben am gesellschaftlichen Rand geprägt. Die Zeit zwischen seinem 10. und 14. Lebensjahr verbringt er in verschiedenen Kinderlandverschickungslagern. Seine Zimmermannslehre wird durch Verurteilung wegen einer Straftat unterbrochen. Er geht in die Westzonen, kehrt zu seinen Eltern nach Berlin zurück, kommt erneut mit dem Gesetz in Konflikt (Betrug, Diebstahl, schwerer Diebstahl), wandert ins Gefängnis, kommt wieder frei und betätigt sich als Schwarzhändler. Marustzök zeigt sich väterlich verständig für den Lebensweg Knoblochs, »den die äußeren Einflüsse auf Abwege gebracht haben«.[439] Knobloch scheint durch seine ruhige, zuverlässige und entschlossene Art ein geeignetes Bandenmitglied zu sein. Weil er in seiner Freizeit dem Boxsport frönt, tauft der Dunkelmann ihn »Boxer«, und auch seine Verwendung hat er bereits festgelegt: »Knobloch wird eingesetzt zum ersten Angriff auf festzunehmende Person.«[440]

Herbert Krüger ist der Dritte im teuflischen Bunde: Berliner, 31 Jahre alt, verheiratet, ein Kind, gelernter Schlosser, Kraftfahrer von Beruf. Im Krieg wird er wegen »Wehrkraftzersetzung« zum Tode verurteilt, aber nicht hingerichtet. Auch Krüger erleidet einen Gefängnisaufenthalt, er sitzt einmal in Untersuchungshaft. 1950 kommt er als Geheimer Mitarbeiter (GM) zum Staatssicherheitsdienst und trägt den Decknamen »Pelz«. Krüger wird als guter Fahrer geschätzt, doch das MfS beobachtet »trotz ständiger Einwirkung unsererseits« mit Unbehagen seine fortwährenden Schwarzmarktaktivitäten und Frauengeschichten: »Krüger [x] gern [x] und hat eine Schwäche für [x], sodass er ständig neben seiner [x] eine [x] hatte. […] Seine [x] die des öfteren von seinen [x] Kenntnis hatte, verzeihte ihm immer wieder und hat nicht die Absicht sich von ihm zu trennen.«[441]

---

437 BStU, ZA, ANS, AIM 1639/61 (1) P, S. 3.

438 Hagen: Der heimliche Krieg auf deutschem Boden, S. 228.

439 BStU, ZA, ANS, AIM 1639/61 (1) P, S. 15.

440 BStU, ZA, ANS, AIM 2559/63 P, S. 14f.

441 BStU, ZA, MfS, GH 105/57, Bd. 4, S. 18–21.

Und schließlich holt Marustzök auch Kurt Borchert zu der Truppe hinzu. Jahrgang 1925, gelernter Fleischer, verheiratet, zwei Kinder. Am gesellschaftlichen Rand lebt auch er. Nach dem Krieg arbeitet er zunächst als »Berufsringer«, dann als Metzger, auch mal als Rausschmeißer und singt auf Jahrmärkten zur Volksbelustigung. In Marustzöks Klauen gerät er, nachdem auch er mit dem Gesetz in Konflikt gekommen ist. Er wird »wegen des Fleischdiebstahls nicht gerichtlich bestraft und am 4.7.1952 als GM von uns angeworben«. Marustzöks Kollege Knye äußert sich 1953 anerkennend über »Ringer«: Er »ist ein leicht beeinflussbarer Mensch, auch leicht für irgendeine Sache zu gewinnen, sich selbst jedoch darüber wenig Gedanken macht, andere für sich denken lässt und immer das tut, was ihm sein ›Vorgesetzter‹ vorschreibt. [...] Am besten verfährt man bei ihm so, dass er ganz konkrete Anweisungen erhält oder ihn vor vollendeter Tatsache stellt«.[442]

Das Profil der anderen Mitglieder der »Gruppe Weinmeister« tritt aus den zur Verfügung gestellten Akten nicht so scharf hervor, aber auch sie spielen für die Tat nicht unwichtige Rollen. So werden Linses Lebensgewohnheiten ausspioniert, wobei die Agenten nicht besonders diskret vorgehen, wie sich in der Rückschau erweist. Einer dieser unbekannten Helfer fertigt eine Skizze von der Gerichtstraße und von Linses Wohnhaus in Nummer 12a an. Eine Fluchtroute wird festgelegt, und der Posten der Volkspolizei an der Stadtgrenze wird darüber informiert, wann er die Schranke zu öffnen hat, um das Fluchtauto in die DDR durchzulassen. Insofern sind die Versuche von Marustzök und Konsorten, die Konspiration zu wahren, durchaus zum Scheitern verurteilt; es gibt zu viele Beteiligte. Dabei geben sich die Hintermänner im MfS alle Mühe: Sie lassen alle Informanten über ihre wahren Pläne im Unklaren und lügen sie notfalls an, wenn mal einer Verdacht schöpft, in das Verbrechen unwissentlich integriert worden zu sein.[443]

Auch ein gewisser Siegfried Benter, alias »Siggi«, gehört anfangs zu der Gruppe: Es handelt sich um einen Mann, der später in Westberlin wegen des Versuchs der Verschleppung Linses zu drei Jahren Haft verurteilt wird. Aber Benter hat – im Gegensatz zu den anderen – Skrupel, die Tat auszuführen; seine Teilnahme an dem Unterfangen beruht noch weniger als bei den anderen auf einem halbwegs freien Entschluss. Denn am Anfang seines Unglücks steht eine Begegnung mit der östlichen Staatsmacht, die ein von Benter in der Gast-

442 BStU, ZA, MfS, GH 105/57, Bd. 4, S. 24.

443 Vgl. BStU, ZA, ANS, AIM 14864/89 A, Bd. 1, S. 6f.

stätte seiner künftigen Schwiegermutter entferntes Plakat unbekannten Inhalts zum Anlass nimmt, das Lokal aufzusuchen. Man findet bei Benter Westgeld und Westzeitungen und ordnet deshalb die Schließung der Kneipe an. Drei Tage hat die Inhaberin noch Zeit, das vorhandene Bier auszuschenken. Jetzt ist guter Rat teuer, doch Hilfe naht in Gestalt eines Gastes, der Kontakt zu Marustzök herstellt. Und Marustzök hilft, er verhindert die Schließung. Doch es ist nun, als habe Benter seine Seele dem Teufel verkauft, denn im Gegenzug muss er ihm bei illegalen Kaffeegeschäften helfen. Bald wird Benter zu einem Autohändler am Kurfürstendamm geschickt, wo er unter falschem Namen einen neuen Opel Kapitän, jenen Wagen, der später für die Tat verwendet wird, kauft.[444] Als der Namenlose – er stellt sich stets nur als »Paul« vor – Benter am 2. Juli eröffnet, dass er ausersehen ist, an Linses Verschleppung mitzuwirken, zögert er. Aber Marustzöks Drohung, er möge doch »an seine Familie« denken und dass es jetzt »zu spät« sei, um abzuspringen, lässt den so unter Druck Gesetzten keine Wahl als die mitzumachen.[445]

3. Die »Aktion Lehmann«

Nachdem grünes Licht gegeben worden ist, unternehmen »Siggi«, »Feldmann«, »Bauer« und »Grau« zunächst eine Probefahrt. An den folgenden Tagen unternimmt diese Gruppe vergebliche Versuche, Linses habhaft zu werden: Einmal kommt »Grau« zu spät, und zweimal kommt Linse nicht. Vermutlich hält sich Linse in diesen Tagen im Rheinland auf, um seine Frau Helga zu besuchen.[446]

Am 24. Juni setzen sich »Pelz«, »Grau«, »Barth« und »Wurl« vergeblich in Bewegung, denn Linse erscheint wieder nicht. Am 4. Juli fahren »Barth«, »Pelz«, »Boxer« und »Siggi« los. Diesmal müsste es eigentlich klappen, denn Linse tritt aus dem Haus heraus. Doch diesmal bricht »Siggi«, der am Steuer sitzt, die Aktion eigenmächtig ab. Er nutzt das Auftauchen des Steuerinspektors, der den Wagen und seine Insassen in Augenschein nimmt, zum Abbruch des Vorhabens. Da »Siggi« einfach losfährt um die Ecke biegt und außer Sichtweite in der Drakestraße anhält, bleibt den anderen nichts übrig,

---

444 Vgl. Der Staatssicherheitsdienst, S. 159.

445 Vgl. das Urteil des Landgerichts Berlin vom 24. April 1956, in: BA Koblenz, B 137, 1063.

446 HAIT-Archiv, Akte Walter Linse, Bestand Moskau, S. 41.

als hinterherzulaufen und ohne Linse zuzusteigen. Marustzök zieht aus dem Versagen die Konsequenz und ersetzt »Siggi« durch »Ringer«.[447]

Nun unternehmen sie den Versuch, der sich als erfolgreich erweisen wird. Die vier werden von Paul im Verlauf des 7. Juli in die Wohnung von »Günter« nach Karlshorst beordert, wo sie in den Abendstunden eintreffen. Man bespricht alle Einzelheiten des Plans und legt die Rollenverteilung fest: Borchert und Knobloch sind ausersehen, Linse um Feuer zu bitten und ihn dann zu überwältigen. Krüger wird am Steuer sitzen, und Bennewitz, der Chef des Unternehmens, das Geschehen vom Auto aus überwachen.[448] Waffen werden ausgegeben: »3 Pistolen, Fabrikat FN, Kaliber 7,65 mit weggefeilter Nummer und 1 Pistole, Fabrikat FN, Kaliber 6,35«, dazu »Äther und Watte sowie ein sandgefülltes Lederkissen mit Handschlaufe«, wie in einem Bericht vom 7. April 1953 ausgeführt wird.[449] Dann besorgt Marustzök etwas zu essen.

Während drei der Verbrecher schlafen, setzt sich Krüger in der Nacht in Bewegung und fährt mit der S-Bahn zum Zoologischen Garten. Dort, irgendwo im Amüsierviertel zwischen Kurfürstendamm und Bülowstraße, bedeutet er einer Taxe anzuhalten. Er gibt als Fahrtziel eine Adresse im Ostsektor an, weshalb sich der Chauffeur ziert, die Tour zu übernehmen. Doch durch gutes Zureden und das Zücken eines 20-Markscheins gelingt es ihm, dessen Bedenken zu zerstreuen. Im Verlauf der Fahrt schiebt er ihm sogar noch eine Stange Zigaretten hinüber. Am Ziel fast angelangt, stoppt eine Streife der Volkspolizei das Auto und bedeutet den Insassen, auszusteigen. Die Polizisten entdecken die Zigaretten, nehmen den Taxifahrer wegen Schmuggels fest und sistieren ihn auf der Polizeiwache in der Schönhauser Allee. Gegen 10 Uhr am nächsten Morgen wird er allerdings wieder freigelassen und fährt zurück in den Westsektor.[450]

Der einzige Zweck dieser – fingierten – Aktion ist es, in den Besitz der Westberliner Nummernschilder und des Taxischildes zu kommen. Während der Taxifahrer in seiner Zelle sitzt, greift Marustzök unten im Hof zum Schraubenzieher und montiert die benötigten Utensilien ab. Er montiert

---

447 BStU, ZA, MfS, GH 105/57, Bd. 5, S. 41.

448 Urteil des Landgerichts Berlin vom 4. Juni 1954 gegen Knobloch, in: StA, Bd. I, S. 50.

449 StA, Bd. IIa.

450 *Der Tagesspiegel* vom 9. Juli 1952.

sie an dem von Benter gekauften Opel Kapitän, der zudem von Grau in Schwarz umgespritzt und mit einem weißen Streifen versehen worden ist.[451] Das Taxi selbst ist für ihn nicht von Interesse, denn sein Motor ist um einiges schwächer als der des Opels.

In den frühen Morgenstunden des 8. Juli begibt sich die Bande nach Pankow, wo man den Opel besteigt und losfährt. Marustzök fährt sie bis zum Potsdamer Platz. Krüger übernimmt nun das Steuer und fährt alleine über den Kontrollpunkt bis zur Potsdamer Straße. Während Marustzök zurückbleibt, folgen die drei Komplizen dem Wagen zu Fuß und steigen auf der anderen Seite wieder zu. Nun geht die Fahrt weiter bis nach Lichterfelde. Am Bahnhof Lichterfelde West steigen Knobloch und Borchert aus und fahren mit dem Bus weiter. Krüger postiert den Wagen vor Linses Haus. Jetzt taucht wieder der Steuerinspektor auf, der um diese Uhrzeit immer seinen Dackel spazieren führt – von Marustzök wird er in seinem Bericht deshalb nur »der Dackelmann« genannt.[452] Flugs nähert er sich dem Wagen mit den beiden Männern und schreibt sich die Nummer auf. Dann geht er weiter.

Als Linse aus dem Haus kommt, lässt Krüger den Motor an. Der Fahrer des kleinen Lieferwagens, der auf dem linken Auge blind ist, schreibt gerade den Kilometerstand des Tachos in das Fahrtenbuch.[453] Vom MfS als Beobachter eingesetzte Agenten gehen in Stellung.[454] Die Täter lassen sich jetzt durch nichts mehr aufhalten. Zunächst erkennen Knobloch und Borchert Linse nicht, weil er einen neuen Anzug trägt. Aber Bennewitz steigt aus dem Wagen und deutet auf das Opfer. Dann geschieht, was zuvor im Einzelnen durchgespielt wurde. Man bittet Linse, der ein starker Raucher ist, um Feuer. Als dieser an seiner Tasche nestelt, greift Borchert von hinten um ihn und Knobloch schlägt zu. Linse will flüchten und läuft auf das vermeintliche Taxi zu, wo ihn jedoch die anderen erwarten. Während der

451 *Stern. Das deutsche Magazin* vom 26. Oktober 1952.

452 BStU, ZA, MfS, GH 105/57, Bd. 5, S. 42.

453 Urteil des Landgerichts Berlin vom 4. Juni 1954 gegen Knobloch, in: StA, Bd. I, S. 62.

454 Über sie existieren keine Belege, aber wenn man sich andere Dokumente ansieht, dann erscheint plausibel, dass sie vor Ort waren. Vgl. z. B. den Bericht über den konspirativen Treff mit GM »Fröhlich« am 14. Juli 1952, in: BStU, ZA, ANS, AIM, 14864/89 A, Bd. 1, S. 6–12. Der Treff wurde von sechs konspirativen Mitarbeitern beobachtet.

wenigen Sekunden, die die Attacke andauert, geschieht noch einiges: Der Hundehalter zieht eine Trillerpfeife und bläst sie. Die Frau, die Sekunden vor der Tat an Linse vorbeigelaufen ist, ruft um Hilfe. Die beiden Frauen auf der anderen Straßenseite beginnen ebenfalls zu schreien. Doch Linse ist bereits in den Fond des Opels gezerrt und gestoßen worden, die Verbrecher hinterher. Der Wagen rollt an. Den Wartenden an der Bushaltestelle an der Ecke Drake-/Gerichtsstraße ist die Tat nicht verborgen geblieben; sie versuchen, den Wagen zu stoppen. Doch Bennewitz gibt einen Schuss in die Luft ab, worauf die Menge auseinanderstiebt. Der Fahrer des Lieferwagens hat, als er bemerkt hat, dass er Zeuge einer Verschleppung ist, den Motor angelassen und die Verfolgung des Opels aufgenommen. Permanent hupend versucht er, das Tatfahrzeug von der Straße abzudrängen. Da zieht Bennewitz erneut seine Pistole und feuert zweimal auf den Kopf des Verfolgers, jedoch ohne ihn zu verletzen. Zusätzlich wirft er Reifentöter auf die Fahrbahn. Es gelingt dem Fahrer des Lieferwagens noch, eine Polizeistreife aufmerksam auf die freche Tat zu machen. Aber als diese die Verfolgung aufnimmt, ist es bereits zu spät. Die Verbrecher sind mit ihrem Opfer bereits auf und davon. An der Grenze angekommen, stellen die Polizisten die Verfolgung ein.[455]

4. In der Gewalt seiner Feinde

Wie es Linse in der Gewalt seiner Kidnapper ergangen ist, kann nur über Umwege rekonstruiert werden. Aus Erfahrungsberichten von Alfred Weiland und anderen Entführungsopfern, die wieder freigekommen sind, wissen wir, wie es den Betroffenen ergeht, die unter Einsatz von List oder Gewalt in den Ostsektor Berlins gebracht worden sind. Als Weiland am 11. November 1950 auf offener Straße und am helllichten Tag in Berlin-Schöneberg überwältigt wurde, verlor er zunächst das Bewusstsein. Er erlangte es wieder und verlor es erneut. In den Phasen, in denen er bei Bewusstsein war, erinnerte sich Weiland zehn Jahre später, wurde er systematisch verprügelt, ohne nennenswerten Widerstand leisten zu können. »Die Kleider waren mir vom Leibe gerissen und dabei zerrissen worden. Auf mich wurde unbarmherzig eingeschlagen. Ich wehrte mich verzweifelt. Ich war jedoch völlig kraftlos.«

---

455 Vgl. LA Berlin, B Rep. 058, Nr. 2906.

Regierung der
Deutschen Demokratischen Republik
Ministerium für Staatssicherheit

GVS

BStU
000135

Verwaltung Land: Ministerium

Abtlg. (Kreisdst.): Abt. V

Haftbeschluß

Berlin, den 8. Juli 1952

Der / Die

Name: L i n s e , Dr.

Vorname: Walter, Erich

Geburtstag und Ort: 23. August 1903

Beruf: Jurist

Familienstand: verheiratet

Wohnungsanschrift: Berlin-Lichterfelde-West, Gerichtsstr. 12

ist aus den unten angeführten Gründen in Haft zu nehmen.

Gründe der Inhaftierung: L. ist Abteilungsleiter in der Agentenzentrale sogen. "Freiheitlicher Juristen"

Der Mitarbeiter der Abteilung (Kreisdienststelle): V

(Sabath) (Unterschrift) Oberrat

Einverstanden der Leiter der Abtlg. (Kreisdienstst.) V

(Beater) (Unterschrift) Inspekteur

Bestätigt: (Unterschrift)

Datum: 8. Juli 1952.

Haftbeschluss des MfS, 1952.

Erst als Weiland die Hoffnung verlor, vor Übertritt in den Sowjetsektor aus dem Wagen zu entkommen, gab er den Widerstand auf und verlor für längere Zeit wieder das Bewusstsein.[456]

Linse wird es in dieser Situation ähnlich ergangen sein: Zunächst wird er mit stumpfen Hieben gegen den Kopf überwältigt und in das Auto gezerrt. Seine Brille fällt zu Boden. Linse ruft um Hilfe, obwohl er annimmt, dass die Straße menschenleer ist, wie sein späterer Zellenspitzel notiert.[457] Er wird von Borchert und Knobloch vornüber in den Wagen gestoßen; von innen zieht Bennewitz. Linse schlägt mit dem Kopf gegen das Taxischild, bevor er mit den anderen in den Fond fällt. Da tritt Krüger auch schon auf das Gaspedal, und der Wagen rollt zügig an, obwohl Linses Beine noch heraushängen und die Tür offen ist. Es folgt ein ungleicher Kampf mit seinen Bewachern auf der Rückbank. Als der Wagen die Drakestraße erreicht, gelingt es, Linses Beine hereinzuziehen und die Tür zu schließen. Dabei verliert Linse einen Schuh, der auf der Straße liegen bleibt. Während sein Kopf auf den Knien seiner Peiniger oder auf dem Fußboden liegt, nimmt der Wagen Fahrt auf. Vielleicht schlagen seine Entführer mit ihren Lederkissen auf ihn ein. Nach Marustzöks Bericht hat Linse versucht, nach dem Fahrer zu treten; in einem Spitzelbericht steht, dass er eigenen Angaben zufolge versucht hat, mit den Füßen mögliche Zeugen auf sich aufmerksam zu machen.[458] Was immer – in jedem Fall wird heftig gekämpft, und die Täter versuchen, sein Bein zu verdrehen. Als das nicht gelingt, entscheidet sich Bennewitz, die Waffe nun gegen das Opfer einzusetzen. Er zielte »nach dessen Wadenfleisch und gab zwei Schüsse darauf ab, von denen einer traf. Lehmann [das ist Linse] fiel sofort zusammen.« Damit ist der Kampf zu Ende. Mit circa 100 Stundenkilometern rast der Wagen auf der Berliner Straße Richtung Grenzübergang Schwelmer Straße. Augenzeugen berichten, dass die Schranke wie zufällig geöffnet ist, aber aus anderer Quelle verlautet, dass sie erst hochgezogen wird, als der Wagen bereits auf das Bett der Straßenbahn ausgewichen ist und so das Hindernis umgangen hat.[459]

An einer einsamen Stelle in Teltow hält das Kommando an. Die Täter

---

456 Der Staatssicherheitsdienst, S. 145f.

457 Spitzelbericht vom 11. Juli 1952, in: BStU, ZA, MfS, GH 105/57, Bd. 4, S. 310.

458 Ebd.

459 Anlage zum Bericht des Polizeipräsidenten vom 13. Dezember 1953, in: BA Koblenz, B 209, 1070.

Walter Linses zurückgebliebener Schuh an der Kreuzung Drakestraße / Karwendelstraße in Berlin-Lichterfelde nach seiner gewaltsamen Entführung.

steigen aus dem Auto aus und lassen Linse drinnen liegen. Ein Volkspolizist auf einem Motorrad stößt zu der Gruppe hinzu, dann auch ein dunkler BMW. Die Kolonne verlässt den Ort Richtung Teltow. Ein Zeuge berichtet, dass ein dort stationierter Volkspolizist ihm auf Anfrage erzählt habe, dass das Auto schon seit mehreren Tagen erwartet worden sei.[460] Im MfS-Bericht heißt es: »Ich habe den Einsatzwagen [nach Ostberlin] gefahren und hatte als Begleiter den Genossen Sabath bei Lehmann. Lehmann blieb bis zur Haftanstalt am Boden des Einsatzwagens liegen.«[461] Die beiden fahren Linse ohne weitere Störungen in das MfS-Gefängnis nach Hohenschönhausen. Linse ist zumindest zeitweilig bewusstlos und ohne Orientierungsvermögen.[462] Während der Fahrt verliert er viel Blut, was ihn schwächt. Später lauscht die Stasi einem Gespräch Linses mit dem auf ihn angesetzten Zellenspitzel: »Das ist eine Fleischwunde, 3 mm am Schienenbeinknochen entlang. Es sind Gefäße angeschossen und das hatte zur Folge, dass furchtbar viel Blut weg ist. Ich lag direkt in einer Blutlache; bis hier war alles ganz rot. – Das Auto war ganz blutbeschmiert, die ganzen Sessel vorn, wo das so reingespritzt ist.«[463]

Als Linse übergeben wird, wird seine Wunde von einem Sanitäter versorgt. Linse ist jetzt Häftling 505, wie aus der anonymen Karteikarte der Krankenstation im ehemaligen Antonius-Krankenhaus hervorgeht. Zu den Effekten genommen werden sein Anzug, drei Taschentücher, Hemd, Krawatte, seine Socken und der Schuh, der ihm beim Überfall geblieben ist. Der Sanitäter diagnostiziert eine Schussverletzung am Unterschenkel und beidseitige Schwellungen und verordnet Bettruhe und dreimal täglich eine Tablette Vitamin C.[464] Eine »Einlieferungsanzeige« wird gefertigt, »Verdacht auf Spionagetätigkeit« lautet die Begründung.[465] Auf dem »Haftbeschluss« vom selben Tage ist unter der Rubrik »Gründe der Inhaftierung« vermerkt: »L. ist Abteilungsleiter in der Agentenzentrale sogen. ›Freiheitlicher Juristen‹«. Unterschrieben haben das Dokument Oberrat Sabath, Inspektor Beater, Ab-

---

460 CIC-Bericht, 14. August 1952, NARA, RG 319, Folder 1 [Bl. 143]; Aussage von »Hans Funke« beim UFJ am 9. Juli 1952, in: BA Koblenz, B 209, 1200.

461 BStU, ZA, MfS, GH 105/57, Bd. 5, S. 43f.

462 Abhörprotokoll vom 8. September 1952, in: HAIT-Archiv, Akte Walter Linse.

463 Abhörprotokoll vom 16. September 1952, in: HAIT-Archiv, Akte Walter Linse.

464 BStU, MfS AS, 110/79, Nr. 505/52. Ich danke Herrn Tobias Voigt, der mich auf diese Akte aufmerksam gemacht hat.

465 BStU, ZA, MfS, GH 105/57, Bd. 1, S. 5.

teilungsleiter, und Erich Mielke, stellvertretender Minister im MfS. Von einem späteren Vernehmer muss Linse eine Leibesvisitation über sich ergehen lassen. Alles, was nicht zu seiner Kleidung gehört, nimmt man ihm ab, von seinem Personalausweis über eine Brille bis zu einer Schachtel Streichhölzer. Linse setzt seine erste Unterschrift unter das Dokument.[466] Es werden noch viele weitere folgen.

Jetzt ist Linse auf Gedeih und Verderb dem Staatssicherheitsdienst ausgeliefert. In einer Villa in Berlin-Karlshorst, die der sowjetische Geheimdienst nutzt, wird er sogleich verhört. Auch am nächsten Tag ist Linse wieder dort, wie ein glaubwürdiger Zeuge später berichten wird. Bei einer Verhörpause trifft der nämlich in einem Warteraum auf einen Mann, der sich als Dr. Spinzer, Linzer oder Linze vorstellt und ihn bittet, sobald er freigelassen wird, seiner Frau mitzuteilen, dass es schlecht um ihn steht und er vielen Verhören unterzogen wird. Das Gespräch dauert nur wenige Augenblicke, dann wird der Mann wieder abgeholt. Ein anderer Informant berichtet dem CIC, dass er am 10. Juli 1952 im Ostberliner Polizeipräsidium mit mehreren Gefangenen auf irgendetwas gewartet habe, als ein Mann zu ihnen hereingeführt worden sei, der Dr. Linse genannt worden sei. Auch dieser Zeuge berichtet, dass dieser Mann einen grauen Sommeranzug trug, er blutete, hatte ein verbundenes Gesicht, aufgeplatzte Lippen und einen bandagierten Arm.[467]

Abgeschnitten von seiner Umwelt und elementarer Rechte beraubt, wird Linse fortan mit in der Sowjetunion erdachten und erfolgreich eingesetzten Methoden mürbe gemacht. Einmal dichtet der Häftling: »Darinnen hinter Gittern ein Gefangener des Staatssicherheitsdienstes, hohlwangig und bleich. Der Kübel voll Urin, Kot, Chlor und Gestank – die letzte Reduzierung des menschlichen Daseins im Zeitalter des Fortschritts.«[468] Angst, Ungewissheit, Langeweile, mangelhafte Hygiene und schlechte Ernährung sind nun seine ständigen Begleiter. Doch so schrecklich seine Lage auch sein mag, so sehr bleibt Linse ein vergleichsweise privilegierter Gefangener. Die soziale Deprivation – der Entzug sensorischer, emotionaler und sozialer Reize durch vollständige Isolierung, die den Gefangenen auf den Vernehmer

---

466 Ebd., S. 7.

467 CIC-Bericht v. 14. August 1952, in: NARA, RG 319, Folder 1 [Bl. 144].

468 Abhörprotokoll vom 15. September 1952, in: HAIT-Archiv, Akte Walter Linse.

als einzigen sozialen Kontakt fixiert[469] – fällt nicht so gravierend aus wie bei anderen. Denn das MfS geht bei ihm einen anderen Weg: Bereits nach wenigen Tagen, nämlich vor dem 11. Juli, verlegt man einen Häftling in seine Zelle, mit dem er sich zumindest ein wenig die Zeit vertreiben kann.

Was genau mit Linse geschieht, entzieht sich unserer Kenntnis.[470] Die Protokolle der Verhöre, die offenbar nicht alle überliefert sind, erklären nicht, was sich im Verhörzimmer zugetragen hat. Smith und der anonyme *Spiegel*-Journalist begehen einen großen Fehler, insofern sie anzunehmen scheinen, dass sich an ihnen eine bestimmte Gesprächsdynamik ablesen lasse.[471] Zwar lassen sich die Protokolle inhaltlich in drei Themenkomplexe unterteilen: Zuerst will man von Linse mehr über den Aufbau und die Arbeitsweise des UFJ erfahren, dann soll er von seiner eigenen Tätigkeit berichten, und schließlich interessiert sich sein Gegenüber für die Namen von UFJ-Mitarbeitern in der DDR. »Nennen Sie endlich die Ihnen bekannten Agenten!« soll Munsche am 22. Juli gesagt, und Linse soll folgende Antwort gegeben haben: »Durch meine persönlichen Beziehungen nach Chemnitz sind mir folgende Personen aus Chemnitz bekannt geworden, die für unsere Zentrale in Westberlin Spionagetätigkeit durchführen: [...].«[472] Und am 15. August vermerkt das Protokoll: »Frage: Sie haben bisher noch immer nicht alle Ihnen bekannten Agenten des ›Untersuchungsausschusses‹ genannt! Berichten Sie darüber! Antwort: Ich erinnere mich noch an folgendes: [...].«[473] Et cetera pp.

Aber nur weil etwas in den Akten steht, heißt das nicht, dass sich das Geschehen tatsächlich so zugetragen hat, und nur, weil etwas nicht auftaucht, dass es sich nicht ereignet hat. Zwar machen die Stasi-Schergen normalerweise wie zwanghaft alle ihre Aktivitäten aktenkundig, aber diesmal unterschlagen sie einiges. Folgt man den Protokollen, die sie hinterlassen haben, dann hat Linse nach seiner Verschleppung am 8. Juli eine Schonfrist bis zum 11. erhalten, bis das erste Verhör stattfindet. Davon kann keine Rede sein. Was man in den Akten lesen kann – und das übersehen Smith und die

---

469 Vgl. Zahn: Haftbedingungen, S. 15–21.

470 Zum folgenden vgl. »Nun gut, den vernichten wir«, in: *Der Spiegel* vom 18. November 1996.

471 Ebd.; Smith: Kidnap city, S. 133–137.

472 BStU, ZA, MfS, GH 105/57, Bd. 1, S. 71.

473 Ebd., S. 170.

Spiegel-Autoren –, ist ein Theaterstück, eine Schmierenkomödie. Diese »Protokolle« geben keinen Gesprächsverlauf wieder, sondern sind das Drehbuch für einen Schauprozess, bei dem der Angeklagte trainiert wird, die Fragen des Richters in der gewünschten Weise zu beantworten.[474]

Aus der Feder seines Zellenkameraden, dem Linse es erzählt, weiß man, wie es in Wahrheit abgelaufen ist: Die Schergen – vermutlich unter anderen Munsche, aber mit Sicherheit nicht Marustzök – kümmert die blutende Wunde nicht, sondern sie beginnen augenblicklich mit den Vernehmungen. Sie dauern »18 Stunden ohne Unterbrechung«. Darauf folgen, wie Linse berichtet, »18 Tage Vernehmung ohne jeglichen Schlaf. 42 Tage Vernehmung nachmittags und nachts, auch Sonntags. Bis jetzt [7. November] Vernehmungen täglich bis 2 Uhr nachts. Es sind getätigt: circa 180 Vernehmungen, 350 Seiten Protokolle, Schreibmaschine. 400 Seiten von L. eigenhändig geschriebene Angaben.« Linse wird ausgequetscht wie eine Zitrone. Allerdings, so seine retrospektive Wahrnehmung, haben die Verhöre durchaus nicht den von seinen Feinden erhofften Erfolg. »Trotz Vernehmung ohne Schlaf in den ersten 14 Tagen nichts außer seine eigene Beschuldigung. Nach 14 Tagen 2 Namen von Agenten aus Chemnitz, sonst keine Namen.«[475]

Letztlich will sich Linse über seine Vernehmer aber nicht beklagen, zumindest später nicht, als ein gewisser Gewöhnungseffekt eingetreten sein mag: »L. äußerte sich sehr anerkennend über die Art der Behandlung, diese habe ihn angenehm überrascht, da er draußen das Gegenteil gehört habe und erwartet hatte«,[476] notiert sein Zellengenosse am 11. Juli. Dessen Nachfolger vermerkt am 1. September: »Die Behandlung bei der Staatssicherheit schildert er [Linse] als korrekt aber hart.«[477] Lediglich »den Russen« scheint er zu fürchten, der gelegentlich den Verhören beiwohnt; sein Ton ist Linse zuwider. »Er hat mich in brutalster und gemeiner Art beschimpft, bedroht und beleidigt. Ich wollte ihm schon immer sagen, dass ich mir so etwas verbiete, aber vielleicht wäre er dann noch gemeiner geworden.«[478]

Dennoch agiert Linse insgesamt eigentlich nicht ganz erfolglos, selbst

---

474 Vgl. Fricke: Politik und Justiz in der DDR, S. 273–280.

475 BStU, ZA, MfS, GH 105/57, Bd. 4, S. 454f.

476 Ebd., S. 308.

477 Ebd., S. 382.

478 Spitzelbericht vom 25. Oktober 1952, in: BStU, ZA, MfS, GH 105/57, Bd. 4, S. 439.

wenn er Angaben zu seiner Tätigkeit und den Strukturen des UFJ macht und der Staatssicherheitsdienst nun einen recht genauen Einblick in dessen Innenleben erhält. Dass durch seine unter diesen Umständen gemachten Aussagen Kollegen und vor allem Mitarbeiter vor Ort in Gefahr sind, ist ihm bewusst. Eindringlich macht er einmal seinen Zellengenossen darauf aufmerksam, weil er ihn als kurz vor seiner Entlassung stehend wähnt und ihm vertraut. Er soll seinen Freunden berichten, was mit ihm geschehen ist. Was Linse nicht wissen kann, ist, dass seine beiden Mitgefangenen, mit denen er nacheinander seine Zelle teilt, für seine Peiniger arbeiten; der erste bis Anfang oder Mitte August, der zweite bis zu Linses Übergabe an die Sowjets am 3. Dezember 1952. Beide sind mutmaßlich vom MfS zu Spitzeldiensten gepresst worden. Vom ersten sind neun handschriftliche Berichte überliefert, vom zweiten zwölf.[479] Linse wird das zweifelhafte Vergnügen zuteil, durch die Gesellschaft psychisch nicht gebrochen zu werden – und dadurch seinen Peinigern umso mehr ausgeliefert zu sein.

Wer die beiden Spitzel sind, ist nicht bekannt. Der erste gibt sich als Jurastudent aus. Linse versucht, ihn in juristische Disputationen zu verwickeln, aber der junge Mann zeigt sich überfordert. Die Legende fliegt gleichwohl nicht auf. Linse bleibt arglos. Lediglich der vorgebliche Student fühlt sich nicht wohl in seiner Haut, er hat Angst vor Enttarnung. Bereits in seinem zweiten Bericht macht er seine Erpresser auf einen Vorfall aufmerksam, der ihm geeignet scheint, Linse Verdacht schöpfen zu lassen. Wenn seine Mission scheitert, soll man wenigstens nicht ihn verantwortlich machen. »Ich persönlich bitte, dafür Sorge zu tragen«, dass solche Zwischenfälle, »die nicht gerade geeignet erscheinen, das beginnende Vertrauen des L. mir gegenüber zu festigen, vermieden werden. [...] Heute gelang es mir jedoch, sein evtl. Misstrauen zu zerstreuen. Ich bitte also in Zukunft gerade auf Kleinigkeiten besonders zu achten!«[480]

Der »Student« ist willens, Linse um seines Vorteils willen ans Messer zu liefern. Der hinterhältige Plan des Staatssicherheitsdienstes geht auf: Linse fasst Vertrauen und redet, der »Student« schreibt alles auf. Für Linse ist seine Anwesenheit ein gutes Zeichen. »Wenn [...] sie mich hätten verschwinden lassen wollen, dann hätten sie mich andauernd in Einzelhaft halten kön-

479 Ebd., S. 308–494.

480 Ebd., S. 314.

nen.«[481] Die beiden lernen sich kennen und vertreiben sich die Zeit in der dunklen, stickigen Zelle, so gut es eben geht. Ein späteres Abhörprotokoll notiert über diese Zeit: »Als ich mit dem Jungen zusammen [war], da ist mir auch die Zeit nicht lange geworden, der hat immer erzählt, wir haben uns immer unterhalten, da ist es uns nicht langweilig geworden.«[482] Eine »schöne« Zeit, vor allem im Vergleich zu den ersten acht Tagen nach der Verschleppung, an die Linse mit Grausen zurückdenkt. Aber jetzt malen sie sich ihre nahe Zukunft aus, allerdings wissen sie, dass nicht sie darüber entscheiden, wann der große Tag der Freiheit einmal kommt. »Als ich mit dem Studenten zusammenlag, ach, da haben wir schon Pläne gemacht! Da haben wir uns schon bei ›Aschinger‹ getroffen und da waren wir schon ›draußen‹. Dann waren wir auf seiner Wartburg, wo sein Freund, dessen Vater, ein Hotel hat. Solche Illusionen haben wir uns schon gemacht. Das hat uns über die Zeit hinweggeholfen. Es ist besser, als wenn man sich schon auf dem Schafott sieht.«[483]

Einerseits verschafft der »Student« aus Jena also Entlastung durch Gespräche, andererseits erhält der Gegner durch ihn auch Kenntnis über Linses Gemütszustand und seine Aussagetaktik. Durch die Protokolle wird klar, dass Linse nicht viel mehr weiß, als er seinen Vernehmern angibt. Doch während er immer wieder die Hoffnung äußert, bis zum Juristenkongress gegen einen im Westen inhaftierten DDR-Agenten ausgetauscht zu werden, gibt der Spitzel Hinweise auf mögliche Widersprüche in Linses Aussagen, äußert Vermutungen über möglicherweise noch zu verratende UFJ-Mitarbeiter und macht Vorschläge für die weitere Vorgehensweisen. Aber obwohl der »Student« sich nach Kräften bemüht, behilflich zu sein, sind seine Informationen von eher geringer Qualität. Er wird abgezogen, der letzte Bericht datiert vom 5. August. Ob ihm seine Dienste gelohnt wurden? Das ist eher unwahrscheinlich, denn 1954 meldet sich eine Frau bei der Westberliner Polizei, die während ihrer Untersuchungshaft im MGB-Gefängnis in Karlshorst per Klopfzeichen mit einem Mann in Kontakt gestanden habe, der mit Walter Linse im Juli und August sieben Wochen eine Zelle geteilt haben will. Die Protokolle seiner Vernehmungen füllten, den Angaben des Mannes zufolge, annähernd 1500 Seiten. Bei ihrer Deportation in ein Arbeitslager in

---

481 Abhörprotokoll vom 22.9.1952, in: HAIT-Archiv, Akte Walter Linse.
482 Abhörprotokoll vom 16.9.1952, in: HAIT-Archiv, Akte Walter Linse.
483 Ebd.

Russland sei sie dem Mann erneut begegnet. Wenn es sich bei diesem Mann um den »Studenten« gehandelt hat, so ist auch er von einem Militärgericht zu Lagerhaft verurteilt worden.[484]

Noch im selben Monat, in dem der Student abgezogen wird, erhält Linse einen neuen Zellengenossen, und die gestiegene Zahl der Unterstreichungen in dessen Berichten durch unbekannte Hand, wahrscheinlich einen MfS-Mitarbeiter, deutet darauf hin, dass seinen Informationen ein höherer Wert zugesprochen wird. Spitzel Nr. 2 gibt Zeugnis darüber, wie sich Linses psychische Verfassung verschlechtert. Er will raus und ist deshalb bereit, alles zu sagen, was man von ihm hören will. Wenn er dann draußen ist, so sein Plan, will er allerdings öffentlich über seine Erfahrungen reden und womöglich Honorare für seine Vorträge erhalten. Die Hoffnung schwindet allerdings spätestens im Oktober wieder, als bei den Vernehmungen wieder »der Russe« anwesend ist. Oder war seine Anwesenheit, überlegt er, wieder nur einer dieser Versuche, ihn mürbe zu machen? Linse heuchelt weiter Kooperationsbereitschaft vor seinen Vernehmern, während er gegenüber seinem Zellengenossen mit der Wahrheit herauskommt. Linse ist im Wechselbad der Gefühle, schwankt zwischen Hoffnung und Verzweiflung. Einmal gibt er dem Spitzel genaue Anweisungen, an wen dieser sich nach seiner Freilassung mit welcher Botschaft zu wenden habe, ein anderes Mal prüft er, ob das Gitter über der Glühlampe in der Zelle stabil genug ist, um sich daran aufzuhängen.[485]

Auch Spitzel Nr. 2 schadet Linse nach Kräften. Die Berichte sind ausführlich, präzise, diffamierend. Sie vermitteln das Bild eines starken, gerissenen Mannes. Der Autor hat das Gefühl, dass Linse ihm etwas verheimlicht, und denunziert ihn, so gut er kann. »Bevor damals das Eisen, bei der Durchsuchung unserer Zelle, gefunden wurde, hatte er auch einige Male nicht an der Freizeit teilgenommen, es muss angenommen werden, das er nur in der Zeit, als er alleine in der Zelle war, das Blech abgerissen hat. Ich habe daher den Verdacht, das er auch jetzt wieder etwas im Schilde führt, besonders da er frische Luft gerne hat und trotz Verbot oft ans Fenster geht, um frische Luft zu schnappen. Es müsste daher darauf geachtet werden, dass er an der Freizeit teilnimmt und nicht die Gelegenheit hat, in der Zelle alleine zu sein.«[486]

---

484 Protokoll einer Zeugenaussage v. 23. März 1954, in: AA-PA, Bestand B 10, Politische Abt. 2, 1949/1951–1958, Bd. 265.

485 BStU, ZA, MfS, GH 105/57, Bd. 4, S. 452f.

486 Ebd., S. 469.

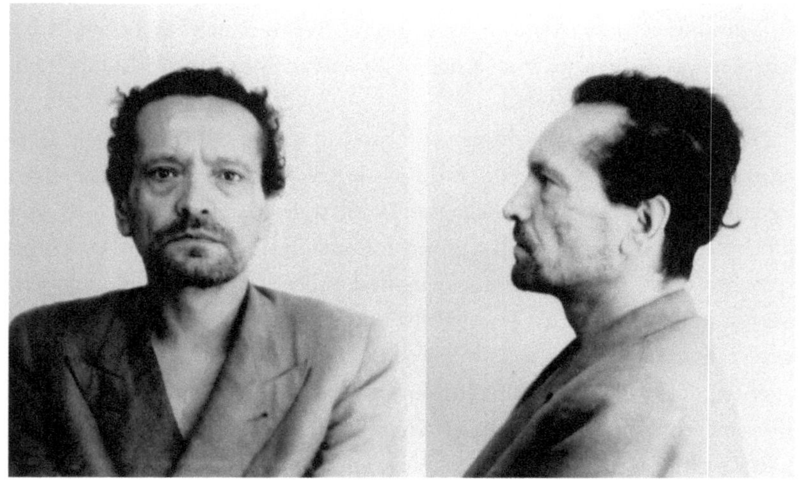

Nach der Verbringung nach Moskau, fotografiert 1953 in der KGB Lubjanka-Haftanstalt.

Und so ist Linses Lageeinschätzung dann am realistischsten, wenn ihn seine kurzzeitig anschwellende Hoffnung wieder verlässt, dass die Intervention des Westens seine Freilassung bewirken werde. Aber der Westen, scheint ihm, unternimmt nichts. Deshalb richtet er seine Hoffnungen immer wieder auf den »Tag X«, bis er im November erneut alle Hoffnung fahren lässt. Seine Vernehmer wissen nun wirklich alles, was er weiß. Linse sieht sein Ende nahe. »Am meisten fürchtet er Einzelhaft, Hunger, sowie die Zelle ohne Tageslicht. Auch spricht er in letzter Zeit von Abgabe an das Sowj. Militärgericht, dort habe er, nach seiner Meinung den Genickschuss zu erwarten«, schreibt Spitzel Nr. 2 am 27. November.[487]

Und genau das geschieht am 3. Dezember 1952: Er wird dem MGB überstellt. Vom MfS-Gefängnis in Berlin-Hohenschönhausen bringt man ihn nach Karlshorst, wo die Sowjets ihren Berliner Sitz genommen haben. Er wird erkennungsdienstlich behandelt. Die Fotos zeigen einen müden und abgemagerten Mann in einer groben Jacke ohne Hemd. Die markante Brille fehlt. Er ist nicht rasiert, und die ungepflegten Haare sind nach hinten gelegt. Als Begründung für die Übernahme in den eigenen Gewahrsam ver-

---

487 Ebd., S. 486.

merkt Oberleutnant Chramow: »Walter Linse hat in seiner Eigenschaft als Leiter des Spionagerings ›Untersuchungsausschuss Freiheitlicher Juristen‹ im Auftrag ausländischer Aufklärungsorgane aktive subversive Spionage gegen die Sowjetunion und die DDR betrieben.«[488]

Über Linses Schicksal in MGB-Haft weiß man erneut wenig Konkretes. Der Zugang zu den Quellen ist schwierig, denn sie lagern in Moskau. Mitte der 90er-Jahre ist es Bengt von zur Mühlen gelungen, Einsicht zu nehmen und einen Teil der angeblich mehreren Tausend Seiten ins Deutsche zu übertragen. Auch die Sekundärquellen sprudeln nur spärlich. Bailey, Kondraschow und Murphy wollen wissen, Linse sei eine Vorzugsbehandlung mit einer täglichen Zigarettenration zuteilgeworden.[489] Doch man fragt sich, wie sie das herausgefunden haben wollen. Der Wortlaut der ins Deutsche übertragenen Vernehmungsprotokolle sowjetischer Provenienz erinnert erneut an die Dialoge, die die Öffentlichkeit aus den Schauprozessen der 30er- und 40er-Jahre kennt. Um den Gefangenen für den großen Tag seiner öffentlichen Selbstbezichtigungen vorzubereiten, muss er systematisch einer Gehirnwäsche unterzogen werden.[490]

Nachdem Linse also erneut verhört wird, legt der Militärstaatsanwalt am 17. August 1953 die Anklageschrift vor, in der die bekannten Vorhaltungen gemacht werden: Spionage und antisowjetische Propaganda. Am 23. September folgt die nicht-öffentliche Verhandlung vor dem Militärgericht in Karlshorst. Linse hat keine Chance, und das Urteil kann niemanden überraschen. Linse unternimmt zwar einen letzten Rettungsversuch, als er in seinem Schlusswort um gnädige Richter bittet. Aber die Verhörmethoden haben bereits dafür gesorgt, dass alles nach Plan abläuft: Linse gesteht: »Ich bereue meine Taten. [...] Ich bin bereit, meine Schuld zu sühnen, und bitte das Gericht um eine milde Strafe.«[491] Den Gefallen erweist man ihm nicht, aber das war auch nicht vorgesehen. Am 23. September 1953 wird das Urteil gesprochen: »LINSE Walter-Ernst wird auf Grundlage der Art. 58-60 mit 10 Jahren Freiheitsentzug und Arbeitslager bestraft. Darüber hinaus ver-

---

488 HAIT-Archiv, Akte Walter Linse.

489 Vgl. Mampel: Entführungsfall, S. 55.

490 Um Linses Situation in Karlshorst nachzuvollziehen, könnte die Lektüre von Koestlers »Sonnenfinsternis« hilfreich sein. Vgl. auch Fricke: Politik und Justiz in der DDR, S. 63ff.; Der Staatssicherheitsdienst, Nr. 42; Unrecht als System.

491 HAIT-Archiv, Akte Walter Linse, Bestand Moskau, S. 30.

hängt das Gericht gemäß Art. 58-6 Abs. 1 des Strafgesetzbuches der RSFSR die Höchststrafe – Tod durch Erschießen – bei Einzug der Vermögenswerte, welche der Verurteilte bei seiner Verhaftung mit sich führte.«[492] Linses allerletzte Chance, mit dem Leben davonzukommen, ist eine Beschwerde gegen das Urteil, die er noch am selben Tag einlegt. Am nächsten Tag wird sie zurückgewiesen.

Ein Gnadengesuch beim Präsidenten des Obersten Sowjets der UdSSR wird am 15. Dezember 1953 abgelehnt. Da ist Linse bereits in der Moskauer Butyrka. Er wird noch am selben Tag hingerichtet, wahrscheinlich mit einem Genickschuss. Sein Leichnam wird an unbekannter Stelle auf dem Donskoj-Friedhof beigesetzt.

---

492 210 Ebd., S. 3.

VI. Die lange Ungewissheit

1. Aufruhr im Westen

a) Emotionaler Ausnahmezustand

Wenn Linse in seiner Zelle der Verzweiflung nahe ist, dann auch deshalb, weil er glaubt, dass seine Verschleppung unauffällig vonstattengegangen sei und niemand sein Verschwinden bemerkt habe. Was denken die Leute, was denkt Helga von ihm?[493] Doch Linse irrt, denn durch seine Konzentration auf die Zeitungslektüre im Moment des Überfalls ist ihm entgangen, dass zahlreiche Zeugen anwesend gewesen sind: der Steuerinspektor mit seinem Dackel; der Fahrer des Lieferwagens; die beiden Frauen auf der anderen Straßenseite; die Menschen an der Bushaltestelle; die Streifenwagenbesatzung, die die Verfolgung aufnimmt. Die Nachricht von der Gewalttat, der

Demonstration auf dem Rudolph-Wilde-Platz in Berlin, 10. Juli 1952

493 Vgl. Abhörprotokoll vom 5. September 1952, in: HAIT-Archiv, Akte Walter Linse.

Verfolgungsjagd und der Schießerei verbreitet sich deshalb in Windeseile. Journalisten hören den Polizeifunk ab und eilen zum Tatort. Als einer von ihnen zum Haus gelangt, wird er – angeblich, denn wie glaubhaft ist diese Geschichte? – mit einigen Kollegen durch Linses Wohnung geführt. Doch ihm geht auf, dass es sich bei den Männern um MfS-Mitarbeiter gehandelt haben muss, denn die Kripo trifft erst später ein.[494]

Gegen Mittag informiert man Ernst Reuter. Da weiß Jakob Kaiser schon Bescheid, er informiert circa 13 Uhr telefonisch Adenauer. Bereits in den Abendausgaben berichten die Zeitungen, über das Radio wird die Nachricht ebenfalls verbreitet.[495]

Wie die schreckliche Nachricht zum UFJ gelangt, ist ebenso wenig bekannt wie die Reaktionen, die sie auslöst. Besucher werden am 8. Juli weiterhin empfangen. Aber man kann davon ausgehen, dass sich zuerst Panik und Entsetzen ausbreiten und anschließend, in der Phase der Reflexion, Misstrauen. Eine Versammlung wird einberufen, bei der die Frage des Waffentragens zum Selbstschutz – nicht zum ersten Mal – diskutiert wird. Diese Problematik ist spätestens seit September 1951 virulent. Da hat sich bereits die B-Abteilung vergeblich um die Beschaffung von Pistolen bemüht. Im April 1952 beschwert man sich bei der Organisationsabteilung über die Nichtbearbeitung des Wunsches und fordert ersatzweise die Beschaffung dreier Gasrevolver, die waffenscheinfrei sind. Gegenüber der Herstellerfirma betont man die risikoreiche Arbeit der UFJ-Mitarbeiter und wie leicht man Opfer einer Verschleppung werden kann, wenn man sich nicht ausreichend absichert. Für den Fall, dass der »Scheintod-Taschen-Revolver Modell D« den Erwartungen entspricht, stellt man weitere Bestellungen in Aussicht. Als Linse dann der Tat zum Opfer gefallen ist, vor der man sich zu schützen wünscht, ist die Waffenfrage plötzlich wieder aktuell. Über 14 Mitarbeiter in der Limastraße beantragen eine Schusswaffe, und am liebsten hätte man richtige, eine Browning etwa, die ein Schweizer Büchsenmacher für 58 bis 158 Franken feilbietet. Aber die Alliierten zeigen sich bei der Ausgabe von Waffenscheinen äußerst zurückhaltend, sodass es bei den Schreckschusspistolen bleiben muss.[496]

---

494 Bild vom 4. Juli 1991, in: StA, 29 Js 431/91, Bd. I, S. 6.

495 Rede Ernst Reuters am 10. Juli 1952, in: LA Berlin, E Rep. 200-21, Nr. 113; BArch, B 136/6539; StA, 29 Js 431/91, Bd. I, S. 73.

496 Vgl. BArch, B 209/29.

Da die Ausgabe von Waffen an die Mitarbeiter nicht in dem gewünschten Maße möglich ist, versucht man, andere Maßnahmen zu ergreifen. Die Mitarbeiter, die in den Westsektoren wohnen, sollen mitteilen, wenn sie sich bedroht fühlen, damit die Polizei ein besonderes Auge auf sie haben kann. Ein bisschen spät, möchte man meinen. Denn es hat Warnungen und Hinweise gegeben. Linse hat »Dr. Friedenau«, wenn man einem Spitzelbericht von einer Mitgliederversammlung im UFJ Glauben schenken kann, bereits Wochen zuvor schriftlich mitgeteilt, »dass er sich beobachtet und verfolgt fühlt, und dass er Nachricht erhalten hätte, dass auf ihn eine Kopfprämie ausgesetzt sei. ›Dr. Friedenau‹ hätte diese Meldung zu den Akten gelegt und ihr keine größere Bedeutung beigemessen.«[497]

Als nach Linses Verschleppung vier Verhaftungen von Mitarbeitern im Osten bekannt werden, liegen bei »Dr. Friedenau« und seinen Kollegen die Nerven blank. Wieso, fragt sich »Dr. Friedenau«, arbeiteten sie alle in demselben Referat? Der entsprechende Referatsleiter fasst bereits die Frage als Verdächtigung auf. Und dennoch: Die Frage nach einem Spion innerhalb des UFJ, insbesondere in Linses Abteilung Wirtschaft, wird drängender. Fünf Verdächtige werden genannt: Linse, die Verwalterin der Abteilung Kartei, die Verwalterin der Zentralkartei, die Sekretärin von »Hansen«, Ruth Schramm, und eine weitere Person, deren Identität die BStU verschleiert.[498] Bei Schramm wird eine Hausdurchsuchung vorgenommen, die allerdings ohne Ergebnis bleibt. Gleichwohl bleibt sie verdächtig. Am 21. Juli 1952 unterzieht man alle Mitarbeiter einem Lügendetektortest – nichts. Am darauffolgenden Tag allerdings setzt sich Schramm, die erst seit vier Monaten im UFJ arbeitet, zusammen mit ihrem Geliebten Hans-Dieter Kühn nach Ostberlin ab. Wenige Tage später taucht sie als Zeugin in einem Schauprozess gegen UFJ-Mitarbeiter vor dem Obersten Gericht der DDR in Ostberlin auf, wo sie von der Vorsitzenden, Hilde Benjamin, verhört wird. Unter ihrem Namen veröffentlicht die Ostpropaganda einen Erlebnisbericht über die »verbrecherischen Umtriebe« des UFJ.[499] Die Verräterin scheint gefunden! Aber es deutet einiges darauf hin, dass Schramm und Kühn mit der

---

497 BStU, ZA, ANS AIM 14864/89 A, Bd. 1, S. 8.

498 Ebd., S. 10.

499 Vgl. Aussage Ruth Kühn vor der Staatsanwaltschaft Berlin am 26. März 1992, in: StA, 29 Js 431/91, Bd. I; »Der grosse Verrat«, in: *Stern* vom 26. Oktober 1952; *Neues Deutschland* vom 25. Juli 1952.

Verschleppung Linses weniger zu tun haben, als die Zeitgenossen glauben möchten. Die Berichterstattung des *Stern* zielt, indem sie ein Bild Schramms, sich im Badeanzug in der Sonne rekelnd, veröffentlicht, eher darauf ab, sie in einer ähnlichen Weise zu dämonisieren wie die Hassfigur Hilde Benjamin.

Mit der Entführung gerät auch der UFJ als solcher wieder in den Blick der Öffentlichkeit – und zwar einer ziemlich kritischen. Man nimmt das Verbrechen zum Anlass zu fragen, ob die freiheitlichen Juristen immer alles richtig gemacht haben und ob ihrer – und also auch Linses – Arbeit nicht etwas grundsätzlich Verwerfliches anhafte. »Dr. Friedenau« fühlt sich daher bemüßigt, für Linse eine Art Ehrenerklärung abzugeben, in der er die Reaktionen auf den aktuellen Fall, der sich ja eigentlich wenig von vergleichbaren anderen Fällen unterscheidet, damit zu erklären versucht, dass Linse durch sein Verhalten an den verschiedenen beruflichen Stationen seines Lebens und durch seine Überzeugungen zu einem, wie er in der Wochenzeitung *Die Zeit* schreibt, »maßgeblichen Vertreter des Rechtsgedankens« und quasi zu einem Märtyrer desselben geworden sei. Zum Beleg zitiert er ausführlich aus Linses Bewerbungsschreiben von 1950 und rekapituliert seine Tätigkeit bei der IHK Chemnitz unter sowjetischer Besatzung, also nach 1945.[500] Die Arbeit für den UFJ sieht »Dr. Friedenau« ganz in dieser Linie, nämlich dem Einsatz Linses für das Recht und die Rechtsstaatlichkeit. Von »Spionage« könne keine Rede sein, denn dann wäre jeder Journalist, der über Rechtsbrüche in der DDR berichtet, ein Spion, argumentiert er. Dem UFJ – und Linse – gehe es bei seiner Tätigkeit um nichts weniger als um »Widerstand gegen Unrecht«, die Überwindung der SED-Diktatur und die Wiedereinsetzung des Rechtsstaates in Mitteldeutschland.[501]

»Dr. Friedenaus« Artikel in der *Zeit* ist mit einem gezeichneten Porträt von Linse illustriert, das erkennbar nach dem Foto erstellt worden ist, das heute bekannt ist: Es zeigt Linse in eher jungen Jahren, mit wenig Falten im Gesicht und vollem, dunklem Haar, wenngleich schon mit hoher Stirn und Geheimratsecken. Er trägt einen hellen Anzug mit gestreifter Krawatte, und wenn das ganze Foto abgedruckt wird, sieht man noch die locker auf dem Schoß gekreuzten Arme und eine Zigarette in der Hand. Möglicherweise hat sich Linse mit diesem nicht ganz aktuellen Foto – andere aus dieser Zeit

---

500 »Freiheit für Dr. Walter Linse!«, in: *Die Zeit* vom 17. Juli 1952.

501 Dr. Theo Friedenau: »Was ist ›Spionage‹? Die andere Seite des Falles Linse«, Manuskript, in: LA Berlin, B Rep. 002, Nr. 12788.

zeigen ihn deutlich gealtert – beim UFJ beworben, und »Dr. Friedenau« hat es dem Zeichner zur Verfügung gestellt. Es hat inzwischen ikonografischen Charakter und steht für den furchtlosen, reflektierten Kämpfer gegen kommunistisches Unrecht, der aus der Blüte des Lebens gerissen und zum Märtyrer geworden ist. 1962 ist diese Botschaft gefestigt, wie sich anhand des Rückblicks des Berliner *Tagesspiegels* zum zehnten Jahrestag des Verbrechens zeigt. Der Artikel fasst den Fall Linse als typisch, als repräsentativ für viele andere nicht genannte Fälle von Menschenraub auf, wenn er am Schluss bilanziert: »Für all diese Unglücklichen sei noch einmal ein Name genannt: Walter Linse.«[502]

Während man im UFJ zwar wenig, aber immerhin doch etwas tun kann, um das innere Gleichgewicht wieder herzustellen, ist die Bevölkerung Westberlins mehrheitlich zutiefst empört und wütend, zugleich aber auch verängstigt und hilflos. »Entführungen müssen ein Ende haben« titelt der *Tagesspiegel* am 9. Juli – eine Forderung, die so angemessen wie aussichtslos ist. Geradezu rührend muten die von verschiedenen Bürgern an Politiker herangetragenen Vorschläge an, dass man etwa Plakate an der Sektorengrenze mit Informationen über den Unrechtscharakter des SED-Regimes aufstellen möge. Man fordert bessere Schutzmaßnahmen, eine bessere Ausstattung der Polizei, die Wiedereinführung der Todesstrafe für derartige Verbrechen und die Ausgabe von Waffenscheinen an gefährdete Politiker und Aktivisten wie Linse. Außerdem fordert man die Einführung von Kontrollen an den Zonengrenzen und überhaupt die Bewachung von Übergangsstellen. Im Innenausschuss des Westberliner Abgeordnetenhauses werden Schutzmaßnahmen erörtert, die weitere Verschleppungen in der zuletzt bekannten Art erschweren und verhindern helfen sollen.[503] Warnschilder 300 Meter vor der Grenze aufzustellen ist kein Problem – aber was hülfe das? Man müsste Polizeiposten an der Grenze einsetzen, sie und gefährdete Zivilpersonen mit Waffen ausstatten und geeignete Grenzbefestigungen errichten. Die westlichen Alliierten halten davon allerdings gar nichts, weil sie Berlin als ungeteilte Stadt behandeln.[504] Dieser Widerstand erscheint den Westberlinern vor

---

502 »Pankow und der Menschenraub. Vor 10 Jahren wurde Dr. Linse entführt«, in: *Der Tagesspiegel*, 7. Juli 1962, in: BA Koblenz, B 209/1069.

503 Protokoll der Sitzung vom 27. September 1952, in: LA Berlin, B Rep. 001, Nr. 144.

504 Vgl. Schreiben Polizeipräsident in Berlin an Regierenden Bürgermeister von Berlin v. 25. Juli 1952, in: LA Berlin, B Rep. 004, Nr. 3608.

allem mit Blick auf die Asymmetrie, die sie an der Grenze besichtigen können, so unverständlich: Anschaulich beschreibt ein Journalist des NWDR wenige Tage nach dem Anschlag, wie jenseits der Stadtgrenzen Barrieren aus Schlagbäumen, umgelegten Bäumen und Gräben entstanden sind, die von Polizisten der »Pieck-Polizei« mit Gewehren bewacht werden. Das Betreten der DDR wird sorgsam kontrolliert, doch in der anderen Richtung ist die Grenze offen.[505]

Die Gefahr, die Westberlinern durch die offenen Grenzen droht, ist also real und wird noch eine ganze Weile – eigentlich bis zum Mauerbau – anhalten. Als im April 1954 der sowjetische Dissident Truschnowitsch verschleppt wird, macht eine Lokalzeitung darauf aufmerksam, dass immer noch fast alle Übergänge in die DDR – die »Zonengrenze« – auf westlicher Seite ungesichert sind und Menschenräubern freie Fahrt in den kommunistischen Herrschaftsbereich ermöglichen. Die Polizisten, die an verschiedenen Stellen postiert sind, können wenig ausrichten, denn sie sind unbewaffnet.[506]

Nicht beanstandet wird von den westlichen Alliierten indes die Anweisung des Verkehrssenators an die Berliner Verkehrsbetriebe, an bestimmten U-Bahnhöfen Lautsprecher zu installieren, über die die Fahrgäste über die Einfahrt des Zuges in den Ostsektor informiert werden sollen.[507]

Letzten Endes bleiben den Westberlinern also weiterhin nur ohnmächtige Proteste und öffentlichkeitswirksame Veranstaltungen wie der Juristenkongress, bei dem Linses Stuhl frei bleibt. In einer Entschließung bekunden dessen Teilnehmer ihre Erschütterung über die feige Tat und teilen ihren Verdacht mit, dass die Ausführenden im Auftrag oder wenigstens mit Zustimmung der Regierung und der Justizbehörden der DDR gehandelt haben.[508]

Ausgelöst durch die Verschleppung, bricht sich in der Bundesrepublik ein massiver Antikommunismus Bahn, Vergeltungsmaßnahmen gegen die KPD und SED, beispielsweise die Verhaftung des Fraktionsführers der KPD im Bundestag, Max Reimann, werden gefordert.[509]

---

505 »Dr. Franz Rupp zum Fall Dr. Linse«, in: BA Koblenz, B 106-I, 19.

506 Telegraf 25. April 1954, in: LA Berlin, B Rep. 002, Nr. 2229/2.

507 Schreiben des Regierenden Bürgermeisters an den Vorsitzenden des Ausschusses für Inneres v. 31. Oktober 1952, LA Berlin, B Rep. 004, Nr. 3608.

508 Internationaler Juristen-Kongress Berlin: Recht gegen Willkür. Bericht über die Ergebnisse des Kongresses etc., o. D., in: BA Koblenz, Zsg 1-97/1 (13).

509 Vgl. LA Berlin, E Rep. 200-88, Nr. 40; in: BA Koblenz, B 137, 1063; BA Koblenz, B 136, 6539.

Demonstration auf dem Rudolph-Wilde-Platz in Berlin, 10 Juli 1952.

Wie erregt die Gemüter sind, zeigt sich am 10. Juli auf dem Rudolph-Wilde-Platz vor dem Rathaus Berlin-Schöneberg, dem Amtssitz des Regierenden Bürgermeisters von Westberlin. Parteien, Gewerkschaften und Widerstandsorganisationen haben zu einer Protestkundgebung aufgerufen, und 20 bis 30 000 Menschen sind gekommen. Es ist um 19.30 Uhr immer noch brütend heiß, als sich auf dem Balkon Ernst Reuter, »Dr. Friedenau« und andere Persönlichkeiten zeigen. Die Freiheitsglocke wird geläutet. Bereits die erinnernde Schilderung des Verbrechens durch den Vizepräsidenten des Abgeordnetenhauses, Franz Amrehn, und die Rede »Dr. Friedenaus« wird durch zahlreiche Zwischenrufe der erregten Menge unterbrochen. Unter den Zwischenrufern sind offensichtlich auch mehrere Kommunisten, die sich in einer anderen Weise als die anderen Gehör verschaffen wollen. Reuter muss seine Rede unterbrechen, weil die Störer plötzlich angegriffen werden. Es entstehen Handgemenge, Tumulte, Schlägereien. Man zerrt einen Störer fort. Und schließlich greift die Polizei ein und nimmt sieben Störer und weitere 16 Teilnehmer fest. Es sind Verletzte zu verzeichnen.[510]

---

510 BStU, ZA, MfS, GH 105/57, Bd. 5, S. 192–194; *Der Kurier* vom 11. Juli 1952; Die

Was soll Reuter schon sagen bei dieser Kundgebung? Auch er ist aufgewühlt. Er beschimpft die deutschen Helfer der Sowjets, kündigt Maßnahmen zur Grenzsicherung an und echauffiert sich über kommunistische Agitation in einigen Laubenpieperkolonien: »Diese Peiniger des deutschen Volkes, diese Spalter unseres Vaterlandes, diese Judas Ischkariote!« So wenig er im Moment auch tun kann, so überzeugt ist er vom Sinn solcher Kundgebungen. Denn bereits die Protestdemonstration anlässlich des Todesurteils gegen Hermann-Joseph Flade habe bewirkt, dass dieser zu lebenslanger Haft begnadigt worden sei. Über den Fall Linse ruft er: »Hier ist ein Mensch aus unserer friedlichen Mitte geraubt, überfallen, niedergeschlagen, in ein Auto gezerrt und hinausgefahren worden in die Folterhöhlen dieser Verbrecher.« Und so fordert er voller Inbrunst: »Er muss uns zurückgegeben werden!«[511]

Allerdings zeigen nicht nur die Störer auf dem Rudolph-Wilde-Platz, dass nicht alle Menschen in Westberlin Anteil an Linses Schicksal nehmen und dessen Freilassung fordern. Vor einer Litfaßsäule, an der Steckbriefe mit den Bildern der mutmaßlichen Täter angeschlagen sind, kann man hässliche Kommentare vernehmen, und einer bedauert, »dass nicht noch mehr ›Linsen‹ verloren« gegangen seien.[512]

Aber überwiegend herrschen in Westberlin Hilflosigkeit und Wut vor, die sich gegen »die« Kommunisten richtet. Viele bekunden auch im Stillen, per Brief ihre Anteilnahme. Ein Exil-Chemnitzer, der in seiner Heimat eine eigene Firma besessen hat und nun in Niedersachsen lebt, berichtet von den Repressalien, die er nach dem Krieg durch die Besatzungsmacht erleiden musste und gegen die er sich zwei Jahre lang letztlich vergeblich zur Wehr gesetzt hat. Allein hätte er diesen Kampf nicht durchstehen können, schreibt er. Zum Glück habe er »u. a. in Herrn Dr. Linse einen Mann gefunden, der sich mit beispielloser Zivilcourage in den Dienst des Rechts stellte«.[513]

Und bald nach der Verschleppung schlägt – in West und Ost – auch die Stunde der Aufschneider, Spinner und Dunkelmänner, die alle Walter Linse gesehen haben wollen und damit ein weitverbreitetes Bedürfnis nach Auskunft

---

Neue Zeitung vom 11. Juli 1952; *Der Tag* vom 11. Juli 1952; *Der Tagesspiegel* vom 11. Juli 1952, alle in: ACDP I-295-007.

511 Der Senat von Berlin, Presseamt, Mitteilung vom 10. Juli 1952, in: LA Berlin, E Rep. 200-21, Nr. 113.

512 BStU, ZA, MfS, GH 105/57, Bd. 4, S. 85.

513 Schreiben v. 12. Juli 1952 an UFJ, in: BA Koblenz, B 209/1200.

über seinen Verbleib und sein Ergehen zu befriedigen trachten. Denn natürlich sucht man fieberhaft nach Spuren, und da ist prinzipiell jeder Hinweis willkommen. Die KgU etwa, an die Linse sich kurz zuvor noch wegen der Suche nach einer Person gewendet hat, nimmt ihn nun als Vermissten in ihre Suchkartei auf. Weniger seriös dagegen der Mann, der in Berlin mit einer Sammelbüchse durch die Straßen zieht, um Geld für die Befreiung Linses einzuwerben.[514] Einer will Linse im Zuchthaus Bautzen gesehen haben, dann soll er in Dresden aufgetaucht sein.[515] Der nächste will Angaben zu den Entführern machen, die angeblich in der Bundesrepublik untergetaucht sind. Ob er im Gegenzug von den westdeutschen Strafverfolgungsbehörden nicht mehr behelligt werde?[516] Dann erscheint einer, der in Döbeln geboren ist und nun in Passau wohnt. Er berichtet von einer zufälligen Begegnung mit einem Schulfreund in Berlin, der ihm zu verstehen gegeben hat, dass Linse im Zuchthaus Waldheim einsitzt. Der Mann sei absolut vertrauenswürdig, beteuert er.[517] Wiederum ein anderer bietet an, dem UFJ gegen Geld fortan Informationen zu liefern. Er will mit Linse per Klopfzeichen in Verbindung gestanden haben. »Ist unerträglich, helft mir« habe Linse signalisiert. Von einem russischen Bewacher habe er erfahren, dass Linse zum Tode verurteilt und im Januar 1953 per Flugzeug nach Brest gebracht worden sei.[518] Ausgiebig lässt sich ein weiterer Informant zur Causa Linse aus. Er will wissen, dass höchste Stellen im Politbüro der SED, des Staatssicherheitsdienstes und des MWD die Verschleppung angeordnet hätten. Aber die Angaben passen zu gut ins Bild, das man von den »SEDisten« hat, weshalb man im UFJ, wo die Aussage vorgetragen wird, skeptisch bleibt. Man sieht darin eine bewusste Irreführung durch das MfS.[519]

Besonders toll ist die Geschichte von GM »Paula«, die Stasi-Mann Mikosch am 11. September 1952 zu hören bekommt. »Paula« behauptet, 1942 einmal durch eine inzwischen verstorbene Freundin Kontakt zu Linse gehabt zu haben. Sie hätten ihn eines Abends im Chemnitzer Café »Europa« getroffen, seien mit ihm in den Wagen gestiegen und in eine Wohnung irgendwo in der – kilometerlangen – Stollberger Straße gefahren. Anders als erwartet, habe

514 Informationsbrief des Untersuchungsausschusses Freiheitlicher Juristen der Sowjetzone, Nr. 32 vom 10. Oktober 1952, S. 252.

515 BA Koblenz, B 289, 9504.

516 BA Koblenz, B 289, 3582.

517 Security Information, 23. Januar 1953, in: NARA, RG 319, Folder 2 [Bl. 79].

518 BA Koblenz, B 289, 1070.

519 HAIT-Archiv, Akte Walter Linse.

der Mann die beiden, die offenkundig als Prostituierte arbeiteten, nicht misshandeln wollen, sondern sei umgekehrt masochistisch veranlagt gewesen. Auf seinen Wunsch hin habe die Freundin ihm »einen Knopf an sein Geschlechtsteil« nähen sollen, »wobei er betonte, sie solle tiefer ins Fleisch stechen«. Für MfS-Abteilungsleiter Bruno Beater ist keine Schauergeschichte abwegig genug. Er ordnet an, alle Angaben von »Paula« sorgfältig zu überprüfen (»Kennt er das Kaffee ›Europa‹ in Chemnitz und hat er dort verkehrt« etc.) und sich dabei nicht nur auf Linses eigene Angaben zu verlassen. Er gibt Anweisung, »den 505 nach noch evtl. sichtbaren Stellen am Geschlechtsteil unter einem besonderen Vorwand untersuchen zu lassen«.[520]

Nicht nur Informationen und Hinweise – zumeist zweifelhafter Art – kommen herein. Auch praktische Hilfe wird angeboten: Helga etwa wird geradezu überschüttet mit Ideen und Anregungen, wie sie ihren Mann freibekommt, die bloß alle denselben Mangel haben: Die Betroffenen wollen Geld sehen, aber nichts dafür tun. Als der UFJ wegen dieser erkennbar unseriösen Angebote eine Belohnung für die Herbeibringung des Opfers auslobt, bleibt das folgenlos.[521]

b) Politische Verwicklungen

Zur gleichen Zeit richten sich alle Hoffnungen auf die Alliierten, insbesondere auf die Amerikaner, in deren Sektor der Überfall verübt worden ist. Ihnen traut man zu, den Sowjets mit hinreichender Autorität gegenüberzutreten. Nicht von Anfang an sind die Amerikaner die Verbündeten der Westberliner gewesen und haben sich gegen offene oder konspirative Verhaftungen der östlichen Siegermacht gestellt.[522] Doch inzwischen hat sich der weltpolitische Wind gedreht: Die Bundesrepublik unter Adenauer entwickelt sich gerade zu einem ernsthaften Bündnispartner im weltweiten Kampf gegen den Kommunismus. Also wird nun die Besatzungsmacht aktiv. Der Kommandeur der USA in Berlin, Lemuel Mathewson, schreibt noch am Tattag einen geharnischten Protest an den Vertreter der Sowjetischen Kontrollkommission, Sergei A. Dengin, in dem er darauf hinweist, dass es sich bei der Flucht der Bande mit ihrem Opfer in die DDR um eine koordinierte und von der sowjetischen Besatzungsmacht gebilligte Aktion

---

520 BStU, MfS GH 105/57, Bd. 4, Bl. 244 u. 305.

521 NARA, RG 319, Folder 2 [Bl. 165]; *Der Spiegel* Nr. 43, 22. Oktober 1952, S. 24.

522 Vgl. Smith: Kidnap city; Riess: Berlin, Berlin.

gehandelt haben müsse.[523] Als am Abend der Amerikanische Hohe Kommissar, John McCloy, dem Vorsitzenden der Sowjetischen Kontrollkommission, Wassili Iwanowitsch Tschuikow, in Karlshorst seinen Abschiedsbesuch abstattet, trägt er ihm auch die Forderung nach Freilassung Linses vor. Der Angesprochene verwahrt sich jedoch gegen die Unterstellung, er habe etwas mit der Tat zu tun, zeigt sich aber kooperationsbereit.[524]

Selbstverständlich hat der Vertreter des US-Hochkommissars in Berlin die Dimensionen der Krise vollkommen erfasst, wie sein Telegramm vom 10. Juli 1952 an die Bonner Zentrale beweist. Darin weist er auf den Druck hin, den die Aufregung der Berliner ausgelöst hat und auf den man noch keine angemessene Antwort gefunden hat. Die amerikanische Position in Berlin ist gegenüber der Sowjetunion schwach, und sowohl das Nichtstun als auch irgendeine Reaktion auf die Provokation ist mit erheblichem Risiko verbunden. Im Grunde steht man auf verlorenem Posten. Von daher, meint US-Diplomat Cecil B. Lyon, kommt als alleinige Lösung in Betracht, an einer anderen Front zu reagieren – welcher auch immer, wobei selbstverständlich der Bereich der Wirtschaft naheliegt.[525]

Am 11. Juli kommen in Washington neun Vertreter des Außen-, des Verteidigungsministeriums und der CIA zusammen, und die Verschleppung beherrscht das ganze Meeting. Man versucht sich in einer Lageeinschätzung: Einerseits erfordert die freche Tat eine starke Reaktion, weil sie einen qualitativen Sprung bedeutet. Andererseits sind die Möglichkeiten für eine wie auch immer geartete Vergeltung gering, denn die sowjetischen Kräfte sind den amerikanischen in Berlin überlegen. Was die Lage unübersichtlich macht, ist die Aufgeregtheit der Berliner Bevölkerung, die die amerikanische Seite unter Druck setzt, mehr zu ihrem Schutz zu tun. Aber was sollte nun geschehen? Nachdem Protest bei Dengin eingelegt worden ist, wäre Tschuikow jetzt an der Reihe, danach Moskau selbst. Eine andere Möglichkeit wäre es, sich den Zorn der Westberliner Bevölkerung zunutze zu machen und weitere Proteste zu unterstützen oder zu initiieren. Überhaupt müssten die Deutschen, wenn Aktionen wie die Verhaftung von SED- oder KPD-Funktionären unternommen werden sollten, vorgeschickt werden,

---

523 Der Staatssicherheitsdienst, S. 148f.

524 Berlin. Chronik der Jahre 1952–1954, S. 426.

525 Telegramm HICOG Berlin an HICOG Bonn, 10. Juli 1952, in: LA Berlin, B Rep. 036-02, RG 84, HICOG/BE, 2541/7, 2 of 5.

meint CIA-Mann Frank Wisner.[526] Auf jeden Fall dürfte nichts aussehen wie Vergeltungsmaßnahmen, sondern wie ganz normale rechtliche Schritte. Sinnvoll findet er auch die Einrichtung eines »liberation funds«, in den beispielsweise die Arbeitslosenunterstützungen von SED-Mitgliedern umgeleitet werden könnten, sofern man ihnen diese versagen würde.[527]

Was im Ad Hoc Berlin Committee unter dem Siegel der Verschwiegenheit (»Top Secret«) erwogen wird, ist nicht für die Öffentlichkeit bestimmt und hat zunächst auch keine konkreten Konsequenzen. Aber auch an der Spitze der Regierung stuft man die Handlungsspielräume als eher eng ein. US-Außenminister Dean Acheson muss jedenfalls die Gesamtheit der amerikanisch-sowjetischen Beziehungen im Blick haben. Für ihn ist der Fall Linse nur eine unter zahlreichen Sticheleien der Sowjets, deren Auswirkungen wenigstens lokal begrenzt sind. Insgesamt sieht er die amerikanische Position in Berlin gegenwärtig nicht in Gefahr.[528]

Erschwert wird die Erarbeitung einer Strategie durch den Mangel an Informationen. Er macht es erforderlich, aus teils abseitigen Ereignissen auf die Motive der Gegenseite zu schließen. Also rätselt man etwa über einen Zeitungsbericht aus Westberlin, demzufolge MfS-Chef Wilhelm Zaisser von sowjetischen Stellen um Auskunft über den Fall Linse gebeten worden sei und geantwortet habe, der sei im Ostteil Berlins verhaftet worden. Dabei habe er belastendes Material in seiner Aktentasche mit sich geführt. Es habe am 9. August 1952 eine Besprechung stattgefunden, an der Zaisser und Ulbricht teilgenommen hätten, um sich auf eine einheitliche Linie gegenüber den sowjetischen Stellen zu verständigen. Angeblich wollte man darauf hinaus, dass die Sowjets sich mit dem Fall Linse nicht befassen. Die Information stammt allerdings offensichtlich von einem anonymen Informanten des UFJ, weshalb sie nicht überprüft werden kann. Außerdem ist in dem Zeitungsbericht von einer Quelle im MfS die Rede, während der UFJ sie im ZK der SED verortet – und natürlich schützen möchte. Beruht dieser Bericht auf Tatsachen? Der CIC glaubt, nein.[529]

---

526 Smith übersieht das »if« auf S. 1282 in der Quelle.

527 Vgl. FRUS, S. 1279–1282.

528 Vgl. Telegramm Dept. of State an HICOG Bonn, 17. Juli 1952, in: LA Berlin, B Rep. 036-02, RG 84, HICOG/BE, 2172/1-65, 16–18 of 38.

529 Telegramm Lyon an HICOG Bonn, 20. August 1952, 2172/1-65, 16–18 of 38.

Die Linse-Entführung hat die Westberliner vom einfachen Bürger bis hinauf in den Senat in einen emotionalen Ausnahmezustand gestürzt. Für sie ist klar, dass irgendetwas geschehen muss – bloß was? Als am 12. Juli 1952 McCloy anlässlich seines Abschieds aus Deutschland einen Empfang gibt, zeigt sich der Regierende Bürgermeister Ernst Reuter mutlos und wirft den Amerikanern vor, ihn auszubremsen, statt ihn zu unterstützen, und auch der Vizepräsident des Abgeordnetenhauses, Franz Amrehn, und seine Frau demonstrieren den Gastgebern mit ihren Äußerungen, dass die Moral geradezu am Boden liegt? Otto Suhr, der 1955 Regierender Bürgermeister werden wird, ist der Ansicht, dass Linse bei sich zu Hause eine Waffe gehabt habe und dass die Alliierten darüber informiert sein müssten. Seiner Meinung nach sollten alle Berliner, die gefährdet sind, bewaffnet sein. Karl F. Mautner von HICOG weiß allerdings, dass Suhr zwei Dinge zusammenbringt, die unabhängig voneinander betrachtet werden müssen, und dass die Berliner nicht zu interessieren hat, ob Linse bewaffnet gewesen ist oder nicht.[530]

Ansonsten bemüht sich McCloy weiter um Linses Freilassung, doch alle seine und seiner Mitarbeiter Bemühungen bleiben vergeblich. Die Spuren des Verbrechens führen zwar in den Ostteil der Stadt, wo derartiges nicht ohne Zustimmung der Sowjets geplant werden kann. Doch das Offensichtliche hält Tschuikow und Dengin nicht davon ab, eine Beteiligung oder auch nur die Mitwisserschaft zu leugnen. Briefe werden gar nicht oder stark verzögert beantwortet, inhaltlich tragen die Antworten nicht das Geringste zur Aufklärung bei. Man versteigt sich sogar zu dem Hinweis, dass die Tat im amerikanischen Sektor stattgefunden habe und die Aufklärung daher Sache der Amerikaner sei. Auf Arbeitsebene fordert man immer neue Informationen über das Opfer und die Tatumstände an, und es wird den Amerikanern sehr bald klar, dass die Sowjets ein übles Spiel spielen. Man bewahrt die Contenance, auch wenn in den Schriftsätzen immer wieder Ungeduld, Ärger und Fassungslosigkeit über das Verhalten der Gegenseite durchscheinen. Aber dem US-Hochkommissariat sind wegen der sowjetischen Blockade die Hände gebunden. Sie können nichts für Linse tun.

Also beschränken sich die Amerikaner darauf, Briefe zu schreiben und mit ihren sowjetischen Gegenübern im Gespräch zu bleiben. McCloy schreibt etwa am 18. Juli an Tschuikow. Da Linse nicht wieder heraus-

530 Aktennotiz 21. Juli 1952, in: 2172/1-65, 16–18 of 38.

gegeben worden ist, sich vielmehr gar nichts tut, versucht am 31. Juli der stellvertretende amerikanische Hohe Kommissar, Samuel Reber, erneut, Tschuikow zum Handeln zu bewegen,[531] aber wieder erfolglos. Die Sowjets bestreiten, dass beim Grenzübertritt der Schlagbaum geöffnet worden sei;[532] der amerikanische Hohe Kommissar in Bonn, Walter Donnelly, findet diese Antwort in seiner Note vom 28. August »völlig unbefriedigend«.[533] Bei einem Besuch in Berlin Anfang September trifft er auch Tschuikow und spricht den Fall Linse an – erneut ohne Erfolg. Scheinheilig täuscht Tschuikow Nichtwissen vor.[534] Allerdings will man in Kontakt bleiben, und am 22. September lässt Donelly Tschuikows Apparat seine Ermittlungsergebnisse zuleiten. Am 2. Oktober liefert man weiteres Material, und die Sowjets versprechen, den Fall zu untersuchen.[535] Aber sie tun einfach nichts, und dann gehen sie im Oktober auch noch in die Offensive und beschweren sich bei den Amerikanern über die Aktivitäten von RIAS, UFJ und anderen Widerstandsorganisationen in Westberlin. Für die westlichen Hohen Kommissare ist das Anlass genug, erneut die Freilassung Linses zu fordern und eine Ehrenerklärung für die Angegriffenen abzugeben.[536] Und so weiter: Die Amerikaner begehren hin und wieder Aufklärung des Falls und die Freilassung Linses, und die Sowjets sind erkennbar nicht gewillt, diesem Begehren nachzukommen.

Und es bleibt schwierig, die Zeichen aus dem Ostsektor richtig zu deuten. Es ist verwirrend. Zum Beispiel wenn ein Kandidat für das Politbüro der SED in einer Rede betont, dass man immer auch die Interessen der Arbeiter in Westberlin beachten und ihnen die Fortschrittlichkeit des östlichen politischen und wirtschaftlichen Systems schmackhaft machen wolle. Wenn derartige Werbung zeitgleich mit Aktionen wie der Entführung Linses zu hören seien, dann sei das wohl, wie Lyon meint, etwas komisch, entspreche aber wohl der Doppelstrategie der Kommunisten, das Leben im Osten als wunderschön und das im Westen als unattraktiv erscheinen zu lassen.[537]

---

531 Der Staatssicherheitsdienst, S. 152–154.

532 Ebd., S. 154.

533 Berlin. Chronik der Jahre 1952–1954, S. 475.

534 Ebd., S. 486.

535 Ebd., S. 499, 508, 516.

536 Ebd., S. 548.

537 Telegramm Lyon an HICOG Bonn, 15. Juli 1952, 2173/8, 4 of 4.

Was Wahrheit ist und was Lüge, ist ohnehin nicht leicht zu erkennen. Ein halbes Jahr nach der Entführung meldet sich ein Informant beim UFJ, der Interna aus dem sowjetischen Hauptquartier in Karlshorst zur Kenntnis gibt – behauptet er wenigstens. Demzufolge agiert der MWD unabhängig von Tschuikow, weil er »seine Befehle direkt von Moskau« erhält. Vorbereitet hätten die Entführung Linses Major Lossow vom MWD, Anton Ackermann, Wilhelm Zaisser, Franz Weichhahn und »ein gewisser Lindner«, die beiden Letztgenannten Angehörige des MfS. Walter Rosenthal vom UFJ reagiert auf diese Aussage höchst skeptisch: »Das könnte ›Spielmaterial‹ sein, auf welches der neue Hohe Kommissar hereinfallen [...] soll.«[538]

Die Angelegenheit wird im Verlauf der Zeit immer komplizierter, weil es noch andere Krisen gibt, die gleichfalls ungelöst sind. So sind zwei amerikanische Militärpolizisten nach wie vor in sowjetischem Gewahrsam, von einem weiteren, der vermisst wird, wird es vermutet.[539] Im August werden im US-Sektor drei Mitarbeiter der ostdeutschen Reichsbahn von westdeutschen Polizisten festgenommen, was wiederum Dengin zu einer Protestnote veranlasst. Und dann hält der Streit um das sowjetische Ehrenmal an, das an der im US-Sektor gelegenen Potsdamer Straße steht. Es ist von Unbekannten beschädigt worden und soll nach sowjetischen Vorstellungen von der amerikanischen Seite wiederhergestellt werden.[540]

In diesem Wirrwarr von Konflikten wird Linses Fall – wenn man in der Sache schon machtlos ist – wenigstens für Propagandazwecke eingesetzt. Sorgfältig dosiert informiert man die Öffentlichkeit über bestimmte Ermittlungsergebnisse. Und am 10. Dezember 1952 schickt man ein Lebensmittelpaket für Linse nach Ostberlin, von dem man nicht ernsthaft annimmt, dass es den Empfänger erreicht. Es wird in der Tat als »unzustellbar« zurückgeschickt. Beim Hochkommissar ist man trotzdem zufrieden, weil die Aktion die gewünschte Aufmerksamkeit und Unterstützung der Öffentlichkeit gefunden hat, die man nicht verlieren möchte.[541]

Auch im Jahr 1953 und darüber hinaus ist das amerikanische Hochkom-

---

538 HAIT-Archiv, Akte Walter Linse.

539 17. Dezember 1952, in: NARA, RG 319, Folder 2 [Bl. X].

540 LA Berlin, B Rep. 036-02, RG 84, HICOG/BE, 2172/1-65, 16–18 of 38.

541 Telegramm HICOG Bonn an HICOG Berlin, 16. Dezember 1952, in: LA Berlin, B Rep. 036-02, RG 84 HICOG/BE, 2172/1-65, 16–18 of 38.

missariat mit dem Fall Linse befasst, allerdings deutlich seltener als in den Monaten nach der Entführung. Vielleicht gibt es einfach nicht viel, was noch getan werden kann, vielleicht sieht man auch keine Notwendigkeit, weil das Interesse der deutschen Öffentlichkeit nachgelassen hat oder angenommen wird, dass die Amerikaner den Fall nur noch zu Propagandazwecken ausschlachten wollen, wie Hochkommissar James B. Conant vermutet. Auch Berliner und Bonner Politiker zeigten kein Interesse mehr an dem Fall, wenn man von pflichtschuldigen Empörungsbekundungen absehe, beobachtet man. Darüber hinaus sei aus Kreisen der Regierung und der SPD unter der Hand mitgeteilt worden, dass man – was immer das heißen mag – »doubts about Linse's past« habe. Doch davon wolle man sich nicht beeindrucken lassen und weiterermitteln, um die Sowjets zu ärgern und sie von weiteren Entführungen abzuhalten.[542]

Bei einem Treffen mit seinem Counterpart Dengin am 12. Januar 1954 schließlich stellt der US-Kommandant in Berlin, General Thomas S. Timberman, eine Verbindung zwischen dem Fall Linse und der Sanierung des mutwillig beschädigten sowjetischen Ehrenmals in der Potsdamer Straße her. Eigentlich haben beide Fälle nichts miteinander zu tun, außerdem ist Linse zu diesem Zeitpunkt bereits tot, was Timberman natürlich nicht weiß. Aber er argumentiert, die Verschleppung Linses habe die Westberliner Bevölkerung so stark erregt, dass eine Entlassung Linses nach Hause geeignet sei, die Stimmung zu verbessern, während eine Sanierung ohne Gegenleistung die Bevölkerung nur noch mehr gegen die Sowjetunion aufbringen würde. Dengins zutreffenden Hinweis auf den Gedenkstättencharakter des Objekts ignoriert Timberman; er spielt unverhohlen seine Macht aus, über eine Sanierung nach seinem Gusto entscheiden zu können. Es ist nicht anzunehmen, dass Timberman seine Argumentation für schlüssig hielt, für ihn handelte es sich offenbar um eine Kraftprobe.[543]

Die anderen westlichen Alliierten engagieren sich nicht in derselben Weise wie die Amerikaner; aber sie sind ja nicht zuständig. Wellen schlägt das Verbrechen allerdings auch dort. Am 14. Juli, 15. Oktober und 22. Oktober wird der Fall Linse zum Gegenstand einer Anfrage im Britischen Unterhaus.[544]

---

542 Telegramm Bonn an US-Außenministerium, Washington, 11. Februar 1953, in: LA Berlin, B Rep. 036-02, RG 84 HICOG/BE, 2175/31.

543 Memorandum of Conversation, in: NARA, RG 319, Folder 2 [Bl. 62–63].

544 Parliamentary Debates (Hansard), Fifth Series – Volume 503, House of Com-

Im politischen Bonn schlägt die Nachricht von Linses Verschleppung ein wie eine Bombe. Noch am selben Tag beantragt die FDP-Bundestagsfraktion, einen Tag später auch SPD und CDU/CSU, Maßnahmen zur Freilassung Linses und zur Verhütung weiterer derartiger Verbrechen. Die Aufregung ist groß, doch die Mühlen des Hohen Hauses mahlen langsam. Das Parlament kommt zwar schon am 10. Juli zusammen, aber auf der Tagesordnung steht zunächst der Generalvertrag, den die östliche Propaganda als »Generalkriegsvertrag« zu diffamieren pflegt. Als der Chef der KPD-Fraktion, Max Reimann, zum Rednerpult schreitet, erheben sich die Mitglieder der anderen Fraktionen und verlassen aus Protest den Saal. »Bleiben Sie einen Moment hier! Ich will Ihnen etwas sagen!« ruft Reimann. »Wollen wir gar nicht hören«, kommt es zurück. Lediglich die Abgeordneten der KPD bleiben sitzen, um Reimann den Überfall rechtfertigen zu hören. Ohne Linse beim Namen zu nennen, unterstellt er ihm, ein Spion im Auftrag ungenannter, der DDR feindlicher Mächte zu sein. Wenn die Spionageaktivitäten eingestellt würden und darüber hinaus noch freie Wahlen für ein gesamtdeutsches Parlament abgehalten werden würden, »dann hört auch das [die Entführungen] auf. Aber das wollen Sie nicht! [...] Sie wollen weiter Zwietracht in unser Volk säen!«[545]

Eine Woche später, am 16. Juli, stehen die drei Anträge schließlich zur Debatte im Bundestag. Helga Linse verfolgt das Geschehen von der Besuchertribüne. Mit Ausnahme der KPD-Abgeordneten, die ihr eine Begrüßung per Applaus verweigern, zeigen sich erneut alle Anwesenden empört. Walter Brookmann macht darauf aufmerksam, dass der Entführung Linses zahlreiche ähnliche Verbrechen vorausgegangen sind, die bloß nicht so spektakulär durchgeführt wurden. Er wirft den alliierten und deutschen Behörden in Westberlin Versäumnisse vor und bringt eine Änderung der Geschäftsordnung des Bundestages und des Grundgesetzes ins Spiel, um der kommunistischen Agitation – vor allem der vom Osten inszenierten »Agenten- und Saboteur-Psychose« – gegen die parlamentarische Demokratie etwas entgegensetzen zu können. Willy Brandt gelingt es, den Grund für die verbreitete Gefühlswallung zu benennen: In »der Person von Dr. Linse hat man jeden einzelnen von uns angegriffen«! Er nennt den Staatssicherheitsdienst »rote

---

mons, Session 1951–52, London 1952, S. 1282, 1789; ebd., Volume 505, S. 202, 1003.

545 Deutscher Bundestag, 222. Sitzung am 10. Juli 1952, S. 9863–9869.

Gestapo« und verteidigt Widerstandsaktionen von UFJ und anderen Befreiungsorganisationen als verdienstvoll und gerecht. Er warnt zugleich davor, dem Gegner allzu leichtsinnig entgegenzutreten – und nimmt Linse ausdrücklich von dieser Warnung aus, »weil Dr. Linse jenes Verantwortungsbewußtsein repräsentiert, das durch noch so viel Unflätigkeiten der Einheitspresse nicht beschmutzt werden kann«. Am Ende ruft er aus: »Wir rufen das Gewissen der Welt: Helft uns, Walter Linse zu befreien! Pocht mit uns an die Kerkertür, bis sie sich öffnet! Schluß mit dem Menschenraub!« Jakob Kaiser, der Minister für gesamtdeutsche Fragen, schlägt in seiner Rede den Bogen zur allgemeinen deutschen Frage, die die Diskussionen der Zeit beherrscht, wobei er natürlich nicht dasselbe im Sinn hat wie der Kommunist Reimann, auch wenn er ganz ähnliches sagt: Die deutsche Teilung ist eine andauernde Gefahr für Freiheit und Sicherheit der Deutschen, aber eine Annäherung an die DDR wäre genau der falsche Weg. Vergeltungsmaßnahmen lehnt er allerdings ab. Unrecht dürfe nicht mit Unrecht vergolten werden, man könne lediglich versuchen, sich besser zu schützen.[546]

Das Verbrechen taucht echohaft noch in weiteren Sitzungen des Bundestages auf, etwa als Innenminister Robert Lehr die KPD-Fraktion im Saal unspezifisch als »Sie Linse-Entführer da drüben« beschimpft.[547]

Auch Bundeskanzler Adenauer ist empört. Er plädiert jedoch dafür, Ruhe zu bewahren und sich nicht zu unüberlegten Taten hinreißen zu lassen. Man muss jetzt einerseits hart bleiben, sich nicht erpressen lassen, andererseits darf man nicht vergessen, dass Berlin für den Westen der wunde Punkt ist. Für den Alten hängt alles mit allem zusammen und wird sich nur in einem Gesamtpaket verhandeln lassen.[548]

In Bonn wird im Verlauf des Jahres 1952 auch die Verwaltung aktiv. Da dem Justizminister Thomas Dehler immer neue Beschwerden über vermeintlich zu milde Strafen für politisch motivierte Verbrechen durch die östliche Seite zu Ohren kommen, machen seine Beamten unter den Justizressorts der Länder eine Umfrage. Die Vermutung, dass die Bestrafung von Denunziation und Menschenraub von westdeutschen Gerichten nicht der Schwere des Verbrechens, insbesondere im Verhältnis zu den drakonischen Strafen für wesentlich harmlosere Delikte im Osten entspricht, wird allerdings nicht

546 Deutscher Bundestag, 223. und 224. Sitzung am 16. Juli 1952, S. 9940–9945.
547 Deutscher Bundestag, 235. Sitzung am 23. Oktober 1952, S. 10828.
548 Vgl. Adenauer: Teegespräche, S. 329f.

bestätigt. Der eine der beiden Prozesse, die immer wieder für Unmut unter den Petenten gesorgt haben, in Frankfurt am Main, ist aus juristischer Perspektive nicht im Mindesten zu beanstanden, und der andere, in Westberlin, hatte überhaupt keinen Bezug zu einem Menschenraub. Insofern sind die Länderminister der Auffassung, dass der Fall Linse keine gesetzgeberischen Aktivitäten erforderlich macht.[549]

Die Bundesregierung reagiert daher nur politisch, unter anderem indem sie ein Weißbuch erarbeitet, das sich mit der Menschenraubproblematik befasst. Doch von diesen Aktivitäten dringt wenig an die Öffentlichkeit, was bei antikommunistischen Organisationen offenbar Anlass zu Besorgnis gibt. Was tut die Regierung eigentlich, fragen sie. Ein Schreiben des BMG an die Arbeitsgemeinschaft Demokratischer Kreise offenbart, dass die Handlungsspielräume begrenzt sind: Die dort aufgezählten »Einzelmaßnahmen« zeigen, dass man hilflos ist und allenfalls auf propagandistischer Ebene auf das Verbrechen reagieren kann. Und nicht einmal das: Das Weißbuch bleibt am Ende unveröffentlicht, weil das Risiko für die darin genannten Opfer, weitere Repressalien zu erleiden, einfach zu groß ist.[550]

Am 19. September 1952 weilt eine Delegation der Volkskammer in Bonn; sie ist kurz zuvor von einer Gruppe von Publizisten aufgefordert worden, sich für das berühmte Entführungsopfer einzusetzen: »Wir fordern im Namen des Rechts und der Menschlichkeit Freiheit für Dr. Linse.«[551] Selbstverständlich ist die Delegation in dieser Sache der falsche Ansprechpartner. Deshalb kann Delegationsleiter Otto Nuschke auch nur Belanglosigkeiten von sich geben, als er von Journalisten auch nach Linse gefragt wird. Auf die Frage nach der Rolle des MfS erklärt er indes, es sei »eine Behörde in eigener Verantwortung«, verantwortlich nur »gegenüber sich«.[552] Für US-Außenminister Acheson wiederum ist dieser Lapsus willkommener Anlass, erneut Druck auf Tschuikow auszuüben. Er spielt über Bande. Das Eingeständnis eines deutschen Kommunisten, dass man keinen Einfluss auf das MfS hat,

---

549 Vgl. BA Koblenz, B 141, 85342, Bl. 1–4, 27–29.

550 Schreiben v. 3. August 1957, in: BA Koblenz, B 137, 1063; zum Weißbuch vgl. ebd., 1760.

551 »FAZ«, 12. September 1952.

552 Zit. n. Lapp: Die Volkskammer der DDR, S. 241; »Weil es so herzlich war«, in: *Der Spiegel*, 24. September 1952, S. 5–8.

dass also die Sowjets verantwortlich sind, auch wenn sie es leugnen, kommt ihm wie gerufen.[553]

Auch der Chef des Berlin Element des US-Hochkommissariats, Lyon, sieht die Sowjets im Moment – also im Herbst 1952 – in der Defensive, da Tschuikow in seinem Brief vom 1. Oktober »einen gewissen Weiland« erwähnt hat, bei dem es sich nur um den 1950 verschleppten Alfred Weiland handeln kann, dem der Prozess gemacht werden soll. Das implizite Eingeständnis Tschuikows, in das Verschwinden Weilands verstrickt zu sein, erscheint ihm als gute Gelegenheit für weitere Stiche gegen die Kommunisten.[554]

Zwar schafft es der Hohe Kommissar nicht, Linse wieder freizubekommen oder auch nur Nachricht über seinen Verbleib und sein Schicksal zu erhalten. Aber das hat er vermutlich auch nicht ernsthaft erwartet. Für ihn ist der Fall insofern von Wert, als er ihm eine neue Gelegenheit gibt, Druck auf die Sowjets auszuüben. Und schließlich dürften seine Bemühungen nicht ganz vergeblich gewesen sein. »Dr. Friedenau« jedenfalls ist davon überzeugt, dass die Proteste des Westens insofern erfolgreich gewesen seien, als die Sowjets nun die Anweisung erteilt hätten, dass Verschleppungen nur noch im »äußersten Notfall« erfolgen dürften.[555]

2. Die Westberliner Polizei ermittelt

Zwar ist Linse »wie vom Erdboden verschluckt« oder plötzlich »verschwunden«, aber wie Zeugenaussagen belegen, lässt sich der Überfall nicht unbemerkt abwickeln. Außerdem haben Polizei und Geheimdienste – das Westberliner Amt für Verfassungsschutz und das amerikanische CIC – bei der Volkspolizei eine Quelle, die sie mit geheimen Informationen versorgt. Man weiß mehr, als man sagt. Die Quelle arbeitet nach Angaben des Verfassungsschutzes in der Vernehmungsabteilung des MfS, also der Abteilung I A, und hat erfahren, dass Linse in der Freienwalder Straße in Berlin-Hohenschönhausen verhört wird, wo das MfS ein Gefängnis betreibt. Befragt wird Linse demzufolge von einem Leutnant Wünsch, dessen Vorname nicht bekannt

553 Telegramm Dpt. of State an HICOG Bonn, 30. September 1952, in: LA Berlin, B Rep. 036-02, RG 84, HICOG/BE, 2172/1-65, 16–18 of 38.

554 Telegramm Berlin an Bonn, 3. Oktober 1952, in: LA Berlin, B Rep. 036-02, RG 84, HICOG/BE, 2172/1-65, 16–18 of 38.

555 *Neue Zeitung* vom 28. Nov. 1952, in: NARA, RG 319, Folder 2 [Bl. 118].

ist. Wünsch selber behauptet, dass er die Entführung organisiert habe, ohne selbst direkt daran beteiligt gewesen zu sein. Bei dem Verbrechen spielte den Angaben zufolge ein Informant aus Chemnitz eine wichtige Rolle, der ständig mit Linse in Kontakt gestanden haben soll und Mitglied einer Widerstandsgruppe gewesen sein soll, wo er »das Gebiet Arbeit bearbeitet hat« – vermutlich »Konrad«. Er hat schließlich ihn und andere UFJ-Angehörige verraten, was er nach dem 8. Juli 1952 mit einem Nervenzusammenbruch büßte.[556]

Alles hatte heimlich ablaufen und danach geheim bleiben sollen, aber das MfS verschätzte sich grob. Die unbekümmerte Vorbereitung des Verbrechens, die Ausführung am helllichten Tag und die große Zahl der Mitwisser sorgen dafür, dass die Westberliner Polizei alsbald einige Ansätze für eigene Ermittlungen erhält. Zwar ist Linse nun wie vom Erdboden verschluckt, aber die Umstände des Menschenraubes gelangen peu à peu an das Tageslicht. Der Kriminalassistent Wardetzki heftet sich an die Fersen der Täter. Er erhält dabei die Hilfe eines Untersuchungsgefangenen, der im Westberliner Gefängnis Moabit einsitzt, da er einer Bande angehört hat, die im Auftrag des MfS in Westberlin mehrere Menschen in den Ostsektor entführte. Durch ihn kennt die Kripo die Vorgehensweise bei solchen Aktionen und einige Bandenmitglieder.[557] Ungezählte versuchte und vollendete Entführungen werden dieser Bande zugerechnet, unter anderem die Fälle Gisela Lutter, Ruth Bartholomäus, Wolfgang Schutz, Eberhardt Schreck (alle 1949), Friedrich Mielke (1950), Kurt Koblitz (1951) und Hans Schlede (1952).[558]

Außerdem melden sich zahlreiche Bürger freiwillig bei der Polizei, um Angaben zu den wegen der Entführung gesuchten Verdächtigen zu machen.[559]

In einem ersten Bericht präsentiert Wardetzki 17 Verdächtige, die an der Vorbereitung und schließlichen Entführung beteiligt gewesen sein sollen.[560] Er nennt auch die Namen der mutmaßlichen Haupttäter, und am 14. November wird für sachdienliche Hinweise, die zu ihrer Festnahme führen, eine Belohnung von 10 000 DM ausgesetzt.[561] Was in dem Bericht deutlich

556 Information CIC, 4. Mai 1953, in: NARA, RG 319, Folder 2 [Bl. 65–69].

557 Vgl. CIC-Bericht v. 14. August 1952, in: NARA, RG 319, Folder 1 [Bl. 158].

558 Ebd., Bl. 200; Bericht »The Linse Abduction«, o. D., CIC.

559 Vgl. Bericht v. 5. November 1952, in: NARA, RG 319, Folder 1 [Bl. 28–38].

560 Bericht v. 13. November 1952, in: LA Berlin, F Rep. 280, LAZ-Sammlung, Nr. 17843.

561 Vgl. Urteil des Landgerichts Berlin gegen Knobloch, in: StA, Bd. I, S. 56.

zutage tritt, ist, dass das MfS mit der organisierten Kriminalität in Berlin ein enges Bündnis eingegangen, das MfS gleichsam selbst in den Untergrund gegangen ist: Mit Schwarzmarktgeschäften erwirtschaftet man die Geldmittel, die für die Beschaffung von Waffen, Autos und die Entlohnung von Spitzeln und der ausführenden Täter nötig sind. Die Akribie, mit der Wardetzki diese Strukturen offenlegt, lässt dann fast einen wichtigen Umstand in den Hintergrund treten: dass nicht die gesuchten Harry Liedtke, Josef Dehnert, Erwin Knispel und Herbert Nowak die Tat verübt haben, sondern andere, deren Namen man zu diesem Zeitpunkt noch nicht kennt. Die Männer auf dem Steckbrief sind gleichwohl nicht unschuldig, denn sie haben einen anderen Entführungsversuch in Moabit unternommen.[562]

Bald erkennt Wardetzki, dass er einem Irrtum aufgesessen ist. Also rudert er in einem »Zwischenbericht« vom 18. Februar 1953 zurück,[563] bleibt aber am Ball. Er hat einen wichtigen Informanten, einen V-Mann, von dem angenommen werden kann, dass es sich um den Bruder von Knoblochs seinerzeitigen Geliebten handelt. Und so gerät der junge Mann, der inzwischen unter dem Namen Müller in Leipzig lebt, in das von Wardetzki ausgelegte Netz. Es sind womöglich die vielen gebrochenen Frauenherzen, die ihm zum Verhängnis werden.

Knobloch fällt nach der Tat durch seine Undiszipliniertheit auf. Gleich nachdem er von Marustzök seinen Lohn erhalten hat, kauft er ein und macht seiner Geliebten und ihrem Bruder Geschenke: für sie eine goldene Uhr, für ihn eine Arbeitshose. Die Taschen voller Geldscheine und eine Pistole, die stolz präsentiert wird – das provoziert natürlich des Kumpels Neugier, die Knoblochs Antwort, er verdiene mit Kaffeeschmuggel Geld und benötige die Waffe zum Schutz gegen den Zoll, nicht so recht befriedigen will. Als Knobloch weiterzieht, um seine Eltern zu besuchen, folgt ihm der Misstrauische. Auch dort hat er seine Waffe herumgezeigt. Erneut zur Rede gestellt, erzählt ihm Knobloch, was sich am frühen Morgen ereignet hat.[564] In seinem Verhalten gleicht Knobloch seinen Spießgesellen, die im Unterschied zu ihm allerdings nicht gefasst werden. »Undiszipliniertheit [...], angeberhafte Redereien, Saufen, nicht arbeiten wollen, ständige Besuche untereinander, Unehrlichkeit« – so klagt MfS-Mann Knye in

562 StA, Bd. IIa, S. 17.

563 Ebd.

564 Urteil gegen Knobloch, in: StA, Bd. I, S. 51.

einem Bericht vom 9. April 1954 über diese Truppe.[565] Aber Knobloch fällt eben häufiger auf. Da taucht zum Beispiel der Vorwurf auf, er »führe in der letzten Zeit einen sehr unsoliden Lebenswandel, saufe viel und besitze deshalb offenbar viel Geld«. Bei einer dieser Orgien fällt im September 1952 ein Schuss aus einem Luftgewehr, durch den ein Kind verletzt wird. Die Polizei taucht auf, durchsucht die Wohnung und beschlagnahmt einen Revolver. Knobloch bleibt gelassen. Er gibt zu verstehen, dass er Freunde hat, die mächtiger sind als die Polizisten und ihm die Waffe zurückholen werden.[566]

Nachdem Marustzök und die Entführer mitsamt ihren Familien zunächst einen sechswöchigen Urlaub in Heringsdorf an der Ostsee verbracht haben, in der Hoffnung, dass sich zwischenzeitlich in Berlin die Wogen der Empörung legen, versucht das MfS, die vier dauerhaft aus Berlin herauszuschaffen. Das MfS verfügt Knoblochs Übersiedelung nach Leipzig, wo man ihn besser kontrollieren zu können glaubt. Zusätzlich wirbt Bennewitz eine Frau als Aufsichtsperson an, die mit Knobloch zusammenzieht. Die beiden leben zuerst in einem Hotel, ziehen dann in ein Haus um, in dem auch Marustzök eine Dienstwohnung hat und wo außerdem Kurt Borchert mit Frau und zwei Kindern untergekommen ist. Allerdings werden Knobloch und seine Bewacherin ein Paar, und Knobloch vertraut der bis dahin Ahnungslosen die Sache mit Linse an.

In der Zwischenzeit haben Knobloch und sein Kumpel den Kontakt nicht abreißen lassen. Dass dieser sich Wardetzki anvertraut hat und den Plan schmiedet, ihn der Westberliner Polizei auszuliefern, ahnt Knobloch nicht. In Absprache mit dem Kriminalbeamten gelingt es dem Kumpel schließlich, Knobloch zu einem bereits im Sommer geplanten, der Umstände halber verschobenen Einbruch bei einem Schrotthändler in Westberlin zu bewegen. Er muss dazu nicht viel Überzeugungsarbeit leisten, denn Knobloch hat den Plan die ganze Zeit über nicht vergessen. Am Abend des 9. März 1953 ist es schließlich soweit. Doch als die beiden zu Werke gehen, wartet bereits die Polizei auf sie. Knobloch wird Wardetzki vorgeführt, erleidet einen Nervenzusammenbruch, er gesteht, versucht sich das Leben zu nehmen. Später nimmt er sein Geständnis zurück und präsentiert neue Versionen seiner Geschichte.

---

565 BStU, ZA, MfS, GH 105/57, Bd. 4, S. 6.

566 Ebd., S. 54.

Derweil entspinnt sich um Knoblochs neue Geliebte ein – zumindest für die östliche Seite – unklares Spiel. Offenbar lockt Wardetzkis V-Mann auch sie mit einer Nachricht in ein Eiscafé im Westsektor Berlins, angeblich, weil er eine schriftliche Botschaft des seit Kurzem vermissten – weil am 9. März festgenommen – Knobloch zu überbringen habe. Doch statt einer Nachricht von ihrem Kurt wartet im Eiscafé bereits die Kriminalpolizei auf sie. Am 11. März 1953 wird sie von Wardetzki vernommen, der darüber ein Protokoll anfertigt, das seinen Weg zum MfS findet.[567] Sie wird aber nicht festgenommen, darf sogar Knobloch sehen und dann ihrer Wege gehen. Kaum hat sie die Polizeidienststelle verlassen, versucht sie, Kontakt zum MfS aufzunehmen, was ihr nach einigen fehlgeschlagenen Versuchen auch gelingt. Sie sagt über alles aus, was ihr bei der West-Kripo widerfahren ist. Warum sie das tut, daraus wird auch Bruno Beater nicht schlau, der diese Angelegenheit in einem Bericht vom 16. April 1953 festhält. Er findet die ganze Angelegenheit »sehr mysteriös«.[568] Die Frau, die inzwischen vermutlich schwanger ist, geht zurück nach Leipzig und verhält sich von nun an unauffällig. Im MfS ist man ratlos: Ist sie nun eine Spionin oder sagt sie die volle Wahrheit?

Das Gericht glaubt Knoblochs Unschuldsbeteuerungen und immer neuen Versionen nicht, denn die Beweislage ist zu gut. Er wird in zweiter Instanz zu zehn Jahren Gefängnis verurteilt. Wardetzki hat insofern Grund, gut gelaunt zu sein. Am 7. April 1953 legt er seinen Schlussbericht vor. Knobloch ist gefasst und geständig, die Umstände der Verschleppung Linses sind aufgeklärt. Allein eine Frage harrt weiterhin einer Antwort: »Die wahren Hintergründe über den Zweck der Entführung Dr. Linses sind nicht geklärt worden.«[569]

Siegfried Benter wird 1955 festgenommen und zu fünf Jahren Gefängnis verurteilt. Er gibt an, für einen gewissen »Paul« gearbeitet zu haben; im CIC vermutet man, dass es sich um einen gewissen »Paul Matuschek« handelt.[570] Dieser Paul, nämlich Marustzök, steht weiterhin in Diensten des MfS. Indizien deuten darauf hin, dass er Spezialist für Anschläge im westlichen Ausland wird oder sogar selbst im Auftrag des MfS Menschen ermordet. Er kommt am 10. April 1974 ums Leben, als er sich mit einer neuen Bombenkonstruktion

567 BStU, ZA, AIM, 2559/63 P, S. 198–202.

568 Ebd., S. 52.

569 StA, Bd. IIa, S. 18.

570 »Stuttgarter Nachrichten« 12. Juni 1955, Joint Message Form, April 1955, beide in: NARA, RG 319, Folder 2 [Bl. 56].

beschäftigt, die vielleicht für einen terroristischen Anschlag in der Bundesrepublik gedacht ist, und dabei versehentlich eine Explosion auslöst.[571]

3. Schauprozesse im Osten

Während in Westberlin und der Bundesrepublik am 8. Juli 1952 ein Aufschrei der Empörung anschwillt und auch in der nächsten Zeit nicht enden will, während die Kriminalpolizei ihre Ermittlungen aufnimmt, die schließlich zur Verurteilung von Siegfried Benter und Kurt Knobloch führen, geschieht in Ostberlin und der DDR – nichts.

Als erste Reaktion erscheint erst am 13. Juli ein längerer Kommentar in der Parteizeitung der SED, den psychologisch zu deuten sicherlich interessant wäre. Inhalt und Ausdrucksweise geben die Richtung vor, in der man die Angelegenheit zu behandeln gedenkt: Für den Fall Linse interessiert man sich nicht, und auch »die anständigen Menschen in Westberlin« tun es nicht. Die Aufregung um Linse ist von den amerikanischen Kriegstreibern und ihren deutschen Helfershelfern inszeniert, um von den realen Bedrohungen für den Weltfrieden abzulenken. Wer unterzeichnet denn dieser Tage den Generalkriegsvertrag? Doch der Bonner Bundestag. Und wer hat soeben den planmäßigen Aufbau des Sozialismus beschlossen? Die Friedenspartei SED. Na also! Wer sollte also Interesse »an dem verschwundenen Oberspion Linse und dem ganzen stinkenden Linsengericht der Westberliner Agentenzentrale« haben? Sollen die Behörden doch lieber gegen »das in Westberlin in erschreckender Zahl auftretende Verbrechertum« vorgehen![572]

Auch der Schriftsteller Ilja Ehrenburg wird anlässlich des in Wien abgehaltenen »Kongresses der Völker für den Frieden« zum Fall Linse gefragt. Er meint, dass man sich auf dem Kongress nicht mit Einzelschicksalen befassen werde und dass es um Linse vermutlich nicht schlechter als um die deutsche Frage bestellt sei.[573]

Ohrenbetäubendes Schweigen dröhnt aus dem Politbüro des ZK der SED.

---

571 Sven Felix Kellerhoff: »Der Stasi-Killer, der sich selbst sprengte«, in: *Die Welt* vom 14. März 2013; Jochen Staadt/Tobias Voigt: »Tod im Sprenggarten«, in: *FAZ* vom 12. Mai 2013.

572 *Neues Deutschland* vom 13. Juli 1952.

573 *Neue Zeitung* vom 18./19. Oktober 1952, Abschrift in: NARA, RG 319, Folder 1 [Bl. 50].

Am 15. Juli versammelt man sich zu seiner nächsten Sitzung (die letzte hat am 8. Juli stattgefunden). Der Protokollentwurf verzeichnet als dritten Tagesordnungspunkt die »Mitteilung des Amtes für Information zur Note der Westmächte«. Hier erfährt man, dass sie »als Grundlage angenommen« worden sei. Aber diese Passage wurde von unbekannter Hand durchgestrichen, die Nummerierung korrigiert. In der Reinschrift taucht der Punkt gar nicht mehr auf.[574]

Ein Informant des UFJ berichtet aus zweiter Hand, dass es in jenen Tagen bei einem Empfang in Pankow »sichtlich erregte Auseinandersetzungen« zwischen Generalstaatsanwalt Ernst Melsheimer, der Vizepräsidentin des Obersten Gerichts Hilde Benjamin, Tschuikow und Semjonow gegeben habe, bei denen es nur um die Linse-Entführung gegangen sein könne.[575]

Linse ist der SED, dem MfS und allen anderen Stellen im Unterdrückungsapparat fortan bestenfalls eine Fußnote wert. Man ignoriert ihn einfach und leugnet. Umso größere Aufmerksamkeit widmet sich die Propaganda einer Reihe von Schauprozessen gegen mutmaßliche UFJ-Mitarbeiter in der DDR. Vor dem Obersten Gericht in Ostberlin beginnt einer am 25. Juli, vor dem Landgericht Halle wird am 30. Juli ein Urteil gesprochen, vor dem Landgericht Dresden ebenfalls am 30. Juli und vor dem Landgericht Potsdam am 5. August.[576] Die Prozesse verlaufen ohne Überraschungen, sind aufeinander abgestimmt, und es ist nicht auszuschließen, dass ursprünglich auch Linse vor dem Obersten Gericht ein öffentlicher Prozess gemacht werden sollte, ein Vorhaben, von dem man wegen der großen Publizität seiner Verschleppung aber Abstand genommen hat.[577]

Dass das Regime nach dem Vorbild der Sowjetunion Schauprozesse durchführt, in denen die Angeklagten nach wochenlanger Zermürbung sich in absurden Selbstanklagen ergehen, liegt in der Natur der kommunistischen Diktatur. Warum sollte gerade die DDR von dem Muster abweichen? In der verschärften Auseinandersetzung der frühen 50er-Jahre mit dem Konkurrenten Bundesrepublik ist sie dringend auf einen Feind angewiesen, dem man alle systemimmanenten Verwerfungen zuschreiben kann. Bleibt die Frage, warum gerade im August 1952 der UFJ so massiv an den Pranger gestellt werden sollte. Indizien deuten darauf hin, dass diese Strategie mit den

---

574 SAPMO-BArch, DY 30/ IV 2/2/220.

575 Aussage von »Harry Meister« v. 17. Juli 1952, in: BA Koblenz, B 209, 1200.

576 Kraushaar: Protestchronik.

577 Vgl. die Aussage Deriabins, in: Murder International, Inc., S. 22.

Vorbereitungen auf den Juristenkongress in Westberlin zu sehen sind, der in diesen Tagen stattfindet (25. Juli bis 1. August 1952), an dessen Vorbereitung auch Linse beteiligt gewesen ist.[578]

Die Prozesswelle im Juli wird begleitet von einer ausgiebigen Propagandaoffensive. Der erwähnte Schmähartikel markiert den Auftakt. Was aber ungleich größere Aufregung verursacht, ist der offene Brief, den Ruth Schramm unterzeichnet hat und der in derselben Ausgabe des *Neuen Deutschlands* veröffentlicht wird.[579] Dort berichtet sie von ihrer viermonatigen Tätigkeit als Sekretärin beim UFJ. Sie tritt wenige Tage später auch als Zeugin im Verfahren vor dem Obersten Gericht auf. Vom bundesrepublikanischen Staatsanwalt rund 40 Jahre später befragt, will sie nur wenige Minuten von der Vorsitzenden Richterin Hilde Benjamin vernommen worden sein.[580]

4. Die Rolle der Sowjets

Seitdem die ostdeutschen Archive zugänglich sind, weiß man, wer das Schurkenstück der Verschleppung Linses ausgeführt hat: Bennewitz und seine Komplizen. Auch die Hintermänner kennt man: Marustzök und das MfS. Doch wer waren die Hintermänner der Hintermänner? Es ist bekannt, dass vor allem in den frühen Jahren keine größere Aktion – und schon gar nicht die hier behandelte – ohne die Einwilligung der »Freunde« ausgeführt werden konnte, das heißt des sowjetischen Geheimdienstes MGB, auch wenn die Befehle, Besprechungen et cetera nur indirekt nachzuweisen sind. Immer wieder tauchen in Berichten entweder ominöse »Dienststellen« oder in Zeugenaussagen russische Soldaten oder Geheimdienstmitarbeiter auf, die den Verhören beiwohnen oder sie selbst übernehmen.[581] Auch Linse ist von einem russischsprachigen Militärangehörigen verhört worden, er wurde schließlich den Sowjets übergeben, verurteilt und in Moskau hingerichtet. Wie genau sich indes diese Zusammenarbeit vollzog und welche Motive die »Freunde« bewogen haben, die Tat anzuordnen oder ihr zuzustimmen – das bleibt wegen des verschlossenen Zugangs zu den Quellen unklar.

---

578 Vgl. Murder International, Inc., S. 77.

579 *Neues Deutschland* vom 25. Juli 1952. Weitere Berichterstattung am 26., 27., 29., 30. und 31. Juli 1952.

580 StA, Bd. I.

581 Vgl. Linses Aktennotiz v. 18. April 1952, in: BA Koblenz, B 209, 1204.

Der MGB hatte Grund genug, das Treiben »Dr. Friedenaus« und seines UFJ argwöhnisch zu beobachten. Die Pläne zur Errichtung eines »stay behind net« waren ja bekannt. Auch die Förderung von Uran im Erzgebirge durch die Sowjetunion mochte für westliche staatliche oder private Stellen interessant sein. Smith vermutet, dass die Sowjets Linse verschleppen ließen, um ihr Atomprogramm weiterhin geheim halten zu können.[582] Vielleicht wollte man aber auch bloß verschleiern, unter welchen Umständen das Uranerz abgebaut wurde: Enteignungen, Umsiedelungen und Zwangsarbeit waren die übliche Praxis, um die Förderung aufrechtzuerhalten.[583] Allein es ist nicht bekannt, ob sich Linse überhaupt dafür interessierte, noch ob man ihn deshalb entführen ließ.

Einer anderen Theorie zufolge war dem MGB der für Juli 1952 geplante Juristenkongress ein Dorn im Auge. Man habe deshalb »Dr. Friedenau« verschleppen wollen, um die Veranstaltung zu stören. Dieser sei jedoch unerwartet nach Schweden abgereist, weshalb sich Linse als geeignetes Opfer an seiner statt erwiesen habe. Am 2. Juli habe man deshalb grünes Licht für seine Verschleppung gegeben. Aber auch diese Behauptung, die auf einen seinerzeit in Wien stationierten sowjetischen Abwehrchef für Deutschland und Österreich, Peter Deriabin, zurückgeht, ist angesichts des vorliegenden Quellenmaterials wenig glaubhaft.[584] Die Entscheidung, Linse zu entführen, war mit Sicherheit nicht als Ersatzhandlung für ein wegen des Begleitschutzes schwer durchzuführendes Kidnapping von »Dr. Friedenau« gedacht.

Wenig überzeugt auch die auf eine anonyme BND-Quelle gestützte Vermutung, dass Linse durch seine Arbeit in eine Intrige geriet und Mielke ihn entführen ließ, um einen Doppelagenten des MfS, den vormaligen Justizminister Sachsens, jetzt stellvertretenden Ministerpräsidenten der DDR und Vorsitzenden der LDPD in Sachsen, Hermann Kastner, zu schützen.[585]

Ebenfalls unglaubwürdig erscheint die Behauptung Koehlers, dass der

---

582 Smith: Kidnap city.

583 Vgl. Beyer u. a.: Wismut – »Erz für den Frieden«?; Roeling: Arbeiter im Uranbergbau.

584 Vgl. Murphy / Kondrashev / Bailey: Battleground Berlin, S. 117; Deriabin / Gibney: The Secret World, S. 190f.; vgl. Muder International, Inc., S. 21f.; vgl. Minnick: Spies and Provocateurs, S. 52; vgl. Mampel: Entführungsfall Dr. Walter Linse, S. 12f.

585 Vgl. Benedikt Maria Mülder: »Zwei Schüsse ins Wadenfleisch«, in: *FAZ* vom 8. Juli 2002.

UFJ eine sowjetische Gründung und Dr. Friedenau und sein Stellvertreter Rosenthal zuverlässige Mitarbeiter der Sowjets gewesen seien, die Linse ihren Auftraggebern ans Messer geliefert hätten.[586]

Nicht unplausibel hingegen ist Hagens Interpretation, wenn man von chronologischen Unstimmigkeiten absieht, der die Linse-Entführung an die erste Stelle einer längeren Reihe von derartigen Verbrechen setzt, an deren Ausgangspunkt im »Sowjetministerium für Staatssicherheit« in einer »beinahe hysterischen Atmosphäre« beschlossen worden sei, die Ruhe in den sowjetisch kontrollierten Gebieten Deutschlands und Österreichs wiederherzustellen, die durch Organisationen wie den UFJ empfindlich gestört worden sei.[587]

Ebenfalls denkbar ist, was eine anonyme Quelle des CIC zu berichten hat. Ihr zufolge suchte sich das MfS Linse gezielt aus, weil sich die Spuren verschiedener Sabotageakte in der DDR bis zu Linse hätten zurückverfolgen lassen. Staatssicherheitsminister Wilhelm Zaisser habe sich mit den Verantwortlichen im MGB beraten und sei mit ihnen übereingekommen, die Verschleppung Linses, die großes Aufsehen erregen würde, ausschließlich als Aktion des MfS hinzustellen. Der MGB würde bei einem Misslingen keinerlei Hilfe leisten können. Doch das Risiko habe sich am Ende gelohnt, weil Linses Aussagen zur Verhaftung von 600 Personen und verschiedenen Umstrukturierungen in der Regierung und den Sicherheitsbehörden geführt hätten.[588]

Über die Rolle des MGB kann man am Ende nicht viel mehr sagen, als dies: Die Sowjets waren in die Planung des Verbrechens eingeweiht und haben davon profitiert, aber sie wollten selber nicht in Erscheinung treten. Viel spricht außerdem dafür, dass sich der Fall Linse innerhalb des MfS zu einem Selbstläufer entwickelte, der ganz logisch auf das Ziel hinauslief, seiner habhaft zu werden und den hartnäckig leugnenden vermeintlichen Topagenten für immer zum Schweigen zu bringen, um keinen Irrtum eingestehen zu müssen, der nicht sein durfte. Warum Linse verschleppt wurde, bleibt letztlich ein Geheimnis.

---

586 »… set up Linse for the kidnapping«, Koehler: Stasi, S. 133–138, 422f.

587 Hagen: Der heimliche Krieg auf deutschem Boden, S. 226f.

588 Bericht »Kidnapping of Dr. Walter Linse« v. 10. Oktober 1952, in: NARA, RG 319, Folder 1 [Bl. 63].

Helga Linse auf einer Pressekonferenz anlässlich des Empfangs einer Delegation der DDR-Volkskammer in Bonn mit den aus der DDR-Haft entlassenen mit Studenten Horst Schnabel, Jürgen Poppitz und Ekkhard Schumann, 29. September 1952.

5. Leben ohne Linse

Als das Unheil über Linse hereinbricht, ist seine Frau Helga nicht in Berlin. Sie hat sich nach Kloster Nonnenwerth am Rhein begeben, wo sie sich einer Operation unterzogen hat und nun von dieser Strapaze erholt. Jetzt ist eine erneute Operation angezeigt, auf die sie sich nun vorbereitet, und Linse in seinem Verlies ist in ernster Sorge um sie.[589]

Die Nachricht von ihres Gatten Verschleppung trifft Helga hart. Was kann sie schon tun? Sie telegrafiert an den Bundespräsidenten und an weitere weltliche und kirchliche Würdenträger. An DDR-Ministerpräsident Otto Grotewohl telegrafiert sie am 10. Juli 1952: »Erwarte umgehend Freilassung meines Mannes, wenn Sie nicht selbst als Verbrecher gelten wollen.«[590] An Adenauer geht am 11. Juli ihr Telegramm: »Erbitte um sofortige Freilassung meines durch Verbrecher entfuehrten Mannes besorgt zu sein. Erwarte

---

589 Spitzelbericht vom 1. September 1952, in: BStU, ZA, MfS, GH 105/57, Bd. 4, S. 283.

590 BStU, MfS, GH 105/57, Bd. 5, Bl. 197.

gegebenenfalls Repressalien gegen dieses Gesindel und ihre Helfer. Bitte mich zu empfangen.« Diesen Wunsch will ihr Adenauer nicht abschlagen. Wann und unter welchen Umständen die beiden sich treffen, darüber gibt es allerdings keine Belege. Aber Helga knüpft in einem Brief vom 8. August an den Bundeskanzler an diese Begegnung an, bei dem es um »Gott in der Geschichte« und die »Verherrlichung des Kosmos« gegangen sei. Adenauer könnte altersmäßig Helgas Vater sein, und so nimmt sie die Situation auch wahr. Während Helgas Verhalten in dieser Zeit hysterische Züge trägt, versucht Adenauer, sie zu beruhigen. Ein durchaus schwieriges Unterfangen, weil er Helga wegen ihrer Schwerhörigkeit sehr laut ansprechen – wenn nicht sogar anschreien – muss.[591]

Aber natürlich kümmern sich vor allem Adenauers Mitarbeiter um die Verzweifelte, die ihrer Umwelt gehörig zu schaffen macht. Später ist ihr ihr Verhalten peinlich und sie bittet um Nachsicht. Sie verschickt Telegramme, verteilt in ihrer Berliner Kirchengemeinde Gebetszettel, schreibt ein Gedicht »Drei mal Judas« und schmiedet Pläne, beim Besuch der Delegation der Volkskammer am 19. September 1952 in Bonn aufzutreten und Rechenschaft über den Verbleib ihres Gatten einzufordern. Die Gebetszettel finden reißenden Absatz. Von der Veröffentlichung des Gedichts bringen die Beamten sie ab, und Adenauer kann sie davon überzeugen, dass es besser ist, die Delegation nicht zu treffen.[592]

Helga kann wenig tun, doch was sie tun kann, tut sie – sie ist kämpferisch und aktiv. Ihre Aktivitäten sind aber, wie sie selber weiß, auch eine Form, mit dem Schock, der Einsamkeit und der Ungewissheit umzugehen.[593] Recht empfindsam reagiert sie auf die Berichterstattung über den Fall und vor allem über Behauptungen ihren Mann betreffend, die sie als abträglich empfindet. Sie echauffiert sich beispielsweise über einen Artikel in der *FAZ* über den Juristenkongress, der den politischen Zungenschlag der dort geführten juristischen Debatten kritisiert. Der erfasse nicht den Kern des Problems und führe durch seine falsche Erwartung zu falschen Schlussfolgerungen, meint sie.[594] Auch missfällt ihr, dass der *Tagesspiegel* Gerüchte über Schwarz-

---

591 BA Koblenz, B 136, 6539.

592 Vgl. StBKAH I 10.23.

593 Brief Helga an Rosenthal v. 30. Dezember 1953, B 209, 1205.

594 »Tribunal der freien Richter«, *FAZ* vom 5. August 1952; Brief Helga an die Herausgeber d. *FAZ*, 5. August 1952, in: BA Koblenz, B 209, 1205.

Исп.тх. №

ГЕНЕРАЛЬНАЯ ПРОКУРАТУРА
РОССИЙСКОЙ ФЕДЕРАЦИИ

ГЛАВНАЯ
ВОЕННАЯ ПРОКУРАТУРА

8. мая 1996 г.

№ 5уд-5262-53

103160, Москва, К-160

СПРАВКА

/о реабилитации/

Гражданин /ка/ Линзе Вальтер-Эрих

Год и место рождения 1903 г.р., г.Хемниц

Гражданин /ка/ какого государства Германии

Национальность немец Место жительства до ареста г.Берлин

Место работы и должность /род занятий/ до ареста началь[ник] отдела "Следственного Комитета свободных юристов"

Дата ареста 8 июля 1952 г.

Когда и каким органом осужден/а/ (репрессирован/а/) 23 сентября 1953 г. военным трибуналом войсковой части 482[…]

Квалификация содеянного и мера наказания /основная и дополнительная/ по ст.ст.58-6,ч.I, 58-I0,ч.I, 58-II УК РСФСР к высшей мере наказания -расстрелу, с конфискацией ценностей изъятых при аресте.

Дата освобождения Приговор приведен в исполнение 23.09.I[…]

На основании ст.3 п."а" Закона РФ "О реабилитации жертв политических репрессий" от I8 октября I99I г. гражданин/ка/ Линзе Вальтер-Эрих реабилитирован/а/.

Данные в справке указаны согласно материалам уголовного

ВРИО начальника
отдела реабилитации
Главной военной прокуратуры Т.А.Зубачев

Rehabilitationsbescheinigung, 1996.

marktgeschäfte in der Nachkriegszeit ihres Mannes kolportiert, und will daher von »Dr. Friedenau« wissen, wie die Zeitung politisch einzuschätzen sei.[595]

Bald kehrt Helga wieder an den Rhein zurück, begibt sich in ein anderes Hospital, um der neuerlichen Operation entgegenzusehen. Es gibt jedoch Schwierigkeiten mit der Hausleitung, die Helga wegen ihrer Ansprüche am liebsten wieder loswerden möchte. Adenauer reagiert ungehalten, und in der Bundesregierung begibt man sich auf die Suche nach einer neuen Wohnung für Helga in der Bundesrepublik. 1953 zieht sie nach Backnang bei Stuttgart.

Helga und Adenauer stehen noch länger miteinander in Kontakt. Der Bundeskanzler nimmt noch Jahre später großen Anteil an Helgas Lebensweg, wie ein Brief von seinem Bürochef Selbach an den Botschafter in London offenbart.[596] Wie mit Adenauer steht sie auch mit dem US-Hochkommissariat in Verbindung, was ihr sichtlich gefällt. Eine Weile noch hegt Helga die Hoffnung, es werde ihm beziehungsweise der Bundesregierung gelingen, ihren Ehemann herauszuholen. Sie arbeitet im Hilfskomitee des UFJ mit, das ihr Mann geleitet hat. Doch irgendwann erlaubt ihre Gesundheit ihr das nicht mehr, sodass sie kürzertreten muss. Als sie Ende 1953 vom Generalstaatsanwalt Berlin zur Aussage aufgefordert wird, will sie nicht; sie ist der Angelegenheit überdrüssig. Am 14. November 1953 gibt sie »Dr. Friedenau« zu erkennen, wie belastend eine Vernehmung für sie wäre, weil die Hoffnung immer weiter schwindet.[597]

Irgendwann aber lässt Helga die Vergangenheit hinter sich und schmiedet Zukunftspläne. Dabei hilft ihr ihr tiefer Glaube über den zweifachen Schicksalsschlag hinweg: erst die Entführung, dann die zweite Operation, diesmal in Basel. Dann jedoch erscheint ein Silberstreif am Horizont, denn sie erhält ein Hörgerät, das ihr eine halbwegs normale Teilhabe am gesellschaftlichen Leben ermöglicht. Die »Ehefrau von Dr. jur. Walter Linse«, wie sie unter ihrem Namen auf dem Briefkopf eines Briefs an Adenauer vom 11. Juli 1955 vermerkt, knüpft an ihre Schulzeit an und erlernt den Dolmetscherberuf, will als Sekretärin an die deutsche Botschaft in London. Ob Adenauer sie nicht empfehlen kann? Zeugnis liegt bei.[598]

---

595 Brief an »Dr. Friedenau« v. 19. September 1952.

596 22. Juli 1955, BA Koblenz, B 136, 6539.

597 BA Koblenz, B 209, 1205.

598 BA Koblenz, B 136, 6539.

Da sind aber auch der Macht des Bundeskanzlers Grenzen gesetzt. Das Auswärtige Amt hat eine ganz eigene Rekrutierungspraxis, und die Briten geizen mit Aufenthaltsgenehmigungen für Deutsche. Außerdem, wehrt Botschafter Hans von Herwarth am 30. Juli in einem Schreiben an das Kanzleramt ab, eigne sich die angestrebte Position kaum als Sprungbrett für den diplomatischen Dienst. Doch Helga ist nicht erfolglos, denn es gelingt Adenauers Stab, sie als Übersetzerin im Bundesfinanzministerium unterzubringen. Helga zieht um nach Bonn – und meldet sich kurze Zeit später wieder bei Adenauer. Am 12. Dezember 1957 setzt sie einen Brief auf: Der Briefbogen stammt noch aus der Berliner Zeit, maschinenschriftlich hat sie nun ihre dienstliche Telefonnummer zugefügt. Sie will ihre jetzige Stellung wegen ihrer Schwerhörigkeit aufgeben und als Übersetzerin arbeiten. Um sich weiter zu qualifizieren, hat sie Abendkurse an der Universität Bonn belegt. Ob Adenauer …? Lebenslauf liegt bei.[599]

Erneut hilft man ihr weiter.[600] Sie wird im Sprachendienst des Finanzministeriums eingesetzt. So emanzipiert sich Helga nach ihrem doppelten Unglück von der allein durch ihres Gatten Tätigkeit definierten Stellung als Hausfrau zu der einer Arbeitnehmerin aus eigenem Recht.

Die große Frage, die die Beteiligten im Westen in den Jahren nach dem Verbrechen bewegt, ist die nach dem Schicksal Linses. Was ist aus ihm geworden? Den Tätern – also MfS und MGB – gelingt es zunächst zwar, westliche Behörden und Öffentlichkeit zum Narren zu halten, aber es gelangen immer wieder Informationen zum UFJ und zu Helga. Da ist etwa der Brief eines 1953 entlassenen Häftlings, der auf seiner Odyssee durch die kommunistische politische Justiz auch Linse begegnet ist. Außerdem gibt es die Aussage eines 1955 aus sowjetischer Gefangenschaft heimgekehrten Sachsen, der beim UFJ vorspricht, um unter anderem über seine Zeit mit Linse in einer Zelle eines MfS-Gefängnisses in Berlin zu berichten. Und 1964 meldet sich ein weiterer Heimkehrer, der Linse gleich zweimal begegnet sein will. Die drei können so detailliert berichten, dass ihre Aussagen als glaubhaft eingeschätzt werden.[601]

Der Heimkehrer aus dem Lager Taischet in Sibirien wurde am 16. Januar 1953 in Bautzen verhaftet, weil er antikommunistische Flugblätter verteilt

---

599 Ebd.
600 Vgl. auch ACDP I-070-127/1 (Nachlass Globke).
601 BA Koblenz, B 137, 1063.

hatte. Er kam irgendwann in den Zellenblock des ehemaligen Antonius-Krankenhauses in Berlin-Karlshorst, wo er am 7. April 1953 in Zelle 8 verlegt wurde und hier auf Linse traf. Als sei der sich seiner Prominenz bewusst gewesen, habe er ihn zur Begrüßung gefragt: »Wissen Sie, wer ich bin?« Im Verlauf der Zeit habe Linse dann von der Verschleppung, den Verhören und aus seinem Leben erzählt. Der Zeuge charakterisiert ihn als »sehr fromm« und nachdenklich, als gebildet, sensibel und als starken Raucher. »Wenn er über etwas nachdachte, und ich ihm dann etwas sagen wollte, wies er mich mit einer oft gebrauchten Redensart zurück: ›[x], sei ruhig, ich gehe gerade mit einem Gedanken schwanger!‹« Das Aussagenprotokoll hält zahlreiche bekannte und unbekannte Informationen fest, zum Beispiel: »Der Nazi-Bewegung gegenüber habe er sich ablehnend verhalten. Irgendwie war er aber mal eine Zeitlang als Rechtsberater bei der DAF tätig. Er sprach auch von seiner Tätigkeit bei der Industrie- und Handelskammer in Chemnitz und einer Position in Dresden.«

Mit Helga trifft sich der Zeuge im Sommer 1956 in Hanau, wo er im Lager lebt. Für Helga ist das Treffen ein sehr emotionaler Moment. Der Zeuge erzählt allerdings so positiv über ihren Mann, dass sie nach dem Gespräch vergleichsweise optimistisch an die Zukunft denkt. Sie ist sich jetzt sicher, dass er über so viel innere Stärke verfügt, dass er die äußeren Qualen überstehen wird.[602]

Die Aussage dieses Zeugen gibt den Nachforschungen nach Linse einen neuen Schub: Die Spur führt in die Sowjetunion. Ein Mitarbeiter des Bonner Büros des UFJ wird deshalb am 21. April 1956 im Auswärtigen Amt vorstellig, um Klarheit über die Auffassung der Bundesregierung zu erhalten. Und siehe da: Man ist bereit, zu helfen. Doch für den zuständigen Diplomaten stellt sich die Angelegenheit schwieriger dar, als es dem UFJ-Leiter Rosenthal lieb ist, der wie andere in der Berliner Zentrale nach wie vor sehr emotional auf alles reagiert, was mit der Linse-Entführung zu tun hat. Der Außenamtsmitarbeiter rät dringend von einer öffentlichkeitswirksamen Aktion ab, damit die Sowjets ihr Gesicht wahren können. Für viel geeigneter hält er die Idee, ihnen den Namen Linses in einer längeren Liste von Vermissten unterzuschieben in der Hoffnung auf diskrete Entlassung. Eigentlich ist er sogar noch vorsichtiger und würde lieber erst einmal testen, wie die

---

602 Brief Helga Linse an Dr. Friedenau v. 18. Juni 1956, in: BA Koblenz, B 209, 1205.

Sowjets bei einer kurzen Liste mit 50 Namen reagieren. Ob sie dann allerdings, wenn das Ergebnis ausfällt wie erhofft, auch bei einer nachgeschobenen längeren Liste mit 500 Namen ebenfalls kooperieren, steht dann immer noch in den Sternen. Die Frage ist auch, ob man die letzte Wohnadresse der Verschwundenen angibt oder den Ort, an dem sie zuletzt gesehen worden sind, also in der Regel in der Sowjetunion. In jedem Fall muss, meint der Diplomat, damit gerechnet werden, dass die Bereitschaft zur Zusammenarbeit schlagartig nachlässt. Und wenn es so weit kommt, wäre auch eine öffentliche Aktion von vornherein zum Scheitern verurteilt.[603] Die Hoffnung, Linse wiederzubekommen, sind nach den Unterredungen und Korrespondenzen mit dem Auswärtigen Amt also gering. Die Angelegenheit ist extrem schwierig, sodass es sinnvoller zu sein scheint, nichts zu tun und zu hoffen, als sich durch eine unkalkulierbare Aktion alle Chancen zu verbauen.

Der zweite Zeuge stößt in der Nacht zum 18. Juni 1953 zu Linse und den ersten Zeugen. Man legt die beiden – also den zweiten Zeugen und seinen Zellengenossen – mit Linse und dem ersten Zeugen zusammen, insgesamt vier Männer, weil die MfS-Bewacher wegen des Aufstandes in der DDR an anderer Stelle benötigt wurden. Auch dieser zweite Zeuge ist bass erstaunt, als man sich beim ersten Aufeinandertreffen einander vorstellt. Auch er berichtet ausführlich und glaubhaft über die Entführung und alles andere, was Linse ihm erzählt, und allgemein über die gemeinsame Zeit in der Zelle. Er erfährt zum Beispiel, dass der Beindurchschuss eigentlich überhaupt nicht behandelt wurde, sodass Linse liegend, weil zum Gehen zu schwach, zum Verhör gebracht werden musste und – in Sowjethaft – tagsüber in der Zelle liegen durfte. Zwei Wochen verbringen die vier Männer zusammen, dann werden die anderen verlegt, und der Zeuge ist mit Linse allein. »Ich muß gestehen, daß ich in Dr. Linse einen feinen, ruhigen und sachlichen und auch christlichen Menschen gefunden habe, der alles von Seiten eines wahrheitsliebenden [schwer zu entziffern], freien Rechtes sah. Seine größte Sorge war die um seine liebe Frau [...]. Weiterhin kann ich noch sagen, daß Dr. Linse ein gutes kameradschaftliches Wesen zeigte und außerdem [?] gesagt, auch war.« Beider Wege trennen sich am 17. Juli 1953: Bei der Rückkehr von einer Vernehmung ist die Zelle leer, Linse ist verlegt worden.[604]

1964 schließlich meldet sich der dritte Zeuge beim UFJ, um seine Ge-

---

603 Briefe und interne Schreiben UFJ, in: BA Koblenz, B 209, 1201.

604 BA Koblenz, B 137, 1063.

schichte zu erzählen. Er ist gerade aus dem Zuchthaus Brandenburg entlassen worden. Verhaftet wurde er am 18. Juni 1953 und im Juli 1953 in Zelle 8 des ehemaligen Antonius-Krankenhauses verlegt, wo er Linse kennenlernt. Der andere Häftling ist da schon weg. Auch ihm berichtet Linse von der unbehandelten Wunde und davon, wie unzufrieden seine Peiniger mit seinen Aussagen sind. Nachdem der Zeuge im September sein Urteil erhalten hat, wird er in eine andere Zelle verlegt und wenig später in einen Zug gesetzt, der ihn nach Brest-Litowsk bringt. Dort hat er am 5. Oktober erneut Kontakt zu Linse, der in einem Nachbarabteil eingesperrt ist und ihm erzählt, dass er »zu 25 Jahren« verurteilt worden ist. Dann trennen sich ihre Wege. 1955 kehrt dieser Zeuge aus der Sowjetunion zurück und verbüßt noch einige Jahre Strafhaft in der DDR, bevor er in den Westen ausreisen kann.[605]

Als am 8. Juni 1960 die Nachricht des sowjetischen Roten Kreuzes ergeht, Linse sei am 15. Dezember 1953 verstorben,[606] glauben die Beteiligten, das Kapitel abschließen zu können. Helga bedankt sich bei Adenauer für seine Anteilnahme. »Sie haben mir stets ihr Ohr geliehen und waren mir eine große Stütze mit ihrem Zuspruch, als ich Sie vor acht Jahren aufsuchte in meiner Verzweiflung. Wir sprachen damals von Gott in der Geschichte.«[607] Adenauer kondoliert und erkundigt sich bei seinem Amt nach Helgas finanzieller Situation. Sie verdient im Sprachendienst 850 DM netto, fühlt sich wohl an ihrem Arbeitsplatz und wird allseits geschätzt. Um aufdringlichen Journalisten zu entgehen, hat sie sich an einen unbekannten Ort zurückgezogen.[608] Am 13. Juni 1960 meldet sich Siegfried Mampel bei Helga. Er ist nach der Entführung zum UFJ gestoßen. Er ist außerdem Mitglied der Bezirksverordnetenversammlung Berlin-Steglitz und möchte die Gerichtstraße nach Linse umbenennen.[609] Helga ist einverstanden, und so geschieht es. Jetzt verliert sich ihre Spur.

Die Nachricht von Linses Tod wird wenig später als Falschmeldung zurückgezogen; angeblich hat ein Sachbearbeiter Walter Linse aus Berlin mit einem Walter Linse aus Rudolstadt verwechselt. Das Deutsche Rote Kreuz

---

605 BA Koblenz, B 209, 1201. Die Chronologie der Erzählung deckt sich nicht in allen Einzelheiten mit den Berichten der anderen Zeugen.

606 Der Staatssicherheitsdienst, S. 166f.

607 Helga Linse an Adenauer vom 11. Juni 1960, in: BA Koblenz, B 136, 6539.

608 Bericht Selbach für Bundeskanzler am 22. Juni 1960, in: BA Koblenz, B 136, 6539.

609 Schreiben v. 13. Juni 1960, in: BA Koblenz, B 209, 1205.

schenkt dieser Berichtigung allerdings keinen Glauben, weil die Angaben der sowjetischen Partnerorganisation bisher immer zuverlässig gewesen sind.[610] Auch wenn es Indizien dafür gibt, dass die Erstmeldung korrekt gewesen sein mag – die Sowjets ziehen es offenbar vor, nach wie vor jeden Anschein zu vermeiden, sie könnten etwas mit dem Verbrechen zu tun haben. Zu bestätigen, dass Linse tot ist, hätte auch als Schuldeingeständnis gewertet werden können.

Im MfS zieht man 1980 den Vorgang noch einmal hervor. Er wird mit der Bemerkung zurückgelegt, dass sich für Ermittlungen kein Ansatzpunkt ergeben habe.[611] Heißt das, dass man die Verschleppung und Übergabe Linses an die Sowjetunion inzwischen für ungerechtfertigt hält? Geheimgehalten wird das Verbrechen weiterhin.

Also mussten erst die Diktaturen Osteuropas zusammenbrechen, damit man Bestätigung erhalten konnte über das, was wirklich geschehen ist. Bengt von zur Mühlen ist es zu verdanken, dass russisches Archivgut das Licht der Öffentlichkeit erblicken konnte, und Horst Hennig erreichte Linses Rehabilitierung durch die Generalstaatsanwaltschaft der Russischen Föderation. In der postsowjetischen Ära ist man offen für deutsche und russische Bemühungen, sich der Vergangenheit zu stellen und Unrecht wiedergutzumachen, indem man es als Unrecht benennt.[612] Die Begründung für die Entscheidung vom 8. Mai 1996, Linse zu rehabilitieren, spricht eine deutliche Sprache. Weder sei Linse ein Spion für ein anderes Land gewesen, noch habe er den Interessen der Sowjetunion geschadet. Seine Verschleppung sei nicht legal erfolgt und die Ermittlungen einseitig zu seinem Nachteil geführt worden, weshalb er »als vollständig rehabilitiert« gelte.[613] Man hat Linses Schwester Charlotte in den 90er-Jahren in Chemnitz ausfindig machen und ihr die Nachricht von seiner Rehabilitierung überbringen können. Kurze Zeit später ist sie verstorben.

---

610 Der Staatssicherheitsdienst, S. 166f.; »FAZ«, 13. September 1960.

611 »Abverfügung zur Archivierung« v. 14. Juli 1980, in: BStU, MfS, AP 21837/80.

612 Vgl. Markus Wehner: »Die Nachricht von der russischen Rehabilitierung kommt in Deutschland oft nicht an«, in: *FAZ*, 26. November 1996.

613 HAIT-Archiv, Akte Walter Linse, Bestand Moskau; vgl. Wolfgang Schuller: »Die Verstummten sprechen«, in: »FAZ«, 3. September 1997.

VII. Annäherungen an einen deutschen Juristen

1. Die Geschichte geht weiter

Ein paar Jahre lang dachte man, mit der Enthüllung des Schicksals Linses nach der Entführung sei das letzte Kapitel seiner Biografie geschrieben. Doch es stellte sich heraus, dass der Beginn falsch datiert war und dass deshalb die mit dieser Biografie erzählte Geschichte wenn schon nicht falsch, so doch zumindest unvollständig war. Der Fehler im Aufbau der Geschichte bestand darin, Linses Leben erst in Berlin beginnen zu lassen – mit ein paar Impressionen aus der Chemnitzer Zeit –, die Entführung – nun wiederum zutreffend – als Einschnitt und die Enthüllung seines Endes in Moskau als Abschluss zu betrachten. Diese Biografie, geschrieben von verschiedenen Biografen, war nicht geplant, sondern sie entwickelte sich wie von selbst mit der Zeit heraus und wurde immer weiter fortgeschrieben: Am Anfang stand der Schock der Entführung und die Strichzeichnung des jungen Linse in der *Zeit*, und nach zehn Jahren war im *Tagesspiegel* die Ikonografisierung abgeschlossen, die über die Straßenumbenennung in Berlin-Lichterfelde und bis zum Plan der Benennung eines Preises nach Linse weitergeführt wurde.[614]

---

[614] Zum Preis vgl. *taz, die tageszeitung*, 7. Dezember 2007.

Straßenschild in Berlin, 2004.

Mit meiner Linse-Publikation schlug ich 2007 – ohne dass ich es beabsichtigt hätte – ein neues Kapitel auf. Ich setzte den Beginn der Biografie auf die Geburt Linses und beließ ihr Ende auf dem Datum der Rehabilitierung. Damit veränderte ich allerdings die gesamte Statik des Gedenkens und brachte es zumindest vorübergehend zum Wanken. Denn mit den neuen Informationen mussten das Leben und das Nachleben Linses neu bewertet werden, was ein schmerzhafter Prozess für alle in irgendeiner Weise mit ihm verbundenen Personen war, die unter großem äußerem Druck ihr erinnerungspolitisches Konzept überarbeiten mussten. Aber auch ich musste lernen, dass es naiv war anzunehmen, bloß einen Beitrag zur Forschung über eine zeitgeschichtlich relevante Person geleistet zu haben. Unversehens war ich nämlich durch die scharfe Kritik nicht nur an meiner Arbeit, sondern auch an meiner Person gleichsam Bestandteil der Linse-Story geworden: Ich hatte an ihr mitgeschrieben und wurde nun – wie andere, die ähnliches getan hatten – ein Teil davon. Aber so ist das eben: Vergangene Ereignisse sind nur scheinbar vorbei, sie ragen vielmehr bis in die Gegenwart herein und sind daselbst Gegenstand erbitterter Diskussionen, weil sie nach wie vor Bedeutung haben.[615]

Der Streit über den am Ende nicht nach Linse benannten Preis hat dafür gesorgt, dass die Person Linses und seine Leistungen in der Öffentlichkeit zumindest vorübergehend vollkommen neu bewertet wurden. Linse wurde nun nicht mehr als Opfer eines kommunistischen Verbrechens wahrgenommen, sondern vor allem als einer, der sich an der »Arisierung« in Chemnitz beteiligt hatte. Indem dieser Ausschnitt seiner Biografie in den Vordergrund gerückt wurde, geriet die Entführung in den Hintergrund; zugleich wurde seine Tätigkeit beim UFJ unter einen nicht ausgesprochenen Verdacht gestellt. Dass Linse in der IHK Chemnitz für »Entjudungsangelegenheiten« zuständig war, war im Verlauf der Debatte von niemandem bestritten worden (ich hatte das ja nachgewiesen), wurde aber nun mit Vehemenz herausgestellt und ausgeschmückt, sodass der falsche Eindruck entstand, Linse sei einer der Hauptverantwortlichen für die »Arisierung« in Chemnitz gewesen.[616]

Inzwischen hat sich die Lage allerdings wieder geändert; darauf deutet zumindest die Metamorphose des Linse-Lemmas bei Wikipedia oder die Einordnung des Falles durch die Tagespresse hin. Hier taucht Linse beispielsweise

615 Vgl. Rothfels: Zeitgeschichte als Aufgabe.
616 Vgl. Bästlein: Vom NS-Täter zum Opfer des Stalinismus.

im Zusammenhang mit der Entführung des vietnamesischen Geschäftsmannes Trinh Xuan Thanh aus Berlin auf[617] oder in der Rubrik »Eines Tages« auf spiegel.de, wo ein weiteres Stasi-Entführungsopfer, Karl Wilhelm Fricke, porträtiert wird.[618] Auch die wissenschaftliche und populärwissenschaftliche Publizistik verortet Linse erneut in dem Kontext der Entführung.[619]

Auch mit meiner neuen Linse-Biografie ist seine Geschichte natürlich noch nicht auserzählt. Sie geht von der früheren Fassung von 2007 aus und lässt in ihrem Fokus auf die unmittelbaren Daten und Ereignisse aus Linses Leben viel von dem Kontext außer Acht, den zu berücksichtigen sicherlich hilfreich zum Verständnis wäre. Allerdings sind die Angaben, die ich gemacht habe, bereits ausreichend, um zu bemerken, dass eine weitergehende Kontextualisierung gar nicht angezeigt ist. Das wird besonders deutlich, wenn man sich Linses Rolle bei der »Arisierung« ansieht: Sein Beitrag dazu ist eher gering und sein Verhalten dabei so rechtskonform und gewissermaßen untadelig, dass sich eine noch eingehendere Beschäftigung nicht lohnt. Linse repräsentiert einen bestimmten Typus, das heißt: Er vereinigt Eigenschaften auf sich, die auch bei anderen Beteiligten auftauchen. Es handelt sich dabei um nichts, was außerhalb der Norm liegt, sondern im Gegenteil durchweg im Rahmen des Gesetzlichen und Erwartbaren. Linse ist ein Beteiligter ohne erkennbaren Hass, Eifer, Antisemitismus, Ideologie, Korruption und Nepotismus. Er fällt vor allem durch seine Normalität auf, was ihn zurecht wenig interessant für die Forschung gemacht hat, die sich zwar mit »ganz normalen Männern« beschäftigt – aber nur, wenn sie direkt an verbrecherischen Handlungen teilnahmen·<?> Doch ganz normale Männer, die das nicht taten? Hier ist das Interesse gering, und das mit Recht.

Es ist daher nicht angezeigt, sich über Gebühr mit Linses Rolle im Nationalsozialismus zu beschäftigen. Er war einfach zu normal, zu unauffällig, zu durchschnittlich. Man sollte aber die Beschäftigung mit ihm zum Anlass nehmen, endlich die »Arisierung« in Chemnitz zu untersuchen – ein Desiderat der Forschung. Dabei könnte man auch Linses Verhalten thematisieren – und würde dann feststellen, wer in Wahrheit die Fäden zog und wer von dem ganzen Unrecht profitierte. Man könnte ihn und alle anderen

[617] *Der Tagesspiegel*, 9. August 2017.

[618] http://www.spiegel.de/einestages/menschenraub-der-stasi-wie-karl-wilhelm-fricke-in-die-ddr-entfuehrt-wurde-a-1130698.html, abgerufen am 29. Januar 2018.

[619] Bauernfeind: Menschenraub im Kalten Krieg; Muhle: Auftrag: Menschenraub.

zahlreichen Akteure[620] in den Blick nehmen und ihr Verhalten miteinander vergleichen. So vorzugehen, würde ein gerechtes Urteil über Linse ermöglichen und, was noch wichtiger ist, die Strukturen des Raubes jüdischen Vermögens in Chemnitz offenlegen. Um das Verhalten der Bürokratie und die Funktionsweise des »Doppelstaates« zu untersuchen, sollte man also von der Person Linses abstrahieren und sich statt auf eine juristische oder psychologische auf eine politikwissenschaftliche oder besser noch soziologische Analyse konzentrieren, da die die relevanten Fragen besser beantworten kann.

2. Ein Mann ohne Eigenschaften

Kaiserreich, Weimarer Republik, nationalsozialistische Diktatur, sowjetische Besatzung, Bundesrepublik – Linse hat in einem halben Jahrhundert fünf Herrschaftsformen kennengelernt und am eigenen Leibe erfahren müssen. Eigentlich müssten die intellektuellen und emotionalen Herausforderungen für ihn enorm gewesen sein. Doch ob die verschiedenen Wechsel der Systeme in irgendeiner Weise für ihn ein Problem darstellten (wie die wirtschaftlichen Verwerfungen, die sie mit sich brachten), ist nicht bekannt. Es gibt nicht einen Hinweis darauf – wofür es wiederum eine Erklärung gibt: Er war ein Jurist, und vom Juristenstand hat man behauptet, er besitze die eigentümliche Fähigkeit, »durch die Tapetentüren der politischen Systeme schreiten [zu können], ohne größere Skrupel zu empfinden«.[621]

Linse stammte »aus kleinen Verhältnissen«, aus denen er sich mit Fleiß, Ausdauer und Unterstützung durch seine Lehrer und andere wohlwollende Förderer wie die Alten Herren seiner Studentenverbindung emporarbeitete. Erst kam der Wechsel auf das Gymnasium, dann das Studium samt Abschluss und das Projekt der Doktorarbeit, das er ebenfalls – wenn auch mit erheblicher Verzögerung – erfolgreich abschloss. Dieser Weg zeigt, dass er begabt war, fleißig und vorausschauend. Dass er bis zum Ende nicht das erreichte, was er wollte, und finanziell vermutlich nie gut stand, war den Zeitumständen geschuldet – und dem Umstand, dass er mit Sicherheit das Zeitgeschehen zwar aufmerksam verfolgte, aber eigentlich nie Ambitionen

---

620 Vgl. Markmann / Enterlein: Die Entjudung der deutschen Wirtschaft, S. 1.

621 Michael Stolleis: »Durch so viele Türen geschritten. Die Tapeten wechseln, das Recht gilt immer: Vor hundert Jahren wurde Theodor Maunz geboren«, in: *FAZ* vom 1. September 2001.

zeigte, sich aktiv politisch zu engagieren. Seine Mitgliedschaft in der NSDAP kann kaum als Ausdruck des Wunsches nach Mitgestaltung interpretiert werden, und sein Engagement in der LDP blieb Episode. Wenn Linse auf dem Feld der Politik mehr Ehrgeiz gezeigt hätte, hätte er – auch wenn das natürlich Spekulation ist – an verschiedenen Stellen sicherlich Karriere machen können.

Wenn die verschiedenen Systemwechsel, die Linse miterlebte, ihn nicht berührt haben, liegt das daran, dass er sich zumeist von der Politik fernhielt. Diese Distanz half ihm dabei, nach dem »Zusammenbruch« 1945 nahtlos in die neue Zeit zu gelangen und unter sowjetischer Herrschaft einen Karrieresprung vom Sachbearbeiter zum Geschäftsführer zu machen. Seine Distanziertheit zu dem neuen System und seine Affinität zum bürgerlich-liberalen Lager spielten in diesen Jahren keine Rolle – entscheidend war die Distanziertheit zum vorangegangenen System. Erst als der Druck auf ihn stieg, wie es den Anschein hat, seine aktive Zustimmung durch Beitritt in die Einheitspartei zu demonstrieren, musste er eine Entscheidung treffen – und tat es, indem er flüchtete. Die Flucht zeigte, dass Linse nicht alles mitzutragen bereit war. Dass sie anders als vor 1945 überhaupt möglich war, machte es ihm leichter, ein Bekenntnis gegen den Arbeiter- und Bauernstaat abzulegen. Die Aufteilung Deutschlands in vier Besatzungszonen eröffnete ihm – ungleich zuvor unter dem Nationalsozialismus – wie vielen anderen ein Ventil.[622] Die Frage, ob er vor 1945 geflüchtet wäre, wenn er denn gekonnt hätte, muss ebenso offenbleiben wie die, ob seine Entlassung 1933 ebenfalls mit seiner mangelnden Hingabe an den Nationalsozialismus zusammenhängt.

Ohne die Erfahrung der sich etablierenden SED-Diktatur wäre Linse wohl nie zu dem geworden, als den man ihn – indirekt, denn den meisten ist er ja wegen seiner Verschleppung bekannt – kennt: zum Kämpfer gegen die Diktatur, für das Recht. Die nationalsozialistische Erfahrung spielte dabei jedenfalls keine Rolle. Die Frage ist allerdings, ob Linse seine Aufgabe beim UFJ mit Hingabe erfüllte. Inhaltlich und methodisch konnte er anknüpfen an seine Dissertation: Er sammelte empirische Daten und legte das Gesetz als Maßstab zur Bewertung staatlichen Handelns an. Inwieweit sich aber seine Rechtsidee mit der Rechtswirklichkeit in der Bundesrepublik deckte, ist nicht bekannt. Die Frage, ob Linse sie darin aufgehoben und verwirklicht sah, ist

622 Vgl. Hirschman: Abwanderung, Widerspruch und das Schicksal der Deutschen Demokratischen Republik.

jedoch von nicht zu unterschätzender Bedeutung, denn ihrer Beantwortung liegt auch die Antwort auf die Frage, ob Linse ein »kalter Krieger« gewesen ist, der mit diesem neuen Projekt seine eigene Vergangenheit vergessen machen kann. Auch hier stehen die Nachgeborenen wieder vor demselben Problem, das eine Bewertung verhindert: Indizien, gar Beweise für die eine oder andere These gibt es nicht. Vielleicht ging spätestens zu dem Zeitpunkt, an dem er den aktiven Kampf gegen die SED aufnahm, beides ineinander über, und Linse sah in der Rechtsordnung der Bundesrepublik eine Widerspiegelung seiner Vorstellungen vom »richtigen Recht«.[623] Vielleicht aber auch nicht.

Linses politisches Handeln korrespondierte nicht mit den Grundsätzen einer Partei. In dieser – und in weiterer Hinsicht – sieht es so aus, als sei Linse in gewisser Weise ein Mann ohne Eigenschaften gewesen. Er tauchte zwar immer wieder in Kontexten auf, die gewisse Rückschlüsse auf eine bestimmte Parteizugehörigkeit zulassen, zum Beispiel seine Mitgliedschaft in einer schlagenden völkischen Studentenverbindung oder im Zusammenhang mit der »Arisierung«. Das lässt allerdings lediglich die Vermutung zu, dass er eher konservativ oder national dachte als sozialistisch. Darüber hinaus blieb Linse mit allen seinen bekannten Taten oder Äußerungen immer im Rahmen desjenigen, was in dieser Zeit und in diesem Umfeld allgemein akzeptiert war und als positiver Beitrag zum Gesamt angesehen wurde. Ob in der Schule, in seiner Verbindung, bei seiner Bewerbung um einen Bürgermeisterposten, als IHK-Referent oder als UFJ-Mitarbeiter: Er machte – soweit es nachvollziehbar ist – immer nur das, was mehrheitlich akzeptiertes Verhalten war, zeigte weder Ecken noch Kanten. Er war ein fleißiger Schüler, ordentlicher Student, gewissenhafter Bürokrat und loyaler Staatsbürger; auch seine Bewerbung um den Bürgermeisterposten 1934 bewegte sich mit dem Bekenntnis zum neuen NS-Staat ganz in der gesellschaftlichen Mitte; und das Pathos seiner Bewerbung beim UFJ könnte dem Grundton geschuldet sein, den er dort vorgefunden hatte. Linse schlug nie über die Stränge, war nicht faul, betrog und bereicherte sich nicht, war nicht korrupt, schikanierte niemanden und tat nie Böses, sondern vor allem immer das Notwendige und ein kleines Bisschen mehr davon, wobei er immer an Recht und Gesetz orientiert blieb.

Deutlich wird die Kantenlosigkeit Linses anhand seiner Reden und seiner

623 Vgl. Friedenau: Rechtsstaat in zweierlei Sicht, S. 16.

Schriftsätze. Sie sind durchdrungen von Klischees, immer allgemein und unkonkret, als wären sie von anderen abgekupfert: In seiner Studentenverbindung schwadronierte er über den Bismarck-Gedanken; in seinen Schriftsätzen benutzte er Textbausteine; als LDP-Vorsitzender fiel er dem politischen Gegner durch seine Allgemeinplätze auf; und die Vorträge in der Bundesrepublik waren so allgemein gehalten, dass man sie des Druckes nicht für wert befand. Von seinem Schulaufsatz abgesehen, der das authentischste Zeugnis Linses zu sein scheint, trifft bei Linse wohl Arendts Diagnose von der »Unfähigkeit zu *denken*« zu.[624] Aber kann man ihn dafür tadeln? Jedes Gemeinwesen – sei es ein Verein oder ein Staat – kann sich glücklich schätzen, solche Mitglieder zu haben, die ihre eigenen Interessen – wenn sie denn welche haben – hintanstellen und sich ganz den Zielen der Organisation verschreiben, denn sie sind ihr Rückgrat und »halten den Betrieb am Laufen«. Und anders als Adolf Eichmann, auf den sich Arendt bezieht, begehen sie keine Verbrechen.

Dieser Umstand macht erklärlich, warum jede Kritik an Linses Verhalten, die in Kategorien wie »Täter« oder »Nazi« daherkommt oder sich in irgendeiner Weise auf Recht und Gesetz bezieht, bei Linse ins Leere laufen muss. Sie verwechselt Gesetzestreue mit ethischem Handeln. Juristisch gesprochen kommt nämlich nur das Urteil infrage, das auch nach dem Krieg implizit oder explizit, anhand der von den Alliierten aufgestellten Kriterien gefällt worden ist: Linse war »unschuldig«, weil er sich keiner Verfehlungen innerhalb seines Aufgabenbereichs und keiner Straftaten schuldig machte und weil er keine besondere Nähe – etwa durch die Übernahme eines Parteiamtes – zu dem verbrecherischen NS-Staat demonstriert hatte.

Doch mit juristischen Kategorien ist das Verhalten Linses und vieler anderer überhaupt nicht zu fassen, weder seine Schuld noch seine Unschuld. Es ist ein moralisches Problem. Arendt formuliert in ihren Betrachtungen zum Eichmann-Prozess den Maßstab, an dem Linses Verhalten im Nationalsozialismus zu messen ist: »In Wahrheit gab es nur einen Weg, im Dritten Reich zu leben, ohne sich als Nazi zu betätigen, nämlich, überhaupt nicht in Erscheinung zu treten: sich aus dem öffentlichen Leben nach Möglichkeit ganz und gar fernzuhalten war die einzige Möglichkeit, in die Verbrechen nicht verstrickt zu werden, und dieses *Nichtteilnehmen* war das einzige Kri-

---

624 Arendt: Eichmann in Jerusalem, S. 126.

terium, an dem wir heute Schuld und Schuldlosigkeit des einzelnen messen können.«[625] In diesem Sinne ist auch Linse schuldig geworden.

3. Linse, die Nazis und der Holocaust

Charakteristisch für seine Tätigkeit für die IHK war, dass sich Linse in eigentlich allem peinlich genau an den Wortlaut und den Geist von Gesetz, Verordnung und Dienstanweisung hielt. Was er persönlich darüber dachte – also ob er die in diese Formen gegossene Politik guthieß oder ablehnte –, ließ er nie erkennen. In seiner dienstlichen Tätigkeit stellte er ein politisches Nichts dar, frei von eigenen Interessen und frei von einer eigenen Meinung. Man kann daher in erster Linie sagen, was Linse während des Nationalsozialismus *nicht* war: Antisemit, Nationalist, aktiver Parteigenosse, NS-Ideologe, Karrierist, Wehrmachts-, SA-, SS- oder SD-Angehöriger, Richter, Kriegsverbrecher, Widerstandskämpfer, Dissident, Emigrant, Verfolgter … Er war einer, wie es aussieht, den man heute am ehesten noch als »Mitläufer« bezeichnen würde: Er hat nicht aktiv »mitgemacht«, aber beiseitegestanden hat er auch nicht. Er war politisch uneindeutig, weder ein Gegner noch ein Anhänger der Nazis, aber eigentlich war er von überhaupt keiner politischen Strömung ein Anhänger. Kurz: Er war neutral – was in der NS-Diktatur, die keine Neutralität duldete, allerdings bedeutete, sich auf die Seite der Diktatur zu schlagen.

Der Befund, dass Linse weder »aktivistischer Nazi« war, wie die zeitgenössische Formulierung lautete, noch die Ablehnung des Regimes in irgendeiner Weise zum Ausdruck brachte, macht das Verstehen so schwer. Aber jeder Versuch, sich des Problems der Ambivalenz zu entledigen, indem man Linses Leben vom Holocaust her beschreibt und ihm eine nazistische Gesinnung nachzuweisen versucht, verfehlt die Aufgabe, die Vergangenheit zu verstehen.[626] Diese Form der Beweisführung kann nur durch höchst selektive Quellenauslegung und unbelegte und einander widersprechende Behauptungen erfolgen. Damit schafft man aber lediglich eine Projektionsfläche für das eigene Selbstbild und sagt damit mehr über sich aus als über Linse. Vor allem aber lenkt man von der viel schwierigeren und wichtigeren Frage nach den Lehren aus den Geschichten von »ganz normalen Männern«

---

625 Ebd., S. 221.

626 Vgl. Kirsch: Walter Linse und der Nationalsozialismus.

(Christopher Browning) ab, für die der Fall Linse durchaus eine Antwort bereithält: Niemand sollte heute überzeugt sein, damals nicht selber »mitgemacht« zu haben. Linse ist dem Durchschnittsbürger von heute näher, als ihm lieb sein kann.

Der Versuchung, die unbefriedigende Uneindeutigkeit von Linses Verhalten zu beseitigen, ist auch Bästlein erlegen, der versucht, Linse in die Nähe der SS zu rücken, indem er ihn der »Generation des Unbedingten« zuschlägt. Beim Versuch, darüber hinaus Linses Teilnahme an der »Arisierung« juristisch zu fassen, versteigt sich Bästlein nicht nur dazu, Linse zum Dreh- und Angelpunkt der »Arisierung« in Chemnitz zu stilisieren, was falsch ist, sondern auch die »Arisierung« mit dem Holocaust in einen Zusammenhang zu rücken, was eine Kontinuität unterstellt, die nicht vorhanden ist. Aber sein Ziel erreicht er damit: Deshalb und weil er einen unhistorischen Bezugsrahmen für sein Urteil wählt, den Arendt schon 1963 verworfen hat, kann Bästlein Linse »mithin nicht nur objektiv, sondern auch subjektiv Täter« nennen und behaupten: »In einem funktionierenden Rechtsstaat hätte die Staatsanwaltschaft Anklage wegen der einschlägigen Eigentums- und Vermögensdelikte, Amtsverbrechen und Beihilfe zum Mord bzw. Völkermord gegen ihn erheben müssen.«[627]

Intuitiv möchte man hier zustimmen, denn der Wunsch, die »vollendete Sinnlosigkeit« (Hannah Arendt) zu erklären und aufzulösen, ist stark. Allerdings zeugt der Versuch, eine Verbindung von »Auschwitz« zu Linse zu ziehen, lediglich von einem mangelhaften Verständnis dessen, was der Holocaust war. »Unsere Ahnungen trügen uns«, mahnt Snyder. »Zu Recht bringen wir den Holocaust mit der Ideologie des Nationalsozialismus in Verbindung, aber dabei vergessen wir, dass viele Mörder keine Nazis waren. Wir denken zuerst an die deutschen Juden, doch fast alle Juden, die im Holocaust umgebracht wurden, lebten außerhalb Deutschlands. Wir denken an Konzentrationslager, aber nur relativ wenige der ermordeten Juden kamen je in eines dieser Lager. Wir geben dem Staat die Schuld, doch der Massenmord war nur dort möglich, wo staatliche Institutionen zerstört worden waren.«[628]

Daraus folgt: Auch wenn der Holocaust in Deutschland geplant und vorbereitet, von Deutschen durchgeführt und beaufsichtigt und also ver-

---

[627] Bästlein: Vom NS-Täter zum Opfer des Stalinismus, S. 16f. u. 105f.; vgl. Arendt: Eichmann in Jerusalem, S. 64.

[628] Snyder: Black Earth, S. 12.

antwortet wurde; auch wenn es vielfältige Bezüge von »Auschwitz« nach Deutschland und zu den Deutschen gibt – z. B. Lebensmittel, Raubgut oder auch nur Berichte von Soldaten auf Heimaturlaub über die Gräueltaten –, so kommt man um zwei Differenzierungen nicht herum:

Erstens fiel die Entscheidung für die »Endlösung« auf der Wannseekonferenz am 20. Januar 1942, also zu einem Zeitpunkt, als im Reich der größte Teil der Juden bereits emigriert war. Bis dahin war Deutschland zwar bereits eine Diktatur, in der die Juden drangsaliert, verfolgt und vertrieben wurden, und es hatte Deutschland seine Nachbarn überfallen und einen Kolonialkrieg angezettelt. Doch wenigstens bis zum Kriegsbeginn entwickelte sich die Verfolgung der Juden, die auf ihre »freiwillige« Emigration vornehmlich nach Westen oder gewaltsame Abschiebung nach Osten abzielte, in vorhersehbaren, erwartbaren Bahnen. Die Entscheidung für das gänzlich Neue, den »Zivilisationsbruch« (Dan Diner), fiel erst im Verlauf des Krieges gegen die Sowjetunion, der nicht so erfolgreich verlief wie erhofft.[629]

Zweitens wurden die Opfer ganz überwiegend nicht im Deutschen Reich ermordet, sondern in den eroberten Territorien Polens, der Sowjetunion oder Rumäniens. Snyder weist darauf hin, dass ein Zusammenhang zwischen dem Töten und dem Vorhandensein von Staatlichkeit bestand: Die Opferzahlen waren da am höchsten, wo ein Staat zerschlagen und seine Institutionen beseitigt waren. Ohne die »Arisierung« zu benennen, schreibt er: »Die gesetzliche Ausplünderung der Juden wird oft als Schritt hin zu ihrer Vernichtung betrachtet, aber so ganz stimmt das nicht.« Für Synder war eine funktionierende Bürokratie – genauer: »Staatsangehörigkeit, Bürokratie und Außenpolitik« – keine Bedrohung, sondern im Gegenteil ein Schutz für die Juden, weil die sich auf die bestehenden Verfahrensregeln verlassen konnten. »Deutsche Juden starben weniger wegen der akribisch arbeitenden Bürokratie in Deutschland, sondern eher wegen der Zerstörung von Bürokratien in den Nachbarländern. Deutsche Juden wurden, von ganz wenigen Ausnahmen abgesehen, nicht auf dem Territorium Vorkriegsdeutschlands ermordet. Stattdessen wurden sie aus Deutschland weggebracht und in bürokratiefreie Zonen im Osten deportiert, an Orte, wo sie vor dem Krieg vollkommen sicher gewesen waren.«[630]

Die Fragen nach der Nähe Linses zum Nationalsozialismus und seine

---

629 Vgl. Arendt: Nach Auschwitz, S. 7–30.

630 Snyder: Black Earth, S. 241–243.

Beteiligung am Völkermord wird man daher unterschiedlich beantworten müssen. Während seine Tätigkeit bei der IHK keinen Zweifel an seiner Loyalität zum NS-Regime zulässt, so kann eine direkte oder jedenfalls über das »Normalmaß« hinausgehende Beteiligung am Holocaust ausgeschlossen werden. Nirgends finden sich Anzeichen dafür, dass er an der Zerstörung von Staaten mitwirkte oder dass er in irgendeiner Weise in den zerstörten Staaten am Massenmord beteiligt war oder für die Deportation von Juden in bürokratieferne Zonen sorgte. Linses Tätigkeit bewegte sich unbeirrbar im starren, festgelegten, bürokratischen Rahmen. Muss man vor diesem Hintergrund Linses Beharren auf gesetzesförmigem Verwaltungshandeln nicht sogar positiv bewerten?[631]

Der Holocaust war ein Ereignis, vor dem der Verstand kapituliert. Vielleicht ist auch deshalb die Biografie Linses so schwer zu fassen, der einerseits immer wieder Gegenstände – völkische Bewegung, Bürokratie, »Arisierung«, Nationalsozialismus et cetera – streift, die mit dem Holocaust irgendwie in Verbindung zu stehen scheinen, andererseits aber die bekannten Quellen nicht zu diesem Befund zu passen scheinen und das vertraute Interpretationsschema daher versagt. Anders als man es gewohnt ist und deshalb erwartet, lässt sich bei ihm keine Holocaust-Geschichte schreiben.

Selbstverständlich ist eine Debatte über Linses Verstrickung in nationalsozialistisches Unrecht notwendig und gerechtfertigt, unter anderem weil sie hilft zu erkennen, wo die echten wissenschaftlichen Probleme liegen – und das ist nicht Linse. Linse war ein einfacher Mitläufer und insofern unwichtig. Wichtiger ist, zu bestimmen, welche Art von Mitläufer er war, nämlich der des ostentativ desinteressierten Bürokraten in einer klassischen Verwaltungstätigkeit. Relevanz kommt diesem Typus zu, weil man durch seine unpersönliche Tätigkeit zum Verständnis des Nationalsozialismus vordringen kann, der nur dadurch möglich wurde, dass die an sich neutrale Verwaltung unter der NS-Diktatur einfach weitergearbeitet hat. Die Analyse der Tätigkeit des Verwaltungsapparates wirft die Frage nach der Relevanz des geschichtlichen Vorgangs für die Gesellschaft der Gegenwart auf, deren Verwaltung nach denselben Prinzipien funktioniert wie in den 30er- und

631 Rückblickend lässt sich sein Verhalten darüber hinaus sogar als Beleg für die These verstehen, dass der Rechtspositivismus eben kein Einfallstor für die NS-Diktatur in die Rechtsprechung und Rechtsanwendung war. Vgl. Dreier: Die Radbruchsche Formel.

40er-Jahren des 20. Jahrhunderts.[632] Es ist beunruhigend zu wissen, dass die Verwaltung eines von mehreren einigenden Bändern ist, das die Weimarer Republik mit dem Nationalsozialismus, der Bundesrepublik – über die DDR müsste man getrennt reden – und dem wiedervereinigten Deutschland verbindet.

4. Widerstand und Spionage

Von östlicher Seite ist der Vorwurf erhoben worden, Linse sei – wie viele andere, die für den UFJ arbeiteten – ein Spion gewesen. Dieser Vorwurf wiegt schwer, denn ist Spionage nicht unmoralisch und in allen Ländern strafbar? Soll die DDR nicht wie die Bundesrepublik das Recht gehabt haben, sich gegen die Ausforschung ihrer Geheimnisse zur Wehr zu setzen? Man kann diese Argumentation nicht rundheraus zurückweisen, wenn man die Perspektive eines an den Auseinandersetzungen der 50er-Jahre Unbeteiligten einnimmt. Und doch wird man nicht umhinkommen, bereits die Frage für falsch gestellt zu halten, weil sie einen einheitlichen Spionagebegriff unterstellt und damit implizit Linses Verschleppung rechtfertigt. In der DDR war im Grunde alles Spionage beziehungsweise konnte alles als Spionage etikettiert werden. Da das Regime auch noch so belanglose Daten geheim halten wollte, musste zwangsläufig jeder Journalist, der nicht lediglich Propaganda verbreiten wollte, zum »Spion« mutieren, das heißt geheime Informationen erwerben und weiterleiten. Linses Tätigkeit unterschied sich häufig nicht von der eines Journalisten, wenn er sich ein Bild über den Zustand der Wirtschaft der DDR verschaffen wollte. Gemessen am Maßstab der Diktatur war er also ein Spion. Wenn man dagegen die Tätigkeit eines Journalisten in einer freien Gesellschaft zum Maßstab nimmt, dann kann von Spionage nicht die Rede sein.[633]

Gleichwohl lassen sich die Verstrickungen Linses in das Geheimdienstmilieu nicht leugnen. Mag er bewusst kaum Kontakt zu CIA-, CIC- oder BND-Mitarbeitern gehabt haben, so arbeitete er doch für eine Organisation, die ihre Verbindungen nicht verheimlichen konnte und deshalb ein gefundenes Fressen für die SED-Propaganda war. »Dr. Friedenau« leitete die Erkenntnisse seiner Mitarbeiter regelmäßig an seinen Mittelsmann »Mr. Vane«

---

632 Vgl. Kühl: Ganz normale Organisationen.

633 Vgl. Dr. Theo Friedenau: »Was ist ›Spionage‹? Die andere Seite des Falles Linse«, in: LA Berlin, B Rep. 002, Nr. 12788.

weiter und erhielt im Gegenzug Geldmittel, die von der CIA stammten. In den Augen der US-amerikanischen Regierung handelte es sich um gut angelegtes Geld, wie ein Bericht des Hohen Kommissars vom 25. Juni 1953 über den Aufstand in der DDR zeigt: »[We] have powerful instruments in the form of RIAS, the Free Jurists, the Kampfgruppe, and the CDU and SPD Ost-Buro, to feed and nurture the spirit of revolt among the people of the Soviet Zone of Germany, who tasted blood June 16-17 and have not yet been brought fully under control.«[634] Auch vom BMG erhielt der UFJ diskrete Zuwendungen. Der »Reptilienfond« des Ministeriums betrug für 1950 11,5 Mio. und für 1953 20 Mio. DM. Allerdings wurde die genaue Verwendung des Postens »Zuschüsse an Forschungsinstitute für kultur- und volkspolitische Zwecke und ähnliche Einrichtungen sowie allgemeine kulturelle Zwecke« nicht aufgeschlüsselt und blieb deshalb der parlamentarischen Kontrolle entzogen.[635] Die Bundesregierung förderte also systematisch die Entstehung einer undurchsichtigen Gemengelage aus »Vorfeldorganisationen«, die mal mit dem BMG zusammenarbeiteten, mal auf eigene Rechnung.

Mochte Linse sich nicht als Spion verstehen und mag man die vulgäre SED-Propaganda zurückweisen, so war das Gesamtarrangement, in dem er sich bewegte, geprägt von Ambivalenz, Geheimniskrämerei und Dunkelmännertum. Wer sich in diesem Umfeld bewegte, konnte nicht »sauber« bleiben, auch Linse nicht. Aber dieser Befund darf nicht dazu verleiten, die Motive und Handlungen der Beteiligten zu diskreditieren. Sie engagierten sich häufig aus uneigennützigen Gewissensgründen. Die Alternative zur Zusammenarbeit mit Geheimdiensten wäre gewesen, tatenlos zuzusehen, wie Unrecht geschieht, oder einen aussichtslosen Kampf gegen einen übermächtigen Gegner zu wagen. Mit dem MfS verfügte die SED über ein Instrument, demgegenüber jeder offene Widerstand zum Scheitern verurteilt war. Die Biografien zahlreicher Regimegegner, die die Gefängnisse der DDR füllten, sprechen eine deutliche Sprache. Nur wer sich der Unterstützung eines mächtigen Partners – beispielsweise der CIA, des BMG oder anderer – vergewisserte, konnte Aussicht auf Erfolg haben. Heute also Linse und anderer der »Spionage« zu bezichtigen, heißt, das hochgradig asymmetrische

634 FRUS, S. 1597.

635 Der Gesamtdeutsche Ausschuss, S. XII. Vgl. Verhandlungen des Deutschen Bundestages, 2. Wahlperiode 1953, Stenographischer Bericht, Bd. 36., S. 11971. Vgl. auch Rüß: Anatomie einer politischen Verwaltung.

Verhältnis zwischen Diktatur und Widerstand zu unterschlagen und damit implizit das Verbrechen des Menschenraubes zu rechtfertigen.[636]

5. Der Mann, der existiert haben könnte[637]

Für das MfS war Linse also ein »Spion« – aber nur einer unter vielen anderen. Warum hat es ausgerechnet ihn verschleppen lassen? Wie konnte es zu der Auffassung gelangen, dass an ihm ein so grausames Exempel statuiert werden musste, obwohl er schwerlich – Wahrnehmung und Wirklichkeit fallen in diesem Fall besonders deutlich auseinander – der Feind war, als der er vom MfS bezeichnet wurde? Im Fall Linses finden sich die Schlüsseldokumente in den Akten der Dienststelle Chemnitz, wo der abgefangene Brief von Linses Frau Helga, die Spitzelberichte »Konrads« und die bisherigen Ermittlungen in einer ganz anderen Angelegenheit zusammengeführt wurden. Aktenkundig gemacht wurde das Interesse der Chemnitzer Genossen im Oktober 1951, als sich die Berliner nach ihm erkundigten. Man holte Informationen ein und fand heraus, dass Linse über die Freunde, die Helgas Brief transportierten, mit weiteren Verdächtigen (Gruppenvorgang »Ring«) in Verbindung stand. »Es ist stark zu vermuten, dass Dr. Linse ehem. Angehörige der Widerstandsgruppe Ciphero zu feindlicher Arbeit …«, folgerten die Genossen mangels Beweisen.[638] Daraufhin setzten sie »Konrad« auf den Fall an, der wenig später seine Berichte lieferte. Als dessen Informationen ein Bild ergaben, das den Erwartungen der Tschekisten entsprach, warf man alle vorhandenen Zweifel an »Konrads« Glaubwürdigkeit über Bord. »Verdächtig« machte sich Linse also zunächst dadurch, dass sich die Berliner Genossen für ihn interessierten, des Weiteren durch den Umstand, dass der Adressat von Helgas Brief bereits verdächtig war, und durch die Märchen, die »Konrad« – vielleicht lediglich bestrebt, seinen Kontaktmännern die Informationen zu liefern, die diese hören wollten – über ihn zum Besten gab. Kurzum: Das MfS kam auf der Basis von Mutmaßungen und Kurzschlüssen zu dem Ergebnis, dass Linse ein gefährlicher Spion sei, den man am besten »unschädlich« machen müsste.

Welche Abfolge von Wahrnehmungen und Entscheidungen das Handeln

636 Vgl. Fricke: Spionage als antikommunistischer Widerstand.

637 Eine Formulierung von Owen Lattimore, zit. nach Whitaker: Das Ende der Privatheit, S. 41.

638 BStU, AP 69/56, S. 24.

der Berliner MfS-Dienststelle prägte, geht aus dem vorliegenden Material nicht hervor. Aber es ist anzunehmen, dass sie derselben Logik folgten.

So zufällig diese Ereignisse miteinander in Verbindung standen, so sehr erschienen sie den Dunkelmännern als logische und konsequente Indizienkette. Von der Verdachtsschöpfung bis zur Verschleppung führte – in der Selbstwahrnehmung – eine rationale Handlungskette. Über das späte MfS ist bekannt, dass es – darin der SED treu folgend – seinen hypertrophen Spitzelapparat auf der Annahme aufbaute, dass sämtliche Störungen in der Entwicklung des Sozialismus äußere Ursachen hatten. Da die ständigen kleinen Siege über den Klassenfeind jedoch nicht zum erwünschten Ergebnis führten, folgerte man, dass der Klassengegner seine Hetz- und Wühlarbeit nach wie vor betreibe, nur eben viel geschickter getarnt und deshalb viel perfider, wirkungsvoller. Je weiter man in die Tiefenstrukturen der Gesellschaft vordrang, desto mehr Gegner konnten enttarnt werden. Der Feind lauerte überall, wie man auf diese Weise bestürzt feststellte, der mit immer größerem Aufwand bekämpft werden musste, weil seine Vernichtung neue, noch besser getarnte Feinde zum Vorschein brachte. Gefangen in dieser Verschwörungstheorie wurde folgerichtig gleichsam ein permanenter Verteidigungsnotstand ausgerufen und der Apparat immer weiter aufgebläht.[639] Es ist anzunehmen, dass die Struktur dieses Denkens und Handelns bereits in den 50er-Jahren voll ausgeprägt war.

Durch die bewusste Nicht-Regelung von Aufgaben und Zuständigkeiten des MfS – das »Gesetz über die Bildung eines Ministerium für Staatssicherheit« vom 8. Februar 1950 spottet allen Anforderungen an das Bestimmtheitsgebot – war dem Geheimdienst ein unbegrenzter Aktionsraum eröffnet worden, in dem sich die Theorie ungehindert Bahn brechen und empirische Wirksamkeit entfalten konnte. Rechtlich ungebunden, konnte das MfS nach Belieben schalten und walten und so einen »Doppelstaat« errichten helfen. Es war bereits den Zeitgenossen klar (und deshalb war der UFJ ja auch gegründet worden), dass das Regime jeden jederzeit mit einem politischen Gerichtsverfahren überziehen konnte, in dem der Betroffene keine angemessene Gegenwehr leisten konnte. Die Gewissheit im MfS, allmächtig, unangreifbar zu sein, in Verbindung mit der Gesellschafts- und Geschichtstheorie von den sich verschärfenden Klassengegensätzen und dem

639 Vgl. Baule: Die politische Freund-Feind-Differenz.

unaufhaltsamen Sieg des Sozialismus war der Humus, auf dem die Pläne zur Verschleppung Linses reiften.

Über diese spezifischen Besonderheiten hinaus, die die Machenschaften des MfS prägten, machten es zwei allgemeine Faktoren nahezu unumgänglich, dass die Informationen des MfS fehlerhaft sein mussten. Zum Ersten sind alle Daten unklar, ambivalent – sonst würde niemand die Notwendigkeit sehen, sie »aufzuklären«. Außerdem kommt es selten vor, dass jemand über zu wenige Informationen verfügt. Eher ist es so, dass die Informationssuchenden an einer Fülle von Daten förmlich ersticken. Damit ist, zweitens, dem Wunschdenken des Entscheidenden Tür und Tor geöffnet. Ambivalente Informationen erfordern von vernünftigen Interpreten der Daten keine andere Wahl als sich auf ein »Unentschieden« zurückzuziehen – eine Schlussfolgerung, die politische Entscheidungsträger nur ungern zur Kenntnis nehmen. Diese beiden Umstände können in keinem Fall beseitigt werden, sie sind unauslöschlich in die Struktur der Daten eingebrannt.[640]

Auch diese allgemeinen strukturellen Implikationen geheimdienstlicher Aufklärung trugen zur weitgehenden Erblindung des MfS bei.[641] »Sicherheit« konnte das MfS auf diese Weise nicht schaffen, im Gegenteil wurde es selbst zu einem Unsicherheitsfaktor. Möglicherweise ist der eine oder andere »echte« Staatsfeind bei seinem finsteren Werk ertappt worden, aber wie viele »Staatsfeinde« erst produzierte der Apparat, Menschen, die gar nicht vorhatten, Regimegegner zu werden? Linses Verschleppung und Hinrichtung war ein Ergebnis der systematischen Produktion von Staatsfeinden. Zwar ist er mit Sicherheit auch ohne Zutun des MfS ein Gegner der DDR gewesen und, darf man annehmen, hätte sie lieber heute als morgen untergehen sehen. Aber gleichzeitig wurde aus ihm ein Gegner gemacht, den zu vernichten man sich in der Pflicht sah. Dazu hätte es einer ausdrücklich feindseligen Haltung Linses vermutlich gar nicht bedurft, und dieser Umstand ist entscheidend. Das MfS sammelte über Linse Informationen aus verschiedenen Quellen, unsystematisch und unkritisch. Es kompilierte eine Akte, die gefüttert war mit Informationen, die zuvor bereits durch einen oder mehrere Filter gegangen waren, was zu ihrer Verfälschung und Verzerrung führte,

---

640 Betts: Analysis, War, and Decision, S. 69–72. Vgl. Whitaker: Das Ende der Privatheit, S. 41.

641 Baule: Die politische Freund-Feind-Differenz, S. 181; vgl. Suckut (Hg.): Das Wörterbuch der Staatssicherheit, S. 24.

auf keinen Fall aber zu einer maßstabsgetreuen Abbildung der Wirklichkeit. Für derartige Datensammlungen gilt ganz allgemein: »Diese Datenprofile oder Phantom-Ichs überschatten unser wirkliches Selbst, und dies hat beträchtliche Auswirkungen.«[642] Damit jagte das MfS 1951/52 im Grunde ein Phantom, das es »Walter Linse« nannte, das aber mit dem empirischen Walter Linse lediglich bestimmte, hochgradig selektive Merkmale gemein hatte. Am eigenen Leibe zu spüren bekam die Folgen dieser Konstruktion jedoch der »echte« Walter Linse. Von seinen überlieferten Aussagen, in denen er die Vorwürfe seiner Ankläger bestätigte, darf man sich nicht irritieren lassen. Wenn er etwa in seinem Schlusswort vor dem Militärtribunal bekannte: »Ich bereue meine Taten«[643], handelte es sich nicht um das Ergebnis von Linses Sinneswandel, sondern um die von seinen Peinigern erzwungene Bestätigung einer am Beginn des Ermittlungsprozesses aufgestellten These. Sie ist Teil der Konstruktion des »Spions« Walter Linse.

---

642 Whitaker: Das Ende der Privatheit, S. 173.

643 HAIT-Archiv, Akte Walter Linse, Bestand Moskau.

Abkürzungen

ADW	Allgemeiner Deutscher Waffenring
AH	Alte Herren (Mitglieder einer Studentenverbindung, die nicht mehr studieren)
AStA	Allgemeiner Studentenausschuss
BMG	Bundesministerium für gesamtdeutsche Aufgaben
BND	Bundesnachrichtendienst
BStU	Die Bundesbeauftragte für die Unterlagen des Staatssicherheitsdienstes der ehemaligen Deutschen Demokratischen Republik
CB	Corpsbursche
CK	Conkneipant
CIA	Central Intelligence Service (US-Auslandsgeheimdienst)
CIC	Counter Intelligence Corps (US-Militärgeheimdienst)
DAF	Deutsche Arbeitsfront
DHR	Deutscher Hochschulring
DSt.	Deutsche Studentenschaft
FDGB	Freier Deutscher Gewerkschaftsbund
FAZ	Frankfurter Allgemeine Zeitung
GWB	Gauwirtschaftsberater
HICOG	High Commissioner of Germany
HO	Handelsorganisation (staatl. Handelsunternehmen in der DDR)
IHK	Industrie- und Handelskammer
KGB	Komitee für Staatssicherheit beim Ministerrat der UdSSR (seit März 1954) (sowjet. Geheimdienst)
KgU	Kampfgruppe gegen Unmenschlichkeit
KWB	Kreiswirtschaftsberater
LDP	Liberaldemokratische Partei Deutschlands (später: LDPD)
MfS	Ministerium für Staatssicherheit der DDR
MGB	Ministerium für Staatssicherheit (bis März 1953) (sowjet. Geheimdienst)
NSDAP	Nationalsozialistische Deutsche Arbeiterpartei
NSDStB	Nationalsozialistischer Deutscher Studentenbund
NSFO	Nationalsozialistischer Führungsoffizier
NSRB	Nationalsozialistischer Rechtswahrerbund
NSV	Nationalsozialistische Volkswohlfahrt
Pg.	Parteigenosse (Mitglied der NSDAP bzw. der SED)
RGBl.	Reichsgesetzblatt
RIAS	Radio im amerikanischen Sektor
RSC	Rudolstädter Seniorenconvent
RWK	Reichswirtschaftskammer
RWM	Reichswirtschaftsminister, Reichswirtschaftsministerium
SBM	Saxo-Borussen-Mitteilungen
SED	Sozialistische Einheitspartei Deutschlands

SMAD	Sowjet. Militäradministration in Deutschland
SMWA	Sächs. Minister / Ministerium für Wirtschaft und Arbeit
SD	Sicherheitsdienst des Reichsführers SS (Geheimdienst von NSDAP bzw. SS)
SS	Schutzstaffel
UFJ	Untersuchungsausschuss Freiheitlicher Juristen
VOS	Vereinigung der Opfer des Stalinismus
ZKK	Zentrale Kommission für Staatliche Kontrolle

Quellen

Bad Arolsen, International Tracing Service

Veränderungsmeldung Zugänge, KZ Buchenwald, 1.1.5.1/5278092/ITS Digital Archives, Bad Arolsen.

Veränderungsmeldung Abgänge, KZ Buchenwald, 1.1.5.1/5278369/ITS Digital Archives, Bad Arolsen.

Liste jüdischer Häftlinge, KZ Buchenwald, 1.1.5.1/5290764/ITS Digital Archives, Bad Arolsen.

Individuelle Dokumente KZ Buchenwald; 1.1.5.3/5447986, 5447987,5447988/ITS Digital Archives, Bad Arolsen.

Karteikarte Reichsausbürgerungskartei, 0.1/103282089/ITS Digital Archives, Bad Arolsen.

Bad Honnef, Stiftung Bundeskanzler-Adenauer-Haus (StBKAH)

I 10.23

Berlin, Stiftung Archiv der Parteien und Massenorganisationen der DDR im Bundesarchiv (SAPMO-BA)

DY 30/ IV 2/2/220 Sozialistische Einheitspartei Deutschlands – Höchste gewählte Gremien – Tagungen des Parteivorstandes / Zentralkomitees

DY 3, Demokratischer Block – Verbindungsbüro: 5, Fiche 1

DC 1, Zentrale Kommission für Staatliche Kontrolle (ZKSK): 1947

Berlin, Bundesarchiv (BA Berlin)

R 3101, Reichswirtschaftsministerium: 9374, 9451, 9847

Berlin, Bundesarchiv, Berlin Document Center (BDC)

ZB 7374 A.14

Berlin, Die Bundesbeauftragte für die Unterlagen des Staatssicherheitsdienstes der ehemaligen Deutschen Demokratischen Republik, Zentralarchiv (BStU)

Chem. AP 69/56, Bd. 1, 4
ZA, AP 69/56, Bd. 2
AP 21837/80
MfS GH 105/57, Bd. 1, 2, 4, 5, 6
ZA, ANS AiM 14864/89 A, Bd. 1
MfS AiM 2559/63 P
MfS AiM 1639/61 (1) P
MfS AiM 1639/61 P, Bd. 2
MfS KS 6112/90
MfS KS 6112/90 (VP-Akte)
MfS, AU 472/53, Bd. 2

MfS, AU 179/52, Bd. 5, 18
MfS, AS, 110/79, 505/52
MfS, HA IX, 22499, 22484
MfS, ZOS, 2614
MfS, AOP, 114/55, Bd. 1, 2
BdL/Dok. 4914
MfS-BDL/Dok/051268
MfS, ZAIG, 9688, Bd. 1

Berlin, Der Generalstaatsanwalt bei dem Landgericht Berlin (StA)

Az. 29 Js 431/91

Berlin, Landesarchiv Berlin (LA Berlin)

A Rep. 093-03 Finanzamt Moabit West: 52167
B Rep. 001, Der Präsident des Abgeordnetenhauses: 144
B Rep. 002, Senatskanzlei: 12788, 2229/2
B Rep. 031-03-07, Entnazifizierungsstellen Berlin (West) – Spruchausschuss Steglitz: 3901–3909
B Rep. 036-02 Office of the High Commissioner for Germany U.S. (HICOG) Berlin Element: RG 84, HICOG/BE, 2541/7, RG 84, HICOB/BE, 2172/1–65
B Rep. 058, Staatsanwaltschaft bei dem Landgericht Berlin: 2906
E Rep. 200-21, Nachlass Ernst Reuter: 113
E Rep. 200-88, Nachlass Willy Kressmann: 40
E Rep. 300-62, Nachlass Karl Mautner: 26
F Rep. 280 LAZ-Sammlung: 17843

Berlin, Politisches Archiv des Auswärtigen Amtes (AA-PA)

Bestand B 10, Politische Abteilung 2, 1949/1951–1958

Chemnitz, Staatsarchiv (StAC)

Bestand 30874, Industrie- und Handelskammer Chemnitz: 19, 61, 354, 370, 378, 428, 513, 589, 648, 685, 686, 691, 692, 694, 695, 697, 699, 700, 701, 702, 707, 711, 712, 746, 749, 750, 800, 817, 819, 824, 831, 835, 846, 853
Bestand 31518, Dresdner Bank Filiale Chemnitz: 113
Bestand 31599, KPD Südwestsachsen: 4

Chemnitz, Stadtarchiv (StadtA Chemnitz)

Bestand Antifa-Block, Sign. 65
Höhere Schulen, Oberrealschule Wielandstraße: 86
Meldekarten

College Park (Maryland, USA), National Archives (NARA)

RG 319, Army Staff: Entry A1 134-B, Linse Walter Erich F8110285, Container 469, Folder 1 u. 2 [Paginierung von mir, B.K.]

Dresden, Hannah-Arendt-Institut für Totalitarismusforschung, Archiv (HAIT)
Akte Walter Linse (enthält auch Bestand Moskau)

Dresden, Hauptstaatsarchiv (HStAD)
Bestand 11018, Ministerium der Justiz : 1693, 1693/1
Bestand 11378, Landesbehörde der Volkspolizei Sachsen: 1489
Bestand 13471, NS-Archiv des MfS: ZB 7374 Akte 14, ZD 7664 Akte 1, ZD 7664 Akte 17
Bestand 11377, Landesregierung Sachsen, Ministerium des Innern: 2035
Bestand 11856, SED-Landesleitung Sachsen: A/1447, A/1569, IV/A 702
Bestand 11500, Industrie- und Handelskammer Sachsen: 349, 581
Bestand 12970, Personennachlass Prof. Dr. Hermann Kastner: 21
Bestand 11853 KPD-Bezirksleitung Sachsen und Kreisleitungen: I/A/014

Essen, Stadtarchiv
Bestand Ausgleichsamt / Soforthilfe: 220, 1039

Gummersbach, Archiv des Liberalismus (AdL)
Bestand 10554, LDPD-Ortsgruppe Sigmar-Schönau:
Bestand 16322, Deutsche Demokratische Fortschrittspartei für Chemnitz und Umgebung:
Bestand L5-294, LDPD-Landesverband Sachsen, Korrespondenz:
LN4-101, Nachlass Johannes Dieckmann:
LN4-102, Nachlass Johannes Dieckmann, Kreisverbände A-F:
Bestand 10582, LDPD-Ortsgruppe Sigmar-Schönau:

Koblenz, Bundesarchiv (BA Koblenz)
B 136, Bundeskanzleramt: 6539
B 137, Bundesministerium für innerdeutsche Beziehungen: 1063
B 141, Bundesministerium der Justiz: 85342
B 209, Untersuchungsausschuss freiheitlicher Juristen: 4, 29,258, 468, 959, 1200, 1201, 1204, 1205
B 289, Kampfgruppe gegen Unmenschlichkeit: 1070, 9504, 3582, 11242
N 1515, Nachlass von Dellingshausen: Zsg 1-97/53

Leipzig, Staatsarchiv (StAL)
Bestand 20124, Amtsgericht Leipzig: 2767

Leipzig, Universitätsarchiv Leipzig (UAL)
Quästurkartei: Rep. I / XVI / VII C 88, Bd. 1.
Jur. Fak. B I 2, Bd. 4,
Rep. II / XVI / II 6, Bände 41-45, Filme 483 u. 484

Sankt Augustin, Archiv für Christlich-Demokratische Politik (ACDP)
I-070–127/1, Nachlass Hans Globke
I-295–007, Nachlass Franz Amrehn

Wechselburg, Kreisarchiv
ohne Signatur

Würzburg, Institut für Hochschulkunde
A1 Nr. 668e, Kösener Archiv
880/GF 40900 I 27

Online-Archiv: www.cia.gov/Library/Electronic Reading Room/Special Collection/Nazi War Crimes Disclosure Act
specialCollection/nwcda3/63/CADROIT QKFEARFUL/CADROIT QKFEAR-FUL_[Nummer des PDF]

Literatur

Abel, Heinz: Die Industrie- und Handelskammern im nationalsozialistischen Staate, 2. Aufl. Glogau 1941.

Adenauer. Rhöndorfer Ausgabe. Hrsg. von Rudolf Morsey und Hans-Peter Schwarz. Teegespräche 1950–1954. Bearb. von Hanns Jürgen Küsters, Berlin 1984.

Adressbuch der Industrie- und Handelsstadt Chemnitz mit einverleibten Vororten etc. für das Jahr 1924.

Agsten, Rudolf / Bogisch, Manfred: Dokumente zur Gründung der Liberal-Demokratischen Partei Deutschlands 1945, in *Zeitschrift für Geschichtswissenschaft* 19 (1971), H. 10, S. 1274–1288.

Allen, Keith R.: Befragung – Überprüfung – Kontrolle. Die Aufnahme von DDR-Flüchtlingen in West-Berlin bis 1961, Berlin 2013.

Anschriftenverzeichnis der Alten Herren der Deutschen Landsmannschaft, hg. im Auftr. des G. A. des G. V. A. L. von Berthold Ohm u. Alfred Philipp, Hamburg 1932.

Arendt, Hannah: Eichmann in Jerusalem. Ein Bericht von der Banalität des Bösen, München [11]2015.

Dies.: Nach Auschwitz. Essays & Kommentare I, Elke Geisel / Klaus Bittermann (Hg.), Berlin 1989 (= Critica Diabolis; 21), S. 81–97.

Autorenkollektiv: Karl-Marx-Stadt. Geschichte der Stadt in Wort und Bild, Berlin (Ost) 1988.

Autorenkollektiv: ... im Dienste der Unterwelt. Dokumentarbericht über den »Untersuchungsausschuß freiheitlicher Juristen« – Verein kraft Verleihung – Berlin-Zehlendorf-West, Limastraße 29, 2. Auflage, Berlin (Ost) 1960.

Bajohr, Frank: »Arisierung« als gesellschaftlicher Prozess. Verhalten, Strategien und Handlungsspielräume jüdischer Eigentümer und »arischer« Erwerber, in: Irmtrud Wojak / Peter Hayes (Hg.): »Arisierung« im Nationalsozialismus. Volksgemeinschaft, Raub und Gedächtnis, Frankfurt am Main 2000, S. 15–30.

Ders.: Parvenüs und Profiteure, Korruption in der NS-Zeit, Frankfurt am Main 2004.

Barkai, Abraham: »Schicksalsjahr 1938«. Kontinuität und Verschärfung der wirtschaftlichen Ausplünderung der deutschen Juden, in: Walter H. Pehle (Hg.): Der Judenpogrom 1938. Von der »Reichskristallnacht« zum Völkermord, Frankfurt am Main 1988, S. 94–117.

Ders.: Vom Boykott zur »Entjudung«. Der wirtschaftliche Existenzkampf der Juden im Dritten Reich 1933–1943, Frankfurt am Main 1988.

Bästlein, Klaus: Der Fall Mielke. Die Ermittlungen gegen den Minister für Staatssicherheit der DDR, Baden-Baden 2002.

Ders.: Vom NS-Täter zum Opfer des Stalinismus: Dr. Walter Linse. Ein deutscher Jurist im 20. Jahrhundert, Berlin 2008.

Ders. [anonym]: Ms. [ohne Titel, ohne Ort, ohne Jahr]

Bauernfeind, Wolfgang: Menschenraub im Kalten Krieg. Täter, Opfer, Halle (Saale) 2016.

BAULE, BERNWARD : Die politische Freund Feind Differenz als ideologische Grundlage des Ministeriums für Staatssicherheit (MfS), in: *Deutschland Archiv* 26 (1993), H. 2, S. 170–184.

BEHRING, RAINER: Die Zukunft war nicht offen. Instrumente und Methoden der Diktaturdurchsetzung in der Stadt: Das Beispiel Chemnitz. In: Diktaturdurchsetzung. Instrumente und Methoden der kommunistischen Machtsicherung in der SBZ / DDR 1945–55. Hrsg. von Andreas Hilger, Mike Schmeitzner und Ute Schmidt, Dresden 2001, S. 155–168.

DERS.: Das Personal der kommunistischen Diktaturdurchsetzung. Parteifunktionäre und Kommunalpolitiker in Chemnitz 1945 bis 1949, in: Mike Schmeitzner / Clemens Vollnhals / Francesca Weil (Hg.): Von Stalingrad zur SBZ. Sachsen 1943 bis 1949, Göttingen 2016, S. 239–258.

BERLIN. CHRONIK DER JAHRE 1951–1954. Hrsg. im Auftrag des Senats von Berlin, Berlin 1968.

BETTS, RICHARD K.: Analysis, War, and Decision: Why Intelligence Failures Are Inevitable, in: *World Politics* 31 (1978), H. 1, S. 61–89.

BEYER, KLAUS U. A.: Wismut – »Erz für den Frieden«? Einige Aspekte zur bergbaulichen Tätigkeit der SAG / SDAG »Wismut« im Erzgebirge, o. O. [Dresden] 1995.

BOTOR, STEFAN: Das Berliner Sühneverfahren – die letzte Phase der Entnazifizierung, Frankfurt am Main u. a. 2006.

BROWNING, CHRISTOPHER R.: Ganz normale Männer. Das Polizeibataillon 101 und die »Endlösung« in Polen, Frankfurt am Main 1999.

DAHM, GEORG / SCHAFFSTEIN, FRIEDRICH: Liberales oder autoritäres Strafrecht?, Hamburg 1933.

DEEG, HANNS PETER: Die Judengesetze Großdeutschlands, Nürnberg 1939 (= Juden, Judenverbrechen und Judengesetze in Deutschland von der Vergangenheit bis zur Gegenwart; 1,2).

DERIABIN, PETER / GIBNEY, FRANK: The Secret World, Garden City / New York 1959.

DIAMANT, ADOLF: Chronik der Juden in Chemnitz, heute Karl-Marx-Stadt. Aufstieg und Untergang einer jüdischen Gemeinde in Sachsen, Frankfurt am Main 1970.

DIEDLER, HEINRICH: Zur Geschichte des Rudolstädter Seniorenconvents, in: *Einst und Jetzt* 55, 2010, S. 219–366.

DÖLEMEYER, BARBARA: Gleichschaltung und Anpassung der Anwaltschaft, in: Deutscher Anwaltverein (Hg.): Anwälte und ihre Geschichte. Zum 140. Gründungsjahr des Deutschen Anwaltvereins, Tübingen 2011, S. 265–284.

DRECOLL, AXEL: Der Fiskus als Verfolger. Die steuerliche Diskriminierung der Juden in Bayern 1933–1941 / 42, München 2009.

DREIER, HORST: Die Radbruchsche Formel – Erkenntnis oder Bekenntnis?, in: Heinz Mayer (Hg.): Staatsrecht in Theorie und Praxis. Festschrift. Robert Walter zum 60. Geburtstag, Wien 1991, S. 117–135.

EPPINGER, SVEN: Das Schicksal der jüdischen Dermatologen Deutschlands in der Zeit des Nationalsozialismus, Frankfurt am Main 2001, S. 148.

FAUST, ANSELM: Der Nationalsozialistische Deutsche Studentenbund. Studenten und Nationalsozialismus in der Weimarer Republik, Band 1, Düsseldorf 1973.

Fehlauer, Heinz: NS-Unterlagen aus dem Berlin Document Center und die Debatte um ehemalige NSDAP-Mitgliedschaften, in: *Historical Social Research* 35, 2010, No. 3, S. 22–35.

Foreign Relations of the United States (FRUS) 1952–1954. Germany and Austria, Pt. 2, Washington 1986.

Fraenkel, Ernst: Der Doppelstaat, hg. von Alexander von Brünneck, mit einem Nachwort von Horst Dreier, Hamburg, 3. Aufl., 2012.

Frank, Hans (Hg.): Nationalsozialistische Leitsätze für ein neues deutsches Strafrecht, Berlin 1935.

Frei, Norbert: Der Führerstaat. Nationalsozialistische Herrschaft 1933 bis 1945, München 1987.

Fricke, Karl Wilhelm: Ein Mann namens Linse. Schicksale aus der Zeit des Kalten Krieges. Sendung im Deutschlandfunk am 4. Juli 1972, Ms.

Ders.: Entführungsopfer postum rehabilitiert. Das Schicksal des Rechtsanwalts Walter Linse, in: *Deutschland Archiv* 29 (1996) H. 5, S. 713–717.

Ders.: Postskriptum zum Fall Walter Linse, in: *Deutschland Archiv* 29 (1996) H. 6, S. 917–919.

Ders.: Politik und Justiz in der DDR, Köln 1979.

Ders.: Spionage als antikommunistischer Widerstand. Zur Zusammenarbeit mit westlichen Nachrichtendiensten aus politischer Überzeugung. In: *Deutschland Archiv* 35 (2002) H. 4, S. 565–578.

Ders./Engelmann, Roger: »Konzentrierte Schläge«. Staatssicherheitsaktionen und politische Prozesse? in der DDR 1953–1956, Berlin 1998.

Ders./Ehlert, Gerhard: Entführungsaktionen der DDR-Staatssicherheit und die Folgen für die Betroffenen, in: Deutscher Bundestag (Hrsg.): Materialien der Enquete-Kommission »Überwindung der Folgen der SED-Diktatur im Prozess der Deutschen Einheit«, Bd. VIII/2, S. 1169–1208, Baden-Baden 1999.

Friedenau, Theo: Rechtsstaat in zweierlei Sicht. Rechtstheorie und Rechtsausübung im demokratischen und totalitären Machtbereich, Berlin 1956.

Frölich, Jürgen / Papke, Gerhard: Liberale unter kommunistischer Herrschaft. Zur Geschichte der LDP 1945 bis 1952. Abschlussbericht zum Forschungsprojekt, Gummersbach 1994.

Fülle, Rudolf: Geschichte der freien schlagenden Verbindung Saxo-Borussia zu Leipzig 1899–1923, in: Geschichte des Corps Saxo-Borussia an der Universität Leipzig, Leipzig 1929, S. 53–86.

Geissler, Gerhard: Aufstieg und Niedergang der studentischen Selbstverwaltung, in: *Zeitschrift für Politik* 20, 1930, 5, S. 349–360.

Genschel, Helmut: Die Verdrängung der Juden aus der Wirtschaft im Dritten Reich, Göttingen 1966.

Der Gesamtdeutsche Ausschuss. Sitzungsprotokolle des Ausschusses für gesamtdeutsche Fragen des Deutschen Bundestages 1949–1953. Bearbeitet von Andreas Biefang, Düsseldorf 1998.

Gieseke, Jens: Zeitgeschichtsschreibung und Stasi-Forschung. Der besondere Weg der Aufarbeitung, in: Suckut, Siegfried / Weber, Jürgen (Hrsg.): Stasi-Akten zwischen Politik und Zeitgeschichte. Eine Zwischenbilanz, München 2003, S. 218–239.

Gladen, Paulgerhard: Geschichte der studentischen Korporationsverbände. Bd. 1: Die schlagenden Verbände, Würzburg 1981.

Goldhagen, Daniel J.: Hitlers willige Vollstrecker. Ganz gewöhnliche Deutsche und der Holocaust, Berlin 1996.

Goschler, Constantin: Die Auseinandersetzung um die Rückerstattung »arisierten« jüdischen Eigentums nach 1945, in: Ursula Büttner (Hg.): Die Deutschen und die Judenverfolgung im Dritten Reich, Hamburg 1992 (= Hamburger Beiträge zur Sozial- und Zeitgeschichte; 29), S. 339–356.

Götze, Richard: Geschichte der freien schlagenden Verbindung Saxo-Borussia zu Dresden 1889–1922, in: Geschichte des Corps Saxo-Borussia an der Universität Leipzig, Leipzig 1929, S. 37–51.

Groehler, Olaf: SED, VVN und Juden in der sowjetischen Besatzungszone Deutschlands (1945–1949). In: *Jahrbuch für Antisemitismusforschung*, 3 (1994), S. 282–302.

Gürtner, Franz (Hg.): Das kommende deutsche Strafrecht. Bericht über die Arbeit der amtlichen Strafrechtskommission, Berlin 1934.

Hachmeister, Lutz: Schleyer. Eine deutsche Geschichte, München 2004.

Hackett, David A. (Hg.): Der Buchenwald-Report. Bericht über das Konzentrationslager Buchenwald bei Weimar, München 1996, S. 283–287.

Hagen, Louis: Der heimliche Krieg auf deutschem Boden. Seit 1945, Düsseldorf 1969.

Hagemann, Frank: Der Untersuchungsausschuss Freiheitlicher Juristen. 1949–1969, Frankfurt am Main 1994.

Hartstang, Gerhard: Der deutsche Rechtsanwalt. Rechtsstellung und Funktion in Vergangenheit und Gegenwart, Heidelberg 1986.

Haus der Geschichte Baden-Württemberg (Hg.): Unrecht Gut gedeihet nicht. »Arisierung« und Versuche der Wiedergutmachung, Laupheim 2014.

Heidel, Caris-Petra / Nitsche, Jürgen: Ärzte und Zahnärzte in Sachsen 1933–1945. Eine Dokumentation von Verfolgung, Vertreibung, Ermordung, Frankfurt am Main 2005.

Herbert, Ulrich: »Generation der Sachlichkeit«. Die völkische Studentenbewegung der frühen zwanziger Jahre, in: ders.: Arbeit, Volkstum, Weltanschauung, Frankfurt am Main 1995, S. 31–58.

Heuser, Beatrice: Subversive Operationen im Dienste der »Roll-Back«-Politik 1948–1953, in: *Vierteljahrshefte für Zeitgeschichte* 37, 1989, Heft 2, S. 279–297.

Heusler, Andreas: Styler alias Stickler – Profil eines »Ariseurs«, in: Angelika Baumann / Andreas Heusler (Hg.): München arisiert. Entrechtung und Enteignung der Juden in der NS-Zeit, München 2004, S. 198–217.

Hirschman, Albert O.: Abwanderung, Widerspruch und das Schicksal der Deutschen Demokratischen Republik. Ein Essay zur konzeptuellen Geschichte, in: *Leviathan* 20, 1992, 3, S. 330–358.

Hoffmann, Wolfgang: Bürgertum im Aufbruch. Die Gründung der LDPD in Sachsen, Berlin [Ost] 1966.

Hübsch, Eberhard: Beiträge zur Chemnitzer Militärgeschichte, Chemnitz 2009.
Im Dienste der Unterwelt. Dokumentarbericht über den »Untersuchungsausschuss freiheitlicher Juristen« – Verein kraft Verleihung – Berlin-Zehlendorf, Limastrasse 29, Berlin (Ost) 1960.
Karlsch, Rainer: Uran für Moskau. Die Wismut – eine populäre Geschichte, Berlin 2007.
Kater, Michael H.: Studentenschaft und Rechtsradikalismus in Deutschland 1918–1933. Eine sozialgeschichtliche Studie zur Bildungskrise der Weimarer Republik, Hamburg 1975.
Kirsch, Benno: Zwischen »rechtsstaatlichen Idealen« und »Arisierung«. Der Werdegang von Walter Linse bis zum Jahr 1938, in: *Einst und Jetzt. Jahrbuch des Vereins für corpsstudentische Geschichtsforschung e. V.*, Bd. 61, S. 301–334.
Ders.: Walter Linse und Der Nationalsozialismus, in: *Totalitarismus und Demokratie. Zeitschrift für internationale Diktatur- und Freiheitsforschung,* Nr. 2, Bd. 13, S. 19–51.
Ders.: Oberbürgermeister, Rennfahrer – Spion! Die abenteuerliche Geschichte des Hochstaplers Ernst Ring, Berlin 2018.
Klawitter, Nils: Die Rolle der ZKK bei der Inszenierung von Schauprozessen in der SBZ / DDR: Die Verfahren gegen die »Textilschieber« von Glauchau-Meerane und die »Wirtschaftssaboteure« der Deutschen Continental-Gas-AG, in: Jutta Braun / Nils Klawitter / Falco Werkentin: Die Hinterbühne politischer Strafjustiz in den frühen Jahren der SBZ / DDR, 4. Aufl. Berlin 2006, S. 23–56.
Koch, Peter-Ferdinand: Die feindlichen Brüder. DDR contra BRD. Eine Aufarbeitung von Quellen und bislang geheimen Dokumenten der letzten 50 Jahre, Bern / München / Wien 1994.
Koehler, John O.: Stasi. The untold story of East German secret police, Boulder, CO, u. a. 1999.
König, Stefan: Vom Dienst am Recht. Rechtsanwälte als Strafverteidiger im Nationalsozialismus, Berlin 1987.
Köster, Marco: Die Überwachungslogik der DDR-Staatssicherheit. Über die strukturelle Selbstverunsicherung einer Kontrollinstitution, in: *Deutschland Archiv* 32 (1999), H. 5, S. 799–803.
Kraushaar, Wolfgang: Die Protest-Chronik von 1949–1959. Eine illustrierte Geschichte von Bewegung, Widerstand und Utopie, Frankfurt am Main 1996.
Krämer, Sonja Isabel: Westdeutsche Propaganda im Kalten Krieg: Organisationen und Akteure, in: Wilke, Jürgen (Hg.): Pressepolitik und Propaganda. Historische Studien vom Vormärz bis zum Kalten Krieg, Köln 1997, S. 333–371.
Kreschnak, Werner: Die Verfolgung der Juden in Chemnitz während der faschistischen Diktatur von 1933 bis 1945. Ein Beitrag zum 50. Jahrestag der faschistischen Pogromnacht, Karl-Marx-Stadt 1988.
Krippendorff, Eckehard: Die Liberal-Demokratische Partei Deutschlands in der Sowjetischen Besatzungszone 1945/48. Entstehung, Struktur, Politik, Düsseldorf 1961.
Krüger, Dieter: Archiv im Spannungsfeld von Politik, Wissenschaft und öffentlicher Meinung. Geschichte und Überlieferungsprofil des ehemaligen »Ber-

lin Document Center«, in: *Vierteljahrshefte für Zeitgeschichte* 45, 1997, Heft 1, S. 49–74.

Kühl, Stefan: Ganz normale Organisationen. Zur Soziologie des Holocaust, Berlin 2014.

Kuller, Christiane: Bürokratie und Verbrechen. Antisemitische Finanzpolitik und Verwaltungspraxis im nationalsozialistischen Deutschland, München 2013.

Kunz, Erich: Rückblick – Ausblick!, in: *Nationalsozialistisches Gemeindeblatt*, 4. Jg, Folge 1, 1. Januar 1934, S. 1–6.

Laak, Dirk van: Die Mitwirkenden an der »Arisierung«. Dargestellt am Beispiel der rheinisch-westfälischen Industrieregion 1933–1940, in: Ursula Büttner (Hg.): Die Deutschen und die Judenverfolgung im Dritten Reich, Hamburg 1992, S. 231–257.

Lambrecht, Ronald: Studenten in Sachsen 1918–1945. Studien zur studentischen Selbstverwaltung, sozialen und wirtschaftlichen Lage sowie zum politischen Verhalten der sächsischen Studentenschaften in Republik und Diktatur, Leipzig 2011.

Lamprecht, Gerald: »Arisierung« als soziale Praxis und gesellschaftlicher Prozess am Beispiel der Stadt Graz und der Steiermark, in: Christiane Fritsche / Johannes Paulmann (Hg.): »Arisierung« und »Wiedergutmachung« in deutschen Städten, Köln u. a. 2014, S. 89–114.

Lapp, Peter Joachim: Die Volkskammer der DDR, Opladen 1975.

Linse, Walter: Der untaugliche Versuch und das Rechtsgefühl des Volkes. Eine dogmatische und empirische Studie, Dresden 1938.

Ders.: Geschichte des Corps Saxo-Borussia zu Leipzig von der großen Verschmelzung bis zum 50. Gründungsfest, 1923–1929, in: Geschichte des Corps Saxo-Borussia an der Universität Leipzig, Leipzig 1929, S. 87–133.

Ders.: Der untaugliche Versuch und das Rechtsgefühl des Volkes. Eine dogmatische und empirische Studie. Inaugural-Dissertation zur Erlangung der Doktorwürde der Juristischen Fakultät der Universität Leipzig, eingereicht von Assessor Walter Linse aus Chemnitz, Leipzig 1937.

Lohsse, Johannes: 50 Jahre Hans-Schemm-Schule (Oberrealschule auf dem Kaßberg). Oberschule für Jungen, Chemnitz 1938.

Mampel, Siegfried: Entführungsfall Dr. Walter Linse – Menschenraub und Justizmord als Mittel des Staatsterrors, Berlin 2001.

Markmann, Werner / Enterlein, Paul: Die Entjudung der deutschen Wirtschaft. Arisierungsverordnungen vom 26. April und 12. November 1938, Berlin 1938.

Meyer, Beate: Jüdische Mischlinge. Rassenpolitik und Verfolgungserfahrung 1933–1945, Hamburg 1999.

Michelmann, Jeanette: Die Aktivisten der ersten Stunde. Die Antifa in der Sowjetischen Besatzungszone, Köln 2002.

Müller, Uwe: Die Entwicklung der Verwaltungsstrukturen in Chemnitz / Karl-Marx-Stadt 1945–1961, in: Mitteilungen des Chemnitzer Geschichtsvereins, Jahrbuch 72, Neue Folge XI: Chemnitz im 20. Jahrhundert (III). Politik-Verwaltung-Soziales, Chemnitz 2002, S. 81–107.

Muhle, Susanne: Auftrag: Menschenraub. Entführungen von Westberlinern und Bundesbürgern durch das Ministerium für Staatssicherheit der DDR, Göttingen 2015 (= Analysen und Dokumente; 42).

Murder International, Inc. Murder and Kidnaping as an Instrument of Soviet Policy, Hearing before the Subcommittee to Investigate the Administration of the Internal Security Act and other Internal Security Laws of the Committee on the Judiciary. United States Senate. 89th Congress, 1st session, Washington 1965.

Murphy, David E.: The CIA's Berlin Operation Base and the Summer of 1953, in: Secret Intelligence in the Twentieth Century. Hrsg. von Heike Bungert, Jan G. Heitmann und Michael Wala, London 2003, S. 147–158.

Ders./Kondrashev, Sergei A./Bailey, George: Battleground Berlin. CIA vs. KGB in the Cold War, New Haven 1997.

Nationalsozialistisches Strafrecht. Denkschrift des Preussischen Justizministers, Berlin 1933.

Nitsche, Jürgen / Röcher, Ruth: Juden in Chemnitz. Die Geschichte der Gemeinde und ihrer Mitglieder. Mit einer Dokumentation des Jüdischen Friedhofs, Dresden 2002.

Oetker, Friedrich: Grundprobleme der nationalsozialistischen Strafrechtsreform, in: Hans Frank (Hg.): Nationalsozialistisches Handbuch für Recht und Gesetzgebung, München 1935, S. 1317–1361.

Papke, Gerhard: Die Liberal-Demokratische Partei Deutschlands in der Sowjetischen Besatzungszone und DDR 1945–1952, in: Frölich, Jürgen (Hg.): »Bürgerliche« Parteien in der SBZ / DDR, S. 25–45.

Prowe, Diethelm: Im Sturmzentrum. Die Industrie- und Handelskammern in den Nachkriegsjahren 1945 bis 1949, in: Zur Politik und Wirksamkeit des Deutschen Industrie- und Handelskammertages und der Industrie- und Handelskammern 1861 bis 1949, Stuttgart 1987 (= Zeitschrift für Unternehmensgeschichte, Beiheft 53), S. 91–122.

Rappl, Marian: »Unter der Flagge der Arisierung … um einen Schundpreis zu erraffen.« Zur Präzisierung eines problematischen Begriffs, in: Angelika Baumann / Andreas Heusler (Hg.): München arisiert. Entrechtung und Enteignung der Juden in der NS-Zeit, München 2004, S. 17–30.

Riess, Curt: Berlin, Berlin. 1945–1953, Berlin 2002 (zuerst 1953).

Röder, Oskar / Dorn, Karl: Geschichte des Corps Saxonia zu Dresden 1879–1923, in: Geschichte des Corps Saxo-Borussia an der Universität Leipzig, Leipzig 1929, S. 7–35.

Roeling, Rob: Arbeiter im Uranbergbau: Zwang, Verlockungen und soziale Umstände. In: Karlsch, Rainer / Schröter, Harm (Hrsg.): »Strahlende Vergangenheit«, St. Katharinen 1996, S. 99–133.

Rothfels, Hans: Zeitgeschichte als Aufgabe, in: *Vierteljahrshefte für Zeitgeschichte* 1, 1953, Heft 1, S. 1–8.

Rust, Rudolf: Die Berufsaussichten der Juristen, in: *Die Schwarzburg* 41, Heft 2, Februar / Hornung 1932, S. 59–61.

Rüss, Gisela: Anatomie einer politischen Verwaltung. Das Bundesministerium für gesamtdeutsche Fragen – Innerdeutsche Beziehungen 1949–1970, München 1973.

Sartor, Lutz: Zur Geschichte der Industrie- und Handelskammern in Sachsen 1946–1953, in: *Sächsisches Archivblatt*, H. 2, 2013, S. 9–10.

Scheuer, Oskar Franz: Burschenschaft und Judenfrage. Der Rassenantisemitismus in der deutschen Studentenschaft, Berlin 1927.

Schirach, Baldur von: Wille und Weg des Nationalsozialistischen Deutschen Studentenbundes, München 1929.

Schreiber, Carsten: Elite im Verborgenen. Ideologie und regionale Herrschaftspraxis des Sicherheitsdienstes der SS und seines Netzwerks am Beispiel Sachsens, München 2008.

Schuller, Wolfgang: Walter Linse, in: Opposition und Widerstand in der DDR. Politische Lebensbilder. Hrsg. von Karl-Wilhelm Fricke, Peter Steinbach und Johannes Tuchel, München 2002, S. 289–294.

Schulz, Walther: Der Deutsche Hochschulring. Grundlagen, Geschichte und Ziele, Halle (Saale) 1921 (= Hochschul-Hefte, Serie C Studentenwesen, hg. von Paul Szymank, Heft 1 / 2).

Schumann, Silke: Kooperation und Effizienz im Dienste des Eroberungskrieges. Die Organisation von Arbeitseinsatz, Soldatenrekrutierung und Zwangsarbeit in der Region Chemnitz 1933 bis 1945, Göttingen / Bristol 2016.

Dies.: Soldaten und Arbeiter für Hitlers Krieg. Einberufungs- und Arbeitseinsatzpolitik in Sachsen 1939 bis 1945, in: Mike Schmeitzner / Clemens Vollnhals / Francesca Weil (Hg.): Von Stalingrad zur SBZ. Sachsen 1943 bis 1949, Göttingen 2016 (= Schriften des Hannah-Arendt-Instituts für Totalitarismusforschung; 60).

Smith, Arthur L.: Kidnap city. Cold war Berlin, Westport 2002.

Snyder, Timothy: Black Earth. Der Holocaust und warum er sich wiederholen kann, Frankfurt am Main 2017.

Sobbe, N. N.: Die Aussichten in der Richterlaufbahn, in: *Landsmannschafter-Zeitung. Zeitschrift der Deutschen Landsmannschaft (Cob. L. C.)* 42, 1928, Heft 8, August, S. 206–207.

Sommerlatt, Oskar: Das Ende der Industrie- und Handelskammern. Die Liquidation der Privatwirtschaft in der Sowjetzone, in: *SBZ-Archiv*, 4. Jg., Nr. 8, 20. April 1953, S. 121–122.

Sontheimer, Kurt: Antidemokratisches Denken in der Weimarer Republik. Die politischen Ideen des deutschen Nationalismus zwischen 1918 und 1933, 2. Auflage München, 1964.

Spannuth, Jan Philipp: Rückerstattung Ost. Der Umgang der DDR mit dem »arisierten« Eigentum der Juden und die Rückerstattung im wiedervereinigten Deutschland, Essen 2007.

Der Staatssicherheitsdienst. Ein Instrument der politischen Verfolgung in der Sowjetischen Besatzungszone Deutschlands, Bonn 1962.

Staritz, Dietrich: Die Gründung der DDR. Von der sowjetischen Besatzungsherrschaft zum sozialistischen Staat, München 1984.

Stöber, Rudolf: Deutsche Pressegeschichte. Von den Anfängen bis zur Gegenwart, 2. Aufl., Konstanz 2005.

Stolleis, Michael: Staats- und Verwaltungsrechtswissenschaft in Republik und Diktatur: 1914–1945, München 1999 (= Geschichte des öffentlichen Rechts in Deutschland; 3).

Suckut, Siegfried: Das Wörterbuch der Staatssicherheit. Definitionen zur »politisch-operativen Arbeit«, Berlin 1996.

Sunnus, Michael: Der NS-Rechtswahrerbund (1928–1945). Zur Geschichte der nationalsozialistischen Juristenorganisation, Frankfurt am Main 1990.

Suttner, Irina: Juden in Sachsen während der Herrschaftszeit des Nationalsozialismus, in: Ulbricht, Gunda / Glöckner, Olaf (Hg.): Juden in Sachsen, Leipzig 2013, S. 152–175.

Vollnhals, Clemens: Entnazifizierung. Politische Säuberung und Rehabilitierung in den vier Besatzungszonen 1945–1949, München 1991.

Wagner, Albrecht: Die Umgestaltung der Gerichtsverfassung und des Verfahrens- und Richterrechts im nationalsozialistischen Staat, Stuttgart 1968 (Die deutsche Justiz und der Nationalsozialismus; 16/1).

Weber, Max: Wirtschaft und Gesellschaft. Grundriss der verstehenden Soziologie, Frankfurt am Main 2005.

Whitaker, Reg: Das Ende der Privatheit. Überwachung, Macht und soziale Kontrolle im Informationszeitalter, München 1999.

Winkel, Harald: Wirtschaft im Aufbruch. Der Wirtschaftsraum München-Oberbayern und seine Industrie- und Handelskammern im Wandel der Zeit, München 1990.

Winter, Herbert: Die Herausbildung demokratischer Verwaltungsorgane in Chemnitz (Karl-Marx-Stadt), in: *Staat und Recht* 18, 1969, 5, S. 740–753.

Zahn, Hans-Eberhard: Haftbedingungen und Geständnisproduktion in den Untersuchungs-Haftanstalten des MfS – Psychologische Aspekte und biographische Veranschaulichung, Berlin 2001.

Zorn, Wolfgang: Die politische Entwicklung des deutschen Studententums 1918–1931, in: *Darstellungen und Quellen zur Geschichte der deutsche Einheitsbewegung im neunzehnten und zwanzigsten Jahrhundert*, im Auftrage der Gesellschaft für burschenschaftliche Geschichtsforschung hg. von Kurt Stephenson, Alexander Scharff und Wolfgang Klötzer, Fünfter Band, Heidelberg 1965, S. 223–307.

Abbildungsverzeichnis

Der Bundesbeauftragte für die Unterlagen des Staatssicherheitsdienstes der ehemaligen Deutschen Demokratischen Republik (BStU): S. 164 (MfS, GH 105/57), 166 (MfS, AP 69/56), 188 (MfS, GH 105/57)

Hannah-Arendt-Institut Dresden: S. 232

Landesarchiv Berlin: S. 134 (B Rep. 031-03-07, Nr. 3901-3909), 135 (B Rep. 031-03-07, Nr. 3901-3909), 136 (B Rep. 031-03-07, Nr. 3901-3909), 201 (F Rep. 290 (04) Nr. 0019462 / Foto: Schütz, Gert), 207 (F Rep. 290 (04) Nr. 0019465 / Foto: Schütz, Gert)

Picture Alliance: S. 45 (akg-images), 229 (dpa/Günter Bratke)

Privatarchiv: S. 30, 131, 239

Privatarchiv Uriel Reiter: S. 84

Ullstein Bild: S. 190 (ullstein bild), 198 (Chronos Media GmbH)

Universitätsarchiv Leipzig: S. 26 (UAL, Quästurkartei Walter Linse)

Wikimedia Commons: S. 22 (gemeinfrei), 23 (gemeinfrei), 140 (Bodo Kubrak/CC BY-SA 4.0, https://creativecommons.org/licenses/by-sa/4.0/legalcode.de), 172 (Stanislav Kozlovskiy, derivative work: V2k, CC BY-SA 3.0, https://creativecommons.org/licenses/by-sa/3.0/legalcode.de)